새 하나님 새 민족

케네스 M. 웰스 지음
김 인 수 옮김

한국장로교출판사

NEW GOD, NEW NATION

Protestants and Self-Reconstruction Nationalism in Korea 1896-1937

by
Kenneth M. Wells

tr. by
In Soo Kim

© 1991 by Kenneth M. Wells

1997

Publishing House
The Presbyterian Church of Korea
Seoul, Korea

새 하나님 새 민족

이 책은
출판사인 Allen & Unwin Pty Ltd와 저자로부터
정식으로 계약하여 번역, 출판하였다.
Copyright ⓒ Kenneth M. Wells, 1991

새 하나님 새 민족

역자 서문 / 5
저자 서문 / 7

서론 · 13
민족, 국가, 그리고 종교 : 상호 긴장을 이루는 개념들 / 14
개신교인들과 한국 민족 / 24
초기의 타협 : 개념 정의문제 / 33   연구의 체계 / 36

1. 개신교의 도입 · 43
전통적 종교 배경 / 44
개신교의 유입, 1884~1895 / 48
성장과 사회참여, 1895~1905 / 55
보호국령, 대부흥운동과 소위 교회의 반민족주의, 1906~1910 / 59
교회와 의병들 / 76
초기 개신교의 엘리트와 평민들이 함께 보여준 특성 / 78

2. 자아개조 민족주의의 윤리적 기초 · · · · · · · · · · · · · · · · · 81
윤리적 민족주의의 사도 / 83
독립협회, 1896~1899 / 95   교육과 모범 마을, 1905~1910 / 106
시민 윤리와 자본주의 / 102   결론 / 113

3. 암흑시대, 1910~1919 · 117

동화정책과 그 실행/118　　　105인 사건, 1911~1913/123
　　　일본 회중교회/121　　　　　교육 논쟁/128

4. 재건공동체, 1910~1919 · 133
　　　방법의 문제/134　　　　　　해외의 재건공동체/143
　　　한국의 재건공동체/136　　　종교적 비전과 상상 속의 공동체/150

5. 문화적 개조와 민족과 국가의 분리, 1920~1925 · · · · · · · · · · · 157
　　　3·1운동의 결과/159
　　　한국내의 개혁과 저항, 1919~1921/164
　　　문화주의의 변명, 1923~1925/177

6. 민족적 회개와 개화, 1925~1937 · 185
　　　회개(悔改)의 사회학/187　　　혁명의 기독교적 이론/207
　　　집산적 자유주의(Collective liberalism)로의 이동/199

7. 경제적 개조 : 이상(理想)의 시험 케이스 · · · · · · · · · · · · · · · 215
　　　경제적 배경/216　　　　　　사상논쟁/235
　　　조선물산장려회 : 형성과 활동/221
　　　자급자족과 민족생존/229　　실험의 끝/247

결론 · 251
　　　자아개조와 민족주의자의 합법성/254
　　　개인주의와 집산주의와 정치/262
　　　문명과 변화의 요인들/263
　　　신앙과 민족주의와 종족성(ethnicity)/268

각 장에 대한 주 · 273

역자 서문

한말의 조선은 풍전등화와 같이 어려운 처지에 놓여 있었다. 왕조 말기의 현상으로 흔히 나타나는 왕권의 쇠약으로 외척이 권력의 중심부에 부상하면서 왕정은 탐관오리들의 가렴주구로 민생은 도탄에 빠져 있고 흉년으로 백성들의 삶은 극도로 핍절해 있었다. 뿐만 아니라 매관매직으로 관직을 산 관리들은 힘없는 백성들을 수탈했고, 살 길이 막연한 백성들은 도둑으로 변하여 각지에 도둑들이 성하고 민란이 그치지 않는 불안한 세월이 계속되고 있었다.

한말 당시 세계의 제국주의 국가들은 앞다투어 각지에 식민지를 확장하고 있었다. 이 과정에서 조선도 그 대상에서 제외될 수 없었으므로 뒤늦게 군사 강국으로 부상한 일본을 위시하여 러시아, 영국, 독일, 미국까지 자국의 이익을 위해 혈투를 벌였다. 이러한 시기에 힘없는 조선은 열강의 권력 다툼 앞에서 희생양으로 전락할 수밖에 없었다. 1910년 일제의 강압에 의해 국권을 찬탈당하고 대한제국은 사라지고 한·일은 병합되고 말았다.

그러나 반만년을 강대국들의 틈바구니에서도 끈질기게 생명을 이어왔던 우리 겨레가 잃어버린 조국 독립의 염원을 그렇게 쉽게 포기할리

만무하였다. 그것을 쟁취하는 방법에서는 여러 가지 다른 이론과 실천이 있었지만 목적은 하나일 수밖에 없었다. 그 방법들에는 무력을 동원하는 방법에서부터 교육이나 민중계몽을 통한 방법 등 다양한 방법이 동원되었다.

이 책은 역자가 버지니아 유니온신학교에서 박사학위 논문을 쓰고 있을 무렵 출판된 책으로 역자의 주임교수가 소개해 주어 알게 된 책이었다. 마침 역자의 논문 제목과 유사한 것이어서 무척 흥미를 갖고 읽어 내려갔는데, 내용은 역자의 논문과는 거리가 있었으나 많은 자료와 다른 접근방법을 터득할 수 있었다. 특히 이 책의 저자가 서양사람이었기에 역사를 보는 시각이 우리와 달랐고 또 그 해석방법도 다르다는 것을 간파할 수 있었다. 이 책에서는 일제 강점기간에 우리 민족과 교회가 조국의 독립을 위해 어떻게 투쟁했는지를 여러 방면에 걸쳐 자세히 분석하고 있다.

일제의 조선 강점기간에 벌어진 이러한 여러 가지 활동에 대해 외국인의 눈으로 분석한 자료를 알아보기 위해서는 이 책의 일독이 필요하다고 본다. 아무쪼록 이 방면에 관심있는 이들에게 이 책이 도움이 되기를 바란다.

이 책이 번역되는 데는 여러분들의 수고가 있었다. 먼저 초역을 해준 이는 지금 장로회부산신학교에서 역사신학을 강의하고 있는 정성한 목사이다. 정 목사는 장로회신학대학교 대학원에서 역사신학을 전공하여 수학하는 바쁜 일정 속에서도 이 책의 초역을 하느라 많은 수고를 하였다. 또한 이 책이 빛을 볼 수 있도록 주선해 주신 한국장로교출판사의 김봉익 목사님과 교정과 편집에 수고한 출판사의 여러 직원들에게 감사의 마음을 표한다.

1997년 여름
광나루 선지동산에서
김 인 수

저자 서문

본서는 필자가 '자아개조 민족주의'(self-reconstruction nationalism)라고 이름 붙여 온 '윤리적 민족주의'(ethical nationalism)의 한 형태로 한국 개신교의 민족주의가 발전해 온 것에 대한 문화적인 역사를 고찰한 것이다. 그 민족주의의 목적은 영적 쇄신과 도덕적 개혁 및 목적있는 활동을 통하여 민주적이며 자력적인(self-reliant) '기독교' 사회를 달성하는 데에 있어서 그 정체성에 초점을 둔 현대 민족국가를 건설하는 것이었다. 종국에 있어서 이러한 민족주의의 흐름은, 한국 민족이 채택한 여러 경쟁적인 형태의 민족주의 가운데서 가장 크고 가장 영향력 있는 것은 아니었다. 그러나 1896년의 독립협회가 보여 준 강한 모습으로부터 일본이 1937년 중국을 침략하였을 때 생겨난 다른 흐름들로 말미암은 최후의 억압에 이르기까지, 개신교 자아개조 민족주의는 놀랍게도 그 원래의 영감을 충실하게 유지하고 있었다. 그것은 또한 계속해서 전통, 종족, 문화, 정치, 계급, 타협의 문제들에 관한 심각한 논쟁의 대상에 기여했거나 그 대상이 되었다.

개신교 자아개조 민족주의에 대한 연구가 중요한 데에는 몇 가지 이유가 있다. 첫째로, 그것은 보다 강압적이고 군국주의적인 일본의 식민지 행정하에 있던 한국인들의 경우에서와 같은 피억압인들의 민족주의에 대한 가장 까다롭고, 감정적인 문제들에 대해 날카롭게 해명한다. 자아개조 민족주의자들이 때때로 말려들었던 타협에 대한 특별한 비난은 정치적 힘을 강탈당한 민족 가운데서 목적은 고사하고 수단에 대한 통일성을 획득하는 데 있어서의 일반적인 어려움을 강조하고 있다. 나는 개신교운동을 서술하는 과정에서, 개신교운동이 비교적 협소한 의미의 다른 민족주의에 대해 불만이 있었음을 인정하면서 썼다. 20세기 초에 그 영향력이 급격히 쇠퇴한 한국의 '보수적인' 학자들을 제외하고는 개신교 자아개조 민족주의자들은 실제로 반(反)일본 민족주의운동들이 내세운 가정들에 관해 심각한 질문들을 제기한 유일한 집단이었다. 어느 정도 변했지만 그러한 논쟁은 오늘날도 계속되고 있으며, 그것에 대해 개신교가 공헌한 중요성은 소홀히 취급될 수 없을 것이다.

둘째로, 민족주의에 참여한 많은 개신교인들이 경험한 갈등, 즉 그들이 가진 신앙의 보편적인 성격과 민족주의의 특별한 요구들 사이의 갈등은 우리에게 민족주의란 본질적으로 무엇인가 하는 문제를 제기한다. 그런데, 때때로 종족이라는 근거로, 그리고 그 종족의 문화에 속하든 속하지 않든 상관없이 같은 문화라는 이유로 오로지 충성만을 요구하는 어떤 신조나 운동을 상기시킨다. 다른 문화를 지닌 다른 종족의 통치하에서 그 갈등은 첨예화되었다. 이러한 갈등은 종교와 민족주의가 갖는 상관관계의 본질에 대해 문제를 제기한다. 이러한 갈등을 경험한 개신교인들의 경험은 민족주의가 매우 모호한 이유, 즉 때로는 지적으로 조야하고 편협하면서 심지어는 위험스러운 모습으로 나타나고, 또 때로는 문화적으로 풍부하며 해방적인 모습으로 나타나는 이유에 대해 빛을 비추어 준다.

셋째로, 개신교가 하나의 새로운 '외국' 종교라는 사실로 인해 민족의 정체성이 무엇인가 하는 질문을 뚜렷이 부각시켰는데, 그 문제들이란 정체성의 원천, 전통과 새로운 어떤 것을 창조하려는 민족주의자들의 욕구에 대한 그것의 관계성, 그리고 문화적 동질성에 대한 명백한 요구 같은 것들이다. 한국의 자아개조운동은 최소한의 미사여구로 표현한다면, 민족문화에 대한 거의 전적인 개혁을 바라보았다. 결과적으로 그것은 민족에 대한 심오한 문화적 투쟁에 연루되었고, 그 가운데 사회주의자와 민족주의자들을 포함한 각각의 다른 노선들은 단일한 문화적 형태로써 백성들을 연합시키려는 운동을 전개하였다. 그 민족주의자들의 형태에 있어서 문화적 투쟁은 갈등에 대한 국가주의적인(statist) 해결을 요구하는 것으로 보인다.

넷째로, 계속되는 글은 민족주의의 또 다른 특징을 설명한다. 즉, 민족주의가 사회내에 있는 분열을 해제하고 최소화하는 기능을 하고 있다는 것이다. 이 점과 직접적으로 관련하여, 민족주의는 사회내에서의 여러 다른 관심들과 배경 등의 차이점들을 가진 채 사회에 대해 어떤 분석을 하는 것을 회피하고 있다는 것이다. 그 개념 정의상, 민족적 사회, 통일성, 이 두 말은 거의 같은 뜻으로 쓰인다. 그러므로 민족주의는 포괄적인 의미로 여겨진다. 즉, 그것은 모든 사람들의 관심사이며, 모든 사람들은 민족주의자들의 기업의 성공으로부터 이익을 얻을 수 있는 위치에 있다는 것이다. 분파적 이익은 존재하지 않으며, 혹은 그 분파적 이익이 무시될 수 없는 곳에서는 억압되어져야 한다. 한국 개신교 민족주의자들은 국가(nation)를 교회와 같은, 즉 가치를 함께 나누는 공동체로 여겼다. 각 교회 성원들이 하나님 앞에서 평등한 것처럼, 각 시민은 민족(nation) 앞에서 평등하다. 그들은 유교에 대한 공격의 일환으로 계급과 성(性)의 문제에 관심을 가졌다. 그리고 그들이 이 문제를 진지하게 다루었으나, 자아개조운동이 계급이나 여성의 해방운동은 아니었다. 외부적으로 외국의 간섭에서 해방되는 것은 원했던 일이었으나, 내부적으로 민족을 재건하기 위하여는 백성들을 훈련해야만 했다. 그 운동은 거의 상류층 남성들에 의해 개시되었고, 하층계급들과 여성들은 민족을 위하여 무지와 나태로부터 벗어나야 했다. 즉, 그들이 민족화되어져야 했다.

　마지막으로, 한국 개신교 자아개조 민족주의에 대한 연구는 실재하는 민족주의들이 다양하다는 것과 그 각각을 정의하기가 어렵다는 점이 있다. 강하고 완전한 독립국가의 형태로 자신들의 나라를 소유하고 발전시키려는 운동으로서의 민족주의라는 일반적인 정의 안에, 민족주의에 대한 비교적 광범위한 개념보다 때로는 훨씬 더 중요하고 분명히 더 매력적으로까지 보이는 독특한 특징을 가진 민족주의의 실례도 있다. 독특한 민족주의자들의 신조와 운동을 연구하면 할수록 그 일반적인 정의는 우리의 시야에서 점점 더 멀어지게 된다. 생각컨대 바로 이것이, 정신이란 활동하면 할수록 좀더 본질적인 것들을 발견하게 된다는 파스칼의 관찰의 의미일 것이다. 그러나 하나의 독특한 민족주의에 대해 면밀히 검토하고 나면, 우리는 현대 세계에 일반적으로 실재하는 민족주의에 대해 더욱더 깊은 의미를 발견하고는 놀라움을 금치 못할 것이다. 마치 일반성에 대한 암시를 파악하는 것은 결국 특별한 경우에 대한 주목을 통해서만 가능하다는 것을 확인한 듯하다. 가정컨대 이것은 역사의 정당화이다. 그리고 내가 이 책을 썼던 것은 한국과 우리 자신들 둘 다에 대한 더 큰 이해를 증진시키려는 희망에서이다.

　하나의 책은 거의 한 사람의 작품이 아니다. 그리고 이번 경우에도 내가 다 언급할 수 없을 정도로 많은 사람들이 이 책의 완성에 기여하였다. 내가 이 책을 쓴 수 년간 관대하게 용기를 심어 주고 나의 일에 대하여 조언을 주거나 적극적으로 지지하여 준 수많은 친절한 사람들을 만날 수 있었다. 통찰력에 불을 일으키고, 그 이후 이 연구의 일부가 된 일련의 사고를 증진시켜 준 많은 사람들의 조언도 있었다.

　현재 홍콩대학의 부총장인 왕궁우(Wang Gungwu) 교수께 나는 일생 동안 감사를 드려야 한다. 그분은 결정적 시기에 나로 하여금 한국 역사와 문화에 대하여 진지한 연구를 수행하도록 고취시켰으며, 나의 진보에 대한 계속적인 관심과 나의 노력에 대한 계속적인 지지를 보여 주셨다.

오스트레일리아 국립대학의 극동 역사학과의 앤드류 후레이저(Andrew Fraser)와 존 휜처(John Fincher)에게 이 책을 출판하기 위해 애써 준 데 대하여 나는 큰 빚을 졌다. 인디아나대학의 지원에 특별히 감사드리며, 자신의 연구분야에 진정한 관심을 보이는 동료들 사이에서 연구할 수 있었던 것을 특권으로 생각한다. 원고를 검토해 준 것에 대하여 챨스 그리어(Charles Greer)에게, 많은 정신적 지원을 해준 로버트 이노(Robert Eno)에게, 민족주의 문화에 대한 유용한 통찰력을 제공해 준 수 투이(Sue Tuohy)에게 감사드린다. 또한 죠디 퍼구슨(Jody Ferguson)은 내 컴퓨터의 돌연한 고장들을 인내심 있게 해결해 주었으며, 조지 엘리슨(George Elison)과 조지 윌슨(George Wilson)은 지난 3년간 끊임없는 격려와 충고와 도움을 아끼지 않았다. 그들에게도 감사를 표한다. 그리고 호러스 언더우드(Horace G. Underwood)와 사무엘 마펫(Samuel Moffett)은 그들 자신의 집에 있는 귀중한 개인적 수집물들을 연구하도록 허락함에 있어서 큰 인내를 보여주었다. 마지막으로, 한국 민족주의에 대한 나의 논의는 바이판 챤드라(Vipan Chandra)와 마이클 로빈슨(Michael Robinson)이 최근 출판한 현대 한국 민족주의 분야에 대한 연구집의 도움을 크게 받았다.

원고를 준비하는 최종 단계에서 책을 완성하는 데는 끝이 없다라는 말이 매우 실감있게 다가온다. 내 아내 영옥에게 감사와 존경의 마음을 표현할 길이 없다. 자신의 바쁜 생활에도 불구하고 그녀는 헌신적인 지원을 해주었다. 그리고 아이들 나탈리아(Natalya), 제슨(Jaeson), 제레미(Jeremy), 모리스(Maurice)에게도 감사한다. 주말이나 휴일에 너무 자주 함께하지 못한 아빠를 그들은 아주 관대하게 받아 주었다.

블르밍톤 인디아나(Bloomington, Indiana)
1990년 3월

서 론

　민족국가(nation-state)라는 개념은 현시대의 가장 강력한 정치적 개념들 중의 하나이다. 과거 1세기 반에 걸친 민족주의운동들의 절대적인 힘은 깜짝 놀랄 만한 것이었다. 그러나 이사야 벌린(Isaiah Berlin)이 관찰한 바와 같이, 이 전지구적 현상은 그것의 출현 바로 이전에 살았던 정치사회 사상가들은 예견하지 못한 것이었다.[1] 거의 예외없이 그들은 그것을 바라지도 않았다. 지적, 물질적 문화에 일어나는 심대한 변화에 의해 흥분된(혹은 혼란스런) 19세기의 위대한 정신들에게 있어서 민족주의 같은 지적으로 불모지이며 심지어는 비합리적이기까지 한 어떤 것이 인간 역사의 발전에서 중심적 위치를 차지한다는 것은 생각할 수조차 없는 일이었다. 민족주의에 있어서 역사는 우리에게 하나의 역설을 전달해 준다.

　그 역설은 보편적인 종교들과 본질적으로 특수한 민족주의들의 빈번한 융합에 의해 더욱 심하되었다. 1933년의 칼톤 헤이즈(Carlton Hayes)의 지평을 여는 연구 이후로 역사가들은 '국가교회'(state churches)의 흥기의 원인을 성(聖) 혹은 국제 언어의 쇠퇴, 그리고 기독교 왕국과 그 대적들의 동반적–붕괴에 돌림으로써 최소한 그 역설을 배제하고자 하였다.[2]

그 자체를 국가와 같은 제한된 어떤 것과 동일시함으로써 종교는 가정컨대 민족주의와 같은 특수한 어떤 것에 봉사할 수 있도록 개방되어 있었다. 그러나 이 예기치 않은 제휴의 명확한 본질은 여전히 수수께끼로 남아 있다. 서구에서는 이 발전을 종교개혁의 시대로 소급시킬 수 있을 것이다. 그러나 한국의 경우 개신교와 민족주의와의 제휴는 극도로 신속하게 일어났다. 한국의 전통적인 학자들에게는 아마도 문명의 보편적 규범에 근거하고 있는 오랜 질서가 민족국가의 단편적인 체계에 의해 대치되고 있는 것을 바라본다는 것은 불길한 일이었다. 비록 그들 자신의 전통과 성스러운 문헌들이 쇠퇴함으로써 그 같은 길이 열렸다 할지라도, 그들은 그 새로운 체계를 발전으로서가 아니라 강요로서 간주하였다. 또한 한국 개신교 지식인들이 새로운 정치철학의 기성결론을 수용함에 있어 결코 난관과 갈등이 없었던 것도 아니다.

민족, 국가, 그리고 종교 : 상호 갈등을 이루는 개념들

집단생활에 있어서 크고 중요한 사건들은 때로 자신들의 정체성에 대한 깊은 숙고를 자극한다. 상황이 불안정하고 위협적이며, 혹은 어떤 다른 식으로 위기가 있을 때, 사람들은 '역사'에 대해 고양된 인식을 발전시키는 경향이 있다. 이러한 고양된 인식은 사람들로 하여금 역사의 의미를 심각하게 추구케 하는 영감을 주었다. 어거스틴의 「신의 도성」(City of God)이 그 한 예이다. 이 책에서 그는 로마체계의 임박한 붕괴를 감지하고, 동시에 그가 속한 신앙공동체의 우주적 역할을 정의함으로써 인간생활의 이해를 추구하였다.

어거스틴의 경우에 관심이 된 공동체는 성장하는(growing) 기독교회로써 정체성이 확고했다는 이점(利點)이 있었다. 그러나 팽창하는(expanding) 공동체로서 교회는 우주적인 야망을 지녔고, 그러므로 교회는 인종적, 종족적 혹은 지리적 경계를 설정하지 않았다. 이러한 관점에서 현대 민족주의가 갖는 편협한 배타성과 비교할 때, 아주 극적인 대조라 하겠다. 어거스틴은 민족국가에 대한 논의를 하지 않았으며, 민족주의를 그 시대의 위기에 대한 응답으로 제기하지도 않았다. 그러나 근대 시대의 민족주의는 위급한 역사적 정황에서 정체성에 대한 숙고로부터 발생한 경우가 대부분이며,[3] 서구에서 민족주의는 어거스틴이 대표했던 바로 그 종교, 기독교를 포용했다. 기독교와 같은 보편적 종교와 민족국가라는 특수한 개념 사이의 상호협조가 현대 민족주의의 강점을 가리킬 수 있는 반면, 그것이 그렇게 자명하지는 않다.

많은 기독교 사상가들은 민족과 국가의 동일화와 그 동일화에 대한 교회의 후원을 강하게 비난하였다. 개신교 사회과학자 쟈끄 엘럴(Jacques Ellul)과 가톨릭 철학자 쟈끄 마리땡(Jacques Maritain)이 공통된 견해를 거의 갖고 있지 않은 것처럼 보임에도 불구하고, 민족주의에 대한 반대에 있어서만큼은 그들이 일치하였다. 엘럴(Ellul)은 그것을 우상숭배적인 것으로 여겼으며,[4] 마리땡은 민족주의에게 역병이란 오명을 씌우고, '민족국가의 신화,……소위 국적의 원리라는 것은……각각의 집단이 분리된 국가로서 스스로 서야 한다.' 라는 주장은 현대 역사의 악마와 같은 원리라고 하였다.[5] 그는 '민족과 국가의 체계적 동일화'[6]와 민족과 종족의 동일화, 그리고 보편적 인간의 우선권을 배반하는 것을 비난한다. 민족은 '성스러운, 절대적 이기심을 가진 지상의 신'[7]이 되었다. 피, 부족, 씨족의 유대에 대한 특별한 언명인 민족주의는 기독교의 반명제였다.

제 1차 세계대전의 재난은 또한 민족국가 그 자체의 개념에 대한 것은 아니더라도 교회와 민족국가와의 동일화에 대한 기독교의 비난을 촉진시켰다. 스위스 신학자 칼 바르트(Karl Barth)는 1930년대 이후 이 비난 운동에 있어서 저명한 지도자였으며, 1934년의 독일 바르멘(Barmen) 선언은 그 운동에 대한 명확한 문서가 되었다. 이 시대에 독일 민족(National)교회에 반대한 고백교회가 창시된 것, 또 본회퍼(Dietrich

Bonhoeffer)와 Chichester의 벨(Bell) 주교의 상호협조는 기독교 신앙의 보편성을 되찾고 재확인하기 위한 시도였다. 이런 움직임이 필요했다는 사실, 또 이 운동이 많은 저항에 부딪쳤다는 사실은 개신교가 민족주의자의 요구에 얼마나 노예상태로 있었던가를 나타내는 한 척도이다.

보편적 체계들을 압도하는 민족국가 개념의 이러한 현상은 최근 수많은 학자들에 의해 정밀히 조사되었다. 1983년에 철학자 젤너(Ernest Gellner)는 주장하기를, 민족과 국가의 절대적 일치라는 정치적 원리는, 국제적 질서가 급증하게 변화하는 데 대한 현실적 반응, 심지어는 필수적인 반응이라 하였다. 액튼(Acton)에 의해 "민족들은 외국인에 의해 통치받으려 하지 않는다."[8]라고 표현된, 소위 민족주의적 정서(sentiment)는 새로운 현실에 대한 감정적 적응일 따름이지 그것이 원인으로 오해되어서는 안 된다.[9] 그리하여 비록 민족주의적 정서가 현시대의 가장 강력한 정서들 중의 하나가 되었다 하더라도 이러한 감정적인 양상은 민족적 동원(mobilisation)의 수단으로서만 적절하지 그것이 대단히 결정적인 중요성을 지니고 있지는 않다. 왜냐하면 근세기의 전세계적인 사회, 경제적 발전은, 민족국가의 개념만이 존재 가능한 국제적 환경을 창출하였기 때문이다.[10] 젤너(Gellner)는 결론짓기를, 민족주의는 이런 사회-경제적 발전에 의해 충분히 설명되기 때문에 "민족주의에 대한 이념적이거나 이론적인 역사는 민족주의에 대한 이해에 크게 부적절하다."고 한다.[11]

같은 해에 발표되었고, 역사적으로 보다 심화된 연구에서 앤더슨(Benedict Anderson)은 어떤 방식에서는 젤너(Gellner)의 방식과 비슷하나 민족주의의 감정적 내용과 위력에 더 많은 주목을 한 해석을 제공한다. 민족주의들이 출현한 복잡하고 불연속적인 역사적 현상을 이해하기 위하여 앤더슨(Anderson)은 두 개의 넓은 범주, 즉 기술-경제적 발전과 아마도 이것의 부수적 특징인 인류학적-심리학적 변화를 지적한다. 첫 번째 범주는 젤너(Gellner)의 사회-경제적 논문과 유사하며, 전과정에서 가장 중요한 초점을 특수한 지리적, 언어적 경계내에서 '시민들'의 수평적인 공동체 의식을 형성한 '프린트-자본주의'(print-capitalism)에 두고 있다는 점만이 색다르다. 두 번째 범주는 지적, 심리적 감정적 요인들을 포함하고 있다.

유럽에서 종교적 우주론이 침식함으로써, 특수한 민족주의를 번성시키는 감정적이고 지적인 분위기를 일으켰는데, 그것은 마치 종교적 시각이 상실됨으로써 생겨난 '감정적 공간'을 민족주의가 메운 것 같다.[12] 그러므로 앤더슨에 따르면, 민족주의의 감정적 호소는 보상(補償, ersatz)종교의 기능에서 유래된다는 것이다. 실제로 우리 시대의 보다 보편적인 이데올로기들을 좌절시키는 것은 이러한 감정적 호소이다. 그것은 민족주의가 마르크시즘의 큰 걸림돌이 되는 이유 중 하나이며, 심지어 진정한 사회주의적 혁명이 민족적 용어로 정의되는 이유,[13] 그리고 가정컨대 국가 충성이 때때로 종교적 신앙보다 더욱 근본적인 것으로 되는 이유를 설명해 준다.

앤더슨(Anderson)이 종교와 민족주의적 감정(sentiment) 사이에 가정한 유사성은 암시적인 것이다. 그럼에도 불구하고 그 주제를 다룸에 있어서 놓치고 있는 어떤 것이 있다. 그것은 논리적으로는 자기-모순으로 보이는 '기독교 민족주의'라는 낯선 개념을 인식하지 못하고 있다는 점이며, 또한 그것은 대부분의 진지한 신학자들과 기독교 사상가들이 '기독교 민족주의'를 매우 반대하고 있다는 점도 언급하지 않고 있다는 사실이다. 종교적 우주론의 쇠퇴는 그들이 우주관과 보편적인 사유양식을 상실하고 있음을 나타낸다. 그리하여 그 상실은 일차적으로 지적 상실이며, 감정적 공백은 이러한 상실의 결과일 뿐이지, 그것이 근본적일 수는 없다. 민족주의가 보상(補償)종교로서 봉사하기 위해서는 이 지적 상실을 보상해야만 한다. 확실히 사람들은, 민족주의가 인간의 존재의미에 대한 의미를 제공해 주며, 또한 종교적 상징을 빌림으로써 민족주의는 소위 '과학적' 이데올로기가 감히 겨루어 이길 수 없는 감정적 권력을 휘두른다고 주장할 수 있다.[14] 그러나 종교적 우주론에 있어서 의미란 전적으로 감정적인 문제만은 아니다. 그것은 또한 매우 지적인 탐구 문제이기도 하다.

젤너(Gellner)와 앤더슨(Anderson)은 민족주의 계통에 자랑할 만한 사상가가 없다는 사실에 동의한다. 그러나 종교에 대해서는 같은 말을 할 수 없다. 왜냐하면 종교는 매우 심오한 수많은 사상가들을 자랑하기 때문이다. 이러한 관계에서 이데올로기 역시 종교적 우주론의 쇠퇴로부터 흥기하였음을 주목해야 한다. 비민족주의적 이데올로기, 특별히 모든 것을 포용하는 지혜를 주장하는 이데올로기들은 이러한 관점에서 볼 때 종교와 더욱 밀접한 유사성을 드러낸다. 현대 이데올로기의 발흥에 있어서 종교가 그 이데올로기들의 가장 큰 적수이며 위협이라는 것, 즉 예를 들어 역사가 허버트 버터필드(Herbert Butterfield)가 마르크시즘은 기독교에 가장 큰 도전을 제기하는데, 그 이유는 기독교와 같이 마르크시즘이 그 자체를 우주적인 교리에 의존하기 때문이라고 판단한 것은 거의 우연이 아니다. 여하튼 마리땡(Maritain)이 민족주의를 비난하였던 것은 기독교와의 기만적인 유사성 때문이 아니고, 그가 민족주의를 기독교 비전의 부정으로서 보았기 때문이다. 민족주의는 민족들 사이에 장벽을 세우며 그것을 정당화한다. 그러나 기독교는 반대방향으로 작용해야만 한다. 민족주의에 있어서 덕이 되는 것이 기독교에 있어서 악덕이 된다.

그러나 동일한 인간의 필요들에 대처한다는 의미에서 민족주의와 종교적 우주론 사이에 어느 정도의 유사성은 있지 않겠는가? 민족주의는 그 자아를 그 자신보다 더 큰 대상을 향해 나아가게 하는 것처럼 보인다. 그러나 기독교와 같은 종교에서는 하나님에 대한 예배는 모든 삶의 우연성에다 의미를 창조해 준다. 어떤 죽음도 의미없는 것은 아니다. 그러나 그것은 발생한다. 왜냐하면 사는 날은 정해져 있고 육체적인 죽음 이전처럼 그 이후에도 사람은 하나님의 지식 가운데 있기 때문이다. 반면 민족주의에 있어서는 의미가 민족의 목표와 관련되어 있으며, 민족을 위한 죽음만이 이해 가능한 것이다. 민족주의에는 뱀의 독이나 우연한 질병으로 죽은 아이의 부모를 위로할 것이 아무것도 없다. 민족주의로써 설계가 하나 있다면, 그것은 '우주 내적 인간'(man-in-the-cosmos)이라는 세속적 형태의 종교와 죽음을 초월한 연속성을 제공하는 것이라 하겠다. 그러나 모든 면에서 그것은 틀림없이 제한되어 있다. 또한 그것은 진정한 자기 본위(egotism)로부터의 구원의 약속도 아니다. 마리땡(Maritain)에게로 되돌아가면 민족이란 "성스러운, 절대적 이기심을 지닌 지상의 신이다."

다른 측면에서 볼 때, 종교와 민족주의 사이의 유사성을 예측할 만한 아주 자명한 사실이 있음을 주장할 수도 있다. 즉, 이슬람 민족주의와 현 폴란드의 가톨릭 민족주의를 볼 때 종교와 민족주의가 함께 번성할 수 있다는 사실을 제시하며, 아시아에서 종교적 운동과 동일시되는 민족주의운동이 희귀한 것이 아니라는 것을 보여 준다. "아시아 국가들의 정치에 끼치는 민족주의의 역할을 이해하려면 필수적으로 그 정치권내의 종교환경부터 이해해야 한다."[15]라고까지 주장되어 왔다. 예를 들어, 아그리파얀(The Aglipayan) 혹은 필리핀 독립교회는 민족주의와의 공생관계를 향유하였으며, 그렇게 함으로써 그 둘의 힘이 성장했다. 이것은 둘 중 하나가 다른 하나가 남긴 공백이나 메우는 식의 일이 벌어지지 않고, 그 양자가 공동의 목표들을 발견하는 곳에서는 유대가 가능함을 암시해 준다.

공동의 목표들이 존재하는 상황을 상상하거나 발견하는 것은 어렵지 않다. 식민지체제하에 있는 종교집단은 특별히 야만과 착취가 성행하는 곳에서 민족주의자들의 목표를 공유하기 위한 도덕적 근거들을 가지고 있다. 이것은 민족주의와 종교가 동맹을 맺는 것에 대한 부분적인 설명이다. 그러나 식민주의를 반대하기 위하여 제시하는 이유들 사이에서 뿐만 아니라 채택하는 방법들에서도 사람들은 종교와 민족주의 진영 사이에 어떤 차이점을 발견할 수 있을 것이라고 기대할 것이다. 바로 여기에서 종교-민족주의 동맹은 문제가 되는 것이다. 누가 그 노래를 부르고 누가 그것에 맞춰 춤출 것인가? 종교가 신화적인 논리적 근거를 가지고 민족국가의 원리를 그 신조의 일부분으로 채택하고, 또 그렇게 함으로써 민족주의의 한 표현이 되든지, 아니면 민족주의와의 관계에서 많은 갈등을 빚어 낼 그 자신의 안건을 제시하든지 그 둘 중 하나가 될 것이다. 도스토예프스키로부터 솔제니친에 이르기까지 러시아 문학전통에서 민족주의와 종교를 융합하려는 시도는 이러한 문제의 실례가 되고 있다. '러시아적 그리스도'는 진정으로 보편적이라고 한 도스토예프스키의 주장은 그 두 세계의 최상의 것을 얻으려는 시도로 보이나, 그것은 제국주의로 귀착되고 있다. 그리고 솔제니친이 러시아 정통교회 사제의 적절한 의무는 '진정한' 러시아의 회복에 봉사하는 것이라고 말했을 때, 그는 하나님께 봉사하는 것과 러시아에 봉사하는 것은 같은 것이 아니라는 질책을 받았다.[16]

그 둘을 융합하려는 시도가 종교와 민족주의 사이의 어떤 본질적 유사성을 입증해 주지는 않는다. 금세기의 수많은 연합전선에 의해 보여진 바와 같이, 민족주의자-마르크스주의자 동맹은 있어 왔고 현재에도 있다. 그러나 이러한 동맹 역시 상당한 갈등을 내포하고 있다. 그리고 성공한 모든 사회주의 혁명들은 민족주의적으로 정의되어 왔다는 앤더슨(Anderson)의 통찰은 여기에서도 칼자루를 쥔 쪽은 역시 민족주의임을 가리킨다. 더 나아가 관념의 수준에서 종교와 이데올로기를 융합하려는 진정한 시도들이 있었는데, 이 역시 최근의 '해방신학'에서 마르크스적 사회분석과 기독교 신학을 결합시키려는 시도와 같다.

종교와 민족주의의 융합을 설명하는 보다 만족스런 방식은 둘을 문화적 표현의 유사한 양식으로 간주하는 것이다. 종교와 민족주의는 둘 다 문화를 신성시하며, 문화를 그 밖의 모든 것 위에 둔다. 한 종교의 문화는 그것이 신성한 관념으로부터 비롯된다고 생각되어지기 때문에 역시 신성하다. 민족주의가 투사하는 문화는 정치적 이데올로기들과 성(性)과 계급상의 차이들 위로 고양되어지며, '민족'이라 불리운다. 이러한 방식으로 둘은 그들 문화의 건설에 대한 헌신과 봉사를 통일의 조건과 내용으로 만든다.

이러한 공식은 앤더슨(Benedict Anderson)의 견해에 매우 가깝다. 왜냐하면 그것은 민족주의가 종교의 한 형태라는 것을 암시하기 때문이다. 민족주의를 하나의 문화표현으로 볼 때, 민족주의가 민족을 어떻게 신성시하며, 정치적 활동을 어떻게 종교적인 예배로 전환시키는지 알아내기란 어렵지 않다. 문화와 민족은 하나가 되며, 각각은 상대방의 신성한 특성을 재강화한다. 브루스 카퍼러(Bruce Kapferer)의 오스트레일리아와 스리랑카 민족주의에 대한 연구는 이런 접근방식을 취하는데, 민족주의는 더 이상 보상(補償)종교가 아니며, 진정한 종교라는 지점에까지 앤더슨(Anderson)의 입장을 발전시킨다.[17] 이런 문화적 기초 위에서 카퍼러는 앤더슨보다 더 문화표현의 종교적 양식에 심원한 깊이를 주는 데 성공한다. 민족주의는 민족주의의 힘을 구성하고 있는 주의 깊게 고안된 신념들 및 잘 계획된 제도들과 프로그램들을 가진 보다 세련된 현상이 된다. 앤더슨(Anderson)이 관찰한 감정적 속성들에 덧붙여서 이 현상은, 좋든 나쁘든 많은 민족주의의 업적에 대한 책임이 있다.

내 자신의 접근방식은 '문화사'(cultural history) 분야의 카퍼러(Kapferer)와 몇몇 다른 학자들에 의해 채용된 접근법과 비슷하다.[18] 그러나 약간의 구분이 필요하기는 하다. 최근의 문화연구에서 내가 피하기 원하는 환원주의적 요소가 있다. 특별히 나는 마치 문화가 가장 중요한 것인 양 종교를 문화로 축소시키는 것을 원하지 않는다. 나는 하나가 다른 나머지 하나로 환원될 가능성을 보지 못한다 할지라도, 종교가 문화적인 표현이라기보다는 오히려 문화가 종교적인 표현이라고 주장하는 것이 더 타당성 있으며, 또 그것이 적어도 지성적인 것처럼 보인다. 나는 이런 혹은 어떤 문화적 투쟁이 역사에 있어서 원인과 결과의 단일한 원리라는 관념에는 동의하지 않는다. 다른 말로 하면, 나는 유물론자나 단일 원인적 견해를 피력하지 않는다. 문화가 이야기의 전체인 것은 아니다.

그럼에도 불구하고 문화는 그 전체 이야기의 매우 중요한 부분이며, 문화적 접근방식의 가치는, 문화가 신앙, 정신적 구조, 그리고 문화의 물질적 표현의 역사를 형성함에 있어서 흔히 생각되어 오던 예에 반하여 오히려, 더욱 적극적이며 부차적이지 않은 역할을 제공한다는 것이다. 이러한 문화적 요소가 만들어 내며 때로 이전에 상반된 만큼 많은 힘을 투자한 '발견'(그것이 새롭지는 않지만 어느 정도의 새로운 변형들이 있다.)은 역사 속의 변화와 같은 다루기 힘든 문제를 분석함에 있어서 매우 유용하였다. 이 점에 있어서는 아마 최근 여권운동가의 역사연구의 기여가 제일 크다고 본다.[19] 어떤 다른 관계 이상으로 성(性) 사이의 관계에 있어서는 문화구조들이 중심적이다. 그리고 힘이란 다른 집단을 지배하는 한 집단의 제도를 통하여 단순히 강요되거나 또는 경제력에 의해서만 규정되는 것이 아니라, 사람들이 그들의 사회적 세계를 나누어 준 대표들에게 위탁되고, 그렇게 함으로써 그 대표들이 그 세계의 창조를 책임지는 것이라는 주장이 가장 설득력 있게 제기된 곳이 바로 성(性)관계 연구분야이다. 내가 발견한 이 접근방식은 비록 좀더 깊은 관찰이 필요하다 할지라도, 최소한 19세기 중반으로부터 한국에서 열렬하게 시작되었던 민족의식의 원천과 내용에 대한 집중적인 문화적 투쟁을 분석함에 있어서 유용하다.

그러나 우리가 민족주의와 종교 양자를 역사 속의 문화적 표현들로 어떻게든 이해할 수 있다고 할지라도, 여전히 민족주의와 종교 사이에 구분을 유지하라고 충고할 만하다. 그러나 민족주의와 종교의 표현양식에 있어서는 그 둘이 때때로 구분되지 않는다. 적어도 보편적인 종교들을 고려해 볼 때, 종교와 민족주의가 정확히 같은 역사적 공간을 점유하지 않는다고 정당화할 것도 없으며, 또한 그것들이 정확히 같은 분석적 공간을 점유한다는 것을 정당화할 것도 없다. 보편적인 종교들은 민족주의와 동일한 원천에서 연유하지 않았으며, 전적으로 동일한 질문을 제기하지도 않고, 동일한 궁극적 목표를 가지지도 않는다. 그러므로 종교와 민족주의 사이에는 항상 활동적이며 잠재적인 갈등이 있으며, 따라서 문화적 투쟁은 종교와 민족주의 사이에서도 발생한다. 더 나아가 개신교와 같은 종교는 문화와 민족이 하나이며 동일한 것으로 보는 민족주의보다는 문화와 오히려 덜 밀접하게 연계되어 있다. 이러한 문제는 개신교가 외국에서의 수입으로 시작하였고, 여전히 많은 사람들에게 그런 식으로 여겨지는 한국에서는 특히 중요하다.

보편적 종교에 대한 나의 자료들은 의문시될 수 있다. 왜냐하면 문화적인 분석으로 볼 때 종교가 하나의 본질적인 체계로서 존재하지는 않기 때문이다. 그러므로 종교 신봉자들의 실제적인 신앙과 행위들을 종교의 '실재'의 구조와 비교하는 것은 별 가치가 없으며, 그 분석에 아무것도 덧붙일 게 없다. 만일 보편주의적 원리가 한국 개신교 민족주의자들의 정신이나 행동에서 적극성을 띠지 못하였다면, 내가 '보편적 종교'라는 용어를 사용하는 것은 무의미할 것이다. 그러나 나는 때로는 잠재적이긴 하지만, 개신교와 민족주의 사이의 깊고 적극적인 관련성에 대해 의문을 제기하기에 충분히 표면화된 증거를 한국 개신교 민족주의자들의 보편주의에 대한 입장에서 발견한다. 물론 민족주의는 자신이 임의로 택한 종교로부터 동의할 수 없는 요소는 배제하는 작용을 한다. 그러므로 보편주의가 민족주의 논의 자체 내부에서 어떻게 표면화되는지 아는 것은 어렵다. 그러나 한국 개신교는 경험론적으로 한국 민족주의들과는 별도로 존재하였는데, 한국 개신교의 형성에 도움을 준 민족주의와도 별도로 존재하였으며, 개신교 민족주의자들은 민족주의자 세계내에서만 배타적으로 살지 않았다. 기독교의 '교과서들'(texts)인 성경과 이차적인 경전 또한 경험적으로 민족주의의 독단에 대한 비판적 평가를 위해 호소력 있는 자료들로 존재하였다.[20]

개신교인들과 한국 민족

후에 천도교로 개칭된 동학이 한국 민족주의에 깊이 연루된 것은 놀랄 만한 일이 아니다. 동학은 동양의 지혜를 재생시키고 그것을 서구에 대항하여 비타협적으로 세우는 일이 한국의 특별한 사역이라고 믿었던 정치적으로 성공하지 못한 한 학자에 의해 1860년에 창설되었다. 동학의 목적은 한국의 정신에 따른 동양문화의 고양이었다. 그러나 먼저 한국 민족과 국가를 개혁하는 것이 필요했으며, 이러한 이유로 천년왕국설에 따른 반역에 참여하고, 천년왕국의 도래를 예언하였다. 동학이 20세기 민족주의에 있어 하나의 세력이 되었던 것은 당연하였다. 왜냐하면 동학이 민족주의적인 정황에서 창건된 종교의 한 실례이기 때문이다. 그리고 동학의 범신론적 구조는, 통일성(unity)이라는 민족주의의 요구에 잘 부합하였다.

한국의 현대 역사기록은 한국 민족정신의 고유한 기원에 대한 당대의 연구 가운데서 동학운동에 크게 주목하고 있다. "하늘과 인간은 하나이다."(人乃天)라는 종교적인 중심 주제는 일본의 침략과 계속되는 민족의 분단, 그리고 신식민주의가 기승을 부려 왔던 한국적 유형의 평등사회를 직시하였다고 생각된다. 그러나 동학에 대한 이런 초점이 이해할 수 있는 것인 반면, 하나의 한국 민족주의가 아닌 민족정신의 기원과 내용에 대한 자신들의 견해를 가지고 몇 개의 경쟁적 민족주의의 존재를 기억하는 것이 더 나을 것이다. 동학과 이에 관련된 운동들에 대해서만 집중적으로 관심을 쏟으면, 다른 운동들의 기여 특히 개신교도들이 한국 민족주의에 기여한 증거를 은폐하게끔 된다. 개신교도들의 영향력은 그들의 숫자와 비례하지 않았으며, 그들의 활동 또한 동아시아에서는 이례적인 것이었다.

1896년 4월 독립협회의 창설에서 1937년 6월 일본의 중국 침략에 이르기까지, 개신교도들은 한국과 해외에서 일어난 민족주의운동 가운데 대부분의 국면과 흐름에 참여하였다. 자기 스스로를 개신교도라고 여긴 사람들 중에는 미국에 기반을 둔 민주주의자들의 지도자이자 상해 임시정부의 수반이며, 후에 남한의 대통령이 된 이승만, 임시정부의 수상이었으며 게릴라 지도자이고, 한국 공산주의 운동의 창시자였던 이동휘, 정치가이며 교육자이자 독립협회와 자강회의 회장이었던 윤치호, 점진주의운동의 지도자이자 1919년 2월 8일 재일 동경학생들의 독립선언 11명의 기안자 중 열 번째 인물이며, 1919년 3월 1일 독립선언 33명의 서명자 중 16번째 인물이었던 안창호, 한글계몽운동의 지도자인 최현배, 사회주의운동의 주창자였던 김규식과 여운형, 민족여성운동과 교육의 조직자들이었던 김마리아와 임루이스(영신), 그리고 경제민족주의의 투사이며 1945년 4월부터 1946년 1월까지 북한 임시정부의 수반이었던 조만식이 포함된다. 심지어 암살단과 태업 분견대(sabotage squads)의 조직자였던 김구조차도 개신교도였다.

그처럼 광범위한 부류에 걸친 개신교도들의 이런 분포는, 그들 중 어떤 이들은 서로 적대적이었다고 하는데, 한국 민족주의에 대한 어떤 특수한 개신교도들의 공헌을 확인하는 것을 어렵게 한다. 자신을 비개신교도들과 구별하였던 개신교도들이 민족주의에 참여하는 데에는 어떤 이유들이 있었는가? 그것은 단순히 개신교도들이 서구 교육을 받은 첫 번째 무리들 가운데 있었기 때문에 서구 정치사상을 먼저 수용할 수 있었던 것인가? 아니면, 마치 18세기 한국 천주교도들이 봉건질서를 기독교적이라고 신봉했듯이, '기독교' 국가들이 매우 질서 잡혀 있었던 까닭에 민족국가의 원리는 당연히 기독교일 것이다라는 생각으로 개신교 민족주의자들이 설득되었던 것일까? 많은 개신교 민족주의자들에게 있어서 이 두 질문에 대한 대답은 긍정적인 것으로 보인다. 그러나 한 집단의 개신교도들의 글들과 활동은 개신교가 최소한 민족주의의 한 흐름, 즉 자아개조 혹은 '윤리적' 민족주의에 직접적으로 영향을 미쳤음을 보여 준다. 그 집단이 그 구성원의 신앙에 따라 민족주의를 형성하려고 시도하는 과정에서, 이 집단은 일본의 축출에 초점을 맞추었던 민족주의자들의 주장과 많은 갈등도 경험하였다.

19세기 후반의 자강운동(self-strengthening movement)은 개화당 구성원들을 중심으로 일어났다. 이것은 서구의 학식을 자신들의 필요에 따라 받아들이기로 하였던 메이지 일본과 같은 방식으로 근대화를 통하여 군대와 경제를 증강하는 것을 의미하였다. 그러나 개신교 개혁가들 중에서는 내적, 정신적, 윤리적 힘의 증강이 외적, 물질적 힘의 획득 이전에 요구되어야 한다는 사상이 주류를 이루었다. 1890년대에 서재필과 윤치호는 그들이 최근 획득한 개신교 신앙에 근거한 신념과 정책, 그리고 한국 사회에 대한 윤리적, 정신적 비판을 증진시켰다. 한국의 물질적 약함은 도덕적, 정신적 쇠퇴의 징후로 여겨졌으며, 자강(自强)은 개인과 사회에 대한 종교적, 윤리적 쇄신으로 재해석되었다. 기독교 신앙에서 한걸음 더 나아가서, 자강(自强)은 현대 교육과 시민적 덕목의 훈련, 그리고 모든 계급 사이의 일치를 요구하였다. 이에 따른 결론은, 자유민주주의 제도의 채택이었다.

1910년 일본이 한국을 합병한 후에 이러한 견해는 개신교도들은 물론 불교도와 천도교도들에 의해서도 지지되었던 자아개조 이론으로 발전되었다. 그 이론의 기본적 윤곽은 간단하게 언급할 수 있다. 한국의 식민지적 운명은 현대 국가의 물질적 필요가 결핍된 결과였다. 이러한 물질적 결핍은 분파주의에서 증명되었던 도덕적 강건성(fortitude)과 정신적 정직성의 부재, 공중 도덕성의 결여, 그리고 평화와 위기의 두 시기에 강대국에 의존하려는 치명적인 경향의 결과였다. 일본 자체는 분명히 하나의 문제였다. 그러나 일본은 더 깊고 더 심각한 문제의 일부일 뿐이다. 만일 일본이 언젠가 떠난다면 그 이후에 일본이나 또 다른 세력이 되돌아올 것이다. 그리하여 정신적 자아개조를 무시하는 한, 어떤 독립도 외부의 도움에 끊임없이 의존하게 될 것이다. 자아개조는 모범적인 공동체의 지원적인 체계들 속에서 추구되면서 민족적 특성의 개혁을 목표로 한다. 이러한 시험적인 공동체는 한국 미래상의 태아와 같으며, 그 공동체들이 성숙하면 외국의 지배를 필요없게 하고, 궁극적으로는 불가능하게 할 것이다.

개신교도들은 당연히 민족주의적 활동에 대하여 윤리적 견해를 취했다. 어떤 행동의 가치는 그 행동이 보편적이며 영원한 윤리적 표준들과의 상관관계에 따라 좌우되었다. 역사가 '하나님의 나라'로 방향 지어 있는 한, 역사는 의미를 획득하였으며, 그것은 마치 개인의 삶이 부활을 통하여 그 삶에 약속되어진 완전을 향해 나아가게 되어야만 하는 것과 같았다. 반대로 진리와 거룩함에 모순되는 모든 행동은 비록 그 행동이 봉사하는 목적이 옳다해도 영원히 정죄될 것이다. 민족주의의 목적들과 선험적인 요구들(transcendental claims) 사이에 있는 갈등의 해결책은 윤리적 민족주의, 즉 백성들을 하나님의 왕국의 가치와 제휴시킨 민족주의였다. 개인적 민족적 특성의 자아개조는 민족주의자들의 전략 그 이상이었으며, 그것은 독립국이든지 아니든지 간에 한 민족의 정신적 과업이었다.

1905년 이후 한국인들 사이의 정치적 운동에 대한 일본 총독부의 강압적인 탄압은, 자아개조 개신교도들로 하여금 정치적 운동보다는 문화적 재건의 우선권을 강조하기 위하여 '민족'(nation)과 '국가'(state)의 개념을 분리하도록 촉진시켰다. 이런 분리가 민족국가의 형태를 부정한 것은 아니었다. 즉, 이것은 민족문화를 국가의 유일 타당한 기초로 세우며, 또한 특히 정치적 민족주의가 장벽에 부딪쳤을 때, 윤리적 민족주의가 의미있음을 주장하는 것을 뜻했다. 1920년대에 이것은 민족을 기독교적 문명으로 재건하려는 자아개조 개신교도들의 소명이 되었으며, 그 시대의 문화주의에 그들이 참여하는 것을 보장해 주었다.[21]

이것은 한국 개신교도들의 문화관에 대한 문제를 제기한다. 신약은 '문화'에 대한 아무런 언급이 없으며, 그 개념이 영성에 부적절하다고 여겼다는 것을 암시한다. 이것은 영성이 문화에 전혀 부적절하지는 않지만, 문화와 문명이 그 자체로 목표가 아니라는 의미를 강하게 내포하고 있으며, 문화적인 잠재력을 위해서 신앙을 이용하는 위험성을 지적하고 있는 것이다. 그러므로 서구의 많은 개신교도들은 문화 혹은 문명을 너무 높이 평가하지 않으려는 경향을 보여 왔다. 종교개혁자들의 관점은(문제를 단순화하기 위하여), 신앙이란 문화를 훨씬 초월하기 때문에 "신앙은 문명 그 자체를 의심스럽게 여긴다."는 것이다.[22] 문화가 인간 상황에 대한 해결책으로 제시되어 신앙과 경쟁하게 되면, 문화는 반드시 거부당해야 한다. 그리스도가 문화 위에 서서, 그 모든 것을 심판한다는 사고는 개혁신학의 강력한 흐름이다.[23] 그럼에도 불구하고 많은 개신교도들은 문명과 신앙 사이의 긴장완화를 추구해 왔다. 루터의 오직 하나님의 은총에 의한 구원의 교리를 하나님과 인간 사이의 '절대적이고 질적인 구분'의 원리로 발전시킨 키에르케고르조차도 인간 문명의 상호 의존적 요소로서의 미학과 윤리학과 영적 생활을 결합시켰다.

그러나 한국 개신교도들은 신앙과 문명 사이의 갈등을 예견하지 못하였다. 둘 사이에 친밀하고 필요로 하는 관계가 있다고 주장한 엘리옷(T. S. Eliot)조차도, 사람은 심사숙고하여 의식적 계획에 따라 문명을 건설할 수 있다는 것을 부정함으로써 한국 개신교 지식인들로부터 돋보이게 되었다.[24] 아마 서구에서 한국 개신교 지식인들의 가장 가까운 동맹자는 사회학과 사회재건에 대한 국제도서관의 창립자인 칼 만하임(Karl Mannheim)일 것이다.[25] 한국 개신교 지도자들은 문명이 '자연'에 속하는지, 아니면 '은혜'에 속하는 지에 대한 질문에 고민하지 않았다. 비록 그들이 지식과 덕(德)의 분리가 가능하다고 인식했음에도 불구하고 그런 분리를 일탈로 여겼으며, 그런 이유 때문에 그들은 문명인을 영적으로 세련된 자로 정의하였다. 한국 개신교 지도자들의 우상타파주의(iconoclasm)는 수준 높은 문화관에 반대한 것이 아니고, 한국의 특별한 '우상들'에 반대하는 것이었다. 그들은 문명에 대해 매우 긍정적인 중국의 관념에 이의를 제기하지 않았다.[26] 결국 그들은 서구의 프로테스탄트들이 아니었으며, 그들 자신의 문화적 유산을 가진 한국 지식인들이었다. 새로운 하나님에 대한 신앙과 강한 새로운 민족에 대한 기대 사이의 거리는, 진정한 민족들은 윤리적-정신적 이상 위에 창설된 문명으로부터 비롯된다는 가정에 의해 늘어났다.

우리는 이런 사실에서 대다수의 개신교 민족주의 지도자들의 유교적 배경에 대해 고려해 보아야 한다. 1392년 조선왕조가 창건되었을 때, 성리학이 국가 이념으로 선포되었고, 불교를 용인하였던 한두 번의 예외적 기간을 빼면, 성리학은 19세기 말기까지 그 위치에 대한 자부심과 배타적 특권을 부여받았다.[27] 도덕적 발전, 혹은 자신의 도덕적 본성을 '닦는 것'에 강한 강조점이 주어졌고, 그 가운데서 충성과 효도가 특히 빛을 발할 수 있었다. 보다 심오한 학식, 보다 큰 도덕적 수양, 또는 천도(天道)에의 순응을 당연한 것으로 믿었다. 자신들의 도덕적인 지혜와 모범을 통하여, 왕으로부터 관료에 이르는 통치자들은 평민들을 부권적이면서 권위적인 방식으로 이끌어 올 수 있었으며, 그렇게 함으로써 그 땅에 평화와 풍요를 가져왔던 것이다. 이런 도덕적인 발달의 수단은 중국 유교 고전들을 학습하는 것을 통해서였다. 이런 과정은 한국에서는 양반으로 알려진 상류계급에만 해당되는 것이었다. 유교 경전으로 문자적인 훈련을 받는 것이 문명에 이르는 열쇠였다.

한국의 문화 민족주의자들은, 그들 가운데 우리는 개신교 자아개조 민족주의자들(self-reconstruction nationalists)을 포함시켜야 하는데, 성리학의 신앙을 교육과 도덕적인 자기 수양을 하는 문명화의 기능 속으로 넘겨주었다. 그들은 이념들(ideas)의 힘을 믿었으며, 민족의 특성을 바꿈으로써 민족의 상태를 변화시키고자 이상들을 수입하기까지 하였다. 근본적으로 정치적인 변화는 문화적인 변화와 더불어, 즉 지식인들에 의해서만 계획되어지고 그 효과를 나타낼 수 있을 변화와 더불어 진행되어야 했다. 인간 본성에 대한 전통적인 관점, 즉 인간 본성은 도덕적인 이해를 위한 능력에 의해 구별되어지며, 따라서 도덕적으로 교육되어질 수 있는 것이라고 본 것인데, 이 관점이 그전보다 더 민주적으로 하층계급들을 포함하여 적용되어졌다. 그러나 백성들은 계속 도덕적인 '부류'(category)로 간주되어졌고, 민족의 장래는 문화적 엘리트들에 의한 이 백성들의 '문예부흥'에 달려 있다고 보았다.

민족-국가의 윤리적-정신적 기초가 된 개신교의 자아개조 원칙과 개신교도들의 교육 캠페인의 강화, 그리고 그들의 문명화에 대한 선취(先取)는 모두 그 운동이 갖는 유교적인 배경의 빛 속에서 이해될 수 있다. 안창호와 이광수가 새로운 시민정신을 훈련하기 위해 설립한 '수양회'(the self-cultivation society)는 자신의 도덕적 본성을 닦는다는 성리학의 개념에 그 근원을 두고 나타난 듯하다. 자아개조운동의 문화적인 **표현양식**(*modus operandi*) 또한 이런 전통을 반영하는 것일 뿐만 아니라, 백성들을 새로운 민족으로 만들기 위해 새로운 종교를 받아들인 바로 그 이념 역시 성리학이 이해한 문명화의 개념에 완벽하게 일치하고 있다.(자연적으로 유교적인 전통이 아닌 기독교나 다른 어떤 종교를 선택하는 것을 받아들일 수 없었으나, 그 뒤에 깔려 있는 원칙에 있어서는 동일하였다.)

이런 성리학의 유산들에 동의하였음에도 불구하고, 한국 개신교 자아개조 민족주의가 본질적으로 성리학 주창자들의 전통적인 배경을 확장한 것이었다고 결론짓는 것은 궁극적으로 오해일 것이다. 왜냐하면 실제적인 의미에서 개신교 자아개조 민족주의는 그 당시 유교의 특성, 문화, 정치적인 체계를 파괴하는 데에 전념한 하나의 우상타파운동이었기 때문이다. 분명한 것은 성리학이 '순수한' 유교는 아니었으나, 개신교도들은 전해져 온 상태의 유교를 공격하였을 뿐이고, 원래의 유교를 공격하기 위해 나타난 것은 아니었다. 새로운 문명화의 내용도, 그 문명화가 요구한 통일의 기초들도 성리학으로 그려지지는 않았다. 확실한 전통적인 이념들 내지는 도덕적인 교훈들이 한국에 유입된 개신교의 활동적인 형태와 겹쳐지는 곳에서 전통적인 관점들이 재소개되었고, 한국의 개신교도들은 새로운 이념들을 받아들이는 방식에 있어서 확실히 영향을 받았다. 그러나 이런 사실조차도 오해이다. 왜냐하면 전통적인 이념들은 빈번히 전통 속에서는 인식되지 않는 방식으로 개신교도들에 의해 재해석되었고, 그때 그들은 성리학을 극복하는 방식을 그 무기로 사용했었기 때문이다.

그럼에도 불구하고, 하나의 새로운 체계가 기존의 전통에 의해 빚어지는 정도를 과대 평가하려는 강한 경향이 있는데, 그것에 대한 특별히 타당한 근거는 나타나지 않는다. 하나의 전통은 엄청난 관성(inertia)을 가지고 있어서, 그 역사가 길면 길수록 한 백성에 대한 지배력이 더 강해진다는 사실이 가끔 주장된다. 전통이 마치 유전자의 일부로 변하여 피를 통해 전해진다는 인상을 받을 정도이다. 그러나 전통은 백성들의 정신들 속에 존재하며, 정부나 종교, 가정 같은 백성을 사회화시키는 구조들과 기관들을 통해 나타나는 것이다. 하나의 오래된 전통은 이런 기관들이 오랜 동안에 걸쳐 그 전통 자체를 완성해 왔고, 양자택일을 배제해 왔기 때문에 그토록 강한 지배성을 띄고 있다. 그러나 사회화는 결코 완성될 수 없는 것인데, 그 까닭은 전쟁이나 경제위기들 때문에 불연속성들이 늘 나타나며, 어떤 양자택일의 문제들이 다른 사회들과의 관계를 통하여 제기되기 때문이다. 그런 위기에 직면하였을 때, 사람들은 그들의 마음을 바꿔 먹을 수 있고, 사회화하는 구조들을 변경시키려는 일에 착수할 수 있다. 그들이 성공하느냐 하지 못하느냐 하는 것은 얼마나 많은 사람들이 그들의 마음을 바꿔 먹으며, 전통적인 기관들이 얼마나 완벽한가, 그리고 전통의 수호자들이 정치적으로 얼마나 강한가 하는 것에 달렸다.

또한 가정된 하나의 새로운 이념을 지지하는 사람들이 전통적인 용어들에 너무 젖어 있어서 자신들을 지배하며 휘두르고 있는 전통의 힘을 스스로 인식하지 못하고 있다는 주장도 있다. 언어와 상징으로부터 벗어나는 것이 얼마나 어려운가 하는 점을 지적한 것은 확실히 타당하다. 그러나 그런 지적은 한국 개신교도들이 기존의 전통을 더욱 맹렬히 흠

잡으면 잡을수록, 그들은 더욱더 성리학 속으로 빠져들어간다는 역설로 이끌리기 쉽다. 이런 관점에서 본다면, 스피노자는 실제로 전통적인 유태교 유일신론자였고, 마르크스는 실제로 유산계급 도덕주의자였다는 말이 된다. 이런 사실에 대해 생색을 내는 점이 없잖아 있고, 우리의 경우에는 한국 개신교도들이 근본적으로는 성리학도들이었다고 가정하기 이전에, 그들이 그들 자신의 입장과 전통적인 입장 사이의 차이점들에 대해 얼마나 알고 있었는가를 밝혀 내는 것이 더 나을 것이다.

효도에 관해서 볼 때, 개신교 신자(信者)들은 확실히 자신의 부모를 공경하는 것을 지지하며, 가족에 대해 높은 견해를 가르치고 있다. 그러므로 유교의 윤리와 겹쳐지는 부분이 있었다. 그러나 한국 개신교 민족주의자들은 효도를 모든 사회적 관계들에 대한 귀감으로 제한하지 않았다. 반대로 이승만, 서재필, 윤치호, 그리고 안창호 같은 이들이 모두 관리들은 백성의 종들이라고 가르쳤을 때, 이것이 효도의 전통에 대한 고의적인 거부였다. 수양회가 성리학적인 요소를 갖고 있었던 것은 사실이나, 안창호가 그의 흥사단 조직을 건설하였을 때, 그것은 민주주의 원리들의 실천을 고무하는 것이었고, 그 훈련방법은 그가 오랫동안 속해 왔던 장로교단의 요리문답 학습들을 거의 모방한 것이었다. 안창호 자신의 착상은 그가 (그리고 de Tocqueville과 함께) 미국에서 유배생활을 하는 동안 관찰해 두었던 지역 연합체계였다. 개신교의 교육적인 노력의 내용과 목표는 그것이 아무리 교육에 대한 전통적 관심에 의해 촉진되었다 할지라도, 역시 성리학과는 대립되는 것이었다. 특히 남자든 여자든 간에 상관없이 가장 비천한 사람이 최고 위층의 엘리트들에 앞서는 도덕적 자질을 획득할 수 있다는 사상은 성리학의 지혜나 도덕적 가르침과는 정반대되는 것이었다.

그리하여 개신교의 자아개조 민족주의자들이 그들 성리학의 배경으로부터 몇 가지 주요 강조점들과 방법들을 전수받았다고 할지라도, 그들은 진정으로 새로운 무엇인가를 지지하고 있었다. 그들은 민족국가

체계를 세계를 위한 자연스럽고 적절한 질서로 받아들였고, 민족의 정체성을 개신교의 가치들을 중심으로 재형성하기를 희망하였다. 그들은 개신교의 정신을 성리학의 결과물인 '아첨'(toadyism)과 부패한 자기 추구에 반대하여, 자아 신뢰(self-reliance)와 공적인 이타주의의 정신으로 간주하였다. 새 민족은 본질적으로 자본주의 노선을 따라 발생하는 상업과 산업의 현대화와 더불어 자유 민주주의로서 조직되어야만 하였다. 1910년경 개신교도들의 수는 인구의 2% 미만이었고, 1930년경에도 3%에 채 이르지 못하였음에도 불구하고, 그들의 견해가 그들 당시의 시류(時流)를 향유한 것은 주목할 만한 일이다. 그러나 이것은 광범위한 민족주의자 그룹이 서구 문명의 수용을 통하여 민족을 현대화하려 했었다는 맥락에서 이해되어야만 한다.

개신교 민족주의자들이 그들의 전통으로부터 보유하고 있던 것은 목적과 동시에 수단으로서의 문화의 중요성에 대한 강조와, 결과적으로 민족적 정체성을 단순히 종족에 근거시키지 않으려고 한 것이었다. 또한 보편적 신조로서의 개신교는 이러한 점에서 전통에 순응하며, 민족주의의 문화주의적 형태의 수용을 촉진시키는 데 기여하였다. 결과적으로 자아개조 민족주의자들은 민족문화를 국가와 분리시키는 경향을 띠었으며, 그들의 정력을 민족문화에 집중시켰다. 문화적 개조를 정치적 활동보다 더 중요시함으로써 그들은 1920년대와 1930년대에는 좌우익 민족주의자들로부터 타협자, 기회주의자, 심지어는 수동적 협조가라는 비난을 받았다.

초기의 타협 : 개념 정의문제

1945년 8월 외부세력에 의해 일본이 축출된 이후, 이광수와 윤치호 같은 민족주의적 인물들을 실패자로 여기는 것이 일반적인 풍토로 되었다. 심지어 조만식조차도 순수히 그 사태를 모면할 수 없었다.[28] 그런 인물들이 심판받는 표준은 단순하고 분명하다. 그 표준은 일본 식민지체제에 대한 명백한 정치적 저항이다. 그 척도는 민족적 영웅의 유형이고, 그들의 모습은 프레스크로 장식하거나 동상으로 주조되어진다.

칼 포퍼(Karl Popper)는 그의 글 어디에선가 '정교하고도 진지하게' 요점을 빗나가는 지나치게 미묘한 논쟁을 경고하고 있다. 때때로 논쟁의 복잡함이 파멸의 원인이 되는 일이 발생한다. 즉, 논쟁이 덜 직선적일수록 더 확신을 주지 못한다. 그러나 역사적인 저술들 가운데서 논쟁은 문제의 어떤 복잡성을 용인하지 못하는 어떤 감정적인 책임들에 근거하여 일축된다. 식민지체제 아래서 했던 '협력'의 문제보다 더 이런 감정적 성급함 때문에 희생이 된 주제는 거의 없다. 그러나 이것 만큼 감정적인 거리를 요구하는 주제 역시 거의 없다. 왜냐하면 조사의 대상인 바로 그 당파심에 대한 논쟁 속으로 빨려 들어가는 것은 전혀 도움이 되지 않기 때문이다. 여기서는 논쟁의 미묘가 문제가 아니라, 오히려 미묘의 결여 때문에 신빙성을 잃는다.

문제에 대한 철저한 조사는 세 가지 측면에 대한 숙고를 요구한다 :

1. 협력자로 지목된 사람들 자신이 했다고 주장한 것 ;
2. 다른 한국인들과 일본인들이 협력자로 지목된 사람들이 했다고 믿은 것 ;
3. 후대의 역사가들이 협력자로 지목된 사람들이 했다고 해석한 것.

이 책에서 나는 두 번째 측면보다 첫 번째 측면을 좀더 많이 다룰 것인데, 그 이유는 지금까지 첫 번째 측면이 두 번째 측면보다 소홀히 취급되어져 왔기 때문이다. 그러나 나는 또한 하나의 역사적 해석을 제공한다. 나의 주장은 협력 문제에 대한 논쟁의 쟁점들은 본질적으로 정치적 저항 대(對) 비정치적 저항의 문제라는 것이며, '국가' 보다는 '민족' 에게 논리적 역사적 우선권을 부여하는 것이 자아개조 집단의 경향이었고, 이 점이 그들에게 타협했다는 비난을 받게 한 것이었다. 기독교 보편주의와, 점차 배타적으로 되어가는 종족 중심 민족주의간의 갈등은 이러한 문제와 깊은 연관을 가지고 있다.

이러한 갈등은 윤치호를 이해하는 데에 결정적인 것이다. 그는 자아개조 민족주의의 조성자였으며, 기독교의 관점에서 보건대 한국에서 가장 뛰어난 인물들 중의 하나였다. 그러나 대부분의 민족주의자들에게 그는 1918년 이후로 실망을 준 인물이었다. 윤치호는 일반적으로 일본 문화의 공격 앞에서 고등교육을 받은 귀족적 문화주의자의 취약성을 드러낸 한 예로 보여진다. 그러나 그가 명백히 사용하고 있는 기독교 보편주의라는 용어의 의미로 소위 그의 죄목인 타협을 이해하는 것 역시 매우 중요하다. 그 자신이 사용하는 용어상으로 볼 때, 그는 그의 동포의 운명을 개선시키는 데 깊은 관심을 가졌던 민족주의자였다. 그러나 그는 타락한 세계 안에서 사는 인간들의 행위를, 또한 사회를, 그가 가지고 있던 기독교적 이해로 볼 때, 고된 노력이 있음을 보여 주었다. 비록 그가 종족에 대하여 충분히 의식하고 있었지만, 종족은 적절한 출발점이 되지 못하며, 증오에 의해 가열된 민족주의는 위험하다고 생각하였다. 그는 개인의 부패에 대한 관심에서 시작하여 그 관심을 민족적, 국제적 활동무대로까지 바꾸어 놓았다. 민족의 재건은 몇 가지 차원에서 필수적인 것이었으나, 본질적으로 그것은 영적 갱신에 앞서 요구된 도덕적 명령이었다. 그가 후에 의지나 용기를 결여하였든 그렇지 않았든 간에, 그는 그의 견해를 일관성 있게 고집하였다.

자아개조 이상에 대한 보다 적절한 비판은 그것이 순진하였다는 것일 것이다. 자립재건 민족주의자들이 개인의 도덕성 개선과 지식, 그리고 전문적 기술은 불가피하게 사회를 변형시키고, 마침내 독립국가를 보장할 것이라고 주장하는 변화의 철학은 자율성을 지닌 사회적 '규범들'의 가능성을 소홀히 취급하였고, 외국의 지배를 받지 않는 민주국가에서조차도 사회적 변혁은 상당한 투쟁을 요구한다는 사실을 신중하게 생각하지 않는 것처럼 보였다. 군사적으로 강력한 일본제국이 민족정신의 특성들을 획득한 주민들을 의식하여 전략적인 한반도로부터 물러날 것이라는 생각은 불합리하게 보인다. 그러나 그때 한국인에 의한 어떠한 자기 주장도, 정치적 군사적 행동을 포함하여, 이러한 견해에 입각하여서는 아무런 희망이 없었다.

다시 한번 전체적인 질문을 더 면밀히 검사해 볼 필요가 있다. 가능성의 문제에 대한 개신교도들과 급진적인 좌익과의 논쟁은 개신교도들이 그렇게 순진하지만은 않았으며, 이 점에 있어서 사회주의자와 비사회주의자 사이에는 엄격한 구분이 있었다는 생각은 수정될 필요가 있다는 사실을 암시해 준다. 조만식의 경제재건을 위한 프로그램과 안창호의 점진적인 접근운동에 연루된 '윤리적' 사회주의자들(칸트의 윤리에 입각하여 인간을 상품으로 취급하는 데 반대한 주장에 기초하고 있는 자들)이 있었다. 또한 변혁의 수단 및 그들의 이상들과 독립 사이의 관계에 대하여 자아개조 지도자들 사이에 지루한 논쟁도 있었다. 역사적인 수준에서 볼 때, 많은 한국인들은 똑같은 이유로 기독교와 사회주의를 수용했던 것으로 보인다. 그리고 많은 이들이 양자를 모두 포용하였다. 기독교는 비기독교와 비서구 세력의 손에서 받는 수모와 고통으로부터의 구제를 약속하는 한편, 한국 사회 내부에 있는 악들을 극복해야 한다고 주장하였다. 반면에 사회주의는 피억압적 식민 '계급'으로부터의 해방을 약속하였으나, 또한 그러한 '계급' 내의 계급투쟁에 주목하는 것에 관심을 가졌다.

연구의 체계

본 연구는 1896년 서재필의 독립협회 창설과 더불어 시작하며, 1937년 일본의 중국 침략으로 끝을 맺는다. 독립협회는 한국의 첫 현대적인 민족주의 조직이라고 대부분 인식하고 있다. 그리고 독립협회는 한국의 새로운 개신교 지식인들이 민족에게 그들의 자아개조 이념을 제기할 수 있는 첫 번째 기회였다. 일본의 중국 침략으로 말미암아 한국의 모든 합법적 민족주의 조직들과 대부분의 불법적인 민족주의운동들이 그 종말을 고하게 되었다. 개신교 교회들에 있어서 그 사건은 온 반도가 일본의 전쟁노력봉사의 압력을 받게 됨에 따라 강압의 새로운 시기가 시작됨을 의미했다.

제 1장은 1884년에 시작되어 1907년에서 1908년에 걸친 성령 대부흥운동과 1910년의 일본의 한국 합병에 이르기까지의 개신교의 확장을 기술한다. 이 기간 동안 한국인들은 갑신정변(1884), 동학혁명(1894), 그리고 이 땅에서 벌어진 두 번의 전쟁, 즉 중일전쟁(1894-1895)과 러일전쟁(1904-1905), 1905년 일본 보호령의 확립, 그리고 1910년 최종적인 독립의 상실을 경험하였다. 이 때는 개화당과 독립협회, 대원군으로 알려진 섭정정치, 자강(自强)과 계몽운동, 그리고 일본에 대한 의병들의 저항으로 대표되는 경쟁적인 민족주의들의 발흥을 보았던 시기였다. 이러한 맥락에서 개신교는 급속하게 농촌과 하급계층 사이에 확대되었고, 마찬가지로 수많은 재능있고 정력적인 양반이나 엘리트들의 충성을 얻을 수 있었다. 이러한 사람들이 민족주의의 조직에서 뛰어난 면모를 보이게 됨에 따라 훨씬 더 많은 수의 평민 개신교도들의 존재가 그들로 하여금 새로운 신앙을 새로운 민족 일치와 그 형태의 원천으로 여기게끔 고무하였다.

제 2장은 같은 시기를 검토하지만, 윤치호의 자아개조 민족주의의 발전에 초점을 맞춘다. 수개 국어에 능통한 윤치호는 한국, 일본, 중국, 미국, 프랑스에서 교육받았다. 그는 한국에서 고전적인 유교교육을 받았고, 미국에서는 에모리대학과 밴더빌트대학에서 개신교의 신학훈련을 받았다. 한국 YMCA 창립 멤버요, 기독교에 기준한 새로운 교육체계의 주창자로서 그는 독립협회의 지도력을 통하여 활동적인 민족주의자가 되었다. 윤치호는 조선왕조 말기에 실행되고 있던, 성리학에 대해 격렬

한 비판자가 되었으며, 뒤따른 자아개조운동을 위한 토대를 세웠다.

제 3장과 4장은 한국인들 사이에 '암흑기'라고 알려진 시기, 즉 한민족에 대한 일본의 군사통치의 첫 번째 10년 기간에 관심을 갖는다. 합병은 한국 민족주의의 본질에 깊은 영향을 주었다. 일본은 모든 민족적 조직을 억압하였고, 한국인들을 성장하는 일본제국에 동화시키려는 그릇된 시도를 시작하였다. 민족주의가 이전에는 국가를 개혁하고 변화시키는 데에 더 많은 관심을 가졌지만, 이제는 거의 전적으로 일본으로부터의 독립에 초점을 맞추었다. 그러나 1913년에 이르러 한국내의 게릴라 저항은 진압되었고, 그 이후 직접적인 정치적 저항은 접경지대인 만주에서 펼쳐지게 되었다. 개신교도들은 한국인의 정체의식을 교회와 학교를 통하여 보존하기 위해 노력하였으나, 총독부에 의한 끈질긴 공격을 받았다. 1911년에 윤치호와 대부분 개신교도들이었던 수십 명의 또 다른 민족주의 지도자들이 체포됨으로써 한반도에서의 활동 반경은 심각하게 축소되었다.

이 기간의 고통들은 개신교도들에게 그들의 신앙공동체를 속박하에 있던 고대 이스라엘의 한 유형으로 간주하도록 하였다. 남아 있는 공동체로 민족을 회복시키고, 기독교 문명의 이상에 따라서 민족을 재창조하는 것이 그들의 사명이었다. 합병이 임박하게 되었을 때, 해외로 망명했던 많은 개신교도들은 유랑공동체에서 지도적인 위치를 차지하였으며, 그 공동체를 통하여 그들은 또한 (이 경우는 유랑 중에 있었던) 고대 이스라엘과 한국교회를 동일시하여 대중화시켰다. 이러한 상징은 특별히 재미 한국인들 사이에 강했으며, '기독교' 국가인 미국은 당연히 동맹국으로 가정되었다. 윤치호보다 더 젊은 동역자였던 안창호가 흥사단을 창설하여, 기독교 재건 이념을 한층 더 세련시켰던 곳도 바로 미국에서였다.

제 5장은 1919년의 3·1운동에 잇따라 나타난 식민정책의 변화에 의해 조성된 문화적 민족주의를 위한 명백한 기회에 접하는 개신교 자아

개조 민족주의자들의 반응을 검토한다. 독립을 위한 범민족적 대중 봉기는 부분적으로는 제 1차 세계대전의 결과로 베르사이유에 모였던 서방 민주국가들의 지지를 얻기 위한 의도였고, 일본으로 하여금 철저한 검열을 거친 신문과 잡지, 그리고 민족 기구를 통해서나마 어느 정도 제한된 표현을 할 수 있도록 한국인들에게 허용하게 했다. 그러나 그 운동의 실패와 엄청난 인명손실은 비록 그 자체로써는 놀랄 만큼 일치된 시위였지만, 민족주의를 분열시킨 원인이 되었다. 어떤 이들은 이런 과정을 통해서 만주에서 군대를 조직해야 할 필요성이 있다는 증거를 보았고, 어떤 이들은 외교적인 공격에 더욱더 많은 노력을 기울어야 한다고 결론지었다. 반면, 어떤 이들은 서구 민주주의를 혐오한 나머지 민주주의를 그만두고 사회주의를 받아들였다. 그러나 3·1운동의 실패로 자아개조 민족주의자들이 얻은 교훈은, 본질이 없는 정책들이란 비생산적이라는 그들의 주장을 강조하는 것이었다. 민족의식은 윤리적·정신적 기초에 달려 있다는 그들의 공리를 이끌어 내면서, 그들은 국가(즉, 정치)로부터 민족(즉, 문화)의 분리를 제안하였고, 그들의 노력을 교육에 집중시켰다. 이것은 즉각 그들을 사회주의자들과 우익 민족주의자들과의 논쟁에 말려들게 하였고, 그들로부터 타협과 협력이라는 비난을 받게 되었다.

　1920년대 중반부터 포위 당한 좌우익 양편의 민족주의자들은 1927년 신간회로 구체화된 연합전선운동을 모색하기 시작했다. 그러나 1931년 그 연합전선은 와해되었다. 같은 해 일본은 만주 합병을 위한 최종 마무리작업을 서둘렀고, 그러한 사태는 한국 북부의 산업발전의 강화와 한국 민족운동에 대한 두드러지게 증강된 탄압의 시기를 위한 서곡이었다. 자아개조 진영이 그 연합전선에 합류하지 않은 것은 아니었으나, 그들의 주요 목표는 동우회였던바, 이것은 이광수가 안창호의 흥사단의 한국 지부로서 1923년 서울에 설립하였던 수양회(the self-cultivation society)였다. 동우회의 회보였던 「동광」(東光)은 민족문화의 정의에 대한 논쟁을 위한 마당이었다. 이러한 논쟁이 제 6장의 초점이다.

마지막 장은 식민지 지배하에서 자아개조 원리의 가능성에 대한 주요한 시험, 즉 그것을 경제에 적용하는 문제에 관심을 돌린다. 1922년 장로교인이었던 조만식은 조선물산장려회를 설립하였는데, 그 목적은 한국인들 사이에 경제적 자급을 달성하는 것이었다. 이 운동은 초기에 불교도와 천도교 신자, 그리고 심지어는 몇몇 사회주의자들로부터도 지지를 받았으나, 곧 일본과 투쟁 국면으로 치달았고, 사회주의자들로부터 부르주아운동이라는 공격을 받게 되었다. 평판이 자자할 정도의 성공은 아니었다 할지라도, 그 운동은 1920년대와 1930년대에 가장 큰 지속력을 지닌 운동 중의 하나였으며, 동우회와 더불어 민족주의 논쟁에서 자아개조운동에 대한 가시적 성과를 보여 주었다.

일본에 의해 강요된 제약조건하에서 자아개조 개신교도들은 그들의 신앙을 만족스럽게 행동으로 옮길 수 없었다. 1937년에 총독부는 모든 민족단체들의 해산을 명령하였고, 다른 사람들 사이에서 자아개조 민족주의자들을 체포하기 시작하였으며, 1938년에는 주요 개신교 교단에게 신사참배를 강요하였다. 당분간 실험은 끝났다. 한국 민족주의를 위해 개신교도들이 한 이런 공헌의 중요성은 신앙과 민족주의 사이의 갈등을 창조적으로 '해결'하고, 민족주의를 '적'(敵)의 용어로 정의하는 것을 거부하였으며, 그리고 긍정적인 대안을 제시했다는 데에 있다. 그리하여 그 단체들이 한반도에서 정치적으로 무기력했던 한국인들의 매일매일의 실존에 얼마 만큼의 의미를 주었는지 하는 정도는 그 시기에 대한 미래의 사회역사를 위한 한 주제이다.

자아개조운동은 19세기 후반에서 20세기 초반에 이르기까지 한국에서 활발한 활동을 한 많은 민족주의 계파들 중의 하나일 따름이었다. 그러므로 이 연구는 한국 민족주의 전체에 대한 한 해석인 체 하지 않는다. 한국에는 하나의 민족주의가 아닌 경쟁하는 수많은 민족주의들이 있으며, 민족주의에 대한 어떠한 정의도 그 내용상 총체적으로 규명하기는 불가능하다. 독립적인 민족국가를 열망하는 것, 또한 전민족을 하나의 국가 아래 결합시키는 역사적 사명을 믿는 것, 이 두 사실을 제외하고는 다양한 흐름의 한국 민족주의자들은 한 민족과 한 국가를 만드는 일에 대해 일치된 견해를 나누지 못하였다. 한국 문화의 본질에 대한 일치된 견해가 없었기 때문에 민족을 정의하는 방법에 대한 협정이 없었으며, 결과적으로 통일의 일반적 원리와 방법마저도 없었다. 이러한 경쟁적 흐름과 비연속성의 시대에 개신교 자아개조 민족주의는 가장 지속적인 민족주의 철학이었다.

  만약 한국 민족주의를 종합할 수 있는 어떤 요소를 끌어낸다면, 그것은 그들 모든 민족주의자들이 민족의 형식과 내용에 대한 문화적 투쟁, 즉 계속되고 있고, 여전히 미해결인 채 남아 있는 투쟁에 참여하였다는 것이다. 현재 두 개의 국가로의 민족 분열, 끈질긴 경쟁적 민족주의의 흐름, 민속문화의 점증적 재생과 한국 민족사에 기독교의 계속적 참여라는 주어진 상황 속에서, 이러한 투쟁의 해결을 위해서는 어떠한 경우에도 주도적인 문화(a hegemonic culture)를 강요하는 것이 건전한 해결책이 될 수 없을 것이라는 사실에 대한 상호인식을 갖게 되기까지 기다려야만 할 것이다.

개신교의 도입

　많은 전통적 문명들에서와 마찬가지로 조선에서도 철학과 종교와 국가 이념 사이의 경계가 불명확하였다. 비(非)유교적 종교들은 어떤 반종교적 열정 때문이 아니라, 성리학의 국가 정치에 대한 지배를 강탈하지 못하도록 규제되거나 억압되었다. 따라서 19세기 후반에서 20세기 전반에 이르기까지 조선왕조가 직면한 국내적, 국제적 위기에 대한 종교적 해석의 실재나, 민족에 대한 종교의 경쟁현상은 예외적인 것이 아니었다. 한국 민족주의는 현대화된 형태들에 있어서조차도, 세속화하는 세력은 아니었으며, 오히려 민족을 신성화시키고, 더 나아가 민족의 기원, 문화의 가치, 정치적 내용들의 문제가 본래는 종교적이라는 의식을 고양시켰다. 비록 개신교가 각각의 논점에 관해서 할 말이 많았지만, 그들은 자신들이 설정하지도 않은 논쟁에 오랫동안 말려들어 갔다.

전통적 종교 배경

18세기의 악화되어 가는 농촌의 상황은 점증하는 농민들의 불안을 동반하였다. 부분적으로 봉건체제하의 이러한 고역에 대한 반응으로, 공식적인 성리학의 정통교리가 갖는 지나친 형이상학적 사변에 반대하여 실학이라는 경험적 학문을 발전시킨 일단의 학자들이 대두되었다. 가장 저명한 실학 주창자인 다산(茶山) 정약용(1762-1836)은 천주교 교인이었으며, 그가 속해 있던 남인학파는 부분적이나마 19세기경 가톨릭 세계관을 수용하였다. 다산은 새로운 가톨릭 교리와 과학을 원시 유교에 대한 그의 해석과 종합하고, 그것들을 성리학의 정통교리에 대한 대안으로서 봉건적인 경제, 정치구조에 적용시키려는 시도를 하였다.[1] 그러나 그와 그의 동료들은 궁정에서 용인받기에 충분한 지지를 확보하는 데 실패했으며, 19세기 초 정통 노론계열은 실학을 억압하고 천주교를 배척하며, 완고한 입장을 취하여 결국은 다가오는 대격변에 대응을 못하고 말았다.

다산이 예시하였었던바, 1862년의 대농민반란 후에, 실학은 서구사상에 열린 마음을 가지고 있었던 어떤 귀족 청년들이 개혁운동 단체를 형성하였을 때, 거의 실현되는 듯이 보였다. 그러나 그 청년들이 실학을 수용한 것은 선택적이었으며 개혁자들의 정치적 경제적인 계획 안에 실학의 원리가 참으로 수용될지는 의문이었다.[2] 종교적 학식을 가진 많은 개혁가들은 그들의 1884년 12월 쿠데타(갑신정변-역자 주)가 실패하자 기독교로 돌아섰다. 1895년에 일본이 중국을 참패시키자 개혁적인 유교조차도 위신을 잃었으며, 10년 후 조선왕조의 몰락은 유교에 대한 제도적 지원조차도 박탈당하였다.

19세기의 불교 역시 심각한 사기저하를 겪고 있었다. 정통 성리학이 안팎으로부터 위협당하자, 성리학은 비공식적인 '자발적' 종교(voluntary religion)에 대해 한층 더 심한 탄압을 가하였다.[3] 불교에, 통합

제1장 / 개신교의 도입   45

된 범민족적 조직을 발전시킬 수 있는 기회와 조건이 주어졌더라면, 불교는 소란스런 19세기 동안에 현존하는 정치 질서에 도전할 수도 있었을 것이다. 그러나 한국의 통치 엘리트들은 체계적으로 조선왕조 동안에 이러한 기회를 부정하였고,[4] 게다가 중국 청나라 불교의 제도적인 허약함 때문에 한국의 불교는 외부의 도움도 받을 수 없었다. 불교는 주요한 사회적, 정치적 제도들로부터 심하게 격리된 위치로 떠밀려졌다. 그리고 다소 순진하게도 초기 기독교 선교사들은 '부처의 태양이 한국에서는 저물고 있는 것으로 보인다.'[5]고 관찰하기에 이르렀다. 이러한 정치적인 불리함에 더하여 백성들 사이에서는 불교에 대한 존경심이 상실되었다. 즉, 남승(男僧)과 여승(女僧)에 의한 성적 부도덕과 재정적 비행에 대한 소문과 진술이 이 시대에 성행하였기 때문이다.[6]

유교와 불교 밑에 깔린 종교는 한국의 고유하고 '고전적인' 종교였는데, 이는 샤머니즘과 한국의 창시자이며 한국 종족의 시조로 숭상된 단군숭배에 연관된 애니미즘(정령숭배)의 전통이었다. 다른 종교가 있든 없든 간에 사람들은 일반적으로 천둥, 강, 바위, 짐승, 인간과 같은 모든 자연적 물질적 정령적 현상에 의식있는 개개의 영이 거한다고 믿었다. 특별히 인간의 영혼은 죽음이나 육체적 파괴 이후에도 계속해서 존재하였다. 그 고전적인 전통은 매우 편만하였고, 토착적인 우주론에까지 이르렀다. 눈에 보이는 우주에 대한 지각은 영적인 생명이 불어넣어져 있는 어떤 것으로 거기에는 자연적인 원인은 없으며, 초자연적 활동에 따르는 자연적인 결과만이 있고, 또 거기에는 자연적 영역에서 발생하는 주목할 만한 현상들이 인간 사건들의 영역에서 발생하는 굉장히 가치있는 사건들과 상응하는 것으로 기대되어졌다. 비록 그 정의는 너무 넓지만, 고전적 종교의 초점은 분명히 그 '영들'이었다. 영적 영역과 활동에 대한 이러한 믿음으로 삶의 성쇠를 이해함으로써, 백성들은 수많은 현실을 유교국가의 물질적 질서를 초월하여 감지할 수 있었다.

조선왕조를 일관하여 고위 관료들과 지식 엘리트들은 애니미즘과 샤머니즘 신앙을 무지에서 나온 미신이라고 경멸하였다.(우주의 영적 구조에 대한 고전적 전통은 이퇴계가 선택한 성리학의 요소들과 표면적으로 유사함에도 불구하고, 만물의 배후에 존재하는 숨겨진 영적 원리에 대한 어떤 사고도 요구하지 않았다. 오히려 실제로 눈에 보이는 우주 그 자체가 영적인 것이었다. 신이 비를 내리게는 하지만, 신이나 어떤 원리가 빗방울을 만들지는 않았다.) 조선왕조의 창건 연도인 1392년에는 국가가 승인한 몇 가지를 제외한 모든 샤머니즘적인 의식들이 금지되었다. 곡물과 수수(millet) 제단과 사당 하나만이 각 마을에 허락되었는데, 그렇게 한 것은 그것들이 국가의 식과 연결될 수 있도록 하기 위함이었다. 한편, 대중적인 신들은 '왕국평정공'(Duke of Pacification of the Realm)이라는 국가가 내리는 칭호를 받았다. 결국 통치자들은 그들의 지위가 충분히 안정되었다고 느끼자 이러한 공식적인 칭호조차도 없애버렸다.[7]

만일 터툴리안(Tertullian)이 단군에게 '천자'(天子) 칭호를 부여하는 하늘의 사원에서 세조(1455-1468)의 제의 송시를 듣기 위해 참석하였다면, 터툴리안은 자신이 로마에 대해서 했던 것처럼 의심할 바 없이, 신들은 국익에 공헌해야만 허용된다라고 주장했을 것이다.

비록 이러한 전통이 국가를 재강화하려는 견해를 가진 성리학의 제도들 속에 흡수되고 혼합되었지만, 조선왕조의 몰락이 그 전통을 손상시키지는 못했다. 오히려 자유스러워져 더욱 발전하였는데, 특히 1910년 일본의 합병 후에 그 전통은 민족 통합과 일본 헌병들에 대한 저항의 원천이 되었다.[8] 이것은 토착신앙과 개신교 간의 관계에 중요하였다. 그 전통의 상부구조의 기구가 없었다는 점은 초기 기독교 선교의 길을 용이하게 해주었을지도 모른다. 그러나 그것 또한 그 나름의 강점이었다. 왜냐하면 무당들과 선교사 혹은 개종자들과의 충돌에도 불구하고(그것은 또한 권력투쟁으로도 해석될 수 있었다.) 평민들은 새로운 신앙이 그들 사이에 전파되었을 때, 옛것과 인연을 끊어야 한다는 방해의식 없이 그들의 전통적 종교를 그 새로운 신앙으로 재빨리 채색시켰다.

이러한 개신교 '토착화'의 결과는 한국의 민중문화와 엘리트문화 사이의 이전의 구분에 대한 한국 기독교내의 반복이었다. 우리가 아래에서 보는 바와 같이, 1907~1908년의 대부흥운동은 이러한 문제를 전면에 대두시켰는데, 적어도 안창호와 같은 교육받은 민족주의적 기독교 지도자들은 이 문제를 진지하게 받아들였다. 그는 새롭고 개혁적인 신앙이 전통적인 민속 관행으로 역행하는 것을 한탄하였다. 그러나 교육받은 개신교 지도자들도 똑같이 기독교를 성리학적 가치와 방법으로 고취시키려 했던 점에 대해 비난받을 수밖에 없었다. 그리하여 낡아빠진 문화적 투쟁은 외관상 새롭게 변장된 모습으로 진행되었다. 그러나 이러한 공식적 표현은 너무 직선적이며, 우리가 뒤에서 논의하는 것과 같이 많은 설명을 요구한다. 여기에서 우리는 기독교가 그 분리를 극복하는 데 있어서 어느 면에서는 성공적이었다는 데 주목할 수 있다. 왜냐하면 평민들과 엘리트는 둘 다 유교주의자들이 미신적인 것으로 배격한 어떤 근본적인 신앙과, 전통적 엘리트들이 파괴적인 것이라고 오명을 씌운 어떤 사회적 이상을 같이 나누었기 때문이다.

개신교가 약화되어가는 국가제도들을 이용하기에 앞서, 혁명적이긴 하지만 명백히 보수적인 새로운 신앙, 즉 동양의 가르침을 의미하는 동학이 한국에서 일어났다. 동학은 1860년대에 최제우에 의해 창도되었고, 토지개혁의 지지자이며 부패의 적이고, 동양문화의 수호자며, 그리고 민족의 진정한 종교임을 주장한 통합적인 종교였다. 천년지복적 (chiliastic) 운동인 동학은 중국의 태평천국운동과 유사하나, 외국인에 대한 까닭없는 증오심이 더 심하였고, 가톨릭에 대한 신랄한 증오심을 품었다.(그럼에도 불구하고 동학은 가톨릭의 교리적 요소들을 빌려 왔었다.)

동학의 중심 교리는 인내천(人乃天), 즉 하늘과 인간은 하나이다라는 원리이다. 이런 기초 위에서 모든 계급과 신분의 한국인들은 평등한 존중을 받아야 하는 것이며, 사회는 이익의 조화체로서 조직되어지는 것이다. 이것이 위계질서의 배제를 의미하든 그렇지 않든 간에 계급의 완전 철폐와 대표정치는 조만간 나타나게 될 것이다. 1894년의 반란기간 동안 설치된 마을의회(집강소)는 약간의 지역적 경제 자치를 제공하는 것 외에는, 어떤 이들이 주장하는 것처럼 인류 평등주의를 지향하였는지는 확실하지 않으며, 여성에 대한 제한을 철폐해야 한다고 주장한 것 역시 분명하지 않다. 그런 의문들은 그 마을의회와 전통적인 농민들의 협동 기구인 '두레'에 대한 상세한 분석을 기다려야만 한다.

동학은 1862년의 농민반란과 연루되었으며, 또한 반체제적이며 관직에 오르지 못하였던 **양반층** 사이에 퍼져 나갔다. 1890년대에 동학세력은 부패에 반대하고 기근으로 가열되어진 대혁명의 선봉 역할을 하였다. 1894년 5월 동학군이 수도를 위협했을 때 고종은 그의 아내 민왕후에게 설득되어 중국에 파병을 요청하고, 결국 청일전쟁을 조장하는 결과를 낳았다.

동학란은 전쟁 진행중에 진압되었으나, 그 운동은 민족의 독립에 헌신되어 개혁적이고 애국적인 이념으로 살아 남았다. 1905년 천도교로 개칭한 동학은 학교들을 설립하고, 애국신문을 경영하였다. 1910년경에는 한국인 신도수가 30만이라고 주장하였다. **보국안민(保國安民)**의 기치 아래 천도교는 고통받는 대중들에게 지도력과 희망을 제공하였다.[9] 특별히 농촌사회에 강력한 뿌리를 가진 천도교는 한국 민족주의에 있어서 주요한 종교적 세력이 되었으며, 흠치교, 증산교, 포천교와 같은 천도교와 관계있는 수많은 천년지복적 종교들에 의해 증강되어졌다. 이제 동학운동은, 한반도의 재결합을 위한 진정한 민족적 토대를 찾고 있는 현대의 한국 역사가들이 그 목적을 위해 주요 연구대상으로 삼는 주제가 되었다.[10]

개신교의 유입, 1884~1895

개신교가 가망이 없어 보이는 심지어는 적대적이기까지 한 상황하에 한국에 들어와, 대중들 사이에 번성하여 한국이 동아시아에서 예외적인 나라가 되기까지의 과정은 수많은 지성인들을 아주 궁금하게 만드는 문제이다.[11] 그 수수께끼는 심리학적이고 역사적인 관점에서 접근할 수 있다. 심리학적인 관점에서는 기독교가 받아들여진 그 이유를 묻는다. 반면 역사적인 관점에서는 기독교가 어떻게 뿌리를 내릴 수 있었는지를 조사한다. 그러나 실제로 엄격하게 구분짓기는 어렵다. 왜냐하면 종교의 사회-정치적 기능들이야말로 종교의 유일한 원인이다라는 독단적인 주장을 하지 않는한, 종교의 내적 역동성도 역사적 요소로서 인정되어야만 하기 때문이다. 초기 선교사들은 기독교의 수용을 용이하게 한 한국인의 종교 전통의 국면들이 있다는 사실에 주목하였으며, 그것을 신의 섭리로 여겼다. 더욱 최근에 한 학자는, '기독교가 오래된 한국적 개념들과 꽤 쉽게 연결될 수 있었던 것이 뚜렷한 이점이었다.'[12]라고 판단하였다. 그것은 한국에서 기독교가 성장하는 데 필요한 어떤 심리학적 '준비'가 있었다는 사실을 의미한다.[13]

한국이 새로운 신앙을 수용한 데 대한 가장 보편적인 종교적 설명은 단군 신앙과 연결된 한국의 고전적 종교가 단일신론적 경향을 갖고 있었다는 것이다. 단군 신앙에는 환인 혹은 천상의 존재로서의 하느님이라고 알려진 신적 존재의 전통이 있다. 초기 선교사였던 클라크(Charles Clark)는, 많은 한국 기독교인들이 '처음에 기독교 복음에 관심을 갖게 된 것은 단군과 단군의 신에 대한 그들의 지식을 통해서였으며, 그들은 단군의 신이 하나이며, 그들의 성서의 신과 같다는 것을 인정하였다.'고 언급하였다.[14] 몇몇 한국 민족주의자들은 후에 기독교를 포용하는 한국인들의 자연스러움을 설명하기 위하여 이 단일신론적 경향을 강조하려는 수고를 하였다. 민족주의자이자 역사가인 최남선은 한국의 하느님, 즉 실제적인 배앙이며 단군의 수호자이고 모든 존재하는 것의 창조자인 신에 대해 잘 논의된 해설을 발표하였다. 최남선은 이 단일신론이 한국의 가장 깊은 역사를 가진 깨지지 않는 전통이며, 한국인의 심성 속에 모든 이상들의 발상지로 아로새겨져 있다고 주장하였다.[15] 또 어떤 사람들은 **천부 삼인**(과거, 현재, 미래의 세 신)의 전통을 기독교의 삼위일체와 동일한 것으로 해석하였다.[16]

이러한 설명에는 내재적인 어려움들이 있다. 단일신론적 경향은 개신교 선교사들이 도착했을 때 다신론과 범신론 아래에서 크게 위축되고 침몰상태에 있었다. 실제에 있어서는, 고전적인 전통은 '지고의 존재에 대한 냉담'과 '보다 더 열등한 영들의 형상에 대한 지적이고 감정적인 에너지의 집중'을 나타내고 있었다.[17] 클라크(Charles Clark)의 관찰은 토착 한국인과 개신교 영성 사이의 양립성에 대한 낙관적 견해를 반영한다. 보다 덜 낙관적인 견해는, 민속 전통이 기독교의 옷을 훔쳐입고 결국에는 새로운 신앙으로부터 변형된 신앙 및 실천을 만들어 냈다는 견해이다. 이러한 입장들 사이의 선택은 우리의 목적에 적절하지 않다. 중요한 점은, 후에 기독교 민족주의자들이 둘 사이의 유사성을 어떻게 이용하였는가에 있다. 그들이 하나님에 대한 기독교적인 개념과 고전적 개념을 동일시하는 것은 분명한 민족주의적 의도를 가지고 있었다. 즉, 기독교인들이 되는 것은 한국인됨의 어떤 상실을 요구하지 않는 것을 한국인들에게 확신시키는 것과, 한국 전통은 항상 은연중에 기독교적이었으며, 그러므로 기독교는 한국의 민족적 구원의 수단이 될 것이라는 것을 나타내는 것이 그것이다. 그러나 이러한 논쟁은 합병 후에야 개진되었을 뿐이며, 그때 한국 민족주의자들은 일본의 헌병정치에 대항하여 강한 민족적 정체감을 증진시키는 것이 필요하였다. 19세기 후반의 민족적인 구조들, 사회기구들, 그리고 정치적인 가치들을 고려해 볼 때, 수입된 비정통적 신앙이 적대적인 유교 정통주의에 대항하여 어떻게 진보를 이루었는지에 관한 의문은 아직도 남아 있다.

1880년대 한국의 정치적 풍토는 기독교에 대하여 비우호적이었다. 성리학 정통주의의 불안정은 단지 이단에 대한 박해를 공식적으로 강화할 따름이었다. 왕실은 실학과 동학과 같은 토착적 운동을 억압하였을 뿐만 아니라, 1784년에 가톨릭이 시작된 이래, 주기적으로 가톨릭을 유혈의 숙청으로 내몬 결과, 급기야는 1866년에 자국과 외국의 가톨릭 신자들에 대한 대원군의 학살이 벌어지고 말았다. 그리하여 법적인 발판을 획득하려는 개신교에게 그 기회는 희미해졌고, 개신교 선교는 실제적 선택권을 잃은 왕실이 겨우 참아주는 정도의 인정만 받았다.

조선왕조 말기에 있었던 기독교의 도전의 진가를 공정하게 평가하기 위해서는 한국 통치자들이 가톨릭을 억압함에 있어서 단순히 고의적으로나 비합리적으로 하지는 않았었다는 것을 파악하는 것이 중요하다. 갈등이란 것이 다원적인 사회에서는 확실히 존재하는 것이지만, 종교는 일반적으로 국가 통치자에 의해 다양한 교회들의 영역으로 존중되게 마련이다. 그러나 한국의 성리학은 가장 고차원의 사회적 유대는 국가이며, 모든 다른 사회적 관계들은 반드시 국가에 의존한다고 주장하였다. 그러므로 조선이란 국가는, 한국의 체계를 명령하고 유지하며 복종을 강요할 수 있는 유일한 권력이며, 또한 실제로 모든 사회적 경제적 그리고 윤리적 체계가 따라야만 하는 이상적 형태를 설정하는 유일한 권력임을 주장하였다. 이러한 주도권을 부정하는 것은 국가를 공격하는 것이었으며, 국가와는 독립적으로 윤리적인 체계나 신들을 추종하는 것은 체제 전복적인 행위였다. 한국의 고전 종교가 배제될 수 없다면 그것은 국가를 신성화하는 수단으로 사용되어야 한다는 기대가 나오게 된다. 그 가르침이나 기원을 떠나서, 개신교와 천주교를 포함한 기독교가 국가에 의해 흡수되는 것을 저항하고 있는 한, 기독교를 위협으로 느꼈다. 기독교가 당시 서구 학문과 정치와 연결되어 있어서 갑절의 의심을 받고 있었기 때문에, 기독교를 용인하는 것은 국가가 약화되거나 국가의 개념에 급격한 변화를 요구하는 것이 되었다. 19세기 말에 그러한 국가의 약화는 필요한 변화를 허용하였고, 이러한 변화에 개신교도들이 관련되었다는 것은 민족주의에 개신교도들이 참여하는 것을 허용하였다는 것을 의미한다.

기독교에 대한 공식적인 반대는 최소한 1884년에 이르기까지 여전히 분명한 상태였으며, 중국과 일본에 의해 적극적으로 조장되었다. 1860년에 일본은, 그들이 서구 열강들과 무역관계를 개설하는 데는 동의하였지만, '기독교에 대한 계속적인 금지는 필수적인 것으로 여긴다.'[18] 고 한국에 통고하였다. 중국은 비록 1882년 한미우호통상조약의 기안(起案)에서 이홍장 총독이 한반도에서의 기독교 선교사역의 배제를 규정했었지만, 그래도 보다 덜 직선적이었다.[19] 대부분의 한국 관리들에게 그런 격려는 필요하지 않았다. 쇄국주의자들은 서구적인 모든 것을 깊이 불신하였으며, 영향력 있는 학자였던 최익현은 1876년 왕에게 올린 상소에서 국가 문화를 개방하는 것은 '전통적 가치와 민족적 정체성의 전적인 파괴에 이른다.'[20]고 진언하였다. 심지어는 서구 문명에서 가치와 기술을 분리하려고 했던 온건개혁자들조차도 1882년 조약에서 반기독교 조항을 삽입하기를 원하였다.[21] 결국 그 조항은 삽입되지는 않았지만 대원군의 반외세 칙령이 무효화된 것은 아니었다.

그러나 외교관계를 개설함으로써 1882년 조약은 어느 정도 냉각상태를 깨뜨렸다. 그 조약 이전에, 1840년대에 중국에서 쓰여진 한국에서 「해족도지」(Haejok Toji)라고 불리운 책에 의해서 기독교에 대한 의혹이 이미 약간 완화되었는데, 그 책에는 유럽의 개혁이 설명되어 있었다. 이어서 「조선책략」이란 책자가 뒤따라 나왔는데, 이 책으로 인해 몇몇 박식한 한국인들이 개신교에 대해 관대한 견해를 갖게 되었다.[22] 그러한 영향하에서 좀더 급진적인 개혁파들은 서구 신앙을 서구 과학과 제도의 원천으로 간주하기 시작하였다. 따라서 불교도였던 김옥균은 일본의 감리교 선교사였던 매클레이(Robert S. Maclay)와 친구가 되었고, 1884년 6월에는 매클레이(Maclay)가 서울에서 교육과 의료기관을 설치하도록 고종의 허가를 얻었다.[23] 같은 해 9월 오하이오에서(그 자신의 표현을 빌리자면) '속여서 몰래 들어온'[24] 의료선교사 알렌(Horace Allen)은, '개신교가 자신의 나라에 소개되는 데에 아무런 반대도 받지 않을 것'[25]이라고 왕이 매클레이(Maclay)에게 주었던 보장을 주목하였다. 알렌이 1884년 12월에 급진 개혁파가 일으켜 실패한 정변(政變) 와중에 민영익이 입은 심각한 부상을 성공적으로 치료하자마자, 그는 궁중의 환대를 받고 곧 왕의 신뢰를 받는 자문위원이 되었다. 알렌은 그가 새로 얻게 된 명성을 이용하여 '비공식적인' 선교사들에 의한 의료와 교육사업을 시작하려 하였다. 알렌은 1890년부터 1897년까지 미국 공사관의 서기관으로 지내면서 개신교를 지배계층을 통하여 국가 전체에 소개하려는 정책을 신중하게 추진하였다.[26]

그럼에도 불구하고 기독교는 여전히 불법이었으며, 그 위치는 비정상적이고 불안정하였다. 위정척사(爲政斥邪)로 알려진 격렬한 반(反)외세 운동은 1880년에도 여전히 위세가 당당하였으며, 적어도 기독교를 향해 적대감을 가졌다는 점에서 그것은 동학혁명과 성리학 선비-관리들(scholar-official)과 서로 결합되었다. 동학 지도자들이 외국의 오염으로부터 민족의 정화를 요구하고, 선교사의 거주를 반대하는 위협적인 플래카드를 설치하는 반면,[27] 최익현과 고(故) 이항로의 제자들과 같은 성리학자들은 개신교를 짐승의 종교이며, 첩자들을 위한 은신처라는 오명을 뒤집어씌웠다.[28] 이에 대해 의사 알렌은 당연히 부드럽게 대응하는 쪽을 택하였고, 서울 밖에까지 기독교가 수용되기를 바라던 선교사들을 말렸다. 이러한 알렌의 신중함은 다음과 같은 그 자신의 말로 보상이 되었다. '1890년경 반외세법은 공동의 일치로 사문서(死文書)가 되었고, 일반적인 선의(善意)로 바뀌었다.'[29]

선교사들 중 특별히 교육과 의료를 통하여 선교의 문을 열려고 했던 감리교 선교사들은 처음에는 알렌의 선교전략에 협력하였다. 1886년에 아펜젤러(Henry Appenzeller) 목사는 다음과 같이 언급하였다. '현재 한국의 사회와 정치 상황이 매우 심각하므로 드러내 놓고 복음사역을 시도하지 않는 것이 좋다는 게 이곳 선교사들이 만장일치로 동의하는 판단이다.'[30] 귀족계층에 앞서 노동계급의 개종을 명백한 주요 목표로 삼았던 장로교 선교사들은 사실은 이런 문제에 보다 덜 신중하게 대응하였다. 장로교 선교사인 언더우드(H. G. Underwood)는 1886년 6월 서울에서 한 한국인에게 비밀리에 세례를 주었고, 그 이듬해에는 20명 이상에게 세례를 베풀려는 목적으로 북쪽 여행을 하였으며, 더 나아가 1889년 4월에는 33명의 한국인에게 세례를 베풀었다. 이 때쯤 감리교 선교사 아펜젤러도 유사한 기습선교를 감행하기 시작하여 같은 결과를 얻었다.

비록 1890년경에 한국 정부가 그런 활동을 눈감아 주는 경향이 있었다고 하지만, 기독교를 직접 마을로 들고 들어가는 이런 실천적 행동은 알렌이 권고했던 입장으로부터 탈피했음을 보여준 것인데, 알렌은 이것을 찬성하지 않았다. 이 탈피의 위험과 더불어 그 역사적 중요성은 호주의 첫 한국 선교사인 데이비스(Henry Davis)의 일기에서 엿볼 수 있다. 데이비스는 1889년 8월에 한국에 도착하여 2~3개월간의 언어훈련을 마친 후에 남쪽으로 출발하였다. 그는 혼자서 도보로 그리고 말에 책과 키니네(quinine)를 싣고서 이 마을 저 마을로 여행하였다. 데이비스는 한국인의 책에 대한 열정에 주목하였는데, 그는 그 책의 내용들을 설명해 달라는 부탁을 끊임없이 받았으며, 한국인들이 '매우 연구열'이 높은 사람들임을 발견하였다.[31] 그러나 그는 관리들에게 시달림을 받았고, 한국에 온 지 단 6개월 만에 병으로 죽었다.

이러한 유형의 복음주의가 축적한 효과는 개신교가 그들의 주된 관심을 도시 중심부나 상류계급에 쏟기 이전에, 농촌의 평민들이나 상인계층 사이에 뿌리를 내리게끔 하는 데 기여하였다. 1895년 이전에 개종한 극소수의 귀족들은 관록있는 자들이었으나 대부분 해외로 나갔다. 그럼에도 불구하고 그들의 때가 곧 오고 있었다. 때가 오자 알렌의 전략과 민중을 강조하는 장로교 사역이 함께 작용하여, 동아시아에서는 미증유의 기독교의 성장과 사회-정치적 영향력을 한국에 가져오게 하였다.

성장과 사회참여, 1895~1905

1895년에서 1905년에 이르는 10년간은 마치 '사도행전의 한 장과 같은' 일이 있었던 것으로 기술되어 왔다.[32] 이 10년 동안 한국 개신교운동은 세례교인이 528명에서 최소한 12,500명으로 확대되었다.[33] 청일전쟁에서 러일전쟁에 이르는 이 같은 기간 동안, 한국은 이름만 제외하고 모든 면에서 일본에게 독립을 최종적으로 상실해 버렸다. 정치적 종교적 국면들은 상호 관련성이 있어서 어느 한 편의 갈등은 다른 편의 행운이 되었다.

1895년에 일본에 의해 참패당함으로 야기된 중국의 정치적 혼란은 한국에 광범위한 파급효과를 낳았다. 그것은 중세 왕국에 대한 한국의 반(半)-예속상태의 종식을 나타내었고, 한국의 사회적 경제적 악화와 더불어, 성리학의 합법성의 쇠퇴를 촉진시키는 결과가 되었다. 동학운동 역시 전쟁의 재난 중에 있었으므로, 이 중대한 때에 기독교가 민족을 결집시키고 민족의 우환을 해석해 줄 수 있는 새로운 이념과 상징을 제공하게 되었다. 비록 러시아가 1897년에서 1899년까지 경쟁자로서 크게 위협적인 존재로 부상하였지만, 중국의 배제는 한반도에 있어서 일본의 전반적인 힘을 고양시켰다. 일본의 성공이 넓게는 서구 학문의 수용에 힘입은 바가 컸기 때문에, 서구 문명에서 독립의 기초를 찾았던 한국인들의 수는 급격하게 증가하였다. 약간의 영향력 있는 양반들과 이전의 개화당 정치가들은 기독교를 민족 구원의 길로 제시하기 시작하였다.

반면에 조선의 군주는 그 통치를 승인해 주는 종교에 의존하기 시작하였다. 마지막 통치군주였던 고종(1864-1907)이 고전적인 수호신들에게 되돌아간 것을 지식인들은 당연히 못마땅히 여겼을 것이다. 그러나 훨씬 더 심각한 점은 그것이 정통의 약점을 노출시켰고, 국가가 국가 자체를 초월한 종교적인 권위를 인정했다는 사실을 암시했다는 점이다. 개신교 개혁가들은 재빨리 이러한 상황을 이용하였다. 먼저 그들은 한국 정통주의의 약점을 서구 '기독교' 국가들의 동요와 대조시켰다. 둘째로 그들은 실제로 초월적이고 규범적인 종교의 권위-기독교의 하나님-가 있다는 것과, 국가와 국가의 법은 그 권위를 인정한다는 것을 확언하였다. 그 때에 한국이 필요로 했던 것은 전적으로 새로운 교육이었으며, 개신교는 정식으로 학교, 교회, 신문을 통하여 왕성한 계몽운동에 참가하였다.

선교사들은 1895년 이전부터 학교들을 설립하여 왔었다. 그러나 이제 개신교는 진지하게 교육과 그 전통적 자긍심과 지배력 면에서 유교를 대신하기 시작하였다. 서구의 종교와 교육이 분리될 수 있다는 사고는 새로운 교육이 계몽과 진보와 민족의 힘을 위한 열쇠로 제시되자 그 근거를 잃어버렸다. 세 명의 기독교인 서재필, 윤치호, 남궁억의 지도 아래, 「독립신문」(1896-1899)의 사설은 기독교 신문들과 협력하여 기독교와 현대 교육과 민족의 갱생 사이에는 본질적인 연관관계가 있음을 분명히 주장하였다.[34] 유교의 기존 활동영역에 대한 이와 같은 침범 외에도, 선교사들과 한국 기독교인들은 한국내의 유교와 연관된 특수한 사회적 관행들과 관습들을 공격하였는데, 그것에는 조상숭배, 효도, 장례의식, 조혼 강요, 과부의 재가 금지, 그리고 일반적으로 여성들을 단순히 기능적 관점에서 보는 것 등이 포함되었다. 그들은 또한 유교의 불가지론적 특성이나 유물주의적 특성, 그리고 관직에 대해 집착하는 것 등에 대하여 비난하였다.[35] 또한 사람이 태어날 때 가지는 사회 '계급'에 그가 죽을 때까지 도덕적으로 속박된다는 유교의 견해가, 교회 안에서는 한지붕 아래 사회의 전계층을 모아들임으로써 의식적인 도전에 직면하였다. 비록 예배의 행위에서 사회적 구분을 무시하려는 이러한 시도가 별로 큰 성공은 거두지 못했어도, 계급과 성(性)에 기초하고 있는 법적인 차별에 반대하는 적극적인 저항 역시 시작되고 있었다.[36]

유교 학자-관료들은 자구책을 간구하기 위하여 재빨리 일어섰다. 1896년에 한 고위 관리자이자 후에 교육부장관이 된 신기선(申箕善)은 유교에 대한 변증과 서구 종교에 대한 맞공격의 내용을 담은 「유학경위」라는 책을 출판하였다. 신기선의 공격이 외관상 다소 엉성하였고, 기독교는 '야만인'의 종교이기 때문에 고려의 가치가 없다는 내용을 원래 전제하고 구성된 것은 유교에게 있어 불행이었다.[37] 좀더 사려 깊다는 학자들은 기독교가 곧 사라지고 말 것이라는 희망을 피력하였다. 실제로 기독교가 금방 성장할 것 같은 징조는 아직 보이지 않았다. 그들이 후에 기독교를 심각하게 고려하게 되었을 때, 때로는 기독교를 거부하지 않고 받아들였다.

여하튼 기독교인들은 선교사들과 신앙의 정당성을 입증하는 유인물을 만들었다. 「독립신문」은 선교사들이 정직하고, 불의에 희생당한 자들을 지원하며, 병원과 학교에서 쉴새없이 일하고, 모든 한국인들에게 유익이 되도록 자국어인 한글판으로 출판물들을 찍어 내는 봉사에 대하여 칭송하고 있었다. 신문은 이 모든 일이 공적이거나 정치적인 보상을 바라지 않고 행해지며, 그러한 이타주의는 그리스도의 교회 안에서 아니고는 한국 어디에서도 찾아볼 수 없는 일이라는 사실을 지적하면서 강조하였다.[38] 1897년 성탄절 사설은 서방 민족이 그들 자신의 것이 아닌 동양으로부터 유래된 종교에 충실하기 때문에 번성할 수 있었다고 제시함으로써 신앙의 기원에 관한 기록을 정리하였다.

신기선은 개화파들이 일본의 지원을 업고 시도한 1894~1895년의 갑오개혁에 반대하는 보수적인 입장을 표명하였다. 그리고 일단 1896년 6월에 교육장관으로 임명되자 신기선은 1895년 교육장관이었던 이완용과 1896년 초에 임시장관(Acting Minister)이었던 윤치호가 실시한 교육개혁을 대담하게 와해시키려 하였다. 그러나 개혁은 제국적으로 승인된 법의 지위를 가지고 있었기 때문에 신기선은 스스로 지나친 행동을 한 셈이었다. 「독립신문」의 사설과 독립협회의 항의서에 자극을 받아 일어난 맹렬한 항의로 신기선은 결국 장관직을 잃었고, 그 교육개혁법은 그대로 지속되었다.[39] 1899년에 독립협회가 폐쇄되고 윤치호가 지방으로 유폐된 이후에, 신기선은 한번 더 교육장관이 되었으나, 많은 지도급 관리들과 학자들이 개신교로 개종하기 시작하였던 까닭에 그가 교육에 보수적이었던 근거가 모두 상실되고 말았다. 1904년 어간에 이들 가운데는 전 서울경찰서장 김정식, 이상재, 홍재기, 이승만, 안국선 ,한석준, 유길준과 그의 형제 성준, 그리고 한국에서 첫 안수를 받아 목사가 된 세 명의 학자들, 즉 최병헌, 길선주, 김병조가 포함되어 있었다. 유교가 겪은 최악의 손실은 당시 한국에 생존하는 가장 뛰어난 유교학자로 인정받고 있던 이원긍의 개종이었다.[40]

이에 고무된 기독교 선교활동은 교육활동과 더불어 앞으로 나아갔다. 서울에서는 감리교인들과 장로교인들이 배재소년학당과 이화여자학당, 소녀 기숙사제 학교와 소년들을 위한 중등학교를 세우면서 그들의 영역을 확대해 나갔다. 이 학교들이 구상한 신앙과 학문 사이의 연결고리는 중등학교에 관한 선교보고서에 수록되어 있는 학과 시간표가 잘 설명해 주고 있다. 이 보고서는 1904년의 입학률이 전년도에 비해 100퍼센트 상승했음을 기록으로 보여 주고 있다.

> 가르친 과목은 역사-영국역사, 한국역사, 교회사 ; 과학-천문학, 자연사, 지리, 물리, 화학 ; 수학-기초 산술, 고급 산술, 대수 ; 그리스도의 생애에 관한 성경공부, 요한복음과 구약신학, 그외 로마서와 에베소서 강해, 주기도문, 사도신경, 십계명 강해 등이었다.[41]

평양에서 장로교인들은 거의 무제한의 가능성들을 발견하였다. 1904년까지 그들은 46개의 소년소학교와 4개의 소녀소학교, 소녀들과 여성들을 위한 중학교, 교사 양성반과 한국의 첫 개신교 목사들을 훈련시키고 있었던 신학교를 운영하였다. 게다가 각 교회들마다 자체적으로 교회 회중들을 남녀노소 불문하고 교육시키기 위한 훈련과정을 마련하였다. 1903~1904년에 5,400명 이상의 한국인들이 이런 과정에 참여하였다고 주장되고 있으며, 이런 과정은 기독교 윤리와 신앙, 모든 구성원들 사이의 상호 인정, 그리고 지도자의 자질을 강조하였다. 평안북도에 있는 선천지역에는 21개의 소학교와 57개의 교회가 그와 같은 형태로 운영되고 있었다.[42] 1905년까지 적어도 120개의 개신교 학교들이 생겨남으로써[43] 이제 개신교는 교육에 있어서 성리학로부터 주도권을 넘겨받는 씨름을 할 만한 정도의 세력이 되었다.

보호국령, 대부흥운동과 소위 교회의 반민족주의, 1906~1910

1906년에서 1910년 사이에 유교와 기독교의 경쟁에서 승산은 명백하게 기독교 쪽으로 기울었다. 1909년 일본의 한국주재 통감은 함경남도와 충청남북도를 제외한 모든 지역에서, 민족의 중심으로 자리잡아 온 전통적 양반 중심 제도가, 사회적인 평등을 위하여 특별히 **사민평등**(士民平等)운동과 결합하여 활동하고 있는 기독교 교회들로 대치되고 있음을 주목하였다.[44] 기독교에 대한 신기선의 견해는 뒤집어졌고, 대세는 뒤바뀌어 이제 자신을 정당화해야 하는 쪽은 유교였다. 새로 설립된 교육단체나 학회의 기관지들은 유교가 한국을 수치스럽게 하는 배후 악당이라고 주장한 「독립신문」의 초기 논조들을 그대로 따르는 「황성신문」과 같은 신문들과 그 필치를 같이하였다.[45] 해외에 있는 한국인들은 유학자들의 '무익하고 공허한' 이론과 의식(儀式)들에 대해 정죄하기에 이르렀다.[46] 이제부터는 서구 교육이 오래 지연되어 온 문화적이고 지적인 개혁을 선도할 수 있게 되었다.[47] 1910년에 이르러서는 종교적인 기반을 가지고 있는 학교들 중 약 10개의 학교만이 기독교 운영이 아니었다. 장로교와 감리교가 805개의 학교를 운영하였고, 한편 성공회아 천주교계통 학교는 적어도 18여 개에 이르렀다. "한국에서 학교들이 선교사들에 의해 세워지고 있으며, 이 학교들이 현재 새로운 교육체제의 기초가 되고 있다는 이러한 사실이 간과되어서는 안 된다."[48]고 걱정스런 일본 관리들은 경고하였다.

　1905년 11월에 설치된 일본 통감부는 위협하에 있었다. "한국의 통치자들이 수세기에 걸친 실정 때문에 하려 해도 실패했던 것이 일본의 침략에 의해 하루아침에 이루어졌다. 즉, 한국인의 애국심이 태어난 것이다.……모든 사람들이 자기 나라의 유일한 희망을 교회에서 찾았던 것이다."[49] 이런 과장된 진술은 1910년에 장로교인이었던 윌리엄 블레어(William Blair)가 했던 것으로, 기쁨보다는 오히려 이러한 상황에 내재된 교회의 위험에 대한 불안에서 비롯된 것이며, 또한 이것은 그 시대의 괄목할 만한 기독교의 성장을 반영한 것이었다. 세례받은 장로교인이 공식 기록으로 1911년에 46,934명에 달했고, 반응이 다소 좋지 않은 지역에서 사역한 것으로 생각되는 남감리교는 1905년에서 1911년 사이에 700퍼센트의 성장을 기록하였다. 1910년 말에 개신교 신도 총수는 약 1,300만 인구 중에서 20만 명에 이른 것으로 추산된다.[50] 이것은 전체 인구의 1.5퍼센트 정도에 해당된다. 이런 성장은 도시보다는 농촌에 집중되었고, 하층계급들 사이에 더 컸으며, 비록 일본인들이 기독교가 상층계급을 사로잡을 수 있을 지에 대해 의심했지만, 학자들과 몇몇 정치가들 사이에서도 그 관심이 끊임없이 증가하였다.[51]

　러일전쟁이 기독교가 성장하는 초기 단계에서 하나의 요인으로 작용하였다. 선교보고서에 따르면, 선교사들이 전쟁으로 피폐해진 농촌의 한국인들을 보호해 주는 데 있어서 눈에 띄는 능력을 발휘하였기 때문에 '엄청난 명성을 얻었다'.[52] 통감 이토가 이러한 상황을 보고하기 위하여 한국에 초청했던 일본 민족주의 단체인 고쿠류카이(Kokuryukai)의 지도자 우찌다 료헤이(Uchida Ryōhei)는 다음과 같은 사실을 인정하였다. 즉, "러일전쟁 당시에, 친일세력인 일진회와는 대조적으로……서구의 종교를 추종하던 자들이 일본 군대의 주목을 더 받았다." 그와 같이 교회는 백성들 사이에 무시하지 못할 세력으로 느껴졌던 것이다. 교회 지도자들은 "군인들의 혹독한 행동과는 대조적으로 마치 성모 마리아가 아기를 돌보는 것과도 같이 무리들을 돌보아 주었기 때문에"[53] 좋은 인상을 받았던 것이다. 그러나 만일 이것이 전쟁 중에 있었던 성공사례에 불과하다고 한다면, 그것은 결코 전쟁 이후의 기독교 성장에 대한 완전한 설명을 하는 데에는 설득력이 없다. 왜냐하면 윌리엄 블레어가 상기시키고 있듯이, 영국과 미국이 "서둘러서 일본의 지배권을 인정한 후에 폭력적인 반외세, 특히 반미 열풍이 전국을 휩쓸었기 때문이다."[54] 1907년에 또 다른 선교사 샤프(C. E. Sharp) 목사는 계속되는 성장의 배후에 명백히 정치적인 동기가 자리잡고 있음을 감지하고 있었다. 기독교인이던 한 지방 수령이 주일 저녁예배에서, "우리는 기독교의 하나님을 믿는 것 외에는 어떤 대안을 찾을 수 없는 상황 속에 처해 있다."고 하는 말을 듣고, 샤프 목사는 하나님께서 영적 각성을 위해 정치적 상황을 이용하고 계신다는 결론을 내렸다.[55]

일본인들은 하나님의 전략을 인정하지 않았다. 한국의 친청 세력에 대한 일본의 승리는 무시하지 못할 사기를 가진 저항세력의 새로운 중심이 생겨나도록 촉진해 왔던 것이다. 일본 경찰은 '일본인과 한국인 사이에서 발생하는 분쟁이 있는 곳마다 선교사들이 나타나 한국인들을 편들고 있으며', 기독교 학교들은 그 교육에다 '불순물들'(즉, 정치)을 섞는 '악한 경향들'을 보인다고 불평하였다.[56] 교회들에 관해서 일본 경찰은 한국인들이 일본의 행정부에 저항하기 위하여 교회와 연합하였으며, 선교사들은 기독교를 통해서만 한국이 합병에서 벗어날 수 있다는 주장으로 신도들을 부추기고 있다고 주장하였다.[57] 우찌다 료헤이(Uchida Ryōhei)는 이미 그런 식의 방정식을 만들어 왔고, 그의 나라 사람들은 기독교와 반일감정은 하나라는 그의 방정식을 믿었다.[58]

만일 기독교로의 개종의 일면에 정치적인 동기가 있었다고 한다면, 그 정치적인 정황은 분명히 일본의 창작품이었다. 일본인들의 정치적인 행위가 개혁파들과 기독교인들을 반대투쟁으로 내몰았고, 또한 기독교가 민족 이익의 '대변자'로 봉사했다는 사실은 새로운 종교가 민족의 삶에 그만큼 철저히 관여해 왔었다는 점을 보여 주는 것이다. 그러나 이것이 이야기의 전부는 아니다. 정치적인 의식있는 개신교인들은 주로 상류계급의 한국인들이었으며, 또한 그런 정치적인 의식있는 개신교인들이 농촌과 하류계층 사이에서 급속하게 팽창해 갔으며, 이들이 1907년 신앙대부흥운동의 중심인물이 되었던 바, 이 부흥운동은 그 당시 한국 기독교의 중심적인 종교경험이자 획기적인 사건이었던 것이다.

대부흥운동은 1907년 1월 평양에서 매년마다 10일씩 해오던 신앙사경회(Bible-training conference) 기간 중에 시작되었고, 평양에서 급속도로 전국에 확산되었다. 수천명 이상이 참석하였던 어느 날 저녁 집회에서 한국교회 사무원 한 사람이 그가 선교사에게 품고 있었던 불만을 공개적으로 고백하고 용서를 구하는 사건이 있었다. 이런 행동은 선교사들이 소위 '소름끼치는'(terrifying) 반응이라고 부르는 일들을 촉진시키는 결과가 되었다. 집회에 모인 모든 사람들이 한목소리로 통성기도하면서 죄악들을 고백하고, 거룩하고 새롭게 되기를 필사적으로 갈망하게 되었다. 동일한 행동이 며칠간 계속 반복되었고, 그 집회가 끝났을 때 참석자들은 모두 다 같은 체험을 가지고 자신의 고향으로 돌아갔다. 오래되지 않아 이 신앙부흥운동은 기독교 학교와 대학, 그리고 남성과 여성들 사이에 널리 퍼졌으며, 1908년까지 지속되었다.[59]

신앙대부흥운동은 그 수적인 효과에 있어서는 그 운동이 한국 기독교의 본질과 성격에 미친 심대한 효과만큼 대단한 것은 아니었다. 신앙부흥운동은 급속한 성장에 앞서 발생한 것이 아니라 그 성장 와중에 일어났던 것이다. "그 위대한 각성운동은 한국교회의 영적 중생을 나타낸다. 민족의 종교적 경험은 한국의 기독교 교회에게 그 독특한 성격을 부여하였다."[60] 1920년대 중반에 이런 글들을 썼던 백낙준 박사(George L. G. Paik)는 대부흥운동의 원인을 일본 점령하에서 실패와 좌절감을 맛본 점, 다른 나라에서 오는 보고서들에 자극받아 더 높은 수준의 영성을 갈망하게 된 점, 그리고 그런 영성을 일으키려는 '선교사들의 분명한 시도'에 있었다고 보았다.[61] 이러한 견해는 선교사들의 글과 보고서, 그리고 후대 교회사가들에 의해 확증되고 있다.[62] 모든 내용을 종합해 보면, 부흥운동은 강력한 감정적 운동이었으나, 그 운동에는 실제적인 결과도 있었다. 즉, 기독교의 토착화, 결정적인 순간에 선교사들과 한국인들 사이의 상호 이해, 신앙이 갖는 윤리적 의의와 성경공부의 필요성에 대한 점증된 인식, 그리고 1908년 내내 계속적인 빠른 성장을 보장하였던 왕성한 복음주의운동이 바로 그것이다.[63]

이러한 결과들 중 어느 것도 별로 정치적이거나 사회적인 것이 없다는 이유로, 안창호를 포함하여 보다 교육받은 기독교인들 중에는 부흥운동을 한국이 당면하고 있는 시급한 문제와는 상관이 없는 것으로 생각하는 사람들도 있었다. 부흥운동이 실제로 선교사들의 사주를 받은 반민족운동은 아니었는지에 대한 논쟁이 한국에서 여전히 계속되고 있다. 1907년 이전의 성장의 배후에는 정치적인 요소가 있었지만, 신앙부흥운동은 그와는 대조적으로 민족적이고 정치적인 문제들로부터 개인의 영적 관심으로 되돌아간 것처럼 보인다. 이것을 '사회복음'으로부터 내세지향적인 경건주의에로의 전이로 생각하는 경향도 있어 왔다.[64] 그러나 이런 문제에 대해 어떤 판단을 내리기 전에 명료하게 할 필요가 있는 몇몇 중요한 갈등의 국면들이 있다.

신앙대부흥운동은 민족적인 굴욕의 시기에 발생했으며, 한국 사회의 미래는 희망이 없다는 주장에 대항하여 추구된 것이었다. 신앙대부흥운동은 민족적 문제들에 결코 무관심하지 않았으며, 개신교의 교육적인 노력에 상당한 박차를 가하게 하였다. 그 운동은 또한 이어서 일어나는 개신교 민족주의운동의 성격에 영향을 미쳤다. 이 신앙부흥운동의 유산은 신앙부흥운동에 반대하여 일어난 반작용 속에서조차도 분명하게 있으며, 신앙부흥운동에 대한 기독교 민족주의자들의 태도는 '기독교 민족주의'라는 용어 자체 속에 내포되어 있는 갈등을 부각시켜 주고 있다. 이런 긴장은 이데올로기적이고 또는 오히려 신학적이기까지 한 논쟁들

을 포함하고 있었던바, 이런 논쟁들은 기독교에는 새롭지 않은 것이었
으나 한국에는 비교적 친숙하지 않은 문제였다. 교회와 신자 사이의 관
계는 세계, 종말론, 천년왕국, 신앙의 초월적인 궁극 원인 등에 대한 이
론들로 문제되고 있었다. 그 갈등은 또한 교회가 사회적인 구성물임을
반영하는 것인데, 그 구성은 주로 하층계급이었으며, 몇몇 상류층 신도
가 원하는 만큼의 지적인 수준이 못 되었다.

　이 단계에서, 신학적이고 사회적인 갈등들은 기독교인들의 (계급)분포
의 형태를 따른 것이 아님을 주목할 필요가 있다. 그러나 이것이 교육받
은 신자들은 어떤 특별한 교리적인 입장을 수용하였고, 평범한 신자들
은 다른 입장을 수용했다는 것을 뜻하는 것은 아니다. 신학적인 논쟁들
가운데 많은 것이 지식인들 사이에서 발생하거나 지식인들과 선교사들
사이에서 발생하였다. 그리고 비록 여기에서 직접적인 증거를 댈 수는
없지만, 교육받지 못한 신도들은 그들이 존경하는 교회 지도자들의 입
장을 그대로 따랐던 것으로 보인다. 그러므로 신앙대부흥운동으로 말미
암아 강조된 사회적 갈등은 신학적인 것과는 다소 무관하였다. 신앙부
흥운동의 중요점은 민중들이 어떻게 종교적 체험을 표시했으며 어떤 가
치를 부여했던가에 있었다. 이것은 문화에서 뿐만 아니라 민족인식의
정도에서도 그 차이를 보였던 엘리트와 평민 사이의 문제였다. 지식인
들은 기독교공동체내의 풀뿌리운동(grass-roots movement)을 무시할 여력
이 없었으며, 따라서 그 갈등은 근본에 있어서 양측으로 하여금 공동(共
同)의 지평(地平)을 추구하도록 인도한 건설적인 갈등이었다. 그러나 그
갈등들은 그 문제들을 더 명료하게 하지 않고서는 충분히 이해될 수 없
는 것이다.

　한국의 개신교 선교사들은 교회와 국가의 분리원칙을 교회-국가관계
의 지도노선으로 지지하였다. 유럽의 종교개혁에 그 기원을 둔 이 원칙
은 교회가 국가권위에 은연중에 복종하는 것이 아니라, 교회를 국가의
간섭으로부터 자유하게 하기 위하여 독창적으로 고안된 것이었다. 따라

서 한국의 경우에 그 원칙은, 종교는 국가의 이익에 봉사하는 한에서만 존재할 수 있다는 유교의 종교관으로부터의 탈피를 의미한 것이다. 교회는 국가의 고유 기능을 침범하지 않음으로써 국가에 보답하는 것이나, 민족의 도덕적이고 영적인 번영의 문제들에 대해서는 이야기할 수 있는 '예언자적' 권리는 자신에게 남겨 두었던 것이다. 이러한 합의가 곧바로 실천에 옮겨지지는 않았으나, 한국이 1907년에 겪었던 것과 같은 사회적, 정치적 격변의 시기에 특별히 문제시된 것이다.

부흥운동이 교회를 민족적 책임의식에서 멀어지게 하였다는 비판은 교회-국가 공식 아래에서조차 어떤 근거를 가지고 있었다. 비록 어떤 선교단체도 그 문제에 관해 전권을 휘두르지는 않았지만, 개인적으로 국가와 교회의 관계에 대한 바울 사도의 교훈이 통감부(Residency-General)에 대해 정치적으로 저항하는 것을 정죄하고 있는 것으로 해석하려는 사람들이 있었다.[65] 이런 입장은 '일본인의 대변자'였던 해리스(M. C. Harris) 감독(감리교인)에 의해 극단적인 형태를 취했는데, 그는 때때로 다른 선교사들을 반일본적이라고 정죄하곤 하였다. 그러나 한국인들이 일본인들을 반대하기 때문에 하나님에 의해 세워진 권위에 반대하고 있었다는 견해는 불합리한 점을 명백하게 내포하고 있다. 왜냐하면 그런 견해는 한국에 복종을 강요하려는 사람은 누구나 하나님의 승인을 받았을 것이라는 논리를 갖고 있기 때문이다. 만일 의병이 일본을 무찔렀더라면, 그때 그들은 하나님의 승인을 얻은 것이 될 것이지만, 그 전까지는 하나님의 정죄 아래 있는 것이 될 것이다.

감독 해리스의 극단주의는 한국 초기 선교사들의 유형이 아니었다. 교회-국가 원칙은 정부의 역할(그것은 악을 억제하고 선을 증진시키는 것이었다.)과, 정부의 직책을 차지하고 있으면서도 정부의 목적에는 반대되는 행동을 하는 정치인들 사이의 구분을 인정하였다. 예를 들면, 헐버트(Homer Hulbert) 선교사는 개발도상국인 한국이 독립을 위해 저항하고 있는 가운데 일본이 공포정치를 획책하고 있음을 폭로할 목적으로 1907년

11월에 미국을 순회 여행하였다.⁶⁶⁾

　교회가 저항의 기치를 올리려는 압력에 직면하여 대부분의 선교사들과 한국교회 지도자들은 교회와 국가의 분리를 지지하였는데, 이는 교회들이 정치적으로 기구화되는 것을 방지하려는 목적에서였다. 교회가 공개적으로 의병들과 힘을 합치려는 시도가 있었을 때, 장로교 목사 길선주는 교회 자체는 그런 방향으로 권한을 위탁받지 않았음을 한국 기독교인들에게 확신시키는 데에 상당한 성공을 거두었다. 북쪽 지역에 있던 선교사들은 그 상황을 논의하기 위해 모였고, 윌리엄 블레어는 만일 한국교회가 공식적으로 일본에 대항한다고 선언하면, 백성들은 '하루 아침에' 기독교를 받아들일 것이고, 그렇게 되면 '또 하나의 로마 교회'가 세워질 것이라는 확신을 피력하였다.⁶⁷⁾ 한국의 기독교인들이 스스로 당위성을 느낀다면 정치적인 조직을 할 수 있지만 교회라는 이름 아래서는 하면 안되겠다는 것이다. 이런 입장은 그 당시의 다음과 같은 선교보고서에 명확하게 나타나 있다 :

　　YMCA가 크게 성공하자 그것을 정치적으로 이용하려는 시도가 있었다. 그리고 이것이 실패하자, 교회의 많은 젊은이들이 교회 안에서 유사한 이름 아래 서로 자신들을 결속시키기 시작하였다. 그리고 교회와 사회의 은신처 아래로 밤마다 모여들어 토론하였는데, 그 내용은 그들의 정부의 행동과 일본인들의 행동을 비난하는 것이었다. 머지않아 이들의 모든 모임이 억압을 받았는데, 그 이유는 선교사들 측에서 잘못된 길로 가고 있는 사람들에 대한 동정이 덜해서가 아니라, 교회가 정치 기관화되어가는 것을 막으려는 뜻에서였다.⁶⁸⁾

　의심할 바 없이, 부흥운동의 독특한 내향적 성격은 선교사들을 안심시켰다. 장로교인들 사이에 모두 다 동의한 사실이 있었는데, 그것은 부흥운동의 가장 유익한 효과는 개인의 죄를 회개해야 한다는 필요성을 높이 의식했다는 것과 거룩함의 개념을 보다 깊이 음미하게 되었다는 것이었다.[69] 자기 조상들의 죄를 회개하는 것은 충분히 쉬웠고, 증오스런 침략자의 죄를 정죄하는 것은 그보다 훨씬 더 쉬웠지만, 자기의 죄를 회개하고 다른 사람을 용서하기는 어려웠다. 사람이 문제의 핵심에 도달하는 것은 이 문제가 해결되었을 때뿐이다. 왜냐하면 기독교에서 볼 때 문제가 되는 것은 마음이기 때문이다. 선교사들의 우려는 단순히 교회와 국가 사이의 기술적인 관계에만 있었던 것이 아니라, 기독교 영성의 핵심(개인적 회개와 용서 같은 것을 말함)이 일본에 대한 정치적인 비난, 이것은 비교적 더 쉽고 확실히 더 인기가 있는 것인 바, 그런 비난 밑에 휩쓸려 버리게 될 가능성에 있었다. 그럼에도 불구하고 선교사들은 일본의 강탈 때문에 한국인들이 겪는 고통을 충분히 이해하지 못했던 것은 분명하다. 그런 면에서 본다면, 윌리엄 블레어가 몇 세기 앞선 로마 가톨릭교회에 대한 그의 적개심에 근거하여, 교회의 정치참여를 반대하며 조언한 것은 교회사의 남용인 것으로 보인다.

선교사들은 난처한 입장에 있었다. 일본인들은 선교사들이 반일본인 감정을 부추기고 있다는 비난을 빈번히 하였다. 내각의 장관 손병준이 1909년 2월 통감이었던 이토 히로부미와 일본에 동행하였을 때의 기록에 의하면 그는 한국에서는 기독교가 가장 큰 문제라고 주장하였다. 그는 심지어 온건한 친일단체인 대한협회내의 '방해꾼들'의 행위는 기독교인들의 조작이며, 선교사들이 전복행위를 하도록 '무지한 백성'을 선동하고 있다고까지 주장하였다. 손병준이 선교사들을 이전의 대한(大韓)황제와 비밀공모를 하고 왕족 박영효가 연류되어 있는 정치적 음모에 대한 혐의로 공개적으로 고소했을 때, 선교사들은 손병준을 반박할 방법을 논의하기 위하여 모일 필요성이 있음을 느꼈다.[70]

한국 기독교의 생존과 생명력을 위해 매우 중요했다는 의미에서 부흥운동은 반민족운동이 아니었다. 부흥운동은 특별한 한국적 정취를 가지고 있었으며, 한국인 자신들이 독특한 경험을 함으로써, 신앙이 자신들의 종족과 민족에 속한다는 인상을 한국인들에게 심어 주었다. 기독교는 더 이상 서구 종교로 기술될 수 없었다. 장로교 선교회는 특별히, 소위 한국교회의 자립(自立 : self-support), 자전(自傳 : self-propagation), 자치(自治 : self-government)라는 '네비우스 방법'을 이행함으로써 이런 토착화를 고무시켜 왔었다.[71] 1904년경 언더우드 박사는 기독교는 외국의 것이라는 사고가 계속되리라는 것을 서울 정동교회의 한국인 장로에게 피력하였다 :

> 여러분이 외국의 돈이 기독교를 앞으로 이끌어 나가는 데 사용되도록 허용하는 한에서 그렇다. 여러분이 여러분 자신의 교회를 짓고 소유할 때, 여러분 자신의 전도자를 파송하고, 여러분 자신의 학교를 지원하라. 그러면 여러분과 다른 사람들이 그것이 외국인의 일이 아니라 여러분 자신의 일임을 느끼고 인식하게 될 것이다.[72]

신앙대부흥운동의 해인 1907년에 한국 장로교회는 완전한 자치가 되었으며, 장로교단과 다른 교단들의 구조적이고 경제적인 힘은 1910년 일본의 합병 이후에 매우 중요한 것이 되었다.[73]

신앙부흥운동은 또한 몇몇의 기독교 민족주의자들에게는 신학적인 문제와는 전혀 다른 문제를 제기하였다. 만일 부흥집회에 참석하고 난 후 안창호가 "우리가 어떻게 이 어리석은 민족을 깨울 수 있을까?" 하고 소문대로 탄식하였다고 한다면,[74] 그때 그는 어떤 교리에 대해서가 아니라 종교에 대한 '한국식'의 접근방식을 언급하고 있었던 것이다. 안창호는 부흥운동이 내포하고 있던 바로 그 토착화에 반대하였으며, 그의 글이 분명하게 보여 주듯이 기독교가 폐지시켜야 할 전통적인 행동과 사유양태로 오히려 되돌아가는 것을 반대하였던 것이다. 이런 인상은 안창호의 제자인 이광수의 후기 비판에 의해 강화되었는데, 그는 이 시기의 기독교가 반지성주의라는 오류를 남겼다고 주장하였다.[75] 이런 비판은 계급문제를 반영하고 있으나, 또한 이러한 기독교의 '토착화'가 하나의 명백한 대안으로서의 그 칼날을 상실함으로써 사회를 변화시키는 그 역할을 위협받지나 않을까 하는 우려를 반영한 것이기도 하다. 민족주의자들은 토착화된 기독교보다는 차라리 정황화된 (contextualised) 기독교를 원했다. 그들이 보기에는 개신교의 합리성과 공공복지에 대한 관심이 그 부흥운동 기간 동안에 전통적인 대중적 감정주의와 이기심에 휩쓸렸던 것이다.

그러나 한국의 지성인들과 선교사들 사이의 분열에 관련있는 이 문제에는 하나의 신학적인 측면이 있다. 이것은 한국교회와 선교사들 사이에 편만해 있던 천년왕국설과 관련이 있었다. 전천년왕국설은 요한 계시록에 암시되어 있는 천년 동안의 평화와 정의의 기간이 지금까지 경험한 인류 역사의 전과정을 종식시키기 위하여 재림하시는 그리스도에 의하여 예고되어질 것이라는 신앙이다. 이 견해에 반대되는 것으로 후천년왕국설이 있는데, 이 이론은 그리스도의 재림은 어떤 특별한 하나님의 개입없이 세계가 기독교 왕국화된 천년의 마지막에 이루어질 것이라는 것이다. 위의 두 설과는 뚜렷이 구분되는 반(反)천년왕국설이 있는데, 이것은 문자적 의미의 천년왕국을 부인한다.

전천년왕국설을 지지하는 사람들은 다소 우울한 역사관을 지니는 경향이 있다. 천년왕국은 역사에서 악마의 세력의 전개를 앞당기는 초자연적 사건에 의해 부여될 것이다. 따라서 "인자가 다시 올 때 세상에서 믿음을 찾을 수 있겠느냐?"라는 그리스도의 숫자적 의문은 부정적으로 해석된다. 신앙은 세상에 대해 대립자로 서서 전투태세를 갖추고 있는 교회 안에서만 발견될 것이다. 이런 견해로 볼 때 '하나님의 왕국'은 종말론적이며, 어떤 구체적인 방법으로 '너희 가운데' 있는 것이 아니고 역사의 종말 이후에 자리하게 된다. 두 번의 전쟁으로 나라가 황폐화되고 황제가 폐위되고 민족이 급속도로 외세의 지배 아래로 떨어지는 상황에서 많은 한국 개신교도들이 전천년주의 자들의 역사 해석에 기꺼이 찬성한 것은 놀랄 만한 일은 아니다. 지상이 혼돈중일 때 신자들은 하나님을 신앙함으로 지상에서의 순례 여행을 떠날 수 있다. 이렇게 함으로써 신자들은 죽음 후에 영원한 생명으로 부활할 것과 죽음 이전에 악의 세력을 멸하려 오시는 그리스도를 기대하는 것이다.

앞서 기술한 내용에도 불구하고, 역사가는 외관상의 역설에 여전히 직면하고 있는데, 그 역설이란 전천년설을 신봉하는 선교사들과 한국의 회중들이(일본인들이 불평했던 것처럼) 완전히 새로운 교육체계의 뼈대를 수립하고, 병원을 세우며, 오직 혁명적인 것으로 밖에는 보이지 않는 정치적, 사회적 이념들을 계속 퍼뜨리고 있었던 것이다. 이런 역설 중에 어떤 부분은 다음과 같은 사실로 일축될 수도 있다. 즉, 개종자들 중에 상류층일수록 대부분 전천년왕국설을 신봉하지 않았으며,[76] 새로운 신앙과 교육의 사회-정치적 의의를 이미 파악하고 있었다는 것이다. 더 나아가, 기독교의 성장을 촉진시킬 목적으로 세워졌던 미션스쿨들에서 배양된 사회적 관심은 그 본래의 의도와는 상관없이 작용하고 있는 사회학적 법칙들의 한 예가 될 것이다. 이런 '법칙들'의 겉으로 드러나는 결과는 확실히 행동주의자들의 의도와 일치한다. 그리고 이런 문제는 신앙대부흥운동이 갖는 내세 지향적 본질이 일반 한국인들 사이에서 민족주의에 대한 관심을 약화시켰는지에 대한 질문으로 논의의 방향을 돌려놓는다.

이론상으로, 교회는 민족주의자처럼 행동하지 않고서도 민족적일 수 있다. 그리고 실제로 대부흥운동은 교회에 '민족적인' 측면을 부여하였다. 그러나 이것은 모든 한국인들에게 영향을 미쳤던 민족적 위기의 시기에 기독교인들은 관련하지 않도록 제지받았다는 비난을 간과한 것이다.(신앙대부흥운동이 교회에게 반 일본 세력으로서의 더 큰 응집력을 주었다는 최근 연구의 결과는 잘못 단순화시킨 것이다.)[77] 해외의 한국 기독교인들은 대부흥운동이 죽음 이후의 삶을 강조하는 것에 대해 우려를 표명하였고, 당시 샌프란시스코에 있던 복음주의자 양주삼은 기독교인들은 이스라엘이 이집트에서 구출된 것처럼, 한국은 일본으로부터 해방될 것이라는 기대를 포기하지 말라고 한 민족주의 신문에 한국 기독교인들에게 경고의 글을 썼다.[78] 1904년의 장로교 선교보고서로 판단해 보건대, 보수적인 선교사들조차도 원칙적으로는 이것에 동의하였던 것으로 보인다.[79] 그러나 1907년에 **표현양식**(*modus operandi*)에 대한 진지한 물음이 있었고, 다시금 그 논쟁의 내용은 교회가 군사적인 저항운동에 가담하는 한 단체가 되기를 바라는 '유혹'이었다는 사실을 상기할 필요가 있다. 이것은 교리와는 전혀 무관한 자살행위로 일본이 한국에서 신앙을 말살할 수 있는 모든 정당성을 제공해 주는 것으로 생각되었다. 그런 망설임은 전천년왕국 신봉자나 혹은 내세지향적인 신앙의 소유자들에게만 국한된 것은 아니었다. 영향력 있는 감리교 신자이면서 지성적, 민족주의적 정치가였던 윤치호는 이미 1890년대에 그 문제에 관해 숙고해 왔었다. 그 당시 미국에서 망명객이면서 대학생이기도 했던 윤치호는 공적인 교회의 정치참여를 반대하였는데, 그 이유는 정치참여가 교회로 하여금 자신의 일차적인 영적 책임, 즉 '직접적이고 가시적이며 만져 볼 수 있는 현세의 관심'에 대한 책임에서 궁극적으로 멀어지게 하는 의무의 혼란을 야기시킨다는 근거 위에서였다.[80]

　윤치호는 그의 정교분리(聖俗分離)에 대한 근본적인 영적 근거를 제시하였다. "그리스도의 왕국에 대한 관심은 한 정당의 이익과 일치될 수 없고 그래서도 안 된다."[81] 윤치호는 기독교란 본질적으로 내향적이며, "마음속에 계시는 하나님, 이것이 종교이다."라는 확신을 갖게 되었다.[82] 한국 개신교도들 사이에 널리 퍼져 있던 이런 입장을 물질적인 세계에는 부적절하고 악이기까지 한 교리라고 해석하는 것은 오해일 것이다. 그것은 내적인 부흥이 본질적으로 외적인 부흥이라는 믿음과 관계가 있었다. 영적인 변화는 밀가루 반죽에 넣은 효소와 같아서 민족 전체의 생활구조에 작용하는 것이며, 반면에 이런 내적인 변혁이 없는 사회적인 변화는 진정한 해방을 결코 달성할 수 없을 것이었다. 기독교는 정치적인 프로그램이 아니다. 그 이유는 기독교가 정치 그 이하이기 때문이 아니라 훨씬 그 이상이기 때문이었다.[83]

이런 각도에서 볼 때, 어떤 종류의 천년왕국설에 대한 신봉은 비교적 적절하지 않은 것으로 보인다. 1907년에 안수받은 장로교인 길선주는 한국 기독교인들이 게릴라 무장투쟁에 참여하지 않도록 설득하는 대단한 힘이 있는 사람으로 선교사들이 인정한 근본주의자였다. 그의 개인적인 역사를 볼 때, 사람들이 단언하는 신념만을 가지고 단순하게 결론을 끄집어 내는 것은 위험한 일임을 알 수 있다. 1897년에 기독교로 개종한 길선주는 즉각적으로 독립협회의 지부였던 만민공동회를 설립하기 위하여 안창호와 함께 모임을 조직하였다. 그렇다면 그가 1907년에는 마음을 바꿨는가? 그가 정치활동가에서 안수받은 목사로 직업을 바꾸었다고 말하는 것이 더 사실에 가까울 것이다. 여하튼 독립협회나 서재필, 윤치호, 안창호는 무장투쟁에서 어떤 희망을 발견할 수 없었으며, 길선주는 1907년에 회의에 빠져 있었다.

따라서 개인 구원에 대한 강조가 초기 한국 기독교인들에게서 사회철학을 제거하지는 않았다. 신앙대부흥운동은 분명히 기존의 사회철학의 유형에 영향을 주었다. 신앙대부흥운동은 '하나님의 왕국'에 대한 두 가지 가능한 입장을 명확하게 함과 동시에 아마도 병존시켰던 것 같은데, 한 입장은 한국 사회의 변화의 결과로 출현했다고 생각되는 거의 전적으로 내재적 성격의 공동체와 '하나님의 왕국'을 동일시하였고, 또 다른 입장은 '하나님의 왕국'을 전적으로 죽음 이후나 그리스도의 재림 이후로 위치시키려는 것이었다. 대부흥운동은 두 번째 입장에 더 가까운 태도를 보였고, 이것은 인간적인 수단 위에 세워진 체제나 기구들에 참여하지 못하게 하는 경향이 있었다. 적어도 대부흥운동은 민족적인 문제들은 개개인의 영적인 연약함을 보여 주는 것이거나 그 결과물이며, 그러므로 사람의 특성을 개선시키는 것이 다른 문제들, 즉 물질적인 문제들을 해결해 줄 것이라는 견해를 뒷받침해 주었다. 이것이 개신교의 자아개조 민족주의(self-reconstruction nationalism)의 기본 전제가 되었다.

그러므로 부흥운동의 감상주의나 개인주의에 대해 별로 탐탁히 여기지 않았음에도 불구하고, 안창호는 개인의 거듭남이 민족의 거듭남의 기초임을 역설하는 데 있어서 많은 지식인들을 대표하였다. 안창호는 1907년에 「공납신문」에 다음과 같이 썼다. "그리스도께서 유대인들에게 말씀하시기를, 하나님이 유대인들의 권리를 빼앗아 그것을 다른 사람들의 손에 넘기신 것은 유대인들이 악한 행위로 가득하고 모든 선을 회피하였기 때문이라고 하셨습니다. 이것은 분명히 오늘날 한국에도 적용되는 것입니다."[84] 민족의 부흥은 개인의 진보와 사고의 개혁에 달려 있었다. 민족의 부흥과 신앙부흥운동론 사이의 원칙적인 차이는, 안창호가 그때 미국에 있으면서 당시 서방 국가들 사이에 유행하던 공리주의와 개신교 경건 사이의 결혼에 입각하여 그 자신의 개인주의적 입장을 세웠다는 사실이다. 미국에 살던 많은 한국인들은 밀(J. S. Mill)의 공리를 받아들여 사회법은 인간 본성의 법으로 환원될 수 있다고 생각했다. 샌프란시스코의 한국청년연합은 개인적인 기독교 윤리는 좋은 민족 사회를 만드는 것이라고 그들의 목사들이 말한 데 대해 그 주제를 놓고 논쟁을 벌였다.[85] 그러므로 부흥운동자들과 민족주의자들이 실제로 같은 전제를 가졌던 반면에, 그 결론에 있어서는 차이가 있었다. 부흥운동자들은 온건한 정치적 정적주의(quietism)를 지향하는 경향이 있었고, 반면에 민족주의자들은 사회적이고 정치적인 프로그램에 필요한 기초를 개인의 영적, 윤리적 변혁에서 찾았다.

선교사들은 어떤 입장에 섰는가? 한 학자는 '기독교 신학의 사회적 적용에 대한 무관심'은 '한국선교 프로그램의 특징' 중 하나였으며, 이런 점은 초기 선교사들의 근본주의 신학과 전천년설에 기인한 것이었다고 판단해 왔다.[86] 그러나 자신들의 신앙과는 상관없이 선교사들이 민족의 사회적, 정치적인 구조에 대한 직접적인 공격을 촉진시킬 목적으로 한국에 갔다면, 그들이 한국에 머무른 기간은 아마 매우 짧았을 것이다.

실제로, 당시 외무대신이던 김윤식이 1896년에 윤치호에게 이런 말을 했었다. 윤치호가 '왕당파' 인물이라고 여겼던 언더우드 박사(H. G. Underwood)조차도 "그의 혁명적인 계획에 대하여 대단히 많은 비난을 받았다"는 것이다.[87] 더 나아가, 이미 기록했던 것처럼 선교사들은 조상 숭배, 조혼, 양반계급의 특권과 같은 유서 깊은 사회적 제도들에 대하여 공공연히 비판하였던 것이다.

여기에서 호주(빅토리아)장로교회의 선교훈련 프로그램을 고찰해 보는 것이 좋겠다. 그들의 보수적이고 근본주의적인 입장은 선교 성과를 살펴보면 분명해 진다. 1900년대에 한국의 선교지역에 대한 호주 지망자들은 선교의 사회적 효과에 대한 일련의 강의에 참석하였다.[88] 그 강의에서 "사회적 결과들은 영적인 결과들보다 더 이후의 간접적인 산물이라."는 전제 아래, 선교가 개인적인 삶에서 더 나아가 사회 전체에 어느 정도의 영향을 미치는지에 대해 다루었다. 이것은 사회적 영역으로부터의 후퇴를 의미하는 것이 아니었다("기독교는 그 범주상 사회적이기 때문에 기독교 선교도 그렇게 여겨져야만 한다."). 그것은 개개인이 그 기본적인 단위임을 의미하는 것이었다. 즉, "선교는 개개인을 대상으로 하며 그 개개인을 통하여 사회에 도달하는 것이다." 사회적인 법령은 "외적인 준수를 강요할 수 있을지는 모르나, 마음과 성향을 변화시킬 수는 없다." 그러므로 사회개혁은 '물질문명보다는 아시아 제국들의 정신의 변화에' 먼저 관심을 가져야 했다. 왜냐하면 '기독교는 꽃이 아니라 뿌리이고,' 개혁 배후의 '압력'이기 때문이다. 함축적으로 말해서 선교사의 첫 번이자 유일한 임무는 복음화였다. 많은 수의 헌신된 기독교인들이 없다면 기독교 개혁도 있을 수 없고, 기독교 사회에 대해 말하는 것이 아무런 의미가 없을 것이기 때문이다.

사회적, 정치적 개혁들이 기대되었다. 강의가 계속되었다 :

기독교는 선교지에서 재건의 기능(a reconstructive function)을 가지고 있다. 기독교 선교는 이미 눈에 보이는 사회적 결과들을 산출해 왔으며, 현시대 비기독교 세계의 사회는 보다 고도화된 문명을 지향하는 적극적이고 혁명적인 변화를 일으킬 새롭고 강력한 요소를 찾고 있다.

익명의 한국 기독교 지도자 한 사람의 말이 이렇게 인용되어 있다:

> 나라의 유일한 희망은 교회들에게 있다.……교회들은 공동의 목표를 위해 어떻게 결합해야 할지를 알고, 지적으로 영민하며, 품격과 용기와 희망을 갖춘 일단의 사람들을 양성하고 있다. 일반 백성들을 개종시켜 교육하는 것이 한국의 유일한 희망이다.

적극적인 사회변혁에 대한 이런 기대는 또한 감리교 선교사들도 공감하고 있었는데, 그들은 이미 1898년에 '세계의 사회적 진보에서 기독교가 맡은 역할'[89]에 대해 글을 썼었다.

한국의 선교사들이 그들의 신앙을 사회에 적용하는 데 무관심하였고, 이러한 무관심은 신학적 보수주의와 전천년설에서 연유한다는 주장은 불만족스러운 것이다. 실제로 문제되었던 것은 변화의 수단이었고, 영적인 거듭남의 우선성이었으며, 교회와 국가의 엄격한 분리였다. 선교사들은 그 수단이 비기독교적으로 보일 때나, 또는 정교분리 원칙이 파괴되는 곳에서만 한국인들의 행동에 직접적인 간섭을 하였고, 직접적인 활동은 한국인들 자신에게 맡겼다. 이 점들에 대해서는 민족주의자들 사이에도 어느 정도 일치가 있었다. 양주삼은 기독교인들은 "의(義)와 인간 사랑의 원리를 좇으라는 주 예수의 명령에 따라" 세속적인 일들을 처리해야 할 것이라고 경고하였고, 게릴라 행동은 이 점이 부족하다고 편단하였다.[90] 이미 언급했듯이, 반(反) 천년왕국주의자이며 반(反) 정통주의자인 윤치호도 이와 비슷한 입장을 취했다.

교회와 의병들

　　교회와 국가의 분리원칙은 일본이 대한제국의 황제인 고종을 강제로 퇴위하게 한 후인 1907~1908년에 가장 심각한 시련을 겪었다. 1907년 8월부터 게릴라 세력들은 일본 군대와 경찰에 대한 공격을 강화하였으나, 일본은 곧 재무장한 군대를 급파하여 그 저항을 무자비하게 억압하였다. 무고한 양민들에게 가해진 잔혹한 행위는 '수많은 온순한 백성들을 반항자들로' 돌려 놓았다.[91] 한국 기독교인들은 격노에 가득 찼고, 분명히 길선주의 영향이 없었더라면 그들은 쉽게 무장봉기를 일으킬 수도 있었을 것이라고 주장되어 왔다. 교회의 미묘한 입장은 복음주의자였던 최상륜의 경우에서 보여지고 있다.

　　최상륜은 게릴라 지도자들에게 그들의 무기를 내려놓을 것을 명령하는 왕의 포고문을 전달할 목적으로 1908년 초에 한국의 법무장관에 의해 선택된 영향력 있는 기독교 20인 중의 한 사람이었다. 한국 기독교인들은 1890년대에 의병들로부터 일정 거리를 유지하고 있었다. 그 이유는 의병들이 당시 반외세(反外勢), 반기독교(反基督敎)였기 때문이다. 그러나 1907년에 윤치호는 계속 그들을 나무라고 있었다. 비록 그가 "일본 경찰의 방자함과 무자비한 잔인성이 나를-모든 진실된 한국인들을-일본으로부터 소외시켰다."[92]고 고백했지만, 의병들이 무의미하게 백성들의 고통을 더 가중시키고 있다고 생각했다. 백성들은 "마을에 들어와 물품을 착취해 가는 '애국적인' 게릴라와, 그들에게 음식을 주었다는 이유로 마을에 불을 질러 수많은 무고한 백성들이 산으로 쫓겨나 기근과 추위로 죽게 만드는 '천사 같은' 일본인들, 이 두 틈에서 이러지도 저러지도 못했다."[93] 1908년의 자료들이 많은 지역에서 '백성들이 이러지도 저러지도 못했다'는 사실을 확인해 주고 있다. 왜냐하면 만약 그들이 '자위대'(self-defense corps) 회원권을 소지하고 있으면 게릴라들에 의해 처형당했고, 그렇지 않을 경우에는 게릴라 지원자들을 숨겨 주

었다는 이유로 일본 군인들에 의해 총살되었기 때문이다.[94]

대부분의 기독교인들은 무장 저항에 가담하지 않았다. 그러나 이토 히로부미의 지배하에 있었던 정부를 위해 게릴라 활동을 그만두게 하려고 하는 교회 지도자들의 태도에 대해서는 의견이 분분했다. 이것이 교회와 국가 분리원칙을 위반하는 것이 아니었는가? 이에 대한 비판은 그 갈등상황에서 가장 멀리 떨어져 있던 한국인들에게서 가장 강하게 제기되었다. 미국에 있던 장기찬은 적국의 도구로 전락해 가는 기독교 성직자들을 공격하면서, 오히려 성직자들은 자유가 회복될 때까지 게릴라 활동이 끊이지 않도록 용기를 줘야 할 것이라고 제안했다.[95] 복음주의자 양주삼은 보다 균형 잡힌 견해를 다음과 같이 제시했다 :

> 우리 나라 정부에셔 예수교회에 유명흔 모 졔씨를 틱흐야 각 디방 션유위원으로 파송흐야⋯⋯ 의병을 션유히산케 흔다니 첫 번 듯기에는 평화의 근본되는 예수교가 금일에 평화슈단을 낫타늬여 빅셩을 안돈케 흐며 그 도를 우리 나라에 더욱 왕셩케할 긔회가 실흐느보다 흐엿더니 일분시가 지나가기 전에 다시 싱각흐여 본즉 그 일이 만일 실힝될 것 갓흐면 우리 나라의 구법되며 우리 한인의 독일무이흔 희망이며 우리 나라에서 그와갓치 크게 흥왕흐는 예수교를 손희식히며 군을 밧게흐며 릭죵에난 그것으로 말미암아 우리나라에 큰 지앙을 비져늬 일이라 하리로다.[96]

백성들이 중국에서 반외세운동을 주도했던 사람들(Boxer : 의화단 – 역자 주)에게 일어났었던 일처럼, 기독교인들의 동기를 오해하고 공격할 것이라는 양주삼의 두려움은 근거없는 것이 아니었다. 서울의 연동장로교회에 시무하던 게일 박사는 1908년 초에 한 게릴라로부터 익명의 편지 한 통을 받았는데, 편지에 그 게릴라는 기독교인들이 지금까지 존경을 받았던 이유는 기독교인들이 존경받을 만한 행동을 보였기 때문이었으나 만약 왕의 사절단들이 소환되지 않으면, 그 사절단들과 다른 기독교인들의 생명은 더 이상 보장받지 못할 것이라고 쓰여 있었다. 그보다 몇 년 전에 동학세력이 재결집되면서 모든 기독교인들을 죽이겠다고 위협을 가해 왔었는데, 노일전쟁 덕분에 그 위험에서 벗어나게 된 것으로 여겨진다.[97] 게일 박사는 그 경고를 심각하게 받아들여 기독교 사절단들을 불러들이도록 이토와 협상하기에 앞서 미국 영사와 상의하였다.[98]

최상륜은 실제로 처음에는 정부의 위임장을 거절했었다. 그 대신 그는 장문의 편지를 내각에 써서 각부 장관들이 사퇴할 것을 역설하면서, 아무런 보호없이 게릴라 요새로 가서 본인들이 사과하고 나서, 그때 의병들이 해산할 것을 요구하자고 하였다.[99] 한 달 안에 그렇게 최상륜이 마음을 바꿔 먹고, 1908년 1월에 황해도의 한 게릴라 거점에 들어간 것은 기독교인들이 직면하고 있던 딜레마의 정도를 보여 주고 있다. 최상륜과 게릴라 지도자 민긍호의 만남은 대실패였다.[100] 모든 계획은 폐기되었고 저항은 계속되었으며, 막대한 피해를 입었다. 1907년 8월과 1911년 6월 사이에 게릴라들이 2,852회의 공격을 감행하였고 141,815명의 반란군이 참가했으며, 그들 중 17,697명이 죽고, 3,706명이 부상을 당하였다고 기록되어 있다.[101] 1913년경에 이르러 의병들은 사실상 소멸되었다.

초기 개신교의 엘리트와 평민들이 함께 보여준 특성

한국의 개신교는 1884년에 하나의 외래 종교로 시작되었는데 존재하기 위해서는 주목을 끌면 안되는 형편이었다. 1910년경에 한국 개신교인은 20만 이상을 헤아렸다. 그들은 대부분 지방민이요 하류층이었으나, 그 중에는 정치인들, 교양있는 학자들, 그리고 당시 영향력 있는 민족주의자들 중 많은 사람들이 포함되어 있었다. 처음에는 정치적 책임의 잠재성을 보였으나 1907년에 이르러 기독교가 민족주의로부터 움츠러드는 듯한 현상은 실망을 가져왔다.

기독교의 드라마틱한 성장, 그리고 그와 더불어 서구의 영향은 상처 깊은 정치적 붕괴와 함께 동시에 일어났다. 1895년과 1910년 사이의 기독교의 괄목할 만한 성장은 전통적인 성리학, 그리고 양반 지배사회와 정치구조가 중일전쟁, 러일전쟁과 1905년 일본 보호정치의 확정으로 약화되었기 때문일 수도 있다. 이것은 기독교로 하여금 사회와 국가의 본질과 목표를 규정하는 데 주창자가 되도록 하였다. 따라서 기독교에 흥미를 가지는 중요한 이유는 기독교가 정치적 굴욕과 사회적 혼란의 와중에 제공된 구원(relief)이었다는 점이다.

기독교로 개종한 사람들 모두가 정치적인 동기를 가진 것은 아니었다. 1907년의 신앙대부흥운동은 그 운동의 근본적으로 종교적인 본질을 나타냈다. 그 부흥운동으로 말미암아 개인적인 회개와 하나님과의 수직적인 관계, 그리고 신앙의 궁극적인 이유, 즉 불멸에 이르는 부활을 통한 그리스도의 본성과의 일치에 대해 강조하게 되었다. 대다수를 차지하고 있던 장로교인들 중 정식 교인이 되기 위해서는 웨스트민스터 신앙고백 요리문답을 외우는 것이 필수적 조건이었다.[102] 인간 존재의 의미와 운명에 대한 물음에 응답하는 데 있어서 소요리문답은, "사람의 제일 되는 목적은 하나님을 영화롭게 하고 그를 영원토록 즐거워하는 것이다."[103]라고 진술한다. 이것을 비정치적으로 해석하는 것과, 그것을 민족적으로 인식할 수 있는 가능성에 대해 더 신앙적인 가치를 부여하는 경향 사이에 하나의 갈등이 발생했다.

특별히 1907~1908년에 의식있는 기독교 민족주의자들이 표출한 두려움이 있었다. 그것은 대부흥운동이 교회의 관심을 사회 정치적 임무로부터 외면하게끔 했다는 것이다. 그런 우려는 일시적인 타당성을 가지는 것일 수 있다. 그러나 전천년설과 근본주의의 밀접한 관계에 대한 이론석이고 신학적인 주장들이 검증되었을 때, 그 두려움이 괜한 걱정이었다는 것이 대략 역사적인 사실로 나타난다. 또한 부흥운동은 한국사회 안에서의 기독교의 역할에 긍정적인 효과들을 가져왔다. 부흥운동은 기독교교육에 새로운 관심을 불러일으켰고, 종교에다 '한국적' 특성을 주는 데 도움을 주었다. 부흥운동이 제공한 기독교인 숫자와 조직이 없었다면, 기독교인의 생각을 민족의 삶에 적용하는 데 대한 민족주의자들의 논의는 단지 하나의 이념으로서만 살아 있을 것이다.

부흥운동은 확실히 사회의 엘리트들과 평민들 사이에 분열을 야기시켰는데, 그런 종류의 분열은 오랫동안 조선왕조 아래 있어 왔고, 더욱 심화되어 왔다. 그러나 여기에서 중요한 점은 이 분열이 어떤 요소들에 의하여 매우 상대화되어졌었다는 점이다. 선교사들의 복음적인 개신교는 계층과 영성과의 관련성을 부정하였는데, 그 이유는 사회적인 위치가 영적인 진보를 제공해 주지 않는다는 의미에서였다. 그러나 그것은 또한 더 나아가 계층에 얽혀 있는 차별의 정당성을 부정하였고, 그렇게 함으로써 사회적인 개혁들을 지지하였다. 부흥운동 자체는 엘리트들이 노동자들, 농부들, 상인들에게 관심을 갖게끔 만들었다. 역으로, 엘리트들은 기독교 기관들을 통하여 평민들 사이에다 민족의식과 새로운 이념들을 주입시켰다. 더 나아가 양진영들은 비록 때로는 결론을 달리하기도 했지만, 인격적인 거듭남이 우선이라는 점은 서로 인정했다. 가끔 새로운 이념들을 받아들이는 데 앞섰던 엘리트들이 바로 그 이념들에 의해 백성들로부터 단절되는 경향은 한국에서는 매우 적었는데, 그 까닭은 평민들 사이에 먼저 받아들여졌던 새로운 종교와 바로 그 새로운 이념들이 결합되었기 때문이었다. 교회행정의 '민주적인' 형식과 더불어 귀족계층에 접근하려는 알렌의 정책, 교육을 통해 접근하는 감리교, 그리고 지방에 집중된 장로교는 비-서방 민족, '비-기독교인'의 침략에 임박하여 개신교인들 사이에 서로 존경과 결속을 야기시키는 결과가 되었다.

자아개조 민족주의의 윤리적 기초

"죽어 가는 자의 가장 중요한 관심사는 그가 어떻게 살아야 할 것인가 하는 점이다."

― 윤치호[1] ―

한국의 개혁파들이 19세기 말에 유럽과 미국을 여행하고 돌아와서 가장 특기할 만하게 인상받았던 점은 '서양'의 사회 가치와 행동이었다. 그들이 서양 문명은 기독교에 의해 형성되었다고 믿은 까닭에, 기독교의 수용 역시 보다 급진적인 개혁자들의 관심이 되었는데, 따라서 그들에게는 "하나님에 대한 [새로운] 개념이 기존의 사회구조들 속에서는 궁극적인 가치의 인식을 불가능하게 만들었다."[2] 1910년 개신교로 개종한 개혁파들 가운데는 이수정, 박영효, 유길준, 이승만, 안창호, 조만식, 그리고 윤치호가 포함되어 있다.

이러한 기독교로의 개종은, 급진적인 개혁파들이 1884년 12월 갑신정변에서 실패한 결과, 그 수단과 목적들에 대해 다시 생각하게 된 것과 우연히도 같은 시기였다. 그 정변은 청나라의 지배로부터 조선정부의 권한을 회복하려는 시도였다.[3] 갑신정변은 한국 개혁운동사에 있어서 하나의 분수령을 이룬다. 왜냐하면 그 실패로 인해, 미래에는 보다 광범위한 저변의 민족적 운동들을 시도할 필요가 있음이 강조되었기 때문이다. 갑신정변은 전통적인 궁중혁명의 형태로 일어났었다. 그후 다른 전략이 요청되었는데, 그것은 백성들을 계몽시키는 방법의 하나로 백성들에게 한국의 상황을 알리고, 철저한 개혁을 위해 백성들의 지지를 호소하는 것이었다. 이런 목표가 설정되자 지금은 감리교인인 서재필이 1896년 독립협회를 창설하였고, 윤치호와 남궁억과 함께 한국 최초의 한글 신문인 「독립신문」을 통해 '새로운 사상'을 널리 퍼뜨리기 시작하였다.[4] 개신교 개혁자들의 실천 덕목에는 대중 가운데 새로운 시민윤리를 배양시키는 것을 앞세웠고, 이 일에 윤치호가 지도적인 역할을 하였다.

윤치호는 한국의 가장 유명한 기독교인들 중에 속했으며, 적어도 1918년까지는 한국에 살고 있는 가장 훌륭한 민족주의자로 간주되었다. 그의 정치적인 경력은 1880년대 초에 개화파에 연루된 것을 시작으로, 1895~1896년에는 개혁 내각에서 외무성 차관과 교육부 장관 서리로 봉사하였다. 1897년에 그는 독립협회를 통해 입헌정치를 위해 일하는 '반대측' 지도자가 되었다. 그리고 1898년에 독립협회의 회장이 되었다. 그는 1899~1903년의 유배기간을 원산과 진남포 항구도시의 관리로 보내다가 러일전쟁 중 다시 서울로 불려와 외무부 장관 서리가 되었다. 그러나 1905년 11월에 일본이 섭정정치를 강요하자 윤치호는 모든 관직을 거부하고 정부로부터의 탈퇴를 선포하였다.[5] 일본인들은 윤치호를 1911년과 1915년 사이에 폭동(105인 사건-역자 주)을 교사한 혐의를 씌워 투옥하였고, 석방된 후 윤치호는 YMCA서울 센터와 남감리교 선교회를 통하여 한국인들을 위한 교육과 산업발전에 투신하였다. 개신교를 포함하여 모든 지식인 엘리트 지도자들 가운데서 윤치호는 유교를 타파하는 일에 가장 탁월하였고, 민족적인 문제에 그의 새로운 신앙들을 적용하는 일에 있어서도 가장 신중하면서도 지속적이었다. 안창호 같은 다른 개신교 지도자들에 대한 그의 영향력도 컸으며, 경력 초기부터 1937년에 이르기까지 자아개조(self-reconstruction)운동의 많은 부분에 기초를 놓았다.

윤리적 민족주의의 사도

젊은 개혁자, 1881~1887

오래되고 이름있는 해평(海平) 윤씨 웅열의 장남으로, 가장 권세있는 안동 김씨 왕가에 그의 부친계 할머니를 통해 관련을 맺고 있는 윤치호는 1865년 1월 23일에 충청남도에서 태어났다. 그전 해에, 조선왕 철종이 자식없이 죽었고, 이후 궁전은 왕위계승 문제들과 가문 싸움으로 가득 차게 되었다. 윤치호의 아버지는 1858년에 서울에 가족을 데리고 와 성공적인 무관생활을 시작했으며, 개화당의 첫 번째 일원 중 한 명이 되었고, 군사개혁을 통해 한국 지위를 강화시키는 데 기여하였다. 1880년 5월 일본에 공식사절로 다녀온 후, 윤웅렬은 고종에게 발탁되어 메이지 일본의 예에 따라 새로운 군대를 훈련시키고 지휘하는 임무를 맡았다. 이것은 윤씨 가문을, 민족을 위해 최적의 과정을 획득하려는 쓰라리고 때로는 폭력적인 투쟁의 중심에 서게 하였고, 또한 한국에 먼저 진출하려는 일본, 중국, 러시아 사이의 삼각 라이벌 싸움의 중앙에다 놓았다.[6] 자연히 윤치호는 그의 아버지의 입장을 따랐고, 초기의 친일본 개화당에 가담하였다.[7]

1881년 4월에 한국 소정은 윤치호를 신사유람단의 일원으로 일본에 보냈다. 이 유람단에는 몇 년 후 특출한 개혁가가 되고 서방 문명에 대한 유명한 보고서인 「서유견문」의 저자인 유길준이 포함되어 있었다.

유길준이 일본의 유명한 자유주의자인 후큐자와 유기치 밑에서 연구했던 반면에, 윤치호는 서양연구에 있어서 가장 탁월한 사람인 나까무라 마사타다의 지도를 받았다. 그는 일본에서 아시아 정치 현황에 대해 관찰한 후 중국에 대한 초기의 불쾌감이 더 강해졌다. 중국에 대한 그의 불쾌감은 임오군란의 결과로 그의 아버지가 한국의 북동쪽 해안에 자리 잡은 원산으로 추방당했다는 소식을 접하면서 더 확고해졌고, 그 일로 중국을 비난했었다. 1883년경 윤치호는 한국이 중국의 '노예'라는 표현을 쓰기 시작했다.[8]

아이러니컬하게도 윤치호가 한국의 정치 문제에 영향력을 얻은 것은 친 중국 세력의 관직을 통해서였다. 1864년에 철종이 죽음에 따라 왕비 조씨(철종의 선대인 헌종의 어머니)는 자신의 조씨 가문을 더욱 흥하게 할 목적으로 신분이 낮은 이하응의 자식을 후계자로 선택하였다. 섭정으로서의 이하응은 후대에 대원군으로 알려졌으며, 유능하고 교활한 정치인이 되었고, 자신을 제일 높은 지위에 올려놓음으로써 한국의 정치계를 놀라게 했다. 그러나 1882년 임오군란을 뒤이어 고종의 부인이며 친중국 노선인 민왕후는 중국에 적대적인 대원군을 몰아내기 위하여 중국을 끌어들여 손을 잡았으며, 이후 조정에는 친중국 세력이 주도권을 잡았다.

1883년 5월에 18세의 나이에 윤치호는 영어를 공부한 지 단 5개월만에(일본에서 네델란드인 학자 밑에서!) 다시 부름을 받아 초대 주한미국공사 루시어스 푸트(Lucius Foote)의 통역관으로 일했다. 이런 경력 때문에 그는 외무성에 소속되었고, 자주 왕궁에 소환되어 고종과 민왕후에게 자문을 하였다. 그는 이홍장(李鴻章)과 원세개(袁世凱)를 대표로 한 중국인들이 한국의 외교정책에 대한 그들의 영향력을 우선적으로 확보하려 한다는 것을 알았다. "나는 조선의 왕으로, 내가 중국의 관심사를 생각할 때마다 특권을 요구할 필요가 있다."[9]라고 이홍장(李鴻章)이 베이징주재 미국공사에게 통고하였다. 윤치호는 1883년에 이홍장(李鴻章)이 말한 서류를 번역하면서 질색하게 되었다. 이홍장은 조선이 외국 세력들과 독립적인 무역협정을 맺는 것을 찬성하지 않았고, 고종에게 "조선은 중국의 속국이라는 자신의 먼저 번 언급의 의미를 파기시킬 수 있는 [외국] 전권 사절들과의 어떤 경솔한 협상도"[10] 허락해서는 안 된다고 경고했던 것이다. 태종(1400-1418)의 통치 이래 왕가와 깊은 관계를 맺어 온 세력가 여흥 민씨와 결탁한 중국은, 메이지 유형의 개혁을 실현하는 것을 목표로 삼는 개화당에게 조정내의 가장 큰 장애요소로 자리잡고 있었다.

비록 윤치호가 이런 중국인들의 방해를 비방하기는 하였으나, 1884년경 그는 한국 최대의 결점은 내적인 약함과 무질서에 있으므로 스스로 강하게 되어야 한다(自强)는 입장을 고수하고 있었던 것이 분명하다. "만약 우리가 우리 자신을 강하게만 한다면, 어느 누구도 두려워할 이유가 없을 것입니다."라고 그는 왕에게 조언하였다.[11] 이 당시 윤치호는 정부기관을 탄탄하게 하는 것이 중앙과 지방정부 안에 있는 구조적인 문제들을 해결해 줄 것이라고 생각했다. 그는 이 문제들이 가장 위협적이라고 느꼈던 것이다. 그의 처방은 문관의 일과 무관의 일을 엄격하게 분리시켜서 각자의 일을 규정하는 것이었다. 그렇게 하면 다른 부처들의 방해없이, 관료들은 그들이 맡은 직책의 일에 자신의 전생애를 헌신할 것이다.[12]

1884년 말에 이르러 윤치호는, 인도차이나에서 어려움을 겪고 있는 중국의 실정을 이용하자는 과격한 김옥균의 의도를 알았을 때 이런 유형의 해결책에 의문을 던졌다. 특히 윤치호의 아버지는 한국인의 지지 없는 일본 군대에 대한 신뢰는 결국 실패하고 말 것이라는 이유로 그 음모에 찬성하지 않았다.[13] 윤치호에게 12월 4~8일의 갑신정변은 비극적이었다. 갑신정변으로 인해, 개화운동에 관계된 모든 사람들이 의심을 받게 되었고, 중국의 간섭을 심화시켰으며, 한국을 일본의 종속으로 만들려 한다며 개화파들을 싫어하던 백성들과 관리들 사이에 반발의 원인이 되었다.[14] 김옥균과 다른 사람들이 일본으로, 그리고 서재필이 미국으로 망명한 반면에 윤치호는 상해로 망명가는 길을 선택했다. 거기에서 그는 1885년 1월 27일에 알렌의 영-중 남감리회 학교에 입학했다. 2년 후 윤치호는 기독교로 개종했다.

민족주의 신학의 실험들과 유교에 대한 비판

1886년 초부터 윤치호는 영적인 위기를 경험하는데, 이로 인해 그는 1887년 4월 3일 상해에서 남감리교 신자로 세례를 받게 된다. 그런 결정은 그가 강도 높은 독서와 토론과 사색을 거친 후에 내려진 것이었으며, 윤치호는 그것을 가장 진지하게 여겼다. 그가 개종하게 된 상황은 두 가지 이유로 중요하다. 첫째, 정치적인 고려가 직접적인 역할을 했다는 암시가 전혀 없다는 점이다. 사실상 윤치호는 후에 그의 새로운 신앙이 정치적인 부담이 된다는 점을 두려워하였다.[15] 둘째, 그는 기독교를 일차적으로 내면적이고 개인적인 계몽으로 간주했고, 이에 따른 변화된 삶은 이차적인 것이었다.[16] 이와 같이 종교와 윤리 간의 비분리성, 내면에서부터 새롭게 하기 시작하여 외적인 면을 새롭게 한다는 개념, 그리고 그가 기독교를 비정치적으로 받아들인 것 등은 윤치호의 민족주의 사상에 깊은 영향을 끼치게 되었으며, 또한 후에 기독교를 정치적으로 유익하다는 입장에서 받아들였던 많은 한국인들에게는 그를 하나의 수수께끼 같은 인물로 만들었다.

그러나 윤치호가 자신의 새로운 신앙의 의미가 무엇인가에 대해 몰랐던 것은 결코 아니었다. 1888년 11월 미국의 밴더빌트대학에 입학한 후 그의 신념을 역사와 사회에도 관련시키기 시작하였다. 그는 미국의 사회적, 정치적, 종교적 신조(belief)와 실천(practice)을 예리하게 관찰하였다. 그리고 안창호와 서재필처럼, 그는 미국 문명화의 본질을 기독교에서 발견하였다. 문명화와 종교를 이렇게 동일시한 것은 유교와 문명화가 사실상 동의어였던 한국의 일상적인 도그마의 틀 속에서 이해해야 한다. 한국의 사회와 문화에서 실망을 느꼈을 때, 윤치호는 자연적으로 유교는 오류였다고 결론지었다. 이와 반대로 만일 기독교가 진리라면 기독교는

한국인들을 강하고 위풍있게 회복시킬 것이라는 결론을 내렸다 :

> 일국의 흥망 성쇄는 그 인민의 지각과 기상에 딸린 것인데 우리 나라 백성이 여러 백년 남의 노예 다 되어 지각과 사내다운 기상은 조금도 없고 또 세상에 비할 데 없는 모진 정부의 500년 압제를 받아 상하 관민이 남에게 매여 구차히 성명(性命) 보전하기만 도모하니 지금 우리 나라 형제로 독립을 어찌 바라며 독립한다 하여도 어찌 후폐(後弊)를 방비하며 국가를 보전하겠는가. 까닭에 당금 우리 나라 급무는 국민의 지식 문견을 넓히며, 도덕 신의를 가르치며, 애국심을 기르는 데 있으나, 정부가 그같이 더럽고 썩었으니 무슨 나라를 위하여 장대한 도략(道略)이 있겠는가. 우리 나라 교육을 도와주며 인민의 기상을 회복시킬 기개는 예수교 밖에 없으니 내 나라를 위하여서나 내 한 몸을 위하여서나 성교(聖敎)에 온 몸의 심력을 다 들여 위로는 구세주의 공덕을 갚고 아래로는 내 영혼 행복을 온전히 하는 것이 대망인 것이다.[17]

그러나 기독교가 한국을 구원할 수 있을 것인가? 여기에서 윤치호는 사회 진화론의 틀 속에서 심각한 번민을 했다. 사실 1889년 중반부터 그는 자신이 인정했던 '적자생존의 냉혹한 법칙'[18]과 자신의 기독교신앙 – 도덕명령과 역사에 대한 하나님의 섭리질서 – 이 둘 사이의 모순을 해결하고자 정신적으로 많은 애를 썼다.

윤치호는 국제적인 동향과 한국의 딜레마를 분석하기 위해 세 가지의 주요 기독교 개념들을 사용하였다. 그것은 악의 인격적 기원, 역사 속의 심판(섭리), 그리고 청지기직(stewardship)이었다. 매커리(Macaulay)의「역사」제 1권을 읽고 난 윤치호는 한 민족이 다른 민족에게 행하는 범죄의 극악무도함에 질려 있었다. 그러나 그는 이런 결론을 내렸다 : "이런 국제적인 죄악들의 뿌리와 근원은 개개인의 가슴들 속에 있다. 이런 죄들이 단순한 개개인의 죄들보다 더 통탄할 만한 것으로 보이는 이유는, 단지 국제적인 죄들이 양적으로 더 크기 때문이다."[19] 만일 아직도 역사가 힘의 법칙에 따라 진행되고, '국제적인 죄악들'이 국제적인 사건들에서 제 1원인자라고 한다면 섭리란 무슨 의미가 있는가? '빼앗을 수 없는 인권'에 대해 말하는 그 요점은 무엇인가? 윤치호는 카알라일(Carlyle)과 다음과 같은 논쟁을 벌였다 :

> 카알라일의 *Await the Issue*에서 그는 말하기를, "하나의 강한 것을 나는 여기 아래에서 발견한다. 그것은 정의로운 것과 참된 것이다."라고 했다. 이 진술 안에도 사람들이 오늘날 이야기하는 '인간의 빼앗을 수 없는 권리'에서 만큼의 진리는 있다. 그것은 힘을 가진 사람만이 빼앗을 수 없는 권리와 정의와 성공을 가지며, 그러나 힘을 갖지 못한 사람은 오직 손해와 불의와 실패만을 가질 뿐이라는 것이다. 이것은 보다 강한 민족이나 인종이 보다 약한 민족이나 인종을 대하는 것으로 증명된다. 그러므로 하나의 강한 것을 나는 여기에서 발견한다. 그것은 힘 이외에는 아무것도 없다는 것이다.[20]

만약 윤치호가 다른 개신교 교단들의 인간성에 대한 교훈들이나 타락한 세계 속에서의 힘과 정의의 관계에 대한 파스칼의 사상에 노출되었다면 어떤 결론을 내리게 되었을까 궁금하다. 그러나 어떻든 윤치호는 후에 그의 판단을 다음과 같이 수정했다 :

> 어느 한 민족 혹은 인종이 다른 민족 혹은 인종을 정복했을 때, 피정복자가 정복자보다 도덕적, 종교적, 지적으로 더 훌륭하며 더 옳지 않는 한, "힘은 곧 정의다."라는 냉소적 불평을 함부로 할 수 없다.……그러나 우리는 강한 민족이 약한 민족보다 도덕적, 종교적, 정치적으로 더 훌륭하거나 덜 타락했음을 보아왔다.……따라서 정의에 대한 힘의 승리라고 보이는 것은 단지 – 절대적이 아닌 – 상대적인 그릇됨에 대한 상대적인 정의의 승리

일 뿐이다.[21]

적자생존(適者生存)의 개념으로부터 윤치호는 권리 가운데, 한 백성의 그 민족에 대해 갖는 권리조차도 빼앗기지 않는 것이 없다는 결론을 내렸다. 악의 인격적인 기원과 섭리에 대한 개념들로부터 그는 백성들이 민족의 생존에 대해 도덕적 책임이 있다는 결론을 내렸다. 침략은 침략자의 죄악인 것만큼 침략 당한 민족의 죄과이기도 하였다. 왜냐하면 '한 민족에게 약소민족이라는 것보다 더 큰 죄는 없기' 때문이며, '잘못된 정부는 다른 범죄와 마찬가지로 그에 따르는 형을 받아야 하기' 때문이다.[22] 따라서 진정한 강함이란 정신적인 건강으로부터 도출되는 것이었다. 반면에 사회적, 민족적 진화의 과정에서 뒤떨어진 먹이(prey, 적자생존의 과정에서 강대국의 먹이가 된 약소국을 의미 - 역자 주)는 정신적인 침체의 결과 - 혹은 심판 - 였다. 기독교적으로 볼 때 땅, 자유, 독립은 하나님이 주신 선물들이었다. 그리고 그런 선물들의 유지는 그것들에 대한 적절한 청지기직(stewardship)에 달려 있었다.

기독교의 청지기직은 창세기의 창조 이야기에까지 거슬러 올라갈 수 있다. 태초에 하나님은 땅과 그 곳의 모든 생물들과 자원들을 지으시고 인간들에게 돌보도록 넘겨주셨다. 그러나 정부와 시민들이 공동의 이익을 위해 정신적, 물질적 자원들을 개발할 공동의 책임이 있다는 이념은 기독교 이외의 많은 종교체계 속에도 포함되어 있으며, 확실히 유교 안에도 존재한다. 그러나 윤치호는 유교가 바로 이 점에서 신뢰받지 못해 왔다고 믿었다. 한국은 대단한 잠재력을 갖고 있었다 - 국민들은 좋은 체격과 지성을 부여받았으며, 기후는 건강에 좋고 자연자원이 풍부하였다 - 그러나 한국의 통치자들과 백성들은 그 사실을 소홀히 하였다.[23] 유교의 교훈들은 한국의 상황을 교정하는 데 무기력하였다. 왜냐하면 그 교훈들은 효(孝)라는 황폐한 선입견으로 철저히 금이 가 있었기 때문이다. 더 나아가 세부적으로 볼 때, 개신교의 청지기직에 대한 비전은 사회적인 강조점을 가지고 있었는데, 그것은 19세기 한국으로써는 처음 대변하는 사실이었으며 윤치호가 가장 중요하다고 느낀 바 소위 시민 도덕(civic morality)이었다.

시민 도덕이란 일반적으로 영국과 미국의 프로테스탄티즘과 관련된 용어로, 개신교 신앙이 개개의 시민들에게 이익이 되어야 한다는 그들의 도덕적인 특성과 관계된 것이다.[24] 개인 도덕은 사회적 도덕의 기초가 되며, 심지어는 민족의 도덕, 건강, 생명력의 기초가 되는 것으로 여겨진다. 그러므로 우리는 이런 시민 도덕을 내포하고 있는 개별적이고 종교적 사회적인 철학을, 사회구조나 계급을 그 출발점으로 삼는 철학들과는 논리적으로 반대되는 것으로 이해할 수 있다. 윤치호는 자신이 영어로 표현할 때는 '시민 도덕'(civic morality)이라는 용어를 사용하지 않았고, 그 대신 그는 빈번히 '공적인 덕'(public virtue), '공적인 책임'(public responsibility), '공공 정신'(public spirit)이란 말을 언급하였다. 이런 용어들의 내용은 위에서 강조한 시민 도덕(civic morality)의 개념과 상응한다. 이 개념을 강조하면서 윤치호는 상해에 있는 그의 옛 학교에 가서 가르치기 위해 1893년 10월 미국을 떠나기 직전에, "기독교는 한국의 유일한 구원이요 희망이다."[25]는 신념을 피력하였다.

그렇다면 유교에 대해서는 뭐라고 하였는가? 중국 고전으로 교육을 받은 양반으로서의 윤치호가 자신의 새로운 신념들을 설명하고 유교의 비판점을 윤리적인 용어로 공격한 것은 자연스러운 일이었다. 그러나 그는 또한 유교의 '영적인' 비판점을 공격했는데, 그렇게 함으로써 그는 유교가 그 윤리를 설명하는 데나 적용하는 데 필요한 초월적인 힘 같은 것이 부족함을 묘사하려 하였다. 윤치호가 처음에는 상해로, 후에는 원산과 진남포로 떠난 정치적인 유배는, 분명히 한국과 중국의 문화권의 쇠퇴를 초래한 유교의 역할에 대한 반성을 고무시켰다.

윤치호는 도덕법의 보편성과 객관적인 실재를 확고히 믿었다 : "도덕성의 크고 근본적인 원칙들은 몇 안 되고 단순하다. 물론 그 원칙들을 산뜻하고 유효한 형식으로 표현할 기회를 가졌던 첫 번째 위대한 사람은 리빙스턴이 산과 호수들에다 자신의 이름을 붙인 것처럼, 그 원칙들에다 자신의 이름을 붙일 권리를 가졌다."[26] 그러므로 비록 윤치호가 조선시대의 성리교 윤리체계가 고착적이고 형식적으로 되어 왔다는 개화당의 견해와 같이하고는 있으나, 그가 유교를 비판한 것은 윤리적인 빈곤의 어떤 점 때문이 아니라, 유교의 특별한 강조점과 구조가 효도에 기반을 두고 있다는 점이었다. 윤치호의 견해에 따르면, 비록 이런 의무가 그 자체로 유익한 것이었지만, 그 의무가 도덕적인 정통성의 표준이 되어 하나의 윤리적으로 절대적인 의무로까지 고양됨으로써 모든 균형을 상실해 버렸다는 것이다. 이로 인한 가장 큰 피해는 공공 윤리였다. 시민도덕을 방해하는 요소가 바로 유교의 핵심에 자리잡고 있었던 것이다.

상해에서 윤치호는 효(孝)가 '많은 죄들을 덮어' 버리면서 먹을 것도, 집도, 교육이나 영적인 이해도 없이 살아가는 수많은 사람들에 대한 관심으로부터 우리를 벗어나게 하였다고 비난하였다. 그것은 '이(理)가 먼저냐 아니면 기(氣)가 먼저냐는 끊임없는 논쟁' 속에서 무한(無限)과 비무한(非無限)의 문제에 대한 어리석은 사색에 빠지게 만들었으며, '남존여비나 왕에 대한 절대 복종', 그리고 '끊임없이 옛것만 고려하는 습성'을 더욱 조장하였다.[27] 윤리적인 변형은 깊어만 갔고, 정치적 사회적 억압을 정당화시켰을 뿐만 아니라, 또한 윤리적인 엘리트 의식을 지지함으로써(왜냐하면 특권층만이 효도의 성가신 요구들을 충분히 실천할 수 있는 여가와 수단을 가지고 있었기 때문이다.) 그들을 현세의 책임감으로부터 해방시켰던 것이다. 반대로 개신교의 도덕성은 외적인 율법주의로부터 내적인 결단력으로의 전환을, 하나님에 의해 초월적으로 제공된 양심을 통하여, 가능하게 한다는 점에서 윤치호에게 의미가 있었다. 유교의 윤리가 도덕적 엘리트의식으로 끝이 난 반면에, 개신교 윤리는 일종의 '모든 사람'의 도덕성이었다. 다른 말로 해서, 개신교 윤리는 도덕적인 활동성을 평범한 인간 실존의 지평 속에 확고히 심어 놓았던 것이다.

그후 1902년에 함경남도 원산의 관리로 있으면서 윤치호는 정치적으로 무책임한 오늘의 상황을 '불인불의'(不仁不義 - 어질지 않음이 없고, 정의롭지 않음이 없어야 한다.)의 윤리로 뒷받침되는 효도가 얼마나 모든 공적인 덕을 전복시키는 것인가를 보여주는 하나의 예로 인용한다. 1902년 3월 25일에 함흥의 통치자인 김종한은 형사상의 강요를 통하여 큰 폭동을 야기시켰다. 윤치호에 따르면, 김종한은 자신을 변호하면서 자신의 노비가 너무 약했다는 것과, 따라서 만일 그가 부모들과 친척들을 보필하는 데 실패했다면, "그는 필연적으로 악한 사람이다. 그가 자신의 의무를 수행하는 데 있어서 정직한 것과는 아무런 상관이 없는 것이다." 라고 항변하였다고 한다.[28] 윤치호는 13개 도(道) 가운데 8개 도가 심각한 기근으로 고통받고 있고 모든 마을들이 죽음이나 이민을 통해 사라져 가는 때에 관보(官報)가 민족적인 중요성을 가진 기사로서 제국의 무덤지기들의 의식들과 장비들에 대해서만 언급한 것에 대해 회의적으로 썼다. 백성들의 안녕에 대해서는 그토록 공적으로도 무관심하니, 한국이 다른 나라의 지배에 떨어지면 불의의 하나님이라고 탓할 수 있을 것인가라며 윤치호는 의문을 나타냈다.[29]

윤치호는 피지배자의 행동에 대해서도 똑같이 실망하였다. 1902년 4월에 원산에서 불이 났을 때, 그는 일본인의 소방대가 가져온 펌프로 불을 끄자고 몇 명 설득시키는데 큰 어려움을 경험했다. 네 가구가 전소되었고, 윤치호는 그의 일기에 이렇게 기록해 놓았다. "이타주의는 항상 유교인들에 의해 정죄당해 왔다. 따라서 공공의 정신이란 것은 한국이나 중국에서는 대부분 낯선 특징이다. 유교의 조잡한 유물론이 인간의 의무의 전영역을 그 인간이 사는 집의 네 벽 안에 가두어 왔다."[30]

버트란트 럿셀은 지적하기를, 유교는 인간들의 자연적인 성향들을 부정하는 윤리적인 교훈들을 절대 주장하지 않았으며, 바로 이 점이 유교의 유리한 점이라고 했다. 윤치호는 이 점이 유교의 약점이라고 믿었다. 자신의 친척과 지기(知己)의 평안에만 관심을 갖는 것으로 해석된 효(孝)

는 한국의 '공공 정신'에 가장 위험한 적이었다. 도덕성의 모든 관심사가 자연적인 성향들로부터 떠나, 배타적으로 가족적인 관심사들을 초월한 사회와 국가의 욕구에로 그 주의를 돌려야 했던 것이다. 바이판 챤드라(Vipan Chandra)는 정확하게 지적하기를, 윤치호의 효(孝)의 유물론에 대한 비판들은 유교의 보다 형이상학적인 학파들 가운데 몇 학파에는 쉽사리 적용되지 않으며, 또한 공자 자신에게서 기인된 저술들에도 적용되지 않는다는 것이다.[31] 그러나 여기에서 윤치호의 기준은 유교의 경전들에 관한 것이라기보다는 효(孝)의 실천에 관한 문제였다.

윤치호에게는 윤리적인 문제보다 더 큰 문제가 유교에 있었다. 윤치호는 그 체계 전체에서 치명적인 결함을 발견했다. 비록 그가 맹자의 윤리적인 격언들의 아름다움은 인정하였지만, 그 윤리적인 격언들에는 백성들이 그것들을 실천할 수 있도록 하는 어떤 수단들이 없기 때문에 '무기력하고 따라서 무용지물인 것'이라고 주장했다.[32] 이것은 아주 단순히 말해서 영적인 힘의 결핍이었다 – 윤리적인 결격 조항이라기보다는 종교적인 결격 조항이다. 윤치호는 이런 영적인 힘을 요구하였다. 왜냐하면 개신교인인 그는 맹자와 반대로, 인간들은 감정에 있어서는 그렇지 않더라도 행동에 있어서는 자연스럽게 악을 지향하고 있으며, 따라서 아무리 좋은 윤리적인 철학이라 할지라도 그 자체로는 부적합하다고 믿었기 때문이었다. 윤치호는 이미 1890년에 결론내리기를, 한국인들, 중국인들, 그리고 일본인들은 '적극적인 철학이나 모두 다 알 수 있는 종교'를 필요로 하지 않았으며, 그것을 유교 안에 가지고 있었다. 오히려 그들이 원했던 것은 "우리가 진리로 아는 것을 우리에게 행하도록 할 수 있는 살아 있는 도덕이나 오히려 영적인 힘이었다."라고 했다.[33]

더 나아가 윤치호는 공자에 반대하면서 우주적 사랑을 부르짖은 철학자 묵자(墨子)의 사상에서 하나의 다른 결론을 도출해 냈는데, 사실상 공자와 묵자는 서로 비슷한 전제를 가지고 있었다. 공자나 묵자는 제어되지 않는 인간의 의지가 악을 지향하는 경향이 있어서, 보다 강한 어떤 힘이 윤리적인 사회를 일으킬 필요가 있다고 믿었다. 하나님께서 창조를 공명정대하게 하신 것같이, 인간들도 서로에게 공평하게 대해야 한다는 윤치호의 주장조차도 묵자가 사용한 것과 같은 유의 논리적 도약을 하고 있다.[34] 그러나 묵자가 강압적인 외부 세력-정부-에 호소한 반면에, 윤치호는 개개인들 속에 뿌리박고 있는 영적인 능력에 호소했다. 여기에 어떤 염세적인 허무주의는 없다. 윤치호는 최고의 공동선(善)을 향하여 능동적으로 변화하고 더불어 일하는 인간의 능력을 믿었다. 그러므로 공자, 맹자, 주희의 원리들에 대한 수세기에 걸친 회의적인 철학적 접근의 근거에 반하여, 윤치호는 한국에서 기독교의 힘은 논쟁 속에보다는 행동 속에, 즉 개인과 민족의 삶을 변화시키는 도덕적인 힘의 표출 속에 기인한다고 인식했다.[35]

1899년 3월부터 1903년 7월 사이에 원산항과 진남포(현재는 남포)항의 관리로 있으면서 얻은 윤치호의 경험은 개신교 사회윤리의 수용이 한국의 도덕성을 회복시켜 줄 것이라는 그의 주장에 대한 개인적인 입증이었다. 여러 면에서 그는 공적인 직책들 속에서 그의 정직성과 정의에 대한 선례가 없는 인기를 획득했다. 원산에서 백성들이 어느 땐가 잔치를 열어 음악과 춤으로 그를 축하했었고, 반면에 진남포에서는 대중들이 그가 전출된다는 소식을 듣고 서울에 그의 전출 철회를 탄원하며 데모를 하였고, 열흘 동안 그의 출발을 저지하였었다.[36] 윤치호의 정치생활 가운데 가장 성공적이었던 시기가 이 4년간의 국내 유배기였다는 것은 역설적이다. 윤치호는 4년 동안 한 평판을 얻었는데, 이 평판은 곧 전설적인 것이 되었으며, 또한 그것은 후에 그의 삶을 둘러싼 논쟁에서조차도 완전히 지울 수 없었다.

그러나 윤치호는 지방행정관으로서의 개인적인 성공에도 불구하고, 한국이 점차적으로 일본인들과 러시아인들의 간섭 아래 떨어지고 있음을 깨달았다. 비록 그가 몇 가지 점들을 증명해 냈었다 해도, 그럼에도 불구하고 그의 통치는 결국 가부장적이었다. 그리고 비록 그의 주민들이 그의 통치를 칭찬했다 해도, 그들의 충성심은 시민적 책임성의 개념에 있었던 것이 아니라 윤치호 인간 자신에 대한 충성심이었다. 이 점에 있어서 윤치호는 그가 초기에 독립협회에서 - 우리는 이제 독립협회로 되돌아간다 - 얻은 경험으로부터 도출해 내었던 한 교훈에 대한 확증을 보았다. 즉, 민주주의는 기초들이 필요하다는 것이었다. 개인적인 수준과 민족적인 수준에서 공공정신을 키우기 위해서는 우선 유교를 기독교로 대체시켜야만 했다.

독립협회, 1896~1899

1894년에서 1895년에 걸친 중일전쟁 말기에 김홍집을 수장으로 하는 하나의 새로운 친개혁 내각이 승전국인 일본의 압력 아래 형성되었고, 후에 갑오경장이라고 알려진 일을 제정하여 추진하게 되었다. 김홍집이 1880년 윤치호의 부친과 함께 일본으로 파견되었었기 때문에, 갑신정변의 실패로 망명했던 개혁자들의 귀국은 안전했다. 윤치호 자신도 교육부에서 한 자리를 얻기 위해 1894년 말에 상해에서 돌아왔다.

어떤 각도에서 보든지, 1895~1896년은 정치적으로 격정의 시기였고, 윤치호도 그의 생각들을 적용해 볼 수 있는 기회를 정부 안에서 거의 찾지 못했다. 1895년 6월 11일부터 교육부 차관이 된 윤치호는 7월에는 외무성 차관으로 재임명되었다. 당시 내각 수반이던 박영효가 친중국파였던 민왕후 지지자들에 의해 반역자라는 비난을 받고 추방을 당한 후였다. 윤치호 자신은 일본인 장관 이노우에의 의도들에 대해 매우 의심하게 되었는데, 그 의도는 '일본이 [러시아]에 도전해도 될 만큼 충분히 부강하다고 느낄 때까지 조선인들의 사건들을 통제하는 것'이라고 그는 믿었다.[37] 그러나 8월에 이노우에(Inoue)가 미우라 고로(Miura Goro)로 교체된 것은 훨씬 더 불길한 일임이 증명되었다. 10월 8일 새벽 이전에 민왕후는 미우라 수하의 일본 군인들과 수기무라(Sugimura) 대장의 공모에 의해 궁전에서 살해당하였고, 그때 왕은 궁전에서 일본의 죄수 신세가 되어 있었다. 11월 28일에 윤웅렬은 그의 아들의 지식과 도움을 받아 고종을 왕궁에서 몰래 데리고 나와 숨기려는 시도를 계획했으나 실패하고 말았다. 이 때문에 윤웅렬은 중국에 있는 지푸(Chefoo)로 망명하였고, 반면에 윤치호는 일본인의 압력으로 외무성에서 해고되었다.[38] 1896년 2월 11일에 왕은 러시아 공관의 피난처로 안전하게 도피하였고, 김홍집과 친일 내각의 다른 인물들은 암살당하였다. 윤치호는 은둔생활을 청산하였고 왕의 친서를 받았으며, 다음날 교육부 장관 대리로 임명되었다. 그러나 4월 1일에 그는 한국의 첫 러시아 수신사로 민영환과 함께 서울을 떠났다.[39]

윤치호가 공직에 짧게 머물렀던 환경에도 불구하고 그는 두 개의 초등학교를 세우는 데 성공하였고, 동경에 있는 한국 학생들의 3분의 2를 불러들여 한국의 근대적인 교육체계를 세우는 일을 돕는 운동을 벌였다.[40] 1896년 2월 12일부터 3월 31일까지 교육부 장관 대리로 재임하는 기간 동안 윤치호가 틀을 짠 세 가지 교육법칙들 가운데 가장 중요한 것은 보편화된 초등교육의 실행을 위한 원칙의 제시였다.[41] 또한 그는 외무성 차관으로서 관보에 외국의 사건들에 대한 기록들을 출판하기 시작했으며, 특히 영국의 지배하에 있는 인도의 상황에 관심을 기울였다.[42] 그러나 교육개혁과 갑오경장의 실행은 일반적으로 정부의 불안정한 상태와 보수적 반대로 말미암아 좌절되고 말았다.

윤치호가 볼 때 보수주의만큼 문제되는 것은 1895~1896년의 격동기 배후에 깔린 변화에 대한 철학이었다. 갑신정변의 교훈에도 불구하고, 그 철학은 "한 방 때리면, 한국에 있는 모든 악들을 구축할 것이다."는 생각으로 지배되어 있었다. 그러나 사실 그러한 생각으로 인해 민족의 존립은 점차적으로 위협받아 왔던 것이다.[43] 1897년 1월에 러시아에서 돌아온 이후 윤치호는 서재필이 1896년 4월 미국 망명에서 돌아온 것을 계기로 다시 생기를 되찾게 된 개혁파들의 활동지인 독립협회에 가담하는 것을 제외하고는 아무런 정치적인 지위도 추구하지 않았다.

윤치호는 처음에 독립협회를 '받아들이기 어려운 요소들의 익살이요, 집단'[44]이라고 불렀다. 그러나 그는 곧 기독교 모임들에서 서재필과 함께 지지를 간청하는 열성주의자가 되었다. 독립협회의 원조 아래 윤치호는 그 유명한 만민공동회로 발전하게 되는 토론회를 조직하였고, 국사에 관하여 왕에게 청원서를 제출하는 것이 협회의 전통이 되도록 이끌어 갔다.[45] 1898년 2월에 협회의 부회장으로 선출된 윤치호는 5월에는 회장이 되었다.

독립협회는「독립신문」이라는 신문을 발행하였다. 독립신문은 전적으로 한국 고유의 문자인 한글로 출판된 첫 번째 신문으로, 가능한 한 가장 광범위한 독자층을 확보하고, 국내외적인 사건들과 문제들에 대한 공적인 정보를 전달하며, 서구의 새로운 학문을 소개하여 시민의 권리, 자립, 민주주의에 대한 개념들을 교육한다는 의도를 가지고 있었다. 사상 경향은 기독교였고, 여러 주요한 논문들이 소위 샤머니즘이 미치는 사회경제적인 위해(危害)요소들에 대해 다루고 있었다.[46] 서재필이 1898년 초에 미국으로 되돌아가는 것을 계기로 윤치호가 신문의 경영을 떠맡았는데, 그 이후 발행부수가 처음의 300부에서 1,500부로 증가하였다. 윤치호의 경영 아래 신문의 출판이 일주일에 3회에서 6회로 증가하였고, 그러면서 발행부수는 1898년 말경에는 3,000부로 배가 뛰었다.[47]

신문의 경영권을 넘겨받은 윤치호는「독립신문」의 역할은 백성들에게 그들의 시민으로서의 권리를 일깨워 주고, 그 권리들을 획득하기 위해서는 그들의 행위와 인내를 필요로 한다는 사실을 일깨워 주는 것이라고 강조하였다. 그가 말하기를 한국인들은 :

> 국왕과 양반을 위하여 짐을 지는 가축과 같이 부림을 당하는 우마(牛馬)가 아니며, 양보할 수 없는 권리와 번영을 우연히 길에서 줍는 것이 아니라 오랜 노력과 연구와 투쟁을 통하여 획득되는 것이라는 사실을 가르쳐 주었

다. 그는 한국인들에게, 그들이 만일 이러한 권리와 번영을 향유하기를 원한다면 그들이 이를 위하여 일해야 하며, 아니 투쟁해야 하며, 아니 싸워야 한다는 사실을 가르쳐 주었다.[48]

1896년 4월부터 1899년 말의 마지막 신문에 이르기까지 「독립신문」은 종교적인 열정으로 이런 주제를 제시하였다. 신문의 사설들은 종교, 교육, 민주주의, 그리고 열심히 일하는 것, 협동, 정직 등이 자립(self-reliance)에 이르는 유일한 길이라고 설파했다. 하나의 고리가 한편으로는 하나님과 애국심 및 근면 사이에, 또 한편으로는 화합, 부(富), 힘 사이에 놓여 있었는데,[49] 서양이 그 증거로 제시되어 있다.[50] 「독립신문」은 한국의 모든 생활을 서양의 틀을 따라 현대화하기 위한 열렬한 캠페인의 매개물로 봉사했다. 그러므로 무장봉기와 계속적인 정부개편 대신에 서양식 교육을 지지하였다.

「독립신문」의 사설들 중에는 한국의 상황에 대한 윤리적-영적인 분석을 한국인들에게 최초로 공개적으로 제공한 것도 있었다. 한국의 갈등들은 '과거 수백 년에 걸친 한국의 사고방식과 연구방식으로 말미암은 축적된 결과'라고 특징지었다.[51] 한국이 약소국인 것은 '공허한 이론들을 숭배한' 결과였다. 동양의 학문에는 일반적으로 '높은 울타리가 있어서, 그 안에서는 이리저리 둘러볼 수 있으나 그 밖에서는 단 한 가지라도 보는 것이 금지되어 있는 것'이어서, 모든 새로운 제도를 질식시켜 버리는 것으로 그려졌다.[52] 반면에 서구가 강대국인 것은 그들의 역동적인 전통에 기인하는 것으로, 오랜 기간에 걸쳐 실제적인 문제들을 연구하고, 그 연구의 결과들을 백성들의 복지를 증진시키는 데 적용해 온 결과였던 것이다.[53] 이런 것의 배후에 있는 서구의 가치들은 기독교라고 말할 수 있다. 서구 문명은 '조물주의 아름다운 땅을 전세계에 걸쳐 있는 그의 백성들의 선(good)을 위하여 사용하는 데' 익숙하였다. 이런 문명화가 '좋은 교육의 결과'였다는 점에서 사설들은 그것이 세 가지 통

로, 즉 교회, 학교, 그리고 출판을 통해 추구되어졌음을 제시했다.[54]

「독립신문」은 일치의 본질과 필요성,[55] 근대 경제이론과 정치이론,[56] 그리고 규범법의 의미와 가치[57] 같은 큰 주제들을 다루었다. 기독교 정기 간행물인「조선 그리스도인 회보」는 시민 도덕성을 위한 캠페인에 지지를 보냈으며, 특별히 새로운 형태의 교육을 요청한 데 대해 지지를 보냈다. 자녀들을 자신이 관심으로 하고 있는 지식 속에서만 성장시킬 경우 이기주의와 오만과 게으름을 부추긴다고 경고하면서, 자녀들 역시 하나님의 선물이므로 부모들은 젊은이들을 책임있는 태도로 교육시켜야 할 의무가 있는 청지기라는 사실을 강조했다.[58]

독립협회의 토론들은 공공연하게 훨씬 더 정치적이었다. 왕이 러시아에 '노예'가 되었다는 문제에 논쟁의 초점이 모아졌을 때, 윤치호는 1898년 2월에 "나라의 안전을 위협하는 것은 국내의 사건들에 대한 실정(失政)에 있는 것이지, 외국 총잡이들의 존재에 있는 것이 아니다."는 사실을 협회가 나서서 왕에게 상기시켜 주자고 제안하였다. 투표하여 50대 4(반대)로 그 제안이 통과되었을 때 그 청원서는 일대 물의를 일으켰다.[59] 청원서가 계속 제출되는 것을 보고 윤치호는 "민주주의의 파도가 한국 정치의 바위해변에 미약하게나마 부딪치고 있다."고 논평했다.[60] 그러나 그해 말경에 협회는 정치적으로 고립되었다. 그리고 윤치호와 고종 황제의 이전의 우정관계가 점증하는 긴장으로 소원하게 되었을 때, 윤치호는 날마다 암살이나 체포를 기다리는 신세가 되었다.

러시아에 한국 사절단으로 가 있는 동안, 윤치호는 추밀고문관(privy Councillor)으로 임명되었는데, 독립협회에 가입한 후에도 계속 그 직을 맡고 있었다. 1898년 7월에 그는 왕을 비판한 어떤 청원서에 연루되어 사표를 제출하였으나 그 당시에 황제는 그 사표를 반려하였다. 10월까지 청원서가 계속되자 윤치호는 고종에 의해 책망을 받았으나 그의 성실성이 높게 평가되어 얼마 후에 추밀원(Privy Council)의 부의장으로 임명되었다.[61] 그 직후 10월 30일에 범상한 사건이 하나 벌어졌다. 여러

내각의 요인들과 핵심 관리들이 정부의 결점들을 수정하고 개혁을 요구하며 궁전 앞에 모여 있는 독립협회와 만민공동회에 가입하였던 것이다. 관민(官民)공동회로 알려진 이 모임은 입헌정치(立憲政治)를 요구하는 그 유명한 6개 조항을 내걸었다.[62]

현상(appearances)은 실재(reality)를 기만하였다. 후에 윤치호는 정치인들과 관리들의 그 행동을 '여론'에 대한 두려움에서 발달된 가장 냉소적인 행동이요, 민중이 방심하도록 한 후에 기회를 타서 '엄청난 압력'을 자행한 계획적 장난이었다고 회상하였다.[63] 독립협회는 궁궐에서 특별한 영향력을 행사하려는 러시아, 일본, 미국의 움직임에 반대함으로써 외국 공사관들로부터 벌써 미움을 받고 있었다.[64] 이제 독립협회는 궁궐 자체로부터도 적개심을 일으켰다. 정치개혁을 소개하기로 약속된 날의 전야인 11월 4일 밤중에 독립협회의 회원들의 체포가 시작되었다. 이승만, 이상재, 남궁억, 그리고 그 밖에 14명이 체포되었다. 그러나 윤치호는 이런 불시의 재난에 대비하여 특별히 준비해 두었던 뒷담의 탈출구를 통해 도망쳤다. 숨어 있는 곳에서 윤치호는 추밀원(Privy Council)으로 사표를 또 보냈다. 그러나 후에 대중들은 감옥에 있는 사람들을 석방하는 지혜를 가지라는 압력을 당국에 보냈고, 윤치호는 황제의 특별사면을 얻어 11월 22~23일 어간에 추밀원의 부의장으로 재임명받았고, 서울 시장으로 임명되었다.[65] 그럼에도 불구하고 윤치호는 그런 임명들을 거절하였으며(그의 부친이 그가 서울에 머물지 말도록 주의를 주었기 때문이다), 이것으로 그의 정치적인 실험은 끝이 났다.

11월 21일에 독립협회와, 김옥균의 암살자 홍정구가 이끌고 있던 강력하고 보수적인 보부상(Pedlar's Guild) 사이에 한 소동이 일어나 여러 사람이 죽고 부상을 입었다. 그와 동시에 날조된 벽보들이 공공 건물들에 나붙었고, 그 벽보의 내용은 시대가 왕권을 폐지하고 공화국을 수립하여 대통령을 선출하도록 요청한다는 것이었다.[66] 고종은 이 속임수에 미혹되어 마침내는 윤치호로부터 그의 보호를 취소했다. 1899년 1월에 협회는 강압적으로 해체되었고, 두드러진 지도자들은 다시 수감되었다. 윤치호는 3월에 원산으로 추방되었고, 9개월 후에는 「독립신문」이 정간되었다.

독립협회에 대한 박해는 1898년 5월 이후 그 실험이 실패하리라 예상해 왔던 윤치호에게는 별로 놀라운 일이 아니었다. 그의 견해로 볼 때, 그 실패의 주요 원인은 보수적인 반대가 아니라 '백성들 사이에 공공 정신의 결핍'이 지속된 데 있었고, 이런 공공 정신이 없어 민주주의가 기초를 갖지 못했던 것이다. 그해 말에 만민공동회의 자기 도취적인 모임들조차도 감명을 주지 못하였는데, 윤치호는 오히려 '일반 대중의 지독한 무관심'에 놀랐다. 그는 협회 회원들 자체 가운데 적어도 10분의 9가 부정부패한 데 대해 탄식하였다. 그러므로 그는 직접적인 정치적 대결을 주장한 이승만 같은 '과격파들'의 요구에 반대하였다. 그 까닭은 대중의 지지없이는 일본이나 러시아만이 승리자가 될 것이 분명했기 때문이다. 민주주의에 앞서 대중의 의식이 깨어야 한다. 그리고 민주주의에 앞서 "종족의 피가 새로운 교육과 새로운 정부와 새로운 종교로 말미암아 변화되어야 한다."[67] 서재필도 같은 의견을 가지고 있었다.

그 운동의 실패에 대한 이런 평가가 다소 자기 중심적 이상이었다는 것이 챤드라(Vipan Chandra)에 의해 설득력 있게 주장되어 왔다.[68] 서재필은 왕에게 대항하는 혁명을 부추김으로써 그의 생명에 모험을 걸고 싶어하지 않았다. 그는 그의 자문역할을 충실히 수행하였고, 시민권을 가지고 있는 미국으로 돌아가는 길을 선택하였다. 윤치호는 비록 자신이 청원서와 연설에 있어서는 분명히 가장 대담하기는 했었지만, 왕권과는 가능한 한 우호적인 관계를 조심스럽게 지속하였고, 그렇게 함으로써 확실시되는 투옥만은 면하고자 하였다.(그러나 1898년 독립협회의 힘이 최고의 상태에 있던 시기에 고종은 윤치호의 암살을 명령했었으나 그 명령이 이행되지 않았기 때문에 살아 남았었다.)[69] 서재필과 윤치호는 둘 다 정치적인 혁명의 배후에 각기 전적으로 투신하는 데 실패하였다. 그리고 윤치호와 이승만 같은 젊은 회원들과의 불화는 그 운동을 심각하게 약화시켰다. 이것은 서재필과 윤치호가 받아들인 자유주의라는 상표와 아마 그렇게 모순되는 것이 아니리라. 어떻든 윤치호는 민족적인 변혁의 진화적인 과정을 갈망했고, 철저한 공화국보다는 자유주의 가치들에 기초한 입헌 군주제에 더 큰 매력을 느꼈다. 윤치호는 항상 변화에 대한 폭력적인 수단들을 피하였고 - 사실, 그는 어떤 적극적인 변화도 폭력으로부터는 나올 수 없다고 믿었던 것으로 보였다 - 이것은 변화의 내적이고 영적인 기원에 대한 그의 신념과 관련되어 있다고 할 수 있다.

독립협회가 열광적으로 활동하던 3년 기간의 중요성을 평가하기는 어렵다. 독립협회는 민족의 독립을 강화하고 지키기 위해 근대화의 과정을 수용하라고 궁궐에 압력을 가하는 최초의 조직전선(front)이었다. 독립협회는 최초로 자국어 신문을 창조해 냈을 뿐만 아니라, 그 신문은 한국 역사상 최초의 실제적인 '야당'(opposition) 신문이었다. 비록 협회가 외국 상사(商社)의 특권을 통제하는 법령의 제정과 추밀원 의원들을 선출하기 위한 규정 같은 제한된 개혁만을 촉구했지만, 그 유산은 20세기에 더욱 분명하게 되었는데, 이때 이전의 회원들이 민족주의운동의 별들이 되었던 것이다. 더 나아가 협회의 가장 활동적인 회원들은 - 서울의 윤치호, 서재필, 남궁억, 평양의 안창호, 길선주 - 개신교인들이었다. 반면에 다른 사람들, 즉 이상재, 이승만 같은 회원들은 1899년에서 1904년 어간에 그들이 감옥에 있는 동안 기독교를 받아들였다. 독립협회는 하나의 기구(institution)로 보다는 하나의 유산(legacy)으로 더 큰 영향력을 행사했다.

시민 윤리와 자본주의

그러나 윤치호와 서재필로 대표되는 윤리적 개별주의적인 접근방식이 1890년대 전반에 걸쳐 개혁자들 사이에 영향을 미쳤던 한 중요한 분야가 있었는데, 즉 변화에 관한 분야이다. 윤치호는 다소 장난기 어린 표현으로, 지속성 있는 변화는 오로지 개개인들의 의지의 변화로부터만 가능하다는 자신의 신념을 1897년 11월 칙령을 이용하여 피력하였는데, 그 칙령은 한국이 이후로 황제의 통치를 받는 제국임을 선포하는 칙령이었다. 그 칙령을 경축하는 연설에서 윤치호는 그것을 다음과 같이 해석하였다 :

> 칙령의 요점은 우리들의 방법들을 개선하고 새로운 방법들을 추구할 것을 우리들에게 강요하는 바, 우리가 참다운 시민들이 되기 위해서는 우리의 직업-학자, 농부, 기술자나 상인-을 좋든 싫든 간에 바꾸어야 한다는 것이 아니다. 오히려 그것은 만일 우리가 우리를 게으르게 하고 불성실하도록 길들여 온 과거의 모든 관습과 습관들을 우리에게서 곧 제거하고, 그 대신에 우리가 고용되어 있는 관직이나 일이 무엇이든지 간에 우리에게 맡겨진 의무를 성실하게 완성시키려고 일한다면, 그때 우리 민족은 자연적으로 부강하게 될 뿐만 아니라, 우리 또한 실로 그 이름도 찬란한 대한의 시민들이 될 것이다.[70]

각 시민의 양심과 의지에 대한 이런 호소는「독립신문」에 빈번히 나타났고, 특별히 경제적인 문제들을 논의하는 부분에서 빈번했던 바, 이 부분에서 도덕적인 차원에서의 변화는 경제와 사회구조의 변화를 야기시킬 것이라고 주장하였다. 더 나아가 서구 자본주의의 본질은 '공공 정신'이라고 주장하였다. 한국에서는 어느 누구도 돈을 공적인 사용에 쓰도록 내놓는 생각을 하지 않는 반면에, 서구에서는 "돈이란 바로 한 개인의 사용을 위하여 있는 것이 아니라, 오히려 세계의 백성들 사이에 상품을 교환하는 유용한 수단이다."라고 간주했다는 것이다.[71] 유용한 상품을 생산하는 산업에 투자되는 돈이 백성들을 섬기는(serving) 돈이었다. 영국은 전세계를 통하여 상품을 수출하였고, 미국은 세계에 음식을 공급하였다. 그러나 한국은 그 비옥한 토양과 이상적인 기후에도 불구하고 농업을 발전시키지도 않았고, 해양업도 소홀히 하였다. 서구인들은 학교, 병원, 도서관과 같은 것들을 세우기 위해 그들의 자원을 사용하였다. 그들이 외국 땅에서도 그렇게 하였던 것은 서구의 윤리가 세계적으로 뻗어 나가고 있음을 보여 준 것이었다.[72] 1890년대의 개혁 입안들을 검토할 때, 「독립신문」의 필진들에 의해 피력된 변화에 대한 비폭력적인 접근방식과 '기독교인의' 경제에 대한 이런 매우 낙관적인 견해를 파악하는 것이 중요하다.

1895~1896년의 갑오경장 기간 동안의 경제개혁에 관여한 두 명의 중요한 개혁자들은 '근대적인' 개혁자 김윤식과 윤치호의 옛 제자 유길준이었다. 이 두 사람은 공평한 땅 분배를 이상적인 구도로 삼았던 초기 실학파에 영향을 받았다. 그러나 둘 다 기존에 있는 땅의 주인-소작 구조에다 자본주의의 기능과 근대의 농업기술 및 자기 소유의 땅에 대한 개인의 권리를 보호하는 세속적인 땅 소유자 체계를 주입시키기 위하여 실학파의 이상주의를 거부하였다. 유교도인 김윤식은 그런 체계에 대한 서구인들의 합리성에 별 인상을 받지 못하였다. 그는 일본의 경험과 자신의 인식, 즉 정의와 국내의 평화는 세제개혁과 사유재산의 보호에 의해 가장 잘 보호된다는 자신의 인식을 확실히 믿는 실용주의자였다.

실천적인 점에서 볼 때 유길준의 입장은 김윤식의 입장과 비슷하였다. 1891년에 그는 그의 지제의(Chije Ŭi)에서, 전통적인 소유체제는 공정한 측량을 거친 후에 땅 증서를 발급함으로써 개선되고 보장된 것이므로 농업의 근대화에 큰 도움이 될 수 있을 것이라고 주장하였다.[73] 그러나 유길준의 서구와 그 가치들에 대한 감탄은 그 주제에 대한 「독립신문」의 성명서들의 어투와 훨씬 더 밀접하게 동조하고 있었다. 유길준은 서구 경제부흥의 기초가 된 상업회사들의 발전은 그들이 이미 소유하고 있던 자본의 자발적인 투자를 통해서만 나타날 수 있게 되었다고 주장하였다. 갑작스런 땅의 평등분배는 부족한 자본을 제공해 줄 지방 세력-지주계급-을 제거할 뿐만 아니라, 근본 의도를 상실하고 만다. 재분배는 공공의 발전을 위하여 돈을 투자할 뜻이 있는 유지들의 출현을 고무시키기보다는 오히려 방해할 것이다. 한국에서는 자신들이 제정한 마을 규약(향약 : Village Codes)을 통하여 지방민을 동원할 수 있는 지역유지회가 개혁의 분명한 매체였다.[74]

유길준과「독립신문」은 지주들과 유산계급들의 의지 속에서 농업사업을 위해 그들의 자본을 자진해서 투자하고, 또 그렇게 함으로써 증가된 수익으로 임금을 올린다는 생각에 분명히 많은 믿음을 두었다. 한국의 경제사학자인 김용섭은 김윤식과 유길준과 더불어 "전통적인 지주체제가 서구 유럽경제와 정치사상에 비추어 합리화하였다."고 말한다.[75] 유길준과「독립신문」의 편집자들에 대해서는 전통적인 지주체제가 서구 경제 실천에 대한 그들의 낭만적인 이해에 비추어 합리화하였다고 말하는 것이 아마 더 사실일 것이다. 이 당시의 프로테스탄티즘에 조금씩 접근하고 있었던 유길준은 경쟁이 부(富)와 행복의 원천이며, 경쟁은 유교가 그것에 대해 이야기는 했지만 이해하지는 못했던 '지식의 추구와 덕의 배양'의 자연스럽고 정당한 결과라고 믿었다.[76]

돈의 사용을 자신의 집으로 국한시키는 단정적인 한국인의 습관과, 자신의 돈을 넓은 사회에서 사용하도록 내놓는 자본주의자의 습관의 대비는 유길준 외에도 윤치호, 서재필, 안창호 그리고 다른 개혁자들을 자본주의를 정신적으로 이기적이지 않은 것으로 간주하게 하였다. 지방의 행사들이나 민족적인 행사들에 참여하는 책임이 정치영역에서는 시민도덕(civic morality)인 것과 마찬가지로, 자본주의는 경제분야에 책임을 맡아야 할 시민 윤리(civic ethics)였다. 자본주의에 대한 이런 낭만적 견해는 바로 1930년대 전반에 걸쳐 활동한 이승훈, 김성수, 조만식 같은 개신교 민족주의자들의 경제적인 자아개조(self-reconstruction) 사상과 활동의 기반이 되었다.

더 나아가, 정치적인 자유주의와 제휴하여 그와 같은 경제적 변화의 과정은 갑작스런 대변동을 미연에 방지하고, 시민의 권리들과 민주주의와 민족 부강의 안정된 발전을 보장할 것이다. 이런 갈등의 시대에 보인 유일한 대안은 1894년의 동학란과 같은 폭력혁명이었는데, 이미 5년전에 예견하였던 윤치호에 따르면, 동학란은 한반도를 '폴란드화'하려는 외국 세력들에게 좋은 구실을 제공하는 역할을 했다.[77] 이런 연관 속에서 볼 때, "제국주의가 [경제적인] 변화의 촉매제였다."는 주장이 정당화될 수 있다.[78] 그러나 이것이 개신교 개혁자들이나 그들의 협력자들이 수동적인 대행자들이었다는 것을 암시해서는 안 된다. 20세기가 시작되면서 전통적인 상인계급은 단지 살아남기 위하여 자본주의 모델들을 받아들여 무역은행 등을 설립하였다는 것은 사실일 수 있다.[79] 그러나 개신교 개혁자들은 자본주의의 형성에서 본질적인 가치를 보았던 것이다.

교육과 모범 마을, 1905~1910

윤치호가 국내 추방지에서 1904년 2월에 서울로 돌아왔을 때, 한국에서 운명적인 충돌을 갖게 한 대결이 러시아와 일본 사이에서 일어나고 있었다. 전통적인 입장을 따라 반도 제국을 개혁하려는 마지막 시도 — 광무개혁[80] — 가 심화된 러시아와 일본 사이의 갈등에 의하여 이미 좌절되어 있었다. 러일전쟁은 시작되었다. 그리고 서울에서의 일본 세력의 광범위한 확장은 윤치호에게 "독립국가로서의 한국의 운명이 위험에 처해 있다."는 사실을 경고해 주었다.[81] 3월에 그는 외무성 차관으로 임명되었는데, 그의 임무상 이후 12개월 이상을 일본과의 굴욕적인 협상을 해야 했다. 외무성 장관 이하영은 중요한 회의 때마다 운 좋게도 아파버렸고, 그러면 장관 대리인 윤치호가 한국의 사태에 간섭을 심화시키는 일본과의 '조약서'에 서명하는 일을 떠맡았다.[82]

윤치호는 분명히 자신의 지위를 초월할 수는 없었다. '나라 전체를 두 눈 뜬 상태에서 더러운 뇌물을 위해 일본에게 넘겨준다는 것'은 '도덕적으로 잘못'이었다. 그래서 그는 한국의 '황무지'를 일본인들이 경영하도록 넘겨준다는 일본인 장관 하야시의 구도인 '나가모리 특권'을 받아들이지 않았다. 그가 보기에, 그것은 '이름만 뺀 합병이었다.'[83] 하야시 자신은 일본 언어와 관습의 파악에 뛰어난 윤치호에게 털어놓기를, "우리는 당신에게 많은 것을 기대하며, 당신과 당신의 친구들이 우리와 협력할 것을 요청한다."고 하였다.[84] 하야시는 윤치호의 완고함에 불만을 품게 되었다. 승리를 눈앞에 둔 일본 관리들은 애석하게도 왜 한국의 '진보주의자들'이 자기들을 반대하는지 이해할 수 없었고, 한국인들의 냉담함에 더욱 화를 내게 되었다. 1905년 10월에 러시아가 최종적인 패전을 하게 되자, 이토 히로부미는 헌병대를 이끌고 궁궐에 들어갔고, 11월 17일에는 그에게 통감부(Resident-General)를 만들어 준 보호조약(Protectorate Treaty)에 내각의 강제서명을 받았다. 이에 따라 윤치호는 정부로부터 사임했으며, 몇 주간에 걸쳐 압력을 받았으나 외무성 각료직을 단호히 거절함으로써 일본인들에게 실망을 주었다.[85]

서울에 통감부가 설치되자, 개신교의 영성에 기초한 새로운 학문만이 한국의 유일한 희망이라는 윤치호의 신념에 절박함을 더해 주었다. 일찍이 1904년 7월과 8월에 이전의 독립협회 지도자들이 감옥에서 풀려났었다. 이후 이루어진 재연합 속에서 윤치호는 적지 않은 수가 개신교인이 되어 있음을 발견했다. 장로교인인 안창호와 이승훈의 활동소식이 그에게 들렸을 때, 윤치호는 그가 이제는 시민의 덕을 기르는 영적인 훈련이 독립을 얻고 유지하는 적당한 수단임을 믿는 많은 영향력 있는 사람들 가운데 한 사람이라는 사실을 인식하였다. 재무부에 일본인들에 의해 고용된 미국인 스티븐스(Durham Stevens)에게 보낸 한 편지에서 윤치호는 그가 꼭두각시 정부에 아무런 동정심도 갖고 있지 않지만, 그렇다고 그가 의병에 가담할 의사도 없다고 설명했다. "나는 한국인들이 그들에게 주어져 있는 상황을 받아들이고 그 상황을 최선의 것으로 만들어야만 한다고 믿는다. 나는 내가 지금 짜여져 있는 것과 같은 내각에서

할 수 있는 것보다 사적인 자격으로 내 나라를 더 잘 도울 수 있다."[86]

'사적인 자격' 이란 윤치호에게는 교육적인, 특별히 기독교에 기초한 교육적인 일을 의미하였다. 이미 1893년에 그는 한국에 실업학교를 세우는 데 대한 계획을 수립하였고, 이를 위하여 그는 당시 감리교단 에모리대학의 총장이던 캔들러(Candler) 박사에게 200달러를 기탁했었다.[87] 한국에 돌아온 후 윤치호는 캔들러 박사에게 이렇게 썼다 : "[만일] 우리가 도대체 어떤 종류의 학교를 세우기 원하느냐고(물으신다면), 그것은 실업학교여야 합니다. 거기에서 한국의 젊은이들이 구원의 진리를 통하여 일에는 귀천이 없다는 것, 한국의 미래는 일에 달려 있다는 것, 기독교는 일하는 종교라는 것 등을 배우게 될 것입니다."[88] 열심히 일하는 덕을 가르치는 것은 '기독교의 의무들 가운데 하나' 였고, 기독교 실업대학은 "자립하는 용기를 줄 뿐만 아니라, 자립의 수단도 제공할" 것이었다.[89] 물론 이 자립은 민족 독립의 기반이 될 것이었다.

1906년 초부터 윤치호는 그의 부친에게서 재정적인 뒷받침을 받으면서 학교를 세울 준비에 들어갔다. 10월에 그는 서울의 북쪽에 있는 송도(지금은 개성)에 남감리교 선교회와의 긴밀한 관계 속에서 한영서원(Anglo-Korean College)을 열었다. 교장으로서의 그의 명성은 한국의 전국 각처로부터 학생들을 몰려들게 하였다. 14명의 학생들로 시작하였으나 명부(名簿)는 2년 안에 225명으로 증가했고, 1910년에는 329명에 달했으며, 그들 중 54명은 고등학교(high-school) 학생들이었다.[90] 교과과정의 실업 분야는 처음에는 과일과 채소재배에 집중되었고, 후에는 목공, 목축업, 그리고 섬유산업을 포함하는 것까지 확장되었다. 머지않아 그 학교는 송도에 현대적인 목공소, 1920년대에 수출하기 시작한 섬유공장, 윤치호의 장남인 윤영선에 의해 운영된 젖소 농장, 그리고 사과 과수원과 포도 과수원을 제공해 주었다.[91]

윤치호의 신념을 따르는 많은 다른 기구들이 동시에 세워졌다. 1907년 2월에 젊은 안창호가 미국에서 돌아온 것은 새로운 개신교 공동체의 활동에 큰 추진력을 주었다. 북쪽에서는 이승훈이 그 유명한 기독교 오산학교를 세웠고, 안창호는 대성학원을 세웠다. 우치다 료헤이(Uchida Ryōhei)는 평양을 기독교의 '온상'이라고 불렀고, 적어도 인구의 절반이 기독교인들이라고 추정하였다.(그것이 사실일 수는 없었다) 그는 이렇게 기록하였다 : "평양에는 민카이(Minhoe : 민회), 자강회, 그리고 청년학우회가 있다.…… 모든 일들이 기독교인들의 손에 달려 있다." 안창호는 특별히 기독교의 행동주의를 낳게 하였다. 그는 독립은 우리 자신에게 달려 있지 외국 민족들에 달려 있지 않다는 것을 한국인들에게 설득하기 위하여 강연 여행에 착수하였다. 우치다의 스파이들은 안창호의 다음과 같은 가르침을 보고하였다 : "만약 우리가 기독교를 믿는다면, 그 때 우리는 하늘 아래 실제로 아무런 적도 없는 것이다.……민족의 독립은 여러분 시민들에게 달려 있지 다른 나라 국민들의 보호에 달려 있는 것이 아니다. 하나님만을 우리의 보호자라고 부를 수 있을 것이다."[92]

1907년에서 1908년은 민족의 여러 분야에 걸쳐 기독교 지도자 아래 교육기관과 산업기관들이 우후죽순같이 생겨난 해였다. 이동휘는 비록 경찰에 시달림을 받았지만, 중서부 해안에 위치한 강화도에 보창학교를 세워 교장이 되었고, 이상재는 서울에 있는 보성학교의 교장이 되었으며, 남궁억은 월간 교육잡지인 「교육월보」를 학교에 진학할 수 없는 한국인들을 위해 편찬하였다. 그리고 이동휘와 김동환은 서울과 송도에서 산업센터를 세우도록 도왔다. 유길준이 1907년 9월에 망명에서 돌아온 후에는 서울 주변의 중서부 도(道)들에서 상업, 교육, 지방자치 정부의 이념들에 대한 관심이 더욱 고조되었다. 1907년에 강제 퇴위가 있기 바로 전에 고종 황제는 유길준에게 공무상 사면을 내려 그에게 정부의 직책을 제공하였다. 윤치호처럼 유길준도 정중히 사절하였고, 소문에 의하면 "평범한 시민의 자격으로 일하면서 교육의 필요를 도와주려는" 그의 의도를 진술하였다고 한다.[93] 11월부터 유길준은 자기 자신과 그의 돈을 초등교육과 노동자교육, 그리고 산업발달을 위해 투자하였다. 유길준이 제안한 교육을 통한 문예부흥과 도덕성의 배양은 참된 문명화의 양날개였다.[94] 윤치호처럼 그도 한국의 노동자들에게 그들이 열심히 일하는 것이 곧 민족을 구하는 것이라는 도덕을 강조하여 가르쳤다.[95] 그는 또한 남궁억과 힘을 합하여 많은 자치적 시민회를 조직했다. 여전히 이상주의자이면서 이제는 확고한 기독교 이상주의자이기도 한 유길준은 1908년경에는 '순수' 사회주의를 신봉하고 있었다.[96] 1910년에 합병을 하자 곧 일본인들은 그들의 높은 훈장 수여자의 명단에 유길준을 포함시킴으로써 이 최고의 재능을 가진 사람의 지지를 얻으려고 시도하였으나 그는 이 제스처를 거절하였다.(유길준은 1914년에 의문의 죽음을 당했다. 그의 동생 유성준과 아들 유억겸은 둘 다 개신교인들이 되었고, 후에 자아 개조 민족주의의 지도자가 되었으며, 윤치호는 유억겸의 보호자 역할을 했다.)

이런 활동의 부정적인 산물은 개신교 공동체 안에 서북부 지역과 중서부 지역 사이에 있어 온 전통적인 지역감정이 발전된 것이었다. 서북부 지역에는 안창호, 이승훈, 그리고 조만식이 속해 있으며, 중서부 지역에는 이승만, 이상재, 유길준, 그리고 윤치호가 속해 있었다. 이런 발전을 인식한 안창호와 윤치호는 그 여파를 최소화하기 위해 노력하였다. 윤치호는 안창호의 대성학원 교장이 되었으며, 안창호는 그가 정성을 들였던 조직들, 특히 신민회와 청년학우회를 지도하는 데에 '남부 지역'의 참여를 장려하였다. 신민회는 교육을 통한 민족적 단합과 정신적, 도덕적 성장을 증진시키며, 한국인의 자본과 전문기술을 통한 무역과 상업의 증진을 꾀하고 있었다. 윤치호는 자강회(Self-Strengthening Society)의 의장이면서 또한 신민회와 청년학우회에도 관여하고 있었다.

청년학우회의 취지서는 지금까지 주장되어 온 대로 신채호가 쓴 것이 아니라[97] 거의 확실히 윤치호가 쓴 것인데, 그는 마음속에 그린 새로운 시민의 유형을 이렇게 묘사하였다 :

腐敗한 舊俗을 改革하고 眞實한

風氣를 養成하랴면 學術技能으로
其功을 收할 바 아니며 言論文章으로만
其效을 奏할 바 아니오 不可不 有志青年의
一大精神團을 組織하야 心力을 一致하며
知識을 互換하야 實踐을 勉하며
前進을 策하야 險과 夷에 一視하며 苦와 樂에
相濟하고 流俗의 狂瀾을 障하며 前途의
幸福을 求하야 維新의 靑年으로 維新의 基를
擇할지라 故로 本會를 確立코자 趣旨를 發하야
我靑年界에 佈하노니 惟我有志靑年이여.

윤치호와 그의 동료들이 한국의 주요 희망은 한국의 젊은이들에게(즉, 20-35세 연령층) 달려 있다고 깨달은 것은 20세기 초에 대단한 사회적 변화를 야기시키고 있었다. 어떤 의미에서는 YMCA(윤치호, 이승만, 유성준, 이상재에 의해 주도되었다.)와 청년학우회는 새로운 독립협회였는데, 청년학우회의 대변지 최남선의 「소년」은 「독립신문」의 계승이었다. 1907년과 1910년 사이에 발간된 「소년」의 논지들로는 시민의 용기는 유물론적인 허세에 반대되는 것이며, 시민의 국가에 대한 의무와 사대주의를 거부할 필요성이 선포되었고, 가리발디(1807-1882 : 이탈리아의 영웅-역자 주)와 아브라함 링컨 등과 같은 위대한 지도자들에 대한 일대기가 자주 소개되었다.[98] 1908년 12월에 「소년」은 미국이 어떻게 독립을 획득하였는가를 설명하는 글을 발표했는데, 그 글에서 시민 도덕성의 해부가 자세하게 묘사되어 있다. 인내력과 자립정신이 매우 강조되었고, 그 글은 서구 문명의 배후에 자리잡고 있는 비이기적 정신이라는 오랜 주제로 결론을 맺었다.[99]

비록 그런 기구들의 확산이 장려되고 있었지만, 윤치호는 또한 그런 운동의 널리 퍼진 성격을 인식하고 있었다. 새로운 원리들에 대한 구체화가 필요하였다. 1907년 4월경에는 그의 신념을 따르는 지지자와 비기독교인들까지도 그의 학교를 위해 풍부하게 기금들을 기부하는 것을 보고, 윤치호는 지금이 자신의 꿈을 – 기독교적 모범마을 – 실현할 적기라고 판단하였다. 이것을 그는 캔들러 박사에게 보내는 편지에 다음과 같이 기록하였다. "이것을 하기 위해서는 (1) 선교센터, (2) 좋은 교육환경, (3) 좋은 도로 등이 구비된 적어도 100채 내지는 그 이상 되는 독채 주택의 숙박시설을 위한 적당한 넓이의 땅, (4) 한 마을내의 이런 요소들을 만족시킬 만한 돈이 있어야 합니다."[100] 그 계획안은 애국적인 게릴라들의 방법들과 가시적으로 비교될 것인 만큼 윤치호에게는 중요하였다. 그는 이렇게 썼다. "우리는 우선 첫째로 병원, 학교, 선교사 주거지, 그리고 값싸고 아름답게 지어진 집들과 농경지들이 딸린 한 모범마을을 나라 전체의 우리 비기독교 대중들에게 선보일 것입니다." 그는 그 계획을 위해 2만 달러를 투자할 뜻이 있는 사람을 찾아 달라고 캔들러 박사에게 호소하기까지 하면서 이렇게 덧붙였다. "모든 선교사들이 그 계획을 지지하고 있습니다."[101]

그러나 시대가 윤치호에게, 그리고 그의 생각에 동조하는 한국인들에게 불리하였다. 1909년 10월에 가톨릭 신자인 안중근이 하얼빈에서 이토 히로부미를 저격하였다. 통감부는 안창호를 미행하기 시작했고, 저격사건에 그를 관련시키기 위해 '비밀경찰'로 그에게 올가미를 씌우려 하였다. 그리고 기독교 활동가들은 자신들의 안전에 두려움을 느끼기 시작했다. 합병이 긴박하게 되어가고 있을 때, 기독교 지도자들은 다가오는 보복을 피해 도피하였다. 1910년 초에 영국과 미국에서 YMCA 대표단으로 일하고 돌아온 윤치호는 안창호가 떠났다는 것을 알고 마음에 동요를 받았다. 그러나 그는 스스로 머물러서 그의 이상에 따라 학교와 선교 마을을 확장하기로 결심하였다. 1910년 8월 29일에 한국은 일본제국에 정식으로 병탄되었고, 이듬해 윤치호는 체포되어 새로운 시민 윤리를 이행하는 시험적인 공동체 작업은 짧게 끝나고 말았다.

결 론

　미국 외교관 윌리엄 샌즈(William Sands)는 1904년의 전쟁을 촉진시켰던 러·일 감정대립만 아니었다면, 독립협회 회원들이 진짜 혁명을 이룩할 수 있었을 것이라고 믿었다. 그 전쟁이 끝난 후까지도 그는 그들이 아직은 혁명을 공작할 수 있을 것이라고 생각했다.[102] 중국의 1911년 사건과 같은 혁명이 불가능한 것도 아니었다. 외부로부터의 간섭과 내부의 분열과 불확실성만이 혁명을 방해하고 있었다. 개혁자들이 일본과 협력했었어야 했을까? 외세 의존에 대한 반대가 급진파 강령의 주요 항목이었다는 사실은 차치하더라도, 일본이 신뢰할 만한 동맹국이었을 것이라는 증거는 없다. 안창호 자신은 일본이 1860년대에 맛보았던 것과 동일한 개혁의 기회를 한국인들에게 허용할 것을 1907년에 이토에게 간청하였다.[103] 그러나 일본인들이 반도에 대한 지배권을 획득하려는 그들의 숨겨진 이상적인 목적들을 가지고 있었다는 것 외에도, 이토 히로부미라는 정치가가 한국의 내각에 무력으로 보호조약을 체결하도록 강요해 왔었다는 사실만으로도 중요성은 지적된다. 특별히 1905년 이후 "아시아의 자유주의와 공화제 세력들을 일본이 실질적으로 지지했다는 징후는 매우 약했다."는 마리우스 잔센(Marius Jansen)의 주장에 대한 강력한 근거가 있다.[104]

　외부의 위협이라는 관점에서 볼 때, 보수세력들과의 타협도 기대 가능했다. 방어의 필요성이 너무 긴박했기에, 무엇을 방어해야 하는가 하는 본질적 의문은 잠시 무시해야 할 만큼 한국의 위험은 급박하지 않았던가? 1884년과 1905년 사이의 여러 경우에서 윤치호는 그런 동맹을 만들어 낼 수 있는 유일한 정치인으로 보였다. 그는 한때 그의 친구 유길준에게 "나는 어느 한쪽에도 편을 들 수가 없다. 나는 한 문제의 양측면을 너무 많이 보고 있다."고 고백했었다.[105] 그러나 이것은 중대한 순간에 그의 지도력을 심각하게 손상시켰던 감정교차의 자백이다. 1905년 이후 그는 관계(官界)와의 연결고리를 끊었고, 부패하고 시대착오적인 체제의 표면적인 독립을 주장한 것이 헛된 노력이었음을 깨달았다. 그의 사상으로 볼 때, 수단과 목적을 구별할 수 없게 되었다. 그가 민족을 위해 원했던 목적은 단지 그가 새로운 한국을 얻기 위해 서술했던 종교적, 윤리적 수단들의 지속적인 실천이었다. 윤치호는 독립국가의 상태와 백성의 삶의 질을 구별하는 것을 거부했다. 「소년」 잡지가 주장한 것처럼, 미국 백성은 영국이 물러나기 전에 이미 독립되어 있었다.[106] 윤치호의 생각 속에는 항상 그러한 순서를 염두에 두고 있었다. 외부세력들은, 백성들이 먼저 독립정신을 발전시키지 않는 한, 언제고 한국에 간섭할 것이었다.

윤치호의 윤리적 민족주의의 본질은, 따라서 1905년 11월의 독립의 최종 상실에 대한 그의 반응에서 보여진다. 불가항력의 상황에 처한 것을 깨닫자, 윤치호는 닫힌 문을 두들기는 것으로 보다는 오히려 교육단체와 종교단체라는 열린 대로를 통해 그의 이상들을 추구하기로 결정하였다. 만일 완벽성이 사회 속에서 추구되어진다면, 머지않아 그 사회는 새로워질 것이다. 이것은 조지 버나드 쇼가 위트있게 그 특징을 표현한 것과 같은, 세계를 하나의 '도덕연구소'로 보는 한 예가 아니다. 오히려 그것은 린 유셍(Lin Yü-sheng)이 변화를 위한 지적이고 문화적인 기초 수립의 필요성으로 묘사하고 있는 중국의 전통과 비교될 수 있다.[107] 역설적이게도 윤치호와 안창호는 독립협회와 문예부흥운동에서 활동적인 역할들을 감당한 다른 개신교인들과 함께, 문화적 인습타파를 추구하기 위하여 그들 엘리트 전통 가운데 존경할 만한 요소에 의지하였다.

새로운 전통이 한국 사회를 얼마나 깊이 침투할 수 있었는지에 대해서는 다소 불확실하다. 확실한 것은 「독립신문」의 이데올로기는 상류계층 지식인들에 의한 높은 수준의 저널리즘을 통하여 표현된 수준 높은 서구 자유주의의 수입이었다는 점이다. 그것은 역사가들에게 엘리트들-즉, 경제적인 엘리트라기보다는 오히려 교육받은 엘리트들-사이에 통용되던 이상들에 대한 정보를 제공해 준다. 그러나 그 매개체는 그 메시지의 부분이었다. 「독립신문」은 순수 한글로 인쇄되었다. 그것은 넓은 독자층에게 민주적인 이상들을 심어 주고 새로운 질서의 씨앗을 심기 위한 수단이었다. 「독립신문」이 새로운 민족적, 문화적 정체성을 만들어 내는 데 있어서 중요하고 명백한 역할을 수행했다고 판단되어 왔다.[108] 「소년」 잡지는 그 다음 단계였고, 그 메시지는 불안해 하고 갈피를 못 잡는 새로운 세대를 겨냥하고 있었다. 여기에서 대부흥운동(the Great Revival)의 중심에, 새로운 가치들과 개신교 원리들의 동일화가 지극히 중요하게 되었고, 그것은 상류사회 계층과 하류사회 계층 사이에 중요한 의사소통의 통로를 열어 놓은 두 계층 사이에 일련의 상호 예의 의식이 생기게 하였다.

합병 이후 자아개조 민족주의에 가장 영향력을 끼친 것은 청년학우회였다. 그 조직은 안창호에 의하여 그들이 정치적으로 연루될 때마다 방해받아 온 독립협회와 자강회의 한계들에 대해 많은 반성의 결과로 조직되었다. 그러므로 청년학우회는 명백한 의미에서는 엄격히 비정치적이었고, 개인적이고 사회적인 활동의 개혁에 집중하였다.[109] 청년학우회를 통하여 안창호의 삶의 '4원칙'-진리, 능력, 충성, 용기-과 교육의 '세 가지 범주'-도덕, 정신, 육체-가 우선적으로 해설되었다. 1896년에서 1910년까지의 개신교의 활동은 인간은 처음에 집을 크게 짓는다는 레비-스트라우스(Lévi-Strauss)의 발견을 지지하는 것처럼 보인다. 1937년까지와 그 이후의 모든 자아 개조 이데올로기를 위한 기초작업은 이 시기 동안에 이루어졌다. 그 이후의 운동은, 윤리적 민족주의 원칙이 확장되어 발전된 것일 뿐, 다른 요소는 거의 없었다. '해결책을 찾았다!'(Eureka)라는 소리는 이미 선포되었으며, 이에 따르는 모든 관심은 그 해결책의 가능성 그리고 문제점들에 초점을 맞추었던 것이다.

암흑시대, 1910~1919

1910~1919년의 기간은 한국의 역사에서 '암흑시대'로 묘사되는데, 그것은 기독교인과 민족주의 활동의 운명 뿐만 아니라, 또한 획득 가능한 연구자료들의 부족에도 관계된 말이다. 합병은 조선왕조와 바로 앞선 5년간의 활발했던 문예부흥을 마감시켰고, 한국인의 기록(documents)은 곧 이어진 군사통치 10년 동안에 걸쳐 거의 살아남지 못하였다. 총독들인 데라우찌 마사다케(Terauchi Masatake, 1910 –1916)와 하세가와 요시미찌(Hasegawa Yoshimichi, 1916–1919)가 실시한 종교정책은 근본적으로 독립적인 종교에는 불리한 것이었다.[1] 선교단체들을 통한 서구와의 비공식적인 접촉에도 불구하고, 한국의 기독교인들은 이 첫 번째 일본의 직접 통치 10년 동안 어떤 다른 단체들(게릴라들을 제외하고)보다 아마 더 고통받았을 것이다. 비록 개신교인들이 정치적인 운동을 결성하지 않았고, 그 세상 권세들에 도전하지도 않았었지만, 그들은 민족의 '영혼'과 그들 자신의 생존을 위해서는 어쩔 수 없이 일본인들과 갈등할 수

밖에 없음을 발견하였다. 신민회와 청년학우회의 주요 강조사항이었던 교육은 개신교인들에게 개방된 주요 통로였다. 교회와 더불어 학교는 개신교인들의 정체성을 민족의 운명이 달렸다고 신자들이 믿었던 재건(再建)공동체로 만들어 가는 수단이 되었다. 그러나 개신교의 활동의 범위는 물론이고, 다른 모든 한국인 활동의 범위까지도 조선의 군사적인 총독부의 식민지정책에 의해 심각하게 제한되었다.

동화정책과 그 실행

한국에 대한 일본의 식민지정책을 여기에서 세세하게 다 다룰 수는 없다.[2] 그러나 일본의 동화정책의 중심 내용은 다소 언급할 필요가 있다. 일본은 한국을 그들의 심장부를 겨누고 있는 비수로 인식하고 중국 및 러시아와 일본을 연결해 주는 자연적인 도로로 인식함으로써 합병에 대한 방어상, 전략상의 정당화를 주장해 왔다. 특히 안중근이 1909년 10월에 이토 히로부미를 저격한 후에는 공적인 부분에서나 정치적인 분야에 걸쳐 '침략정책'을 위하여 사이온지(Saionji) 내각을 압박해 왔고, "합방의 조약은 하나의 위대한 업적이라고 세계적으로 선전되었다."[3] 이런 환호 뒤에는 일본은 '아시아의 빛'이며, 동양을 강하고 부유하게 이끄는 운명을 타고났다는 일본의 신념이 깔려 있었다. 이런 이상적인 계기로부터 시작해서 더 나아가 보다 세속적인 목적을 확보하는 데에 이르기까지 동화정책은 가장 적합한 것으로 나타났다.

동화정책의 주요 가정들은 총독 데라우찌가 조선 지배 1910~1911년의 연감보고서를 위해 작성한 문서에 잘 나타나 있다. 한국과 일본의 밀접한 지리적, 문화적 유사점들을 인용하면서 그는 이렇게 단언하였다. "두 백성들은 그 관심사도 동일하고 형제애로 서로 결합되어 있으므로 한몸으로 융화하고 형성하려 하는 것은 자연적이고 필연적인 일의 과정이다."[4] 모든 일본인들이 다 이와 같은 근거나 또는 어떤 다른 근거 위에서 동화를 찬성하지는 않았다. 그리고 후에 교토제국 대학의 수에히로 시게루(Suehiro Shigeru) 박사는 그 정책을 한국에서 일본의 모든 정책이 실패하게 한 근원으로 여겼다.[5] 한국인들 중에서 일본과의 인종적인 연대를 인정하는 사람은 거의 없었다. 그리고 한국이 특히 당나라의 불교와 14세기 성리학 같은 중국 문화를 일본에 전달하는 수단이 되어 온 이후, 한국 백성들은 일본인들의 오만한 태도에 감정이 상했었다. 왜냐하면 이미 1890년대에 분명하게 드러난 것처럼, 일본인들의 한국인들에 대한 불평등한 형제애와 과격한 시도들에 대한 반감들이 1910년 이후 정치기관과 교육기관에서, 그리고 법적인 체제나 경제적인 체제에서 확고하게 조직화되었기 때문이다.

한국인들에게 정치적인 권리를 적용하는 직접적인 문제는 아주 간단하게 속여넘겼다. 한국의 합병은 1868년의 일본 메이지 헌법 안에 예기되어 있지 않았었다.[6] 그럼에도 불구하고 수상 가츠라(Katsura)는 이 메이지 헌법을 근거로 1910년 12월에 한국은 식민지가 아니며, 일본이 본토 또는 내지라면 한국은 외지라고 선언하였다. 이런 협정 아래 총독부는 총독에게 한반도에 대한 거의 무제한의 권한을 부여하는 방식으로 일본 국회로부터 분리되었다. 총독은 대신들과 총독부의 5개 사무국, 그리고 17개의 관련 부서들에 대한 직접적인 지배권을 행사했고, 국토를 지배하는 실권은 총독 자신이 쥐고 있었다.[7]

또한 지역 단위에서의 통치도 매우 중앙집권화되어 있었기 때문에, 통치수단으로 효과적이었던 정치기구는 뜻있는 한국인의 참여에는 불리하였고, 따라서 한국인들의 정치적인 동화에도 불리하였다. 한국인들을 위해 대표성을 가진 기구가 없었고, 관료로 지원하는 것만이 정치에 들어가는 유일한 문이었다. 그러나 관료의 기능이란 것이 일본인의 통치를 충족시켜 주는 것이었기 때문에 그런 고용은 타협이라는 오명을 낳았고, 따라서 평안남도 감사였던 이시영 같은 대부분의 '애국적인' 한국인들은 1910년에 제거되었다. 1910년과 1913년 사이에 한국인 최고

위층 관료의 43.9%가 제거되었다.[8]

　한국에 대한 일본의 경제적인 지배의 목적과 실행과 결과들에 대한 평가는 다소 논쟁의 소지가 있다. 그러나 한국인들은 의심할 여지없이 착취당하였다고 느꼈다. 왜냐하면 한국에 있어서 일본의 공공연한 전략적인 관심 가운데 상업적인 요소들이 제일 컸기 때문이다.[9] 총독부는 임업, 공업, 담배, 철도 등에 있어서 독점 정책을 유지하는 중앙집권적 경제체제를 실시했다. 그러나 초기에 있어서 한국인들의 나라 상실의 결과로 나타난 가장 가시적이고 경제적인 손실은 일본인들의 토지 몰수였다.

　일본은 합방 이전부터 실제 사유지를 취득하고 있었다. 한 조사자는 보호정치 이전부터 이미 "믿을 수 없을 만큼 많은 고리를 받는 실제 사유지가 일본인들에 의해 운영권이 저당잡혀 있으며, 이것은 저당물을 찾는 권리를 상실하게 함으로써 가능한 한 모든 토지를 획득하려는 궁극적인 목적을 가진 것처럼 보였다."고 지적하였다.[10] 1910년 이후에 나온 문맹의 한국 농부들에게는 낯설은 것이었던 토지보고서는 기술적인 근거를 세워 토지의 법적인 몰수를 단행하였다. 일본의 기독교인이며 자유주의자인 요시노 사쿠죠(Yoshino Sakuzō) 교수는 1916년에 한국을 여행한 후 동경의 「츄오 코론」(Chūō Kōron)에서 다음과 같은 보고를 하였다 : "아무런 고려없이 무자비하게 [일본인들이] 토지 몰수를 위해 법을 개정해 왔고, 한국인들은 그들 가족의 재산을 남김없이 빼앗기고 추방당하게 될 것을 걱정하고 있었다."[11]

　교육에서만 한국인들은 어느 정도의 재량권을 확보하고 있었다. 이것은 중요한 사실이다. 동화정책의 정치적인 수단이 실패하였기 때문에 교육이 가장 적합한 것으로 선택되었기 때문이다. 후에 총독부에서 정치부(Political Affairs) 장관이 된 미즈노 렌타로(Mizuno Rentarō) 박사는 교육은 충분히 고무적인 동기를 제공함으로써, 동화정책의 도구로 유용하게 소개될 것을 강조하였다.[12] 그의 원칙은 받아들여졌으나, 그 이행에 대한 그의 건의는 받아들여지지 않았다. 그 대신 데라우찌는 한국에 있는 일본인들을 위해 제공된 교육체제와는 구별되고 불평등한 학교체제를 선택하였는데, 그것은 소위 한국인의 인종적, 지적 열등성에 근거한 것이었다. '동화정책'은 한국인들의 지식과 전문기술을 일본인들의 그것과 동일한 수준으로까지 진보시키기보다는 '도덕 발달과 일본어의 보급을 통해 제국 신민에 알맞은 성품을 배양시키는' 의도를 가지고 있었다.[13] 일본인들은 유교의 서당교육에 대해 호의적이었고, 심지어는 후원하기까지 하였다. 그에 반하여 기독교에 기초한 학교들과의 관계는 오래된 갈등들로 어려움을 겪고 있었다. 일본인들은 기독교 학교들에서는 그들의 동화정책에 큰 위협을 느꼈다. 총독 데라우찌는 먼저 기독교 지도자들을 겨냥하고, 다음으로는 기독교 학교들을 겨냥한 두 갈래의 공격을 감행하였다.

일본 회중교회

데라우찌의 희망은 한국교회들을 일본 회중교회의 분파로 재조직하고, 한국 기독교 공동체와 선교사들의 관계를 깨뜨리는 것이었다. 그러나 그 책략은 큰 성공을 거두지 못하였다.

일본 회중교회는 1904년에 서울에 교회를 하나 세웠고, 1907년에는 평양에 또 하나 세웠다. 1910년에 그 교회는 공적으로 동화정책을 승인하였고, 한국 기독교인들이 반일인 데 대하여 외국 선교사들을 비난하면서 한국과 일본 사이의 화합을 위한 유일한 길이라면서 일본 기독교인들에 의한 복음주의를 지지하였다.[14] 일본의 모든 교파들이 동화정책을 지지했던 것은 아니다. 그러나 모든 교파들이 합방을 받아들였다. 윤치호에게 많은 영향을 주었던 일본의 유명한 대중적 인물인 우찌무라 간조만이 홀로 1910년 합방에 반대한 유일한 일본 기독교 인사로 남아있었다.[15]

데라우찌는 자신의 기회를 붙잡는 데 빨랐다. 일본 기독교인들의 서신들과 다른 자료들을 보면, 일본 회중교회에 총독이 정치적, 재정적 지원을 했음을 알 수 있다. 데라우찌는 또한 개인적으로 '서구 기독교'의 악들을 방해하기 위하여 부유한 일본인들이 지원을 더 하도록 격려하였다. 오쿠마 시게노부(Ōkuma Shigenobu), 시부사와 에이이치(Shibusawa Eiichi), 그리고 여러 재벌 상사들 – 미쯔비시(Mitsubishi), 미쯔이(Mitsui), 후루카와(Furukawa) – 이 기금을 기부하였고, 일본 회중교회는 기존의 한국 회중들에게 재정이 풍부한 교파들과 제휴하도록 부추길 수 있었다. 이런 방식으로 복음주의에서는 상대적으로 미미한 성공을 거두어, 그 교파는 1919년에 한국에서 14,387명의 교인수에 150교회의 교세로 성장하였다.[16]

데라우찌의 후임인 하세가와 요시미찌(Hasegawa Yoshimichi)는 그 정책을 더 공개적으로 지속시켰다. 일본인 통치 첫 10년에 대한 그의 언급에서, 그는 외국 선교사들에 대한 한국 기독교인들의 의존도에 지속적인 관심을 가지고 있었으며, 그는 한국의 기독교인들이 '자유와 친아메리카니즘'을 지지하는 데 대해 정치적으로 해로운 복음주의적 책략을 추구한다며 비난하였다. 그는 그때 일본 회중교회가 10년 넘게 총독부의 보조를 받아 왔다고 밝혔으나, 그 보조의 대가는 빈약하였다고 탄식하였다.[17]

한국 기독교를 동화시키는 것을 목적으로 일본 회중교회가 당시 적어도 3십만 명의 한국 기독교인들 가운데 겨우 14,000여 명을 끌어들이는 데에 10년 이상 걸렸다는 것은 아마도 실망스러운 일이었을 것이다. 그러나 회중교회로 개종한 이들 가운데는 몇 명의 중요한 지도자들이 있었다. 이원금의 서울 명동교회는 한 미국 선교사와 언쟁 끝에 독립하게 되었고, 그후 1916년 말에 일본 교단과 스스로 제휴하였다.[18] 동경에 있는 한국인 YMCA의 회장으로 일한 바 있던 전(前)경성 경찰총감인 김정식도 1916년 말에 한국으로 돌아온 후 회중교회에 가담하였다. 이 시점에서 그 교파는 대략 6,000명에서 11,000명으로 교인이 급성장하는 경

험을 하였다.[19]

일본 회중교회에 대한 총독부의 지원전략이 기독교를 유지하는 것이었다고 한다면 그것은 동전의 한면일 뿐이다. 그 이면에는 한국인들 사이에서 신앙이 실천되고 교육되는 것을 법적으로나 다른 차원에서 제재하려는 면이 자리하고 있었다. 1915년 8월에 새로운 종교법이 제정되어 선교사들을 괴롭혔는데, 그 종교법에는 교회의 인사권까지 간섭하는 권한을 당국에 주었던 것이다.[20] 일본으로부터 스피어(Speer) 박사는 선교사들에게 '아주 미세한 정도로도' 흔들리지 말라고 충고하였다. 그런 법규가 일본에서도 유지되고 있었기 때문이다.[21] 그러나 선교사들의 두려움은 다소간에 덜 문제시된 법률들 아래서 지난 5년간을 지내 온 교회의 경험에 기초하고 있었다. 1911년부터 보고서들이 선천과 같은 기독교 중심지에서 나타났는데, 그 내용은 "일요일과 주중의 모든 예배에 정기적으로 경찰이 임석하였고…… 우리의 학교들은 거의 매일 매우 엄격한 조사를 받았다."[22]는 것이었다. 그 새 법령이 고안되기 바로 전부터 한국의 기독교 공동체는 '105인 사건' 혹은 '음모 사건'(The Conspiracy Case)으로 알려진 기독교 지도자들에 대한 심각한 폭력에 의해 큰 타격을 받아왔다는 것이 더 분명한 표현일 것이다.

105인 사건, 1911~1913

안창호는 미국으로 망명하였고, 윤치호는 그냥 머물기로 결정했다. 그들 각자의 선택은 자신들에게는 운명적이었다. 안창호는 디아스포라 생활의 좌절감으로 고통받았고, 윤치호는 총독부의 심리적이고 육체적인 폭력을 겪어야 했다. 그러나 한국 기독교와 민족주의에 관련된 문제에 있어서 안창호는 변두리에 숨어 있었고, 윤치호는 싫든 좋든 간에 중심 위치에 서 있었다.

윤치호 주변에서 막 펼쳐지고 있는 드라마의 최종 연습은 1910년 11

월 황해도 안악에서 있었고, 그때 김구와 다른 많은 대부분의 기독교인들은 투옥선고를 받았는데, 이는 이토를 저격한 안중근의 동생 안명근에게 경찰이 혐의를 둔 파괴적인 계획에 연루됐다는 이유 때문이었다. 그들의 혐의가 밝혀지지 않았기 때문에, 안악사건은 많은 사람들에 의해 기독교를 분쇄하려는 계획의 시작으로 간주되었다. 그후 1년도 못 되어 이런 두려움이 현실로 나타났다.

총독부는 먼저 선천에 일격을 가했는데, 선천은 평안북도의 중심 지역으로 주민 8,000명 중 그 절반 이상이 기독교인이었다. 9월 말에 체포가 시작되었다. 오래되지 않아, 목사 5명과 기독교 소년아카데미의 학생들과 교직원들을 포함한 80명 이상이 어떤 고발에 연루되어 있었으나 죄목은 아직은 드러나지 않은 상태였다. 1910년 12월 28일에 선천 기차역에서 데라우찌 총독을 저격하려는 음모가 미수에 그친 것에 대한 죄과가 마침내 드러났을 때, 한국인과 외국인들 모두 그 죄과를 믿지 못했다.[23]

다른 기차역들에서도 데라우찌의 목숨을 노리는 동일한 시도가 있었다는 주장으로, 기독교가 영향력 있던 평양, 서울, 그리고 다른 중심지들에서까지 기독교인들이 체포되기에 이르렀다. 이 기간에 구금된 대략 700명 가운데 157명에 달하는 사람들이 재판에 넘겨졌고, 그들 가운데 22명을 제외하고는 모두 기독교인이었다.[24] 1912년 2월 9일에 윤치호는 모든 음모를 배후 조종해 왔다는 혐의를 받았다. 첫 번째 재판은 1912년 6월 18일에 서울 지방법정에서 열렸다. 그 기간 동안 123명이 체포되었고, 105명이 판에 박힌 구술서를 근거로 유죄선고를 받았다. 세 명이 진술을 강요받으며 당한 고문으로 죽었다.[25] 선교사들은 기독교인들을 박해한 데 대해 총독부를 공개적으로 비난하지 않으려 조심하였지만, 그들의 보고서와 서신에 의하면 그 음모는 교회의 삶을 반대하는 일본인들의 음모라는 한국 대중들의 견해를 그들 모두가 지지했음을 보여 준다. 일본인 거주자들과 경찰조차도 많은 사람이 그렇게 말했다고 주장

되었다.[26]

두 가지 요소로 인해 총독부는 완전한 만족감을 잃어버렸다. 첫째는 재판 자체가 그 혐의가 터무니없었음을 나타냈고, 경찰과 검찰 당국이 그 열정 때문에 모든 평형감각을 상실해 버렸음이 확인되었다. 1912년 7월에 대구의 한 장로교 선교사는 "당국이 술책을 지나치게 부리다 실패하였고, 모든 사건들을 조작하였다는 것이 너무도 분명하여 우리는 매우 위안을 얻었다."라고 썼었다.[27] 두 번째는 피고인 자신들이 외국인들을 관련시킴으로써 심문방법들을 웃음거리로 만들었다. 1912년 7월 11일에 19명의 선교사들이 관련된 공개법정에서 구술서가 낭독되었고, 이들 선교사 가운데는 언더우드와 맥큔(McCune), 전천년주의자요 근본주의자인 마펫(Moffett)과 블레어(Blair), 그리고 불합리하게도 친일파인 해리스(Harris) 감독이 포함되어 있었다.[28]

검찰 당국의 어리석은 행위에 대한 놀라움과 즐거움은 이것이 실제로 고문받은 피고인들의 명석한 전략이 아니었을까 하는 의문을 오히려 모호하게 만들었다. 외국의 저항을 정당화하는 문이 넓게 열리게 되었고, 그 결과 국제적인 불법행위로 타격을 받은 총독부는 그 재판을 다시 공개하지 않을 수 없었다. 1912년 9월 28일의 첫 재판은 105인에게 반역죄를 공포했다. 윤치호와 이승훈을 포함한 6명은 징역 10년이 선고되었고, 18명에게는 7년이, 39명에게는 6년이, 그리고 42명에게는 5년이 각각 선고되었다.[29] 그 혐의와 형량 사이의 불일치는 그 재판조차도 영향력 있는 기독교인들을 공적인 활동에서 분리시키려는 한 방편으로서의 단적인 실례를 보여 준 것이라는 암시를 주었다. 동경에서 온 두 명의 유능한 법관들이었던 오가와(Ogawa)와 오자와(Ozawa)는 솔직하게 재판 그 자체를 형사상의 절차로 선포하였고, "기록들로 볼 때, 이 경우에 있어서는 정부가 사람들을 그들의 신앙에 근거하여 억압하고 있었음이 분명하다."고 비난하였다.[30]

잇따른 두 번의 재심기간 동안에 윤치호와 안태국은 특별히 확실한 알리바이를 제출하여 그들에게 불리했던 증거를 성공적으로 반박하였다. 이런 모든 증거를 그 판사는 받아들였다. 그러나 최종적인 평결에서 그는 확실히 결론내리기를, 6명의 '주모자들'이 총독부에 대항하여 해로운 음모를 꾸몄다는 여러 가지 혐의를 버릴 만한 충분한 이유는 없다고 하였다.[31] 윤치호, 안태국, 이승훈, 양기택, 임치정에 대한 선고는 5년으로 줄어들었고, 반면에 나머지 99명의 피고인들은 석방되었다.

1914년 10월 해리스 감독은 일본 수상 오쿠마 시게노부가 데라우찌에게 한국의 기독교 단체들에 대해 우호적인 태도를 취할 것을 충고했었다는 것을 알았다.[32] 그 결과로 6명의 기독교인들이 1915년 2월 13일에 특별사면으로 석방되었다. 그러나 데라우찌는 계속 음모의 실재성을 주장하였고, 그 원인을 '합방의 취지에 대한 오해들'에 기인한다고 하였다.[33] 서울의 일본신문은 그들의 방식대로 죄수들이 특별사면에 대해 매우 고마워하였고, 이제는 일본 역사의 거대함과 그것이 한국에 미치는 이익을 완전히 이해하게 되었다고 생각되도록 글을 썼다.[34]

105인사건이 그 구형에 있어서 비합리적이었다고 한다면, 총독부의 목적은 그들 자신의 입장에서 볼 때 비논리적이지는 않았다. 기독교 공동체는 비록 정치적으로는 강력한 조직세력은 아니지만, 아직은 민족정체성을 소유한 가장 다루기 힘든 유일한 대상이었다. 기독교의 성장이 제지받지 않고 계속되면 당국에 대한 심각한 도전세력이 될 수 있다는 기독교의 잠재력은 일본인, 한국인 모두가 인정하는 바였다. 데라우찌는 그가 1913년 12월 17일에 동경에서 행한 연설에서 보고서로 설명하기를, "됴션에 뎨-권력잇ᄂ 곳은 예수교라 그럼으로 우리 총독부는 예수교인에게 뎌ᄒ야 특별쥬의흘 바라 ᄒ얏더라."[35] 한국인들 사이에 퍼지고 있는 공통적인 인식을 정리하면 다음과 같았다. "일인의 뎨일 성가셔 하는 것은 한국의 예수교인이오 한인의 뎨일 희망되는 것은 예수교회의 확장이라."[36] 기독교 공동체는 일본과의 동화가 불가능한 것으로 간주되었다.

그러나 합방에 대해 공개적으로 정치적인 저항을 반대하는 충고를 해 왔던 신중한 사람 윤치호가 왜 따돌림을 받아야 했을까? 많은 한국인들은 이 이유를 전혀 풀 수 없는 문제로 생각하지 않았다. "말할 필요도 없이, 윤치호가 공직에서 물러났기 때문에, 총독 암살음모사건에 연루되게 된 것이다."라고 이광수는 후에 말하였다.[37] 선교사 저딘(J. Jardine) 또한 1912년의 그 사건에 대해 자신이 가지고 있는 자세한 기록에서, 윤치호가 한국이 일본의 보호국으로 있는 기간 동안 정부에 가담하기를 거듭 거절한 것이 그들의 존재를 더욱 합법화하려고 희망했던 일본인들에게는 매우 좋지 않게 받아들여졌었다는 의견을 말하였다.[38]

윤치호가 물러나게 된 이유때문에 그는 위험인물로 간주를 받았다. 윤치호는 스티븐스(Durham Stevens)에게, 그것은 보호조약을 체결하는 부끄러운 행동에 대한 하나의 저항이었다고 글을 써 보냈었다.[39] 그의 '퇴각'의 원래 취지가 안창호와 함께 신민회, 청년학우회, 그리고 다른 민족주의자 운동들에 가담하는 것이 됨으로써 일본인들에게 더 큰 타격을 주게 되었다. 1913년 7월에 대구에서 열린 재심에서 심문은 신민회에서의 윤치호의 의장직 문제로 시작되었고, 여기에서 신민회는 '제국'의 붕괴를 준비하도록 백성들의 마음속에 애국심과 반일사상을 불어넣는 조직단체라고 주장되어졌다. '음모'는 이런 배경에 직접적인 연관을 가지고 있었다.[40]

안악사건에 연관되어 있던 면학회와 같이, 신민회가 개신교인들에 의해 조직되고 이끌어졌다는 사실은 충분한 사고의 양식이었다. 그러나 대부분의 학교가 기독교 지도자들에 의해 운영된다는 점은 당국을 매우 자극하는 것이었다. 송도에 있는 윤치호의 감리교 한영서원과 정주에 있는 이승훈의 오산학교가 수많은 의식있는 학생들의 관심을 끌었을 때, 일본인들은 '제국신민'을 만들려고 의도했던 교육에서마저 완전히 반대되는 운동이 배태되고 있었다는 사실에 놀라게 되었다. 윤치호와 선교사들은 그들이 충동적으로 '악한' 경향들에 고무되어 있던 모든 종교기관과 교육기관을 관장하고 있을 때 정치적인 저항에 대해서 주의를 주었었다는 사실은 거의 문제되지 않았다. 음모사건은 이토의 암살에 대한 단순한 앙갚음이나 공직의 제의를 무시해 버린 영향력 있는 한국인들에 대한 앙심 그 이상이었다. 그것은 한반도에서의 전략적인 이해관계를 위협할 수 있는 어떤 독립적인 요소도 제거하겠다는 일본 정부의 분명한 표시였다.

교육 논쟁

통감부 자료들은 일본인들이 적어도 1909년의 시점에서부터 모든 종교학교와 아마 사립학교도 폐쇄했다는 사실을 보여 준다. 첫 번째 단계로 통감부는 그 관심사에 위해하다고 생각되는 모든 출판물을 제거하기 위해 그 규모를 파악해 왔다. 금지된 첫 번째 출판물 중에 윤치호의 「우순 소리」(소화<小話>로 알려지기도 했음)가 있는데, 이것은 애국적인 함축과 시민 도덕에 대한 이야기 모음집이었다.[41] 한 한국인의 보고서에 따르면, 경찰은 1909년 5월과 6월에 3,700권을 불살랐다고 한다.[42] 1909년 8월에는 교과서 검열을 위한 지침이 계획되었고, 마침내 합방 때에는 모든 한국인의 신문, 잡지, 학술지들이 금지되어 관변적이고 친일적인 출판물들로 대체되었다.

이런 맹공격의 결과는 한국어를 억압하고, 한국의 문화유산을 나쁘게 평가하며, 한국에 대한 일본의 역사적, 도덕적 권리들을 주장하는 적극적인 움직임이었다. 일본인 교사들은 한국 학생들에게 가르치기를, 학생들의 합법적인 천왕은 동경에 살고 있으며, '한국'이라는 실재는 없다고 하였다. 그 운동은 노골적인 것이었다. 한국에 대한 일본인들의 역사서들은 '유치한 이야기들의 수집'에 불과하였다.[43] 보복으로 몇몇 한국인들은 특별히 해외에서 자신들의 플라토닉한 '고상한 거짓말'(noble lies)을 생산하기 시작하였는데, 이것은 한국의 과거 영광을 칭송하고 근대 세계의 영광들 중의 하나인 국가의 자연적인 개화를 방해해 온 책임을 일본에게 묻는 것이었다.

조선왕조의 붕괴에 대한 윤리적 이론에 동의했던 한국의 개신교인들은 서로 상이한 반응을 보였다. 안창호는 한국의 병을 진단하려는 이토와 논쟁하려고 애쓰지는 않았으나, 그는 한국인들이 우리 자신을 치유하게끔 방관해 달라고 요구했다. 무엇보다 민족의 삶을 재건하는 것이 기독교인의 목적이 아니었던가? 총독부는 이의없이 그것에 동의하였으나 문제의 소지는 남아 있었다. 재건에 대한 개신교의 관점은 자립적인 독립국가 상태를 향해 일본제국에 동화되는 것으로부터 벗어나는 데에 초점이 있었다. 일본의 입장에서 볼 때 기독교적 교육사업은 중단되어야만 했다.

105인 사건의 여파가 약화되어 갈 때, 총독부는 1915년 3월 새로운 교육령을 통과시켜 노골적으로 학교의 종교교육을 금지하였고, 학급에서는 일본어를 제외한 어떤 언어도 단계적으로 폐지시켰던 것이다.[44] 데라우찌의 그 원칙은 전제국을 통하여 '종교에서 교육의 독립을 유지하는 것'이라고 주장하였다. 그는 명백하게 매우 영향력을 가지고 있는 사립학교들이 "국가의 일반적인 원칙에 모순되는 방향으로 나아가 국가의 번영의 견지에서 볼 때 가장 쓰라린" 결과가 생겨나지 않도록 해야 한다는 관심을 표현했다.[45] 가르치는 것을 일본어로 바꾸고, 전과정의 조정을 위해 데라우찌는 이미 기존의 학교들을 위해 각각 5년과 10년의 '은총의 기간'을 선포하였다. 이것은 또한 분명히 일본인들을 위한 은총의 기간이기도 하였는데, 데라우찌가 1914년에 말한 것처럼 기독교 학교들이 문을 닫으면, 당장에 "조선의 교육사업에 큰 공간이 생길 것"이기 때문이었다.[46]

선교사들은 일본이 종교를 완전히 교육으로부터 분리하는 서구의 관습을 받아들여 따르고 있다는 주장을 재빨리 반박하였다. 한국에 있는 외교부(Foreign Affairs Bureau)의 부장인 코마츄(M. Komatsu) 씨에게 지적하기를, 일본인들의 관심은 국가가 종교를 간섭하려는 데 집중되어 있다는 것이었다. 즉, 사립학교들을 지원하기 위해 기금을 요청하거나 받을 수 있는 모든 정당성을 제거해 버리고, 그러므로 사립학교들이 살아남을 수 없게 하는 것이었다.[47] 이것은 물론 당국이 마음만 먹었지 즉시 실행하지는 않았다. 그리고 한국 기독교선교교육협의회(the Senate of the Educational Federation of Christian Missions in Korea)의 회장이었던 대구의 아담스(J. Adams) 목사는 어쨌든 "기독교 학교들에서 종교교육의 완전한 자유를 간섭하는 일은 없을 것"이라는 초기의 확신을 당국에 상기시켰다.[48] 모든 선교사들이 그렇게 흥분하지는 않았다. 그리고 동경에 있던 스피어(Speer) 박사는 한국의 선교사들이 그것에 개의치 말라고 예언적으로 충고했다.[49] 그러나 코마츄(M. Komatsu) 씨가 1915년 11월에 결국 반응을 보였을 때, 새로운 법령의 원천은 동화정책 이전부터 있어 온 기독교 학교들이라는 장애물들에 대한 노여움이었었다는 것이 분명하게 되었다.[50]

장로교인들과 감리교인들은 각기 반응이 달랐다. 대부분의 경우 교육을 종교교육에 치중한 장로교인들은 새로운 법규 아래 등록하는 것을 원하지 않은 반면에, 헤리스 감독은 감리교인들에게 그 법령에 따르도록 영향을 주었다. 1916년 2월에 서울에 있는 신흥우의 북감리교 배재학당이 그 새 법령 아래 등록한 첫 기독교 학교가 되어 이름을 배재고등보통학교라 하였다. 송도에 있는 남감리교 한영서원도 곧 그 뒤를 따르게 되었을 때, 일본인 언론은 자신이 석방된 후 그 학교의 교장직에 재임해 왔던 윤치호가 결국 '그 목적에 확실히 찬동' 하였다는 결론을 열성적으로 도출해 냈다.[51] 사실상 윤치호가 일본인들의 법령 아래서 교육받는 것이 한국인들에게 큰 고충을 주리라는 점을 그리 우려한 것 같지는 않다.(이 단계에서 그의 기독교 활동은 서울 중앙 YMCA에서의 지도력에 그 초점이 모아져 있다.)[52] 그러나 그의 학교의 등록은 강압 아래 이루어졌고, 염세주의자들을 옹호하는 것으로 보였다.

1916년 11월 중순에 한 그룹 가운데 있던 한영서원 세 교사가 선동적인 노래집 두 권을 불법으로 인쇄하여 배포하였다는 혐의로 체포되었다. 그 노래들 가운데 한 곡은 이토를 암살한 안중근에게 경의를 표하고 있었고, 다른 한 곡은 '독립국가의 영웅들을' 부르고 있었으며, 윤치호의 [애국가]도 있었다. 두 권 다 서문에 시민들에게 민족의 부흥이 달려있는 참된 정신을 고무시켜 주는 노래들의 힘을 표현하고 있었다.[53] 그 노래집의 비밀 출판은 학원이 아직도 '선동적인 사상으로 물들어' 있다는 경찰의 의심을 받았으나,[54] 윤치호 자신은 그 노래들에서 어떤 선동적인 요소도 찾지 못했다.[55] 그럼에도 불구하고 그 학교에 대한 철저한 조사를 통해 '공공의 평화를 손상시키는' 출판물들이 더 많이 발견되었다. 결국 그 노래책들이 가까운 남감리교 호수돈(Holston)여학교의 학생들 사이에서도 배포되어 왔음이 밝혀진 후에 경찰은 두 학교의 22명의 교직원과 학생들을 체포하였다.[56]

경기도지사는 송도에 있는 남감리교선교회의 책임자인 왓슨(Wasson)씨를 소환하여, 그가 학교를 등록하지 않은 이유를 해명하도록 요구했다. 그리고 만일 왓슨 씨가 그 교사들이 자격증을 받을 것이라는 보증을 한 후에도 기꺼이 따르지 않게 된다면, 그것은 곧 총독부와 협력하여 일하는 것에 저항하는 것으로 해석되어질 것이라는 경고를 받았다.[57] 그러나 왓슨이 순응한 후에도 그는 순수한 종교교육만 시행할 별도의 건물과 대지를 구입하는데 단 1년의 은총을 받으며, 반면에 학교의 교과과정은 '즉시로' 변해야 한다는 통지를 받았다.[58] 비슷한 경우들이 잇따랐고, 교사들의 자격증을 위해 많은 학교들이 신청을 해도 거절되었다. 결국 원래 낙관적인 언더우드(H. H. Underwood : 원한경) 박사까지도 다음과 같은 글을 썼다 :

> 모든 사립교육에 대해 깊은 의심의 눈으로 바라보고 숨김없이 급속히 소멸되기를 바라는 관청은 이들 학교들이 새로운 상황들에 새롭게 적응하도

록 그것을 보다 쉽게 만들 의도가 없었다.……많은 초등학교들이 폐쇄를 강요당하고 있으며, 모든 학교들이 그들의 존립이 위태로움을 느꼈다.[59]

1919년 3월의 봉기 후에 사이토 마코토(Saitō Makoto)에 의해 입안된 '회유' 정책 덕분이 아니었으면, 개신교 학교들이 10년의 은총기간이 끝나기도 전에 문을 닫았을지도 모른다.

선교사들에게 직면한 문제는 근본적으로 종교자유에 대한 논쟁과 민족적인 삶 안에서의 국가의 역할에 대한 것이었다. 교회와 국가의 분리가 그들에게는 교육으로부터 교회를 제거한다는 의미가 아니었다. 신학적으로 볼 때 그것은 한 제국의 체제가 백성들로 하여금 하나님에게 속한 것을 제국에게 내놓으라고 요구하는 것이 아닌가 하는 오랜 문제였다. 1915년 4월 1일부터 총독부는 일본 천왕이 제사를 지내는 날을 미리 기술된 의식들에 따라 엄격하게 준수할 것을 기독교 학교들에게 명령하였다. 조상 제사와 깊은 연관이 있는 당시의 윤리도덕 교과서를 기독교 학교들에 보내어 필수과목으로 가르치도록 했다. 기독교인 학생들과 교사들은 천왕의 초상화에 절하도록 명령받았을 때 그것을 우상이라며 거절하였다. "왜냐하면 일반 일본인에게 천왕은 신적인 존재이기 때문이다." 선교사들은 당연히 '명백한 모순'이라며 당국을 비난하였다.[60]

일본인 자신들의 관점에서 볼 때 그들은 그렇게 모순되지 않았다. 왜냐하면 일본인들은 그 문제에 다른 정의를 내렸기 때문이다. 이전에 한국의 성리학 군주제처럼 당국은 국가에 대한 충성심과, 비록 신도가 다양하지만 효를 결합시키려 하였다. 한국에 있는 일본인들은 종교를 정치에 종속되는 것으로 간주했다. 그러나 선교사들은 종교와 정치는 구별되며, 윤리는 종교의 한 기능이라고 주장하였다. 비록 한국의 개신교인들이 일반적으로 후자를 따랐지만, 그들에게 직면한 문제는 분명히 또 다른 차원이 있었다. 그것은 민족의 생존이었다.

재건공동체, 1910~1919

앞 장에서 본 것처럼, 1910년의 국권상실과 그 이후 일본의 정책은 기독교 공동체로 하여금 자신들의 생존을 생각하지 않을 수 없도록 하였다. 1910년 이전에 시작된 기독교인들의 출국이 증가하였고, 이들 중 대부분이 북쪽 만주와 시베리아로 떠났으며, 심지어는 남쪽 끝인 부산에서도 어느 교회는 교인들 거의 전체가 이민을 떠났다는 선교사의 보고가 있었다. 토지의 강탈이 떠나도록 하는 주요한 동기였다. 그러나 어느 경우에 이주는 기독교인들을 억압하는 물결에 직접적으로 기인하였다.[1]

그들의 신분을 빼앗겼다 할지라도 개신교인들은 여전히 한국의 교육, 정치철학, 그리고 자립(self-reliance)의 차원에서 가장 '진보적인' 세력이었다. 그들의 이상을 내놓고 표현할 수 없는 상황이었기에, 개신교 민족주의자들은 그들의 신앙 언어와 신앙의 상징들을 통하여 그들의 가치와 자유로운 한국의 꿈을 분명하게 묘사하였다. 그리하여 한국교회는 암울

했던 1910~1919년 기간에 희망을 품고 나아가도록 하는 미래상을 전달하였던 것이다. 장로교와 감리교는 살아남았을 뿐만 아니라, 세례교인 수에 있어서도 1911년에 62,000명에서 1919년에 87,000명까지 늘어남으로써 그들의 핵심 교인수가 증가되었다.[2] 그러나 핍박은 그들 가운데 다양한 반응을 불러일으켰고, 1910년 이후로는, 재건된 문명에 대한 근본적인 꿈은 민족주의 개념을 '반일본'이라는 부정적인 의미로 정의하려는 점증하는 압력에 대항하여 방어되어야 했다.

방법의 문제

한국의 개신교 공동체는 그들의 입장이 결코 단일하지 않았다. 중국, 만주, 시베리아, 하와이, 그리고 미국 대륙의 망명지들에 있는 사람들이 취한 견해들과는 아주 다르게, 한국내의 예를 들면 김구와 윤치호가 취한 입장 사이에는 강조점에 있어서 많은 미묘한 차이가 있었다. 신민회와 YMCA 등 합방 이전의 그룹들은 아직도 약간의 결속력을 유지하고 있었으며, 망명상태에 있는 조직과 자신들을 동일시하려는 경향이 있었다. 또한 여러 다른 '민족주의적인' 학교들에서 운동과 강조점의 차이들이 생겨났다. 이들 학교들에는 안악의 양산학교(김구), 평양의 대성학원(안창호), 정주의 오산학교(이승훈, 조만식), 송도의 한영서원(윤치호), 서울의 배재학당(신흥우, 남궁억), 평양, 선천, 서울, 대구, 부산, 그리고 마산의 기독교 학교들이 있었다. 또한 기호파 지역과 서북파 지역의 지방색이 여전히 남아 있었다.[3]

초기에 개신교 민족주의자들은 그들의 다양한 강조점들로 분열되어 있었기보다는 공통점으로 결속되어 있었다. 시민 윤리의 발생과 강력한 민족의 재건설은 모든 이들에게 공통된 주된 목적이었다. 1910년까지 김구는 대부분의 성인들이 "민족이 무엇인지조차 알지 못한다."고 불평하면서 '민족정신'을 주입시키고자 하였다.[4] 그러나 1910년 이후 한국내

제4장 / 재건공동체 1910-1919 135

의 활동이 더욱더 제한되자, 그의 관심은 해외의 군사훈련으로 기울어졌다. 한일합방 후 곧 김구, 이승훈, 안태국, 주진수, 그리고 양기탁은 각각 황해도, 평안북도, 평안남도, 강원도, 그리고 경기도의 대표로 '선출' 되었고, 젊은이들을 만주로 이주시켜 민족주의 군대를 양성시킬 중요한 작업을 책임지게 되었다.[5] 이 모든 '대표자들' 은 안악의 105인 사건으로 체포되었고, 김구와 이동휘는 이후에 압록강을 넘어 망명하였다.

그러나 체포된 자들은 군사적인 준비에 대한 그들의 관심을 그치지 않았다. 1915년 일본 당국은 특별히 평양과 안악에 있는 몇 개의 기독교 학교들과 만주와 미국에 있는 한국인 군대 진영들 사이에 관계가 있음을 발견하였다.[6] 1917년 초에 안창호, 이승만, 그리고 다른 해외의 망명자들에 의해 구성된 대한국민회의 한 분과가 한국내에서 설립되었다. 회원은 평양장로회신학교와 숭실대학에 출석하는 모든 지역 출신의 학생들 중에서 모집되었다. 한국인 분과는 1917년 6월 한국독립군(the Korea Independence Corps), 그리고 결사단(이것은 분명히 전형적인 지하 저항단체임에도 불구하고 종종 '자살특공대' 로 번역된다.)이라 불리는 두 개의 조직을 구성하였고, '한국인을 위한 한국' 을 실현하기 위한 수단으로 군사력을 강조하였다. 1918년 2월에 체포된 25명의 회원 중 절반 이상이 평양장로회신학교, 숭실대학, 그리고 서울의 장로교 연희전문학교와 관련되어 있었다.[7]

그러나 직접 간접적으로 군사적 준비들에 연관된 한국내의 개신교인들은 이 기간 중에 기독교 학교의 학생이나 직원을 지낸 수백 명 중 일부에 지나지 않는다. 일본인 자료들은 교회 회중들의 어떠한 참여도 언급하지 않고 있다. 실제로 김구의 사상은 특별한 기독교적 영감을 지니고 있지 않으며, 그의 신분은 주로 교제에 의한 '기독교인' 이었다. 그의 저술들은 오직 정치적인 기대들로부터 도출해 낸 기독교에 관심을 표현하고 있다. 만약 하나님이 한국 민족주의의 승자가 아니라면, 하나님은 아무 소용이 없었다.[8] 그와 안창호의 방법 사이에 몇 가지의 차이는 안창호가 신중히 그의 재건 프로그램을 기독교 교리에 관련시켰기 때문에 불가피하게 생겨났다. 그리고 몇 년 후 그들은 전혀 동일한 흐름에 서 있지 않았다. 윤치호의 견해와 김구의 견해를 마주 세워 놓는다면, 그 사이에 하나의 갈라진 틈이 생겨난다. 개신교 교회들과 조만식, 이상재, 신흥우, 그리고 남궁억 같은 한국내 교회의 대다수 민족주의 지도자들 가운데, 윤치호의 접근방식과 어느 정도 안창호의 접근방식은 아직도 권위있는 접근방식으로 간주되어졌다.

한국의 재건공동체

통감부와 후에 총독부의 중앙집권적인 활동들과 달리, 선교사들은 네비우스 방법과 그들의 함축적인 정치적 견해들을 통하여 교회들의 행정적 자치권과 지역적 자립을 북돋아 주었다. 개인의 자유에 관한 강조, 법률상 공평성의 존중, 특별히 서북 지역의 가난한 자에 대한 불법적 강탈과 불법적 세금에 대한 저항은 이만열의 이른바 '자치의식'이란 용어의 본질에 기여하였다.[9] 1910년을 훨씬 지나서도 영향력을 미친 1907~1908년의 신앙대부흥운동은 훨씬 긴 기간에 걸쳐 거두어들일 추수의 시작에 불과하였다. 그리고 1910년 복음주의자들의 백만 명 구령운동은 민족을 위한 혹독한 고난의 때가 임박했다는 기대 속에서 수행되었다. 이러한 상황 아래, 복음화의 의미는 실제로 일본의 식민지 동화정책과 불화하여 은밀히 조직의 구성원들을 모집하는 것이었다. 이러한 빛 속에서 이만열은 선교사들이 "직접, 간접으로 한국에서 독립정신을 불어넣은 정도는 헤아릴 수 없다."고 주장하였다.[10]

한일합방은 민족적 상실감을 강렬하게 하였고, 그 결과 많은 한국인들이 특별한 방식으로 기독교회를 생각하도록 영향을 주었다. 그 당시 성장하는 기독교 청년세대의 한 사람인 백낙준에 따르면, 국권의 상실은 기독교인들로 하여금 교회에 의지하도록 하였으며, 교회를 국가의 대체물로 보게 하였다.[11] 이것은 충성의 대상에 대한 중요한 변화를 의미한다. 지도층들 가운데 한국인의 삶 속에서 최고의 정치적, 사회적 가치는 효도였다. 효의 정점은 왕에 대한 충성이었다. 이러한 태도는 이미 19세기 후반의 개혁자들에 의해 상대화되었다. 황제와 국권의 상실로 백성들은 그들 가운데 새로운 중심을 추구하도록 강요당하고 있었다. 백성의 충성의 대상에 변화가 일어났고, 그러므로 민족국가 개념이 오래된 군주제적 질서를 대치하였고, 국가를 섬김이 백성을 섬기는 것을 의미하게 되었다. 왕은 민족주의적인 상징이 아니다(비록 왕이 1919년에 매우 효과적인 상징이었음에도). 그러나 모든 계층의 한국인들은 정치적 질서 속에서 그와 그들 자신의 위치를 잘 인식하고 있었다. 1920년 안창호는 그것을 이렇게 요약했다. "오늘 우리 나라에 황제는 존재하는가? 과거에 황제는 단지 한 사람이었으나 오늘은 모든 2천만의 국민이 황제이다.……황제란 무엇인가? 그것은 최고 통치자의 이름이다. 지금까지 주권자는 단 한 사람이었다. 그러나 지금은 여러분 모두가 주권자이다.……"[12] 개신교주의에로 개종한 대다수의 개혁자들은 기독교를 '백성을 위한' 것으로 생각하였다. 그리고 해외로 망명한 기독교인들이 적절한 경로로 돌아와 새로운 한국의 지도력을 세우리라 기대되었다.[13]

한국인의 정치적 삶의 불연속성 때문에 개신교회가 민족적 이상과 열망의 보고(repository)가 되었다고 한다면, 민족적 이상과 열망들이 본질적으로 '기독교적 정신'이라고 말할 수 없다. 그러나 한국의 지성인들은 그들의 신앙과 민주주의적 가치 사이에는 통합적 관계가 있다고 확신하였다. 한국교회들의 자치권에 관계하여 정한경(Henry Chung)은 "기억할 수 없는 때부터 기독교는 민주주의 씨앗을 뿌렸다."고 무조건 주장하였다.[14] 신흥우는 기독교가 은밀히게 한국에서 민주주의적 정서를 불어넣었다고 믿었다. 계급과 성 차별을 타파하고 학교를 통하여 보급된 인류 평등사상을 증진시키는 교회들과 병원들의 영향을 인용함으로, 그는 기독교인 수의 증가와 민주주의에 대한 관심의 증가 사이에는 명백한 관계가 있다고 지적하였다. 더욱이 그는 개신교가 보편적 윤리를 소개하는 데 사용한 기관(organs)과도 같은 중요한 역할을, 학교가 기독교인들과 비기독교인 공동체 사이의 중요한 고리로 봉사했으며, 그럼으로써 이 은둔의 백성들이 새로운 사회적, 정치적 가치들을 향하여 그들의 눈을 돌렸다고 보았다.[15]

이 새로운 가치들은 무엇인가? 몇 가지가 이미 언급되었다. 즉, 시민 윤리, 청지기 정신, 왕(또는 그에 상응하는 존재)에 대한 절대적인 순종 대신에 자신이 소속된 시민에 대한 봉사 등이 그것이다. 그러나 1910년 이후 공공연히 '위험스러운 사상들'을 더 이상 말할 수 없었기 때문에, 이 가치들이 은밀하게 개신교 학교들과 교회들의 가르침과 신학적 원리들 속에 암시적으로 나타나게 되었다. 여기에 두 개의 폭넓은 주제가 나타났다. 이것은 공동체로서 교회의 구조, 그리고 개인의 양심에 관한 강조이다.

교회공동체들 내의 사회적 관계들의 형태는 그들의 가치들과 신념들의 '훌륭한 구조들'로 봉사하였다.[16] 불행하게도 이 기간 중에 행해진 설교내용의 기록들은 없었으나, 흩어진 자료들을 모아 정보를 종합해 보면 사회적 배경이나 교육 또는 지위에는 상관없이, 모든 신자들이 동일한 가치체계-즉 모든 구성원들이 평등하게 그들의 삶에 영향을 주는 결정들에 책임을 지는 원리-를 가지고 있다고 가르쳐졌음을 알 수 있다.[17] 이 원리는 유교사회 속에서 유난히 큰 충격성을 띤다. 여권과 여성교육의 개척자이며 후에 서울 중앙대학의 설립자인 임 루이스(임영신)는 이 원리의 경험이 그의 인생에 있어서 전환점이었다고 회상하였다. 1915년에 고등학교 학생이었던 임영신은 전주의 김인주 목사에게 소개되었다. "그는 나에게 한 동료로서 말하였다. 내가 한국인 남성에 의해 이처럼 대우를 받은 것은 이것이 처음이었다." 고무받은 임영신은 한국 여성들 사이에 기도 모임들을 시작하였고, '세포 모임들'을 설립하여 이를 통해 여성들은 민족적이고 사회적 사건들 속에서 자신들의 역할에

대해 숙고하기 시작하였다.[18]

개인적 양심의 불가침성은 개신교의 독특한 '만인 제사장직' 교리에 표현되어 있으며, 당시에 교인들을 위하여 중요한 장로교 교재인 웨스트민스터 신앙고백 속에 함축되어 있다. 이 교리는 공동체의 자발적인 구성에 기초하고 있었으며, 심지어 결혼 배우자와 직업의 선택과 같은 중요한 결정들과 심지어는 신앙의 보조적인 항목들 속에서도 자유를 허락받았다. 이것은 제한된 사회적 복수주의 승인을 고양시켰으며, 민주적인 정서의 근간으로 간주되었다. 동시에 중요한 것은 이 교리가 공동체의 전체의 삶을 위한 개인의 책임성을 의미했다는 점이다. '제사장직'은 개개의 신앙인들이 서로에게 제사장이 되는 것을 의미하며, 한국에서 일어나고 있는 실제 상황에 입각하여 개개인이 하나님의 말씀과 의지의 본질을 이해하고 이의 적용을 추구하도록 요구하였다.

개신교 공동체는 두 가지의 훨씬 근본적인 교의를 진정한 사회-정치적 개혁을 위해서는 본질적이라고 믿었다. 그것은 일신론과 인간 안에 있는 하나님의 형상에 관한 교의이다.[19] 하나님은 지존자이실 뿐만 아니라 도덕자이셨다. 하나님은 인간을 창조하셨을 뿐만 아니라 자신의 형상으로 그들을 만들었다. 이러한 교리들은 본질적인 인간의 존엄성 속에 있는 인권과 그들의 신념을 향한 한국 개신교인들의 관심의 근거였으며, 그들이 확신하는 민주주의의 근거였다. 기독교와 민주주의, 그리고 서구의 부강은 우연이 아닌 조직적으로 역사 속에서 결합되어 있었다. 그러므로 기독교 공동체는 미래의 민주적인 한국을 위한 요람으로 간주되었다.

의심할 바 없이, 유일신론에서의 초자연적인 것과 세속적인 것 사이의 구별, 즉 이것이 창조세계로부터 하나님을 구별하는 것인바, 이 구별은 일본에서 우찌무라 간조에게 그러했던 것처럼, 한국의 전통으로부터의 급진적인 이탈이었다. 또한 인간이 적어도 하나님의 형상의 흔적을 소유하고 있다고 생각할 때, 그의 '거룩성'의 개념과 얽혀 있는 한 분

하나님의 전능성의 개념은 사회의 본질을 숙고하는 데 더욱 기여하였던 것이 분명하다.[20] 그러나 한국교회가 키에르케고르의 하나님 개념은 제쳐 놓고라도, 청교도들의 하나님의 절대적인 초월성 개념 위에 서 있었다고 주장한다면 이는 억지 결론이라 하겠다. 한국 교회사가이며 철학자인 한태동은 한국 기독교의 근본적 오점은 한국 기독교가 하나님과 피조물인 인간 사이를 철저히 구별한 데 있었다고 보았다.[21] 동일한 견해가 1945년 윤치호에게서도 발견되는데, 그는 한국인들은 아직도 민주주의를 위한 준비가 되어 있지 못하다고 불평하였다.[22] 사실 이 두 사람의 경우는 지식인과 조금은 덜 지성적인 신자 사이의 오래된 차이를 반영하고 있다. 왜냐하면 한국 개신교인들 가운데 막스 웨버(Max Weber)의 '개인의 내적 고립'이라는 말의 뜻을 파악한 사람이 거의 없었음에도 불구하고, 교회공동체는 개인의 양심과 인격을 존중함을 의미하는 것을 알았으며, 그로부터 만민평등주의를 이끌어 내었기 때문이다.

대부분 기숙사 학교였던 교회학교들은 적어도 개신교 사상의 유연한 구조를 제공하는 데 교회만큼 중요하였으며, 자아개조 사상의 수단으로는 교회보다 더 중요하였다. 대성학원은 105인 사건 기간 중에 문을 닫았으나, 정주의 이승훈의 오산학교는 계속 문을 열었고, 1915년 이후 신교육법 아래 등록을 하라는 압력에 저항하였다. 이승훈이 감옥에 있는 동안 학교는 1913년 메이지 대학에서 법학을 공부하고 돌아온 조만식과 이광수에 의해 운영되었다. 이 기간 중에 오산학교에서 가르치고 공부한 민족지도자들로는 서춘(徐椿), 김도태, 김지환(金智煥), 주기철, 한경직, 함석헌(후에 한국 퀘이커운동의 지도자), 조만식, 이광수, 그리고 이승훈 등이 있다. 후에 서울에 유명한 영락장로교회를 창립하기 위해 남쪽으로 내려오기 전, 한국 서북 지방에서 사회민주당을 조직했던 한경직은 조만식이 학생들에게 결정적인 영향을 주었으며, 학생들에게 자립정신과 정신적, 도덕적, 육체적 훈련의 가치들을 불어넣었다고 말하였다.[23] 윤치호가 체포 전에 만든 송도의 모범마을처럼, 오산학교는 민족

제4장 / 재건공동체 1910-1919 141

재건을 위한 전신(前身)사업으로 발전하였고, 이전의 청년학우회의 원리로 설립되었다.

1910년부터 1919년까지 한국어로 된 개신교 공동체에 관한 몇 자료 중의 하나는 샌프란시스코에서 출판된「신한민보」이다. 미국의 한국인들이 국내의 정치적 환경의 극심한 제약성을 실감 못하는 상태에서 한국내에 있는 그들의 동포를 낮추보는 경향이 있었기 때문에 이 보고서들은 종종 단순한 상황묘사 정도의 수준에 불과하기도 하다. 그럼에도 불구하고, 교회의 발전은 민족의 미래에 생명력을 주는 것이라고 일반적으로 받아들여졌으며, 한국에서 온 편지와 보고서들이 때로는 상세하게 인쇄되었다. 물론 이것들은 한국내에 있는 한국인들의 견해였다.

한국에서 온 초기의 편지들은 삶의 모든 측면에 걸쳐 일본인들의 그림자가 무자비하게 발전하고 있는 절망적인 모습을 그리고 있었다. 특히 한 편지는 105인 사건 기간 중에 기독교인들에 대한 참혹한 핍박을 묘사하고 있으며, 한국내에서는 모든 길이 막혀 있기 때문에, 해외에 있는 한국인들에게 그 곳에 머물러 독립을 되찾을 방법을 찾도록 호소하고 있었다.[24] 그러나 1913년 말경에 보내 온 편지의 어조는 훨씬 긍정적이 되었다. 동포애적 정서가 나날이 성장하고 있었고, 교회는 '우리 민족이 끊임없는 축복과 기쁨을 얻을 근거'로 표현되었다. 다른 보고서는 "백성들의 종교적 영성은 꾸준히 진보하고 있으며, 그들의 용기는 충천하고 있고, 그들의 시민정신은 발전하고 있다."고 기록하고 있다. 말미에 이 보고서는 무자비한 105인 사건은 오히려 교회의 신망을 높여주었으며, 일본의 평판에 해를 끼쳤다고 덧붙이고 있다.[25]

1914년 3월과 4월 평양에서 기독교인들 가운데 신앙부흥운동이 일어났다. 이 운동은 한국내에서 기독교를 전파할 새로운 노력들을 촉진시켰다. 그 효과는 1915년 표면화되기 시작하였다. 1915년 9월에 발표된 한 보고서는 일본인들이 교회의 영향력을 파괴하는 데에 실패한 후, 교회가 다시 확신을 얻었음을 보여 주고 있다:

몇 해 전과 비교하여 우리 민족은 현저하게 발전하였다.……만약 기독교 회가 충만히 세워진다면 다시는 한국인의 수준(계몽의 수준)을 묻는 일은 없을 것이다. 정신적 세계의 관점에서 볼 때, 우리 민족은 확실히 살아 있으며 결코 죽은 상태가 아니다. 그들은 더 이상 노예가 아닌 독립된 인격을 소유하고 있다.[26]

평양의 신앙부흥운동은 전국에 걸쳐 기독교의 성경에 대해 상당한 관심을 불러일으켰다. 한국성서공회에는 1917년에 "그 해에 150명 이상의 권서인이 일하였고, 그들은 660,000권의 성경을 판매하였는데 대부분 복음서였다."고 보고하였다. 권서인들은 떠돌이 보부상 그 이상이었다. 겸손하게 그러나 분명하고 효과적인 방법으로, 그들은 교회가 닿지 않는 지역을 여행할 복음전도단을 구성하였다. 성서공회의 베시(F. G. Vesey) 목사는 이렇게 기록하였다. 권서인들의 여행은 "……높은 길을 따라 큰 마을과 시골 마을, 혹은 산길과 거친 언덕길을 너머 여기저기 흩어져 있는 마을과 오두막으로 이어졌다. 그는 시장을 방문하고 물물교환 장소에 모여 있는 군중들을 만나 책을 팔았다.……그리고 그는 드문드문 사람이 사는 집에서 집으로 갔으며, 고독한 농부들과 마음을 털어놓고 이야기했다.……"[27]

개신교 민족주의자들에게 성경은 정치적 의미로 가득 차 있었으며, 권서인들은 베시 목사가 모르는 활동에 종사하였다. 임루이스(임영신)는 다음과 같이 기록하였다 : "나에게 성경과 전체 기독교 종교는 일본으로부터 자유하고 모든 인류를 위해 평화를 지닌 보다 나은 삶을 위한 길을 보여 주었다. 하나님은 결코 인간이 운명의 노예가 되기를 원하시지 않는다."[28] 충청남도 천안에서 임영신은 1918년 초에 지하조직망의 설립에 관하여 서울에 있는 기독교인들로부터 비밀문서를 전달하는 한 권서인과 우연히 만났다. 그녀는 그에게 남부 지역에 있는 그녀 자신의 조직과 다른 9개의 세포조직들을 알렸고, 그래서 그녀는 비밀연락망에 가입하였다. 이것은 권서인들에 의해 이루어진 연락망이었던 바, 이를 통하여 개신교는 3·1운동의 독립선언서를 배포하였고, 그 일이 너무 빠르고 비밀스러워 일본인들은 그 운동이 선교사의 관여없이 이루어졌다는 사실을 전혀 믿으려 하지 않았다.

확신이 점점 더해 감으로써 몇몇 목사들은 유대 민족을 인도하고 재건한 모세와 느헤미야의 행동에 설교의 초점을 맞추는 데 더욱 용기를 얻었다. 그러나 당국은 신앙인들을 억누르는 그들의 노력들을 완화하지 않았다. 철저한 교육논쟁이 계속되었고, 1916년부터 교회가 점점 더 대담하게 행동함으로써 엄격한 검열과 활동에 방해를 받게 되었다. 개신교인들은 그들이 '일본인들의 분노'를 사지 않고 '기다리고 있는 감옥'을 채워 주지 않기 위해서는 상당한 주의를 해야 했다. 그러나 당국은 교회의 힘의 목적을 알고 있었고, 사람들은 총독부가 전적으로 자기 뜻대로 행동 못하는 사실에 은근히 좋아했던 것이다.[29]

해외의 재건공동체

교회를, 잃어버린 국가의 대체물로 간주하는 경향은 한국에서 보다 이주한 개신교 공동체들 가운데서 더 강렬하였다. 정치적 목적들도 당연히 훨씬 더 명시적이었다. 북아메리카와 하와이에서 국민회가 설립되었고, 대부분 기독교 민족주의자들에 의해 지도되었다. 한편, 안창호는 자아 개조의 사상을 구체화하는 공동체를 발전시킬 목적으로 1913년 흥사단(동일한 이름을 지닌 유길준의 초기 조직과 혼동하지 말 것)을 조직하였다. 일본의 한국교회들은 조만식(1913년까지), 김정식과 주공삼 목사와 같은 애국자들에 의해 지도되었으나, 여운형과 이동휘는 한국인들의 자존심을 보존하는 수단으로 교회공동체를 형성할 수 있도록 한국에 있는 교회들이 목회자들을 보내 줄 것을 요청하였다. 의미심장하게도 요청을 받은 사람들은 민족주의 단체의 지도자들이라기보다 기독교 교역자들이었다. 교회는 민족주의적 단체였다.

　어느 수단을 선택할지 그렇게 제한되어 있지 않았던 망명단체들 가운데에 방법상의 차이가 드러났고, 부분적으로는 지리적으로 그 방법들이 규정되었다. 한국의 북쪽 경계선 위에는 생활이 어려웠고 망명자의 수가(1917년까지 약 1백만) 많았다. 내륙에서 가까운 곳에서는 직접적인 군사행동을 취할 준비들을 하고 있었다. 한국인들이 상대적으로 적었으나 살아 갈만 하였고, 한국으로부터 거리가 멀었던 미국에서는 상업, 산업, 근대 정치체계와 신학 분야에서 지식과 전문성을 발전시키고자 하는 점진적인 방법이 더 인기가 있었다. 그 증거로 민족주의자들이 망명을 위해 선택한 지역은 일반적으로 그들의 민족주의적 주장을 나타낸다.

　자아개조 민족주의는, 대다수 한국의 민족주의자들이 개신교도들인 미국에서 가장 강력하였다. 샌프란시스코 국민회의 직원인 정여상은 1915년 한국으로 돌아와 그의 친구들에게 미국에서의 운동은 교회에 집중되었고, 미국내 국민회가 다른 곳보다 더 큰 정치적 성공을 이룬 것은, '윤치호의 추종자들'이 지배적이었던 데에 기인하였다고 전해 주었다.[30] 북경, 남경, 상하이와 샌프란시스코에서 한국인들과 연결된 큰 조직의 지도자인 이광영은 1918년 8월 심문자들에게 1906년부터 1910년까지 그가 대성학원의 학생일 때, 그는 빈번히 교장 윤치호, 교사 안창호의 조국의 보호와 보존, 그리고 민족의 권리의 확립에 관한 강의에 참석했다고 대답했다. 한일합방 후 이광영은 안창호와 독립 전략을 논의하기 위해 샌프란시스코로 가기 전에 숭실대학에서 공부하였다. 1914년 12월 그는 신채호, 이동휘와 접촉하기 위하여, 그리고 '실질적 힘'과 '건전한 인격', 그리고 '일치'를 배양하고자 하는 안창호의 오랜 기간의 방법에 기초하여 이념적 일치를 이룰 시안(scheme)을 제안하기 위해 중국으로 여행하였다.[31] 일치는 달성되지 않았고, 민족적 특성의 재창조는 주로 미국에 있는 한국인들과 그 밖의 안창호와 윤치호에게 충실한 집단들의 관심으로 남았다.

미국내의 한국인 공동체는 장래의 한국 민족을 위하여 사회의 이념적 모형을 상세히 실현시킬 기회를 자유 속에서 보았다. 한국 안에 있는 동포들을 경멸하는 관습에 참을 수 없었던 안창호는 정치인, 헌병, 군대들이 '큰 거미줄처럼' 반도 어디에나 퍼져 있는 사실을 헤아리지 못하는 사람들을 호되게 꾸짖었다. 미국 망명자들의 적절한 반응은 그들의 고통받는 동포들을 경멸하지 않고, 국민회의의 운명이 한국의 운명이라는 점을 인식하는 것이었다. 그 밖의 지역의 이민공동체에 대한 결정적인 이점을 가지고 안창호는 국민회의가 한국의 '동기적 힘'(motive power)이라고까지 주장하였다.[32]

　그러나 이 '동기적 힘'은 '정의의 문을 통하여 대담하게 나아감'에 있었다. "그리고 정의의 문을 통한 이 길은 십자가를 지고 도덕적 정직의 길을 걸어가는 예수 그리스도 안에 있는 믿음이다."[33] 이것은 외국의 약탈 앞에서 아무런 대항도 못했던 한국의 잘못과 연약함을 떨쳐버리는 것을 의미했으며 그 첫 단계로 새로운 도덕적 구조를 재건설하는 것을 의미한다.「신한민보」는 이러한 견해를 사설과 기사들에서 지지하였다. 사상들이 열매를 맺어 "그래서 고귀한 사상들이 귀히 여겨질 때 사람들은 '천국'을 획득했고, 비천한 사상들이 만연할 때 사람들은 파괴를 경험하였다. 이것은 성령에 의해 계시된 진리이며 현자들의 가르침이다."[34] 한국인들이 "아침에는 중국인의 무릎에 인사하고 저녁에는 러시아인들의 머리에 인사하는" 습관을 가지고 있었기 때문에 한일합방은 거의 예외적인 것은 아니었다. 이러한 비난은 왕과 정부, 그리고 나라를 판 자들에게만 해당하는 것이 아니었다. 비극은 모든 2천만 한국인들의 양심에 있다. 용기와 인내심의 결핍, "데리우치 마사타케의 무단정치의 [문]을 열게 한 것은 근본적으로 백성들의 무관심"이었다.[35]

　새로운 도덕적 구조는 시민적 책임감에 근거한 자립이었다. 1916년 9월부터 「신한민보」는 그 첫 페이지의 상단에 그 목적을 기록하였다. 그 중에 하나는 '끊임없이 공적인 시민의 의무감을 고무시키기 위해 노력함' 이었다. 이러한 원리는 너무 중요해서 1917년 4월 5일 그 주제에 관한 한 사설은 "2천만 한국인의 부활은 오로지 이 시민 도덕성에 의지하고 있다."고 주장하였다. 국권은 제일 먼저 도덕문제라는 신념이 길천우에 의해 '민족개혁 이론'으로 1916년 4월과 5월에 발표되었다 :

> 현금 종교계나 교육계나 정치계나 실업계에 헌신해야 사업을 도모하난 사업가들의 그 쥬지의 근본뎍 목뎍이 무엇이뇨 하면 단슌히 민족의 심리를 교육하고 톄질을 비양하야 쓸만한 사람을 만듦에 지나지 안이하니 현금 샤회 졍칙에 긴급하고 최즁훈 문뎨는 곳 민종을 기량함이라. …… 국톄를 조직하고 션량한 샤회를 셩립하랴면 국가와 샤회의 원긔되난 그 국민을 기량치 안코는 불능한지라.
> 민종기량은 샤회를 도모하난데 큰 관계가 잇난쟈로 곳 샤회의 분쟈되난 인민의 못된 것을 기량함에 싱물학과 위싱학과 교육학 등 모든 방면으로 인류기량에 관한 방법을 연구하난 쟈이니…….[36]

이 이론에 공리주의 윤리철학이 미국 복음주의를 통해 끼친 영향은 사회적 개혁에 대한 이 이론의 전제에서 명백히 드러난다. 밀(J. S. Mill)은 모든 사회적 현상의 교감을 주장하였다. "같은 사회의 조건 가운데 다른 부분에 의해 크든 작든 영향을 받지 않은 사회적 현상은 존재하지 않는다. 그러므로 한 사회적 현상은 어떤 다른 사회적 현상에 모든 원인들을 동원해 영향을 주고 있는 것이다." 일단 사회적 현상의 법칙들과 원인들이 이해되어지면, "어떤 주어진 사회를 굉장히 유리한 상황으로 둘러싸이게 하는 것"이 가능하게 되고, "반면에 그 사회에 굉장히 유해한 상황들은 제거하거나 중화시키는 것"도 가능하게 되는 것이다.[37] 한국인들은 이러한 유형의 사고를 그들 자신의 종교적 견해에 적용하였다. 인간의 본성은 아담과 이브로부터 상속받은 악한 특성들, 즉 몸과 정신의 약함, 범죄적 본능 등의 악한 특성들과, 본래의 창조상태로부터 남아있는 선한 특성들의 합성물인 것으로 이해했다. 그러므로 인간의 개혁은 "이러한 악 방면 유연성을 박멸하고 션한 방면으로 나아가도록 기량하는" 두 가지 측면에 대한 주의가 필요하였다.[38]

안창호는 독립국가의 실천적 기초들에 대한 치명적인 소홀함과 더불어, 민족적 일치성의 부족이 조선왕조 아래서 백성의 정신을 약하게 한 가장 심각한 결과임을 확인하였다. 결과적으로 국권의 상실로 다양한 단체들이 일어났으나 저절로 혹은 박해로 사라져 버렸다. 연합된 민족적 집단으로 남아 있는 유일한 단체는 국민회였다. 그러나 이마저도 지방주의와 개인주의의 오랜 악습으로 말미암아 위협받았다.[39]

빠른 해결책은 일치에 위협이 되었고, 안창호는 "정의와 인간성을 우리의 기준으로 삼는 동시에 한 단계를 높이는 민족적 진화과정"을 주장하였다.[40] 영국 역사가 허버트 버터필드처럼 안창호는 민주주의는 프랑스 혁명과 같은 사건들로부터 나오는 것이 아니라 시민들 사이의 '점진적인 합리성의 성장'으로부터 나오는 것이라고 믿었던 것으로 보인다. '점진주의'는 하나의 진술이나 일시적 단계가 아니다. 그것은 삶 자체의 역동성에 대한 실재적인 인식이요, 지속적인 힘과 자질을 생산하는 데 본질적인 조화로 이해될 수 있었다. 그래서 안창호가 일치를 주장하였음에도 불구하고 그는 일치의 진실한 뿌리-각 구성원들의 건전한 형상-를 무시하는 일종의 '일치주의'(union-ism)를 경고하였다. 만약 이러한 훈련없이 일치가 달성된다면, 그 일치는 자질을 지닌 책임있는 시민들의 일치라기보다 짐승 떼의 일치를 닮을 것이라고 국민회 구성원들에게 상기시켰다.[41]

1916년 6월에 국민회의 로스앤젤레스 지부에서 행한 감동적인 연설에서 안창호는 새로운 미래의 한국이 될 한국 개신교 공동체의 자기인식에 생생한 표현을 제공하였다. 한일합방 이전에 한국을 떠난 자신과 같은 한국인들은 아직도 한국인의 여권을 지니고 있다고 지적한 안창호는 다음과 같이 논평하였다 :

그 정면으로 보히난 것은 합병젼에 나와서 일본정부의 려힝권을 엇을 긔
회가 업다 함이나 그 칙면에 가리워 잇난 것은 이 사람들은 우리를 한국의
그림자로 봄이라. 그런고로 우리는 무형한 한국을 등에 지고 잇나니 이는
국민회의 공이라.······현금 국민회의 이만한 힘으로 무형한 한국을 보존 할
진더 달은 날 국민회의 힘이 더 자라면 유형한 한국을 건설할 것은 붉히 볼
일이라.[42]

자아개조 이념을 발전시키고 한국의 운동들에 영향을 미치기에 더 좋
은 장소에 있었던 또 다른 이민공동체는 일본의 기독학생 공동체였다.
이 학생들은 망명자들이 아니었음에도 불구하고 한국 디아스포라의 중
요한 역할을 수행하였다. 조만식은 1908년 6월 동경에서 공부하기 위해
한국을 떠났고, 그 곳에서 전영택, 백남운, 노정길, 김성수를 포함한 다
른 기독교인들과 합류하였다. 1915년경 동경에 대략 480명의 한국 학생
들이 있었으며, 그들 중 대부분은 사립학교 학생들이었다. 그리고 1916
년에는 한국학우회가 일곱 개를 헤아렸다. 동경에 5개, 교토와 오사카에
각각 1개였다.[43] 조만식은 1913년 한국으로 돌아왔는데, 그 즈음에는 영
향력 있는 여러 개신교인들이 도쿄그룹에 계속 합류하였다. 이광수, 최
남선, 송진우, 송계백, 백관수, 장덕수 등의 지도 아래, 학우회는 자유민
주주의를 채택하였고, 일본에서 한국 민족주의의 주요한 조직이 되었다.
그들의 식민지적 상태에 책임이 있는 바로 그 나라가 대부분의 한국
학생들에게는 하나의 피난처였다. 1915년부터 일본의 학생, 교수, 언론
인, 몇몇 정치인들을 중심으로 자유민주주의적 입장에 따라 일본을 재
건설을 하고자 하는 '대중의 각성' 이라 불리는 운동이 일어났다. 이 각
성운동의 지도자들 중 가장 두드러진 사람은 동경대학의 요시노 사쿠조
(Yoshino Sakuzō) 교수였다. 그는 기독교인이며 츄오 코론(*Chūō Kōron*)에
그의 글이 실리곤 했다. 한국 학생들은 민주주의에 관한 요시노의 연설
과 저술에 상당히 고무받았다. 그들은 동경의 학생법률단체라는 또 다

른 협력자를 발견하였다. 이 단체는 신진카이(Shinjinkai)로 한국 학생들의 열망에 매우 공감하고 있었다.[44]

한국인들이 레이메이카이(Reimeikai)를 구성했던 독립적인 일본학자들로부터 이론적인 지원을 이끌어 내는 동안, 일본 학생들의 열렬한 에너지는 학우회의 열정적인 연설과 논쟁에 영향을 주었다. 그러나 한국인들의 연설은 기독교의 영향에 의해 훨씬 더 강력하게 표현되었다. 민주주의에 대한 호소와 나란히 한국의 독립은 한국에서의 기독교의 운명과 밀접한 관련이 있었다. 전영택은 한국의 종교사는 불교와 유교의 입장에서 진술될 수 있는 것이었으며, 또한 그 종교들의 쇠퇴로 진술될 수 있는 것이었다고 주장하였다. 세계적 종교인 기독교가 들어왔을 때, 기독교는 급속히 자리를 잡았으며, 백성들에게 새로운 희망을 주었다. 그러나 현재(1917) 교회의 상황은 105인 사건과 다른 억압정책으로 큰 저지를 받았기에 비참하였다.[45] 김녹준 목사 또한 한국교회의 약화된 지위를 한탄했으나 덧붙이기를, "교회는 실제적으로 상당히 잠재적인 힘을 소유하고 있으며, 신자들로 말하면 그들의 수는 20만 명이 되었다. 어쨌든 한국에서 기독교의 진보는 가장 두드러진 발전이었다."고 하였다.[46] 후에 오산학교 교사였던 서춘은 한국의 미래는 일반 대중들 사이에 신앙을 전파하는 데 있다고 하는 견해를 활발히 지지하였다.[47] 동경의 한국 YMCA는 일본에 도착한 학생들을 위한 환영회를 개최하였다. 여기에서 새로 온 학생들은 기독교회의 '분명한 목적'과 '궁극적인 목표에 대한 헌신'에 서로 열심을 내도록 권고받았다. 학생들에게 강조된 '공동의 목적'은 '신한국 건설'이었다.[48]

1915년과 1918년 10월 사이에 기독교 학생들의 주된 관심은 일반적으로 자립, 실제적인 힘, 그리고 시민적 책임 등의 필요성에 있었다. 이광수는 특별히 그의 저술에서 안창호가 문화적 활동을 강조한 것과는 달리 점진적인 자아개조 계획을 장려하였다. 그러나 윌슨의 민족자결주의가 1918년 후반에 그들에게 전달되자, 그들의 연설은 갑자기 군사적이 되었고, 즉각적인 독립을 요구하였다. 확실히 서춘은 동맹국들에 대한 신뢰는 실수라고 경고하고, 한국인들로 하여금 그들 자신의 힘으로 독립을 추구하도록 재촉하였다.[49] 그러나 1919년 1월에 그는 9명의 다른 개신교 학생들이 3·1운동의 전조인 동경학생들의 2·8독립선언서를 작성한 위원회를 구성하는 데에 가담하였다.

종교적 비전과 상상 속의 공동체

시민적 도덕성의 증진, 그리고 삶은 근본적으로 도덕적이고 영적이라는 신념 위에 전제된 철저한 인간개조사업이 기독교의 공헌이였던 한편, 1910년 8월의 한일합방은 민족주의자들의 의제에 불가피한 항목을 추가하였는데, 명백히 이 항목은 기독교가 제시한 것은 아니었다. 민족적 권리와 국권의 재회복은 일본의 추방(또는 퇴각)과 분리되어질 수 없기 때문이다. 한국에서 그리고 특별히 미국에서 개신교가 점진적 개조를 채택한 것은 '기독교인'과 '민족주의자들'의 목적들 사이에 갈등을 극복하기 위한 하나의 시도였다. 백성들 속에 기독교의 정신을 가르치는 것은 기독교의 '우주적' 목적이며, 이것이 잘못을 바로잡고 평화를 가져오며, 자유로운 공동체를 창조할 것이라는 기대는 기독교의 '복음'이었다. 이런 방법으로 개신교인들은 직접적인 목적이었던 일본의 축출을 초월하면서도, 일본의 축출은 한국 백성들이 자신들의 신앙을 적극적으로 고수하는 것과 내적으로 연관되어 있는 결과로 이해할 수 있는 하나의 과정을 제공하였다.

그러나 이런 해결책의 문제는 다른 해석의 여지도 있어서, 결과에 대한 약간의 지나친 강조로 단순한 갈등을 거의 대립 상태로 몰아넣을 수도 있다. 예를 들면, 1917년에 한국의 기독교의 유익에 관한 논의에서 이광수는 서구 문명과 매우 유사하게 보였던 '새로운 문명'의 요소들만을 다루었다. 의심할 바 없이, 이광수는 그가 믿기에 기독교적 분위기

속에서 양육되었다고 믿어지는 바람직한 발전상들만을 인정했다. 그러나 그 인상은 한국의 부강이 주된 가치였음을 보여 주고 있다.50) 또한 이광수는 1919년 2월 8일의 호소요 결의문인 동경학생 독립선언서를 작성하였다. 그 결의문은 한국과 일본 사이의 '영원한 피의 전쟁'의 위협으로 끝을 맺었다. 1920년대에 이광수의 위치가 위의 상황에서 극적으로 달라졌기 때문에, 그리고 그의 후기의 저술들이 변화를 위한 기독교운동의 적절한 절차(modus operandi)에 관한 심각한 사상을 보여 주고 있기 때문에, 그 결의문에 나타난 그의 표현은 단지 전술적인 것이었을 수도 있다.51) 그러나 그는 1915년 윤치호의 석방 이후 그에게 실망을 하였다. 왜냐하면 그는 윤치호가 좀더 정치적으로 그리고 공개적으로 일본에 반대하기를 기대했었기 때문이었다.52)

윤치호는 감옥에 있는 동안 한국과 그 자신의 입장을 깊게 숙고하였다. 그 곳에서 그는 병 때문에 거의 죽음에 가까이 있었으며, 감옥에서 나온 후 그는 정치적인 선동은 단지 신앙적 갱신과 실천적인 교육만이 극복할 수 있는 깊은 문제의 표면만을 다룰 뿐이라고 강하게 확신하였다. 대구 감옥에서 석방된 후에 윤치호는 많은 군중이 참석한 서울 중앙 YMCA에서 연설을 하였다. 체계적 독서습관의 중요성과 같은 주제들을 다루는 그의 연설과정에서 윤치호는 다음과 같이 주장하였다 : "경거망동은 우리에게 아무 이익도 주지 못한다. 조선을 구제할 자는 오직 힘이니 힘은 청년들이 도덕적으로 지식적으로 수양함에서 나오고 그러한 뒤에도 교육과 산업을 위하여 꾸준히 노력함에서 나온다."53)

윤치호의 연설은 많은 활동가들에 의해 실망스럽게 받아들여졌지만, 의미심장하게도 안창호에 의해서는 그렇지 않았다.54) 미국에 있는 한국인들 가운데 신앙과 민족주의적 충동 사이의 갈등을 존중할 필요성에 대한 인식들이 있었다. 코넬 대학의 학생인 김현구는 한국에서 기독교의 확장은 '우리의 유일한 희망이요 기쁨'이라고 확신하였다. 그러나 이광수는 신앙인들이 '미신적' 활동으로 전환하여 정치적 영향력을 상실하지 않도록 하는 데 관심을 기울인 데 반해, 김현구는 신앙을 서구의 학문과 혼동함으로써나 혹은 단기간의 정치적 계획들로 말미암아 신앙의 내적이고 영적인 목적이 흐트러지지 않도록 걱정하였다. 김현구는 또한 반지성주의에 대해 비평적으로 말하였고, 현대에 기독교 신앙들을 적용하는 데 실패하였음을 지적하였다. 그러나 그는 기독교인의 진보에 가장 커다란 위험은 현세의 성공을 위해 신앙을 사용함에 있다고 인식하였다. "만약 어떤 사람이 종교 밖에서 뭔가 일을 하기 위해 '신자'라는 이름을 빌린다면, 이러한 계획은 사기일 뿐만 아니라 그것의 목적도 달성될 수 없다. 그 유일한 결과는 자신과 사회 또는 민족에게 해가 될 것이다." 일본의 우찌무라 간조처럼 김현구는 기독교를 그 자체로 신앙하도록 하였고, 물질적 동기들을 영성의 출현으로 위장하기 위해 신앙을 이용하는 데 대해 경고하였다.[55] 그러나 윤치호나 김현구가 윤리적 공리주의를 거부한 것은 아니다(우찌무라의 경우에 나는 그것이 행해졌다고 믿지만). 만약 기독교와 민족주의 사이에 갈등이 발생한다면, 그것은 기독교에 유익한 방향으로 결정되어져야만 한다는 하나의 진술이었다.

몇몇 한국인들은 거기에 갈등이 있다는 것을 부정하기 위하여 갈등을 줄이는 데 열성이었다. 만약 필요하다면 하늘에 대한 사랑을 위해 나라에 대한 사랑을 희생시키라는 우찌무라의 주장은 "자기 나라를 사랑하는 사람은 하나님이 사랑하는 사람이라."고 당연히 생각하는 미국의 민족주의자들에게는 아무 의미가 없었다.[56] 명백한 성서적 진술처럼, 한국인들의 '직분이요 영광이며 맛당히 할 바'는 이런 것이었다. "우리가 하ᄂ님씌 갈 씨 성지 그 ᄯᅡ를 딕혀야 ᄒᆞᆯ지니…… 우리는 속히 나라의 ᄌᆞ유를 회복ᄒᆞ고 하ᄂ님씌셔 우리에게 허락ᄒᆞᆫ 복디를 딕혀야 할지니 그러ᄒᆞ고져 ᄒᆞ면 몬져 ᄋᆡ국 열성의 피로 셰례를 밧어야 ᄒᆞᆯ 것이오 ᄋᆡ국셩의 물을 마셔야 ᄒᆞᆯ 것이라."[57]

이것은 오히려 극단적 입장이었다고 할 수 있다. 그러나 그 시편 같은 의미의 압운(押韻, rhyming)은 무엇이 기독교 민족주의에 가장 대중적인 정당성을 부여하는지를 지적해 준다. 고대 이스라엘과 한국 민족을, 그리고 복고를 야기시키는 남은자 공동체(remnant community)와 개신교회를 같은 것으로 간주한 상징적 동일화이다. 이것은 또한 개신교 공동체와 민족국가 사이의 개념적 고리를 제공하였다. 1908년 감리교인 양주삼(후에 한국감리교회의 감독)은 이러한 사상을 다음과 같이 표현하였다 : "우리 대한 二千萬 동포를 죄악 가온딕셔 구원ᄒ야 건질이가 예수교요 우리 인민의 자유를 회복ᄒ 자가 예수교요 이스라엘 자손을 이급셔 구원ᄒ여 ᄂᆡ신 것과 갓치 우리 대한 민족을 원수의 슈듕에셔 구원ᄒ여 줄 이가 ᄯᅩᄒᆞᆫ 예수교라."[58] 이러한 사상은 한일합방 후에 추가된 힘을 얻었다. 1913년 9월 5일자「신한민보」의 한 사설은 바벨론 포로기간 중 구약성경에 나타난 애국적인 진술로 추정되는 예루살렘을 재건한 이스라엘의 남은 자들의 해방을 소개하고 있었다. 느헤미야의 국가건설 활동에 관한 일련의 연구가 1916년 4~5월에 같은 신문에 나타났다. 이 신문은 한국인들은 유대인처럼 거룩한 족속이며, 만약 그들이 그들 민족의 풍부한 자연과 인간의 자원들에 대한 청지기직에 태만했던 과거의 죄에서 돌이킨다면, 그들 자신의 가나안으로 인도될 것이라고 주장하였다.[59]

이런 신념은 미국에 있는 한국인들에게만 국한되지 않았다. 미국의 국민회 회원들에게 보낸 한 편지에서 이동휘는 중국과 만주와 시베리아에서 하나님을 섬기며, 자유의 한국에 대한 굳건한 희망 속에서 그들 자신을 유익한 사업에 헌신하는 수천 명의 한국인들을 발견한 데 대한 그의 기쁨을 표현하였다. 이동휘는 "사랑하는 형제들아! 우리는 구약의 이스라엘처럼 하나님께 헌신된 민족이다. 우리가 어디를 가든지 우리는 [하나님께] 이런 우리의 적당한 봉사[자기 희생]를 해야 한다."고 기록하였다.[60] 동경의 YMCA의 연설에서 한 한국 학생이 "한반도의 상황은 유대의 이스라엘 민족의 상황과 너무도 유사하게 정말 비참하며, 기독교를 통하지 않고는 한국을 구할 길이 없다."고 진술하였다.[61]

고대 이스라엘과 현대 한국의 이러한 동일화가 얼마만큼 문자 그대로 이해되었는가는 확인하기 어렵다. 이 비유는 하나님이 일본으로부터 한국을 해방시켜 줄 것이라는 추론에 따라 분명히 매우 진지하게 이루어졌다. 한국내에서 억압받는 개신교인들 사이에서 이 상징은 상당한 힘을 지녔다. 유대 역사 속의 사건들은 기독교 학교들의 연극에 흥미있는 주제가 되었다. 임영신은 그녀가 에스더 왕비의 역할을 하면서 고대 이스라엘인들의 감정을 경험하였다고 회상했다 :

> 내가 무대를 걸어다니며 소녀들과 부모 청중들을 둘러보았을 때, 나는 변화되었다. 내가 그렇게 조심스럽게 연습한 말들은 새로운 의미로 다가왔다. 그 말들은 과거 뿐 아니라 현재에도 적합한 것으로 보였다. 내가 아하수에로 왕에게 히브리인들을 구해 줄 것을 간청하였을 때, 그 말은 한국을 위한 애원이 되었다. 그리고 나의 의도의 의미는……청중들에 의해 분명하게 이해되어졌다.[62]

한국, 만주, 북중국, 일본 그리고 미국의 기독교 지도자들 간에 접촉이 있었음을 미루어 알 수 있다. 왜냐하면 이스라엘과 한국을 동일시하는 점, 한국의 개신교회의 운명은 독립국가를 재건설하는 데 있다는 신념 등의 피력에 있어 유사한(사실 거의 동일한) 표현들이 나타나기 때문이다. 문서들이 한국에서 밖으로 빠져 나온 것으로 보아 어떤 문서들은 한국으로 잠입해 들어갔을 것이며, 또한 몇몇 한국인들은 10여 년 동안 한국과 흩어진 공동체 사이를 오고가고 있었음을 추측할 수 있다. 확실히 샌프란시스코의 「신한민보」에서 입수하여 출판한 정보를 보면 꽤 효과적인 정보교통망이 있었음을 알 수 있다.

재건적인 남은 자 공동체와 그들을 동일시한 것은 그들이 민족의 전멸을 꾀하는 것으로 본 동화정책에 저항하고 그들 자신의 미래를 끝내 성취하겠다는 개신교인들의 결심의 한 상징이었다. 설교 속에서 에스더, 에스라, 느헤미야를 언급함으로써 야기된 더 강력해진 경찰의 괴롭

힘과 감시는 양측 모두가 현재 무슨 일이 벌어지고 있는지 잘 알고 있었음을 암시한다.

　1915년의 평양 신앙부흥운동 기간 중에 한 한국인이 교인들은 천국에 들어가기 위해 이 타락된 세상의 고통스러운 길을 걸어가며, 먼저 악을 극복하고 여기에서 예루살렘을 발견해야만 한다고 주장하였다. 이 지상에 관한 강조의 결과는 많은 신자들이 새벽기도 모임에 참석하기 시작한 것으로 나타났다.[63] 비록 역설적이긴 하지만, 이 새벽 기도회 모임들은 이 지상 위에 있는 개신교 공동체가 갖는 목적들의 구체적인 표현이 되었다. 한국인 신자들이 나란히 서서 기도할 때, 그들은 자신들의 연대성을 표현하였던 것이다. 수직적으로는 하나님과 관계하였던 그들은 수평적으로는 서로 연결되어 있었다. 그래서 초월주의와 내재주의가 이렇게 관계를 이루고 있었으며, 민족은 기독교 문명의 초월적인 이상들을 구체화한 미래의 자신들의 상에 따라 재건될 수 있었다.

문화적 개조와 민족과 국가의 분리, 1920~1925

　제 1차 세계대전의 종전, 베르사이유(Versailles)에서 교섭단체들을 지배한 정치적 원리들, 동경 학생의 2월 8일 운동과 3·1운동은 한국의 개신교 자아재건 민족주의에 새로운 시대를 알려 주었다. 3·1운동에 있어서 개신교 공동체의 지도력과 참여는 남아서 복구하는 자(the restorative remnant)로서의 그 이미지를 아주 강하게 각인시켜 주었기 때문에 한 저술가는 "특별히 윌슨주의의 열광으로 고무받은 많은 한국인들에게 기독교는 미래의 물결로 보였다."[1]고 주장하였다. 일본인들 또한 윌슨의 원리들은 "한국인들에게 하늘로부터 온 복음으로 받아들여졌다."[2]고 말하였다. 그러나 민족적이고 국제적인 분위기 속에서의 변화들이 다 관대했던 것은 아니다. 윌슨주의와 개신교의 동일화는 얼마 지나지 않아서 거의 하나의 불리한 점이 되었다.

　개신교인인 정한경(鄭翰景, Henry Chung)이 3·1운동은 한국 민족주의의 판도라 상자를 열었다고 선언했을 때,[3] 그는 자신이 깨달은 것보다 더 광범위한 진리를 주장하였다. 상자에서 해방되 나온 것은, 수많은 이질적 집단들과 방식들이었는데, 1922년경에 이르러서 이들은 서로 상반되는 운동들로 자리를 굳혔다. 한국에서 사회주의의 발흥과 더불어 1921~1922년 워싱턴 태평양 회의와 베르사이유 회의에서 한국의 독립을 지지한 자유-민주적인 서구 국가들의 실패로, 개신교인들 가운데 기독교를 자유민주주의와 동일시하고, 아울러 서구 문화와 동일시하는 데 대해서 반신반의하는 태도를 갖게 되었다. 고대 이스라엘과의 상징적인 동일화는 또한 1920년대의 하나의 재난이었다. 그 이유는 그 동일화가 비전의 일치(unity of vision)를 전제하고 있었기 때문이었다. 그러나 자아개조 개신교인들은 비기독교인들의 접근방식과 경쟁하였을 뿐만 아니라 영향력 있는 지도자가 포함된 다른 개신교 조직들과도 경쟁하였다. 안창호와 이광수 및 그들의 추종자들은 자유민주주의에 여전히 헌신하였으나, 많은 특수한 정치적인 문제에 있어서는 윤리적으로 중립적이었고 따라서 상대적이었다. 그러나 그들은 서로 상대적일 뿐만 아니라 한국에서 기독교 문명을 창조하는 과제에 있어서도 상대적이었다. 그런 문명화의 과정 속에서 사회정치적 논쟁은 상호 존중의 분위기로 추구되었으며, 그 결과는 시민의 도덕성, 즉 공적 판단(public verdict)의 중심 원리들과 조화롭게 규정되었다.

만약 이것이 복수주의의 수용을 암시한다면, 그것은 순수하거나 절대적인 복수주의는 아니었고, 오히려 인간의 중요한 가치들에 대한 통일을 추구하는 체계 안에서만 행해진 것이었다. 이런 가치들이 영적이어야 한다는 것은 자명하였다. 그리고 실제로 개신교의 자아개조 민족주의자들은 절대적인 가치로서 기독교 문명의 피조물들을 보유하고 있었다. 이데올로기에 대한 배타적인 부정은 논리적인 결과였다. 경쟁적인 이데올로기들이 국가의 조직-그것이 일본적이었기 때문에 민족주의자들의 정책에 촉매작용을 했던-에 대한 법규들에 관심하는 한, 개신교인들은 '국가'로부터 '민족'을 분리시키고 민족에 대한 관심을 집중하는 것이 필요하다는 생각을 갖게 되었다. 물론 이런 입장은 민족의 기독교화를 국가의 재조직보다 논리적인 우선권을 주었던 한일합방 이전의 접근방식 속에 내재되어 있었다. 그러나 그 구별은 3·1운동 직전, 민족주의자들 사이에 발생한 심각한 분열 속에서 강조되어졌던 것이다.

3·1운동의 결과

1919년 3월 1일에 서울의 파고다 공원에서 일어났던 한국 '독립선언서'의 공개적인 낭독은 전국적인 독립운동에 불을 지폈다. 이 운동은 2개월 만에 1천만 명이 넘는 인원이 참여하였다. 국내적으로 대중들의 봉기는 총독부의 억압적인 군사통치에 대한 분노와 민족에 대한 통치권을 다시 얻고자 하는 점증하는 의식으로부터 유래하였다. 고종 황제가 1919년 초에 서거하자 그가 일본인들에 의해 독살되었다는 풍문이 나돌았다. 정부는 3월 3일을 장례일로 선정하고 10년 만에 처음으로 한국인들이 전국을 자유롭게 여행할 수 있도록 허락하였고, 서울에서 모임을 가질 수 있도록 하였다. 2월 말에 모여든 거대한 군중들은 장작처럼 건조했고, 민족적 감정의 폭발 일보직전에 와 있었다.

국외적으로, 이 운동은 제 1차 세계대전 말의 국제적 상황에 적절하게 반응을 보인 계획이었다. 승전국들은 유럽의 형성에 관한 논의를 하기 위해 베르사이유에 모였다. 그리고 특별히 한국인들에게 활기를 띠게 한 것은 윌슨의 민족자결주의의 원칙을 평화회담이 채택한 것이었다. 여기에 국제사회로 하여금 일본에 압력을 가하여 한국을 독립시키고자 하는 기회가 있었다. 일본에 있는 한국 학생들은 서둘러 독립선언문을 작성하였고, 2월 8일 동경의 한국 YMCA에서 독립 선언식을 가졌다. 한편, 상해의 한국인들은 회의의 대표들에게 한국의 상황을 알리기 위하여 장로교인인 김규식을 파리로 파송하였다. 한국내에서 한국의 독립선언은 많은 군중이 모일 것으로 기대되는 3월 1일로 예정되었다.

한국 민족주의의 획기적 사건인 소위 3·1운동은 당시 한국내에서 두 개의 가장 영향력 있는 종교들인 천도교(이전에는 동학)와 기독교 사이에 이루어진 예기치 않은 동맹의 결과였다. 이 운동은 윌슨의 민족자결주의의 원칙에 대한 하나의 반응으로 계획되었지만, 어떤 장기적인 정책이나 목적은 완전히 결여되어 있었다. 그 결과 정치적인 전략상에서 볼 때 이 운동은 '실패'라고 불리기도 했다.[4] 기독교인들의 연류는 한 문제를 가지고 있었다. 왜냐하면 이 당시 동경의 한국 개신교인들 사이에 있었던 논쟁들이 초기와 후기 기독교 민족주의자들의 사상들의 많은 요소들을 내포하고 있었던 반면에 3·1운동에 동참한 '기독교인들'은 그렇게 쉽사리 규정되지 않기 때문이다.[5]

독립선언서에 서명한 33인 중 16명은 기독교인(천도교인은 15명, 불교인은 2명이었다)이었으며 이승훈, 길선주 목사 같은 영향력 있는 지도자들이 포함되어 있었던 것은 1910~1918년의 '암흑기간' 중에 교회의 경험 여하에 달린 사실이라고 볼 수도 있겠다. 그러나 1890년대처럼 그렇게 잘 정의된 개신교의 입장은 발견하기 어렵다. 이러한 입장이 갑자기 사라져 버린 것은 이상하다. 이 운동의 본질이 그 생략을 설명하고 있다. 천도교와 기독교는 한국에서 심각한 경쟁관계에 있었다. 그들의 협조는 중재자들로 인하여 이루어졌으며, 양측은 운동 전날 밤에 학생의 참여에 관한 심각한 논의를 하던 중 사실상 거의 파선상태에까지 가는 한계선을 가까스로 붙잡고 있었다. 이 운동은 사악한 경찰국가의 상황 아래서 사전에 겨우 한 달을 앞두고 계획하였다. 이것은 파리평화회담 대표자들에게 독립을 위한 한국인들의 의지를 과시하기 위하여 계획되었다. 따라서, 그 무엇보다도 강한 민족적 연대성을 보여주는 것이 꼭 필요했다. 그러므로 이것은 그 목적이 '개신교'나 '천도교'의 운동과 동일시되는 것을 반대하였다. 불교도인 한용운이 일치를 위협하지 않고 독립선언문의 내용들을 작성할 수 있었다는 사실은 불교가 그 당시 민

제5장 문화적 개조와 민족과 국가의 분리, 1920-1925

족주의자들의 지도력에 강력한 경쟁자가 아니었기 때문에 가능하였던 것이다.

그 계획의 긴급함과 주변 상황은, 결과적으로 그 운동의 바람직스러운 방향의 진전(euphoric rise)과 예기치 못한 폭압 이후의 대책에 대해서는 준비가 없었다. 상해에 있는 민족주의자들은 서울에 대표자 한 명을 보내 감옥에 투옥된 지도자들의 의도를 물었지만, 그 답은 상해에 있는 그들의 신념에 제일 적합하다고 느끼는 방법을 택하라는 것이었다. 그들은 민주주의 형태를 최고라고 확신하였던 까닭에 상해 한국임시정부는 다소 공화주의적인 헌장 아래 조직되었다. 물론 민주주의의 정체는 이 점에서 시베리아에 거주하는 사람을 포함하여 개신교의 정치적 신조와 동일선상에 있었다.[6] 행정부 수반에 감리교인인 이승만을 만장일치로 선출한 것은 민주주의에 대한 민중의 광범위한 헌신을 나타내고 있다. 왜냐하면 이승만은 1899년과 1904년 투옥기간 중에 쓴 소위 '정치성경책' 때문에 한국 민중들에게 민주주의에 대한 가장 최고의 해석자로 여겨졌던 것이다.

그러나 이것은 단지 목적들에 대한 동의만을 의미했을 뿐이다. 그 수단들에 대한 불일치는 임시정부를 3년도 못 가서 당파적이고 비효율적인 기구로 전락시켜 버렸다. 1922년 이후에는 심지어 목적에까지도 동의를 못했다. 1919년 5월경 임시정부는 이미 세 가지 전략적인 과정 사이에서 배회하였다. 즉, 유럽과 미국에서의 외교활동에 주력하자는 전략과, 일본에 대항하는 직접적인 군사행동을 감행하자는 전략, 그리고 독립국가의 자질을 위하여 국내와 해외에서 한국인들을 훈련시키는 점진적 정책을 쓰자는 전략 등이 그 세 가지였다. 그때 상해에 있던 이광수는 그 시기를 민족주의 그룹들의 지리적 확산에 따라 그 차이가 더욱 심화되어 가는 하나의 '정치전쟁'으로 묘사하였다.[7] 1920년과 1921년에 세 과정을 통합하고자 하는 시도들이 있었으나 실패하였고, 결정권은 개신교도인 이승만(외교)과 이동휘(무장행동과 사회주의), 그리고 안창호(점진주의)의 지도력 아래 있는 서로 구별된 파당들의 문제로 굳어졌다.

이동휘는 그가 임시정부의 첫 수반으로 선출되었을 때, 기린(Kirin)지역(만주)에서 게릴라를 모집하고 훈련시키고 있었다. 대통령이었던 이승만은 정한경과 민찬호와 같은 다른 개신교 지도자들과 더불어 직접적인 외교활동을 위하여 미국에 머물기로 결정했다. 임시정부의 조직은 주된 파당들을 화해시키기 위해 노력했던 안창호에게 그 책임이 떨어졌다. 그의 영향력은 1919년 9월에 이동휘가 도착함으로써 약해졌고, 1920년 말경에 이르러 연합의 이념은 치명적인 타격을 입었다. 독립을 향한 수단의 하나로 국제연맹의 한국위임통치를 이승만이 제의했다 하여 그는 심한 공격을 받았다. 이동휘는 격렬하게 이 사상을 반대하였고, 이승만은 그의 각료에 의해 상해로 소환되었다. 1921년 1월 이승만이 도착하자, 신채호는 특별히 그의 '변절'에 대해 비난하였다.[8]

신흥우(Hugh Cynn) 같은 몇몇 민족주의자들은 임시정부가 협상에 실패함으로써 1921년에 이르러는 완전히 무기력하게 되었다고 비난했다. 그러나 협상을 할 만한 어떤 바탕이 거의 없었다. 위임통치에 관한 논쟁은 수단의 문제와 직결된 것이었다. 이승만은 이전에 벌써, 일본에 대항할 군사적 준비들을 취하는 것은 무모한 일이라고 비웃었다. 정한경은 주장하기를, "한국 백성들 가운데 분별있는 사람이라면 처음부터 일본과의 군사적 투쟁의 장에서는 자신들의 동기에 희망이 없다는 것을 알았다."[9]고 하였다. 직접적인 행동파와 외교활동파는 상호 적대 이외에는 공통점이 거의 없었다. 안창호만이 중재역할을 할 수 있었는데, 심지어 그도 이동휘나 이승만과 사이가 좋지 못하였다. 이승만의 유명한 카리스마는 그가 실패하는 원인이 되었고, 이동휘, 안창호, 신채호, 여운형, 그리고 김규식 등을 포함한 사직(辭職)의 홍수가 5월까지 계속되었다.

첫 번째 일어난 실질적인 이데올로기 분규는 1922년의 혁명적 사회주의의 등장이었다. 임시정부의 운명에 있어서나 사회주의를 지향하는 운동에 있어서의 분수령은 1921~1922년의 워싱턴(태평양) 회담에서

'민주' 국가들이 한국의 문제를 다루기를 거부한 것이었다. 한 일본인의 보고서에는 "태평양 회담 후에 임시정부의 평판은 급하락하였다."고 기록하였다.[10] 개신교인 가운데 이 변화에 가장 극적으로 반응을 보인 것은 베르사이유의 중요한 운동가이자 매우 실망한 상태에 있던 장로교인 김규식이 모스크바로 그의 시선을 돌린 것이다. 그러나 이동휘와 여운형을 비롯한 이 초기 장로교 사회주의자들은 배타적으로나 엄격히 이념적인 의미에 있어서도 공산주의에 헌신적이지는 않았고,[11] 핵심그룹을 빼 놓고는 모두 제거해 버리는 식의 레닌의 열정에 참여하지는 않았다. 연합은 아직도 절실한 요구였다.

1921년 3월 12일 그들이 사직서를 제출했을 때, 여운형과 안창호는 자신들이 연합을 회복하려는 관심에서 그렇게 했다고 주장하였다. 여운형은 한국 민족주의의 '위기'는 일본인들의 억압만큼이나 많은 내적인 투쟁에 의해서도 야기되었다는 의견을 진술하였다.[12] 안창호는 임시정부를 호되게 꾸짖었는데, 그 이유는 개인적인 충성심이나 집단의 충성심의 체계를 움직이기 위한 공적인 의지 속에 있는 자신들의 근거를 상실해 버리고, 이성을 넘어 감정에 호소하고, 비위를 맞추고, 비밀스러운 방법을 동원하여 의심이나 심는다는 것이었다.[13] - 사실 정확하게 말해서 그 용어들은 윤치호와 그의 동료들이 조선왕조 후기의 정책들을 묘사하면서 사용해 왔던 것이다. 더욱이 지지를 얻기 위해서 모스크바, 영국, 미국, 중국, 어느 곳을 바라다 볼 것인가에 대한 갈등은 안창호에게 오래된 의타심리를 상기시켰다. 여운형, 신채호, 그리고 김규식과 더불어 안창호는 국민대표회를 조직하여 임시정부가 공적인 의견들을 취합하는 과정으로 돌아오도록 하였다. 국민대표회는 그 목적에 있어서 실패하였고, 이에 따라 정부의 양도를 서둘렀는데, 이는 아마도 워싱턴회담 좌절 이후 외교파들의 운명을 확실히 따른 것이었다. 한국 개신교 디아스포라들에게 있어서 끊임없는 불화는 그들 자신의 영역에 심각한 분열을 만들었으며, 해외의 교회들이 강력한 민주주의적인 체계를 가지고 있었음에도 불구하고, 1922년 이후에는 해외에서 하나의 개신교 합의체 (consensus)를 말한다는 것은 불가능하게 되었다.

한국내의 개혁과 저항, 1919~1921

한국내의 민족주의자들이 비교적 고립되어 있었지만, 그들 역시 해외에 있는 민족주의자들과 똑같이 분열의 길을 걷게 되었다. 3·1운동에 대한 일본인들의 잔혹한 억압과 서구 열강의 무관심에 대한 실망으로, 높던 열의가 심한 쓰라림을 겪게 되자 한국내에 반작용들이 일어났는데, 이런 반작용은 임시정부를 분열시켰던 이들의 반응과 거의 유사했다. 그러나 이런 반작용의 상황들은 자연적으로 매우 달랐다. 3·1운동은 일본정부로 하여금 자신들의 식민지정책을 반성하게 하여 제한된 개혁들을 도입하게 하였고, '일선유화'(일본과 조선의 조화)라는 근거 위에 소위 '문화' 정책 혹은 '화해' 정책을 추진하게 만들었다.

동화정책과 총독부의 조직이 일본 의회에서 재검토되었고, 정책 전반의 철회에 대한 요구로부터 군부의 강경책에 이르기까지 다양한 제안이 나열되었다. 이런 제안들에 대한 타협의 대가는 수상 하라 케이(Premier Hara Kei)였다. 그는 온건한 동화정책의 수용을 제시하고, 교육을 통한 문화 동화정책과 점진적인 정치를 강조한 퇴역장성 사이토 마코토(Baron Saitō Makoto)를 하세가와 장군(General)의 후임 총독으로 임명하는 데 동의하였다. 수상이 군사주의자들을 설득할 수 있었는지에 대해서는 의심스럽다. 사이토가 제안한 개혁안들은 일본인들의 견해로 볼 때 그렇게 해가 없지만은 않았던 것이다. 실제로 1930년대 초에 만주를 병합하는 과정에서 군사정부가 되살아났고, 사이토의 문화정책은 억지로 인내하는 정치 공백기간으로 끝나고 말았다.[14]

사이토가 1919년 9월 그의 타협정책을 가지고 부산에 상륙했을 때, 그를 환영한 것은 내놓고 반대하는 상인들의 파업이었다. 그리고 서울에서의 환영은, 그의 암살음모사건이었다. 사이토의 개혁은 오늘날 일본인들의 공적인 언급에 따르면, "범위에 있어서 매우 좁고 한국 국민들을 만족시키지 못했던" 것이었다.[15] 중앙 정부에서 교육부는 독립적인 부로 승격되었고, 헌병대는 해체되었으며, 경찰국은 조선 총독부의 직접적 지배에서 벗어나 시민을 위한 부서로 전환되었다.[16] 지방 정부에는 제안된 참정권이 있어서, 비록 특별히 선택된 마을들에 해당되고 규제된 상황 아래에서이긴 하지만, 지방 통치자의 감독 아래 새로운 '자문회의 회원' 선출권이 한국인들에게 허락되었다. 정한경은 이 공의회를 '간첩제도'(espionage system)로 간주하였고, 민족주의자들의 개혁에 대한 일반적인 회의주의를 다음과 같이 표현하였다 : "소개되어 추진된 유일한 개혁들이라면 '군사' 정부에서 '시민' 의 정부로, '헌병' 통치에서 '경찰' 통치로 그 이름의 변화일 뿐이다."[17] 윤치호는 또한 이 개혁으로 이익을 본 유일한 백성은 일본 사람들일 것이라고 지적하였다.[18]

적어도 1920년까지 봉기기간 중 상당한 물질적 인적 손실을 입었던 개신교인들은 연합을 지속하면서 독립의 문제를 세계에 생생하고 가시적으로 계속 주장하기로 결정하였다. 특별히 장로교인들과 감리교인들은 계속적으로 동요하였고, 많은 가톨릭 저항그룹들이 또한 평양과 의주에도 나타났다. 장로교인들과 감리교인들의 모임이 그 운동에 대해 공적인 후원을 깊이 고려하였었다는 몇 가지 증거가 있다.[19] 교회들은 공식적으로 감옥에 있는 사람들의 가족을 위한 구제기금을 모금하였고, 감리교인들 가운데 윤치호가 그 문제에 크게 기여하였다.[20] 많은 기독교인들이 임시정부를 지원하는 일에 참여하였다. 특히 독립선언문 33인의 서명자 가운데 한 사람인 김병조 목사는 그 조직을 도와주기 위해 상해로 망명하였다.

평양에서는 평양장로회신학교와 제휴한 장로교인들이 한반도의 전민족을 위하여 통일된 대표적인 기구를 향한 첫 발걸음으로 모든 장로교인들을 합동시킬 의도로 1919년 8월에 대한국민회를 재조직하였다. 9월에 이 기구는 임시정부로부터 승인을 받았다. 대한국민회의 구성과 선언서는 자아개조 전통을 불러일으켰다. 헌장 제 1장 2항은 하나님의 보통법(common law)에 대한 반성 및 순종과, 시민과 공무원이 행정적인 사건들에 대해 공동 협의하는 것을 동일시하였다. 제 4장 3항은 25세 이상의 모든 회원에게 투표권을 허락하였는데, 이것은 '애국주의와 종교적인 믿음과 일반적인 지식'을 소유한 지역 대표자들을 뽑으라는 것이었다. 선언서는 시민의 권리와 의무, 그리고 민족의 효율성과 사회의 행복을 위한 공리적 관심이라는 차원에서 전통적 지혜를 재해석하였다 :

> 고대의 자료들은 사람들이 국가의 기초라고 말한다. 이 말은 참으로 모든 시대의 정치적 경제에 대한 위대한 격언이요 언급이다. 어느 민족이든지 백성은 그 정부의 탄생에 선행한다. 그러므로 백성은 정부를 위해 존재하지 않으며, 오히려 정부가 백성을 위해 존재한다.……[참다운] 시민이라면 시민에게 속한 권리를 상실하지 말아야 한다. 그들은 그들의 등에 민족을 걸머져야 하고, 그들 자신이 작든 크든 국가의 공직자들을 선택하고 위임하여야 한다. 협력과 조화 속에서 공직자들과 백성들은 모든 민족적 사건들을 숙고하여야 하며, 매일 국가의 힘을 증대시키고 영원히 백성들의 행복을 추구해야 한다.[21]

이와 동시에 임시정부와 유사한 목적과 유대(link)를 가진 여러 다른 그룹들이 서울과 평양에서 형성되었는데, 이들 가운데는 애국여성회, 독립청년단, 그리고 청년외교단이 포함되어 있다. 그러나 그해 말경 그들의 지도자들은 대한국민회의 회원들과 함께 체포되어 투옥되었다.[22]

1918년 이후 연합과 문명화를 추구한 기구들에 대해 특별히 기독교인들이 어떻게 전망했는지를 보여주는 최초의 현존하는 기록은, 1919년 11월 14일에 서울 중앙 YMCA에서 약 1,500명의 군중들을 놓고 김필수 목사가 했던 한 연설의 경찰 보고서이다. 김필수 목사가 설교한 민족의 복리란 스스로 분열된 집안은 오래 가지 못한다는 그리스도의 가르침의 원리에 근거하고 있다. 이 원리는 마을과 거리와 지방과 나라를 통해 전파되어 마침내는 전세계를 에워싸는 것이 되었다. 맹자가 가르친 것처럼 불신앙(irreligious)과 무지는 정의가 민족을 하나되게 하고 영화롭게 한다는 사실을 거부하고, 그 대신에 고대 한국의 삼국시대와 그 당시 독일의 경우처럼 군국주의에 의지하게 된다. 그러나 연합을 방해하는 요소의 붕괴는 양반과 평민 사이의 차별을 버리고자 하는 운동(1919년 이전, 합방 이전)에서 한국에 이미 계속해서 일어났다. 한국인들은 완전한 하나됨을 성취하기 위하여 오로지 민주주의를 기다려 왔다. 민주주의의 진정한 영감은 그리스도였다. 한국의 복리는 '주 그리스도를 우리 연합의 목표로 만드는' 젊은 기독교인들에게 달려 있었다.[23]

　이러한 주장은 한국의 젊은 기독교인 대다수로부터 즉시 인기를 끌지는 못했다. 1919년 9월 사이토에 의해 계속된 일반적인 시련은 1920년 전반에 걸쳐 소요를 일으키고 게릴라 부대들에 자금을 대고 훈련을 시키며 임시정부를 지원하는 비밀 청년단체의 형태로 계속되었다. 그러나 1921년 초 여러 요인들로 인해 개신교인들은 김필수 목사의 접근방식에 보다 호감을 가지게 되었다. 우선은 베르사이유와 워싱턴에서의 불일치, 그리고 임시정부 내의 알력은 자금에 대한 일본인들의 끊임없는 간섭과 더불어 희생적 증여의 정신을 크게 낙담시켰던 것이다. 이 희생적 증여의 정신을 안창호와 여운형은 상해에서 찬양했었다. 두 번째로, 대대적인 소탕작전이 만주 훈춘에 있는 일본 군대에 의해 한국인 게릴라들을 목표로 이루어졌고, 1920년 10월부터 군사적 해결책은 그 가능성이 점점 희박해졌다. 세 번째로, 1919년 후반부터 김마리아, 안재홍과 같은 저명하고 온건한 기독교 지도자들이 체포됨으로써 결국에는 새로운 행정부가 정치활동을 위해 어느 정도의 공간을 만들어 줄 것이라는 희망을 여지없이 꺾어 놓고 말았다.[24]

　그러나 1920년 1월 총독 사이토는 세 개의 신문을 간행하도록 허락하였다. 이 신문들 중 두 개는 실질적으로 일본인들의 조직으로 운영되었고, 하나는 민족주의자들에게 소속된「동아일보」였다.「동아일보」는 존경받던 민족주의자들에 의해 창간되었던바, 그들 중 대부분은 개신교인들이었다. 편집장은 이전에 1919년 2월 8일 동경학생 독립운동의 한 조직원이었던 장덕수였다. 1884년 갑신정변의 주동자인 박영효는 관리인이었으며, 반면에「대한매일신보」의 초기 편집인이며, 105인 사건의 희생자인 양기탁은 편집책임자였다. 1920년 4월 1일 동아일보의 첫 편집을 위하여 장덕수는 그의 동료 개신교인인 신흥우가 미국에서 한국의 부활을 공포한 것과 거의 때를 같이하여, '동아시아의 샤론[한국]의 장미'의 '부활'을 선언하며 드라마틱한 편집을 하였다. '자유의 진보'는 민족이 지금 정박하고 있는 여정이며, 신문은 세 가지 주요 과제를 선언하였다.

1. 백성의 목소리로 봉사한다.
2. 민주주의를 쟁취한다.
3. 문화주의를 주창한다.

첫 번째 요점은 구호로 간주되어질 수 있다. 두 번째 또한 그 당시에는 사실상 필수적인 것이었다. 그러나 분명히 그 과제는 총독부로 하여금 민주주의를 위한 요구에 직면하도록 하는 것이라기보다는(비록 그렇게 하긴 했지만), 오히려 그 용어의 의미로 한국인들을 훈련하는 것이요, 민족의 성장과 완성을 위해 필수적인 것으로 보이는 민족의 특징들을 가지고 한국인들을 훈련하는 것이었다. 사실 이것은 세 번째 요점의 취지였다. '문화주의'(Culturalism)는 독립된 국권과 민주주의를 위해 필수적인 기초로서 하나의 새로운 문화를 건설하는 데에 참여하는 것을 의미했다.[25]

문화주의로의 변화는 첫 단계에서는 장덕수에 의해 지배되었다.

1920년 2월부터 장덕수는 1919년 이래로 손상된 수많은 청년단체를 함께 모으기 시작하였다. 12월에 그는 113개의 단체들을 조선청년연합회로 규합하는 데 성공하였다. 그는 그 연합회를 서울 YMCA의 우산 아래 위치시켰다. 장덕수는 "실질적인 힘과 능력을 배양하자."는 합방 이전의 과제로 돌아가는 운동을 벌였다. 일본인들은 장덕수가 벌이는 운동의 진전을 '심상치 않은 것'으로 보았고, 관련된 청년 그룹들이 "모든 지역 어디에서나 성장하여 민족주의 운동의 주된 흐름으로 봉사했다."고 보고하였다.26) 이 운동이 확장되자 '수양회'들이 만연하였다. '실질적 힘'이라는 슬로건에 '문화정책'을 위한 외침이 부가되었고, 반면에 순회 강연 시스템을 통하여 학생들은 자강운동을 시골지역에까지 확산시켰다.27)

문화주의자들이 그들의 캠페인에서 얻은 확신은 정치적인 소요(agitation)의 비효율성에 대한 반성에 의해 더욱 힘을 얻었다. 1921년 4월 20일에 기독교청년연합(Christian Youth Federation)이 형성되었고, 북쪽의 신의주에서 멀리 남쪽의 목포에 이르는 모든 단체들을 대표하게 되었다. 연합회의 임원들을 선출하는 마당에 현 YMCA의 사무국장인 신흥우는 대표들에게 다음과 같이 연설하였다 :

> 약 10년 동안 우리 한국인들은 침묵 속에서 살아 왔다. 그러나 최근 수년 동안 해외로부터 들어온 문화에 자극된 우리는 하나의 전복을 진수시켰다. 그러나 아무런 결과도 얻지 못하였다. 결과적으로 한국 백성들은 상처와 손해만을 입었을 뿐이다.
>
> 장차 우리는 이 눈먼 활동을 멈추고 우리 민족과 사회를 위하여 우리 자신의 모든 전력을 다해야만 한다. 젊은이들은 늙은이들보다 육체적으로 더 강하다. 젊은이들은 또한 정신의 활동과 배움의 열정, 그리고 정신적 용기에 있어서도 탁월하다.
>
> 설혹 그렇더라도 여러분 젊은이들은 의욕을 상실하기가 쉽고 일을 철저

하게 끈기있게 못하는 경향이 있다. 그러므로 나의 희망은, 여러분들이 단시일에 이루어 보려는 생각들일랑은 여러분의 뒤에 놓아두고 장기적인 안목을 가지고 여러분의 힘을 이 연합회에 보태고, 그것을 통하여 한국에 천국을 세우는 데 힘쓰기를 바란다.[28]

분명히 문화주의자들의 흐름은 20세기 첫 10년간 개신교인들이 겪고 있던 한국 민족주의의 어려움에 대한 진단과 해독제로 호소력이 있었다. 그러나 김필수 목사와 장덕수, 그리고 신흥우가 완전히 '단시일'의 정치적 행동 대신에 '장기적인' 문화적 계획을 선호하여 개신교 청년들 전부를 다 설득하였다고 주장하는 것은 오해일 것이다. 신흥우에게 명백히 큰 영향력을 미쳤던 윤치호로서는 3·1운동의 실패는 예견된 결과였다. 그래서 그는 연합하도록 설득되는 것을 거절하였다.[29] 3·1운동의 실패, 국권의 윤리적-정신적 기원, 그리고 문화 재건의 우선성은 윤치호에게 모두 동일한 문제였다. 그러나 이것은 합방 전의 나라의 상태에 대한 경험을 못해본 새로운 세대들에게는 사태가 달랐다. 젊은 세대들이 문화주의에 호의적 반응을 보인 것은 정치적 도전이 실행 불가능 했기 때문이었다.

'비정치적' 문화 민족주의를 가장 끈질기게 제안한 사람은 영향력 있고 때로는 논쟁의 대상이 되는 이광수였다. 그는 전국에 안창호의 재건 이념을 퍼뜨리기로 결심하고, 1921년 3월 한국에 돌아왔다. 이광수는 즉각 동경 시절 그의 동료들인 김성수(서울중앙학교의 교장이며, 경성 직물 공장의 설립자), 홍명희(소설가이며 후에 공산주의자), 최남선, 송진우, 그리고 장덕수와 더불어 문화운동에 투신하였다. 이광수는 그가 살아 있을 당시 저명한 기독교인들 중 한 사람으로 여겨졌었고 아직도 그렇다. 그러나 그의 절충주의와 불교의 영성에 분명히 매력을 느낀 관계로 그에게 쉽사리 어떤 종교적인 분류를 한다는 것은 어렵다. 1913년까지 오산학교에서 가르치는 동안 이광수는 기독교보다 톨스토이를 가르쳤기 때문에 몇몇 사람들로부터 비판을 받았고, 그의 기독교 신앙의 순수성에 대한 불만족이 남아 있었다. 이광수 자신은 오산학교의 설립자인 장로 교인 이승훈을 그의 은사라고 존경스럽게 말하였으며, 그의 모범적인 모습이 정주의 거의 모든 대중들을 기독교로 개종하게 하였다고 주장하였다. 그는 내적인 힘이 사회와 민족의 진보의 발판이라는 자아개조원리에 그 자신이 헌신한 것을 이승훈의 덕분으로 생각하였다.[30] 적어도 1917년까지는 이광수는 명백히 기독교를 고도의 문명의 원천으로 생각하였다. 한국의 위대한 근대 작가 중에 한 사람인 이광수는 기독교적 주제들을 그의 소설에 구성하였고, 다른 누구보다도 공개적으로 그의 민족주의 주장들의 많은 부분이 기독교 교리와 그리스도의 말씀을 전제하고 있었다. 이광수의 제일 중요한 업적은 그가 한반도에서 안창호의 점진주의를 가장 강력하게 변호하고 전달한 것이었다.

그가 민족주의의 여러 측면을 저술했지만, 이광수의 실제적인 영향은 한 민족의 문화적 뿌리의 개념을 발전시키고 또한 문화의 본질(entity)로서의 민족의 정의를 발전시켰다는 데 있다. 이 개념의 핵심은 1917년 12월 동경학생잡지 「학지광」(Hak Chi Kwang)에 기고된 한 논문에 나타나 있었다. 이광수는 한 민족의 정치사와 문화사는 비록 일반적으로는 관계가 있음에도 불구하고, 사실 때때로 그리고 개념적으로는 항상 구별된다는 공리를 서문에 놓았다. 종속되기는커녕, 한 민족의 문화사는 민족의 가치를 결정한다. 이러한 방법을 취하면 '한국사'는 존재하지 않는다. 한국인들은 세계문화사를 공유하고 있다고 주장할 수 없다. 중국문화에 속해 있다는 사실이 위안을 주지 않는다 :

> 設或 과거 五百年間에 四書五經과 諸子百家라는 中國의 經典을 오통 몇 万讀을 하였다 하더라도 그것은 朝鮮民族에게 存在의 가치를 주는 것이 아니며, 小中華라는 칭호를 듣고 朱子학파의 철학을 완성하였다 하더라도 그것이 존재의 가치를 주지 못합니다.

…… 朝鮮族이 存在의 價値를 얻을 길은 하나이요 또 오직 하나이니, 즉 조선족의 것이라 일컬을 新文化를 創造함이외다.[31]

이광수의 입장에는 몇 가지 약점이 있다. 왜냐하면 그가 문화를 위해 하나의 새로운 기독교 기초를 지지하였던바, 기독교는 대체되어야 할 성리학보다 토착적인 창조물이라 할 수 없기 때문이었다. 만약 그 진술이 민족주의적으로 해석되는 한(실제로 그랬을 것이다), 모순성은 약화된다. 성리학에 관한 것을 그렇게 해석하는 것은 곧 그것이 중국의 비천한 모방이며 종속임을 의미한다. 중국이라는 제국주의적 힘이 너무도 한국을 속박해 왔던 까닭에 19세기의 변화에 반응할 수가 없었던 것이다. 반대로 기독교와 서구사상의 수용은 다른 나라에 대한 종속으로부터 자유로운 민족국가의 발전을 의미한다. 어쨌든 이광수는 새로운 민족의 이상이 되는 새로운 문화의 생산을 주장하였다. 한국의 민족적 성숙이 앞으로 일세기 후에 이루어지리라고 본 윤치호와 안창호처럼 이광수도 이 새로운 문화와 민족은 오직 1, 2백 년의 인내 후에야 나타날 것이라고 경고하였다. 그러나 한국에서 일할 기회를 찾지 못했던 안창호와는 달리 이광수는 한국은 그 이론이 가장 적절한 곳이라고 확신하게 되었다. 이광수는 조국에서 일어나는 사건들에 미치는 망명자들의 영향이 매우 제한되어 있었다는 사실과, 한국의 지도자들이 한국을 '비우는 것'을 큰 실수로 여기기 시작했다.[32]

이광수는 1921년 11월부터 1922년 3월까지 문화주의 잡지인 「개벽」에 연재된, 나라의 십대들에게 주는 긴 메시지로 한국에서 그의 계몽을 시작하였다. 이광수는 한국의 현재의 상황이 국가의 교육, 도덕, 그리고 경제의 긴 파산으로 인한 벌이며 더욱이 한국의 윤리적 황폐로 인한 것이라고 주장했다. 그러나 그의 주요 저작은 1922년 5월 「개벽」에 발표된 "민족개조론"(Discourse on National Reconstruction)이다. 이광수가 그의 첫 사설을 쓰던 날은 바로 태평양 회담이 열리던 1921년 11월 11일이었

제5장 문화적 개조와 민족과 국가의 분리, 1920-1925

다. 그 내용은 이미 해외주재 한국인들이 주장해오던 바로써, 이광수는 안창호의 공적을 인정하며 이렇게 썼다. 오늘날 '개조'라는 단어는 '개혁' 심지어 '혁명'과 같은 슬로건을 대치하는 표어이다. '개조'는 옛 슬로건보다 더욱 심오한 의미를 지닌다. 왜냐하면 그것은 제국주의로부터 민주주의로, 경쟁에서 협력으로, 그리고 남성주의에서 성의 평등으로 움직이는 세계상을 포함하고 있었기 때문이다. 한국인들에게 그것은 민족적 특성, 경제, 환경, 종교, 도덕 – 간단히 말해서 한국 문명을 총체적으로 개조하라는 소환장이었다.[33]

이광수가 이론상 가장 논쟁적인 요소를 소개한 것이 이 '개조론'이었는데, 그 이론이란 정치를 도덕 개조와 교육 밑에 종속된 위치에 속하게 하는 것이었다. 19세기 후반부터 거의 모든 민족주의자의 조직들은 민족의 붕괴는 도덕과 정신적인 질병에 의해 야기된다는 결정적 교훈을 무시하고 정치의 장에 자신들을 내어 던졌다. 흥사단의 전신인 청년학우회(1908-1911)만이 이 점을 이해하였고, 그래서 어떠한 정치적 색깔을 지니지 않기로 결정하였다. 한국을 황폐로 이끄는 것은 도덕적인 무지가 아니라 도덕적 무력감이었던 까닭에 새로운 가죽 부대가 필요하였던 것이다. 즉, 민족의 특성이 갱신되어야만 했다. 오직 12제자들을 통하여 예수는 당시에 전적으로 새로운 문명을 생산했던 비정치적 운동을 출범시켰다. 따라서 아무리 그것이 오래 걸린다 할지라도 문화의 개조, 즉 '영원하고 모든 것을 포함하는 운동'은 그것이 정부의 간섭에 의해 방해받지 않도록 하기 위해 어떠한 정치적 연관으로부터도 자유로워야만 했던 것이다.

자기 문명화의 과제, 즉 문화의 개조는 교육에 진지한 관심을 기울여야 한다. 교육은 그 자체로 윤리적 근거를 필요로 한다. 한국인들 사이에 학교교육에 대한 요구가 부풀어올랐을 때, 문화주의는 백성의 충성을 획득할 태세를 갖추고 나타났다. 사람들은 "먼저 자립의 기초를 확고히 다지고, 적절한 문화 발전을 위한 계획을 수립하며, 미래에 올 기회를 준비하는 데 있어서 실질적인 힘을 얻는다."는 원칙에 복종하여 일본에서 공부하는 수가 점차 증가하기 시작하였다.[34] 한국에서 장덕수는 황해도 그의 고향에서 한국인들이 자금을 대고 구성원을 이룬 학교교육을 발전시켰다. 한편, 송진우와 김성수는 서울 중앙중고등학교를 승격시켰다. 평안북도 정주에서 조만식은 3·1운동을 지도한 그의 역할로 감옥에 갇혔다가 석방되자 오산학교의 실권을 다시 잡았다. 아마도 이 '새로운' 교육을 실행한 그 넓이와 강도를 가장 잘 지적해 놓은 자료는 전통적으로 반응이 적은 남부 지역에 관계하고 있던, 지금까지 검토되지 않은 호주장로교 선교부의 기록들 속에 있을 것이다. 1922년에 진주의 윌리엄 테일러 박사는 "모든 학교마다 만원이었다. 한반도 전역에 걸쳐 교육을 위한 완벽한 외침이 있다."[35]고 보고하였다. 부산에 있는 또 다른 호주인 위더즈(Withers) 부인은 그 격동 뒤에 민족주의적 충동이 있음을 인식하였다.

> 온 나라에 배움을 향한 엄청난 갈증이 있다. 그리고 백성들은 그들의 현재 상황이 과거에 교육의 결핍 때문임을 깨닫기 시작하고 있다.……우리 학교들은 만원이다. 부산진(부산지역)에서 지난 봄 100명 이상이 다시 집으로 돌아가야 했고, 진주와 마산포 그리고 온 나라에서 많은 수의 사람들이 입학 허가를 얻지 못했다.[36]

교육운동이, 사이토가 학교교육에 대한 약간의 자유를 허용하고 기독교 학교들이 교육과정에 신앙교육을 포함하도록 허락해 준 기회를 최대로 활용한 것은 의심할 나위 없다. 그러나 일본인들은 스스로 증가된 요구를 공급하느라 애썼다. 그리고 1922년 후반에 한 한국인 대학을 설립하려는 운동이 시작되었을 때, '문부성 내의 문부성'에 대한 그들의 우려가 다시 확인되었다.

민립대학 기성준비회는 때때로 1920년대 한국인들이 가진 민족주의

제5장 문화적 개조와 민족과 국가의 분리, 1920-1925 175

의 한 표현으로 간주되었다. 그것은 사실상 독립선언서에 서명한 많은 개신교도들이 감옥에서 출옥한 후 즉시 행한 첫 번째 행동이었다. 준비회가 비평가들의 관점에서 간략한 분석이나마 받았던 것은 단지 최근의 일이다.[37] 그러나 문화운동의 한 일환으로서의 대학 캠페인과 특히 그 선언서는 정치 상황과는 별도로 문화로서 민족을 정의하는 흐름과 영향을 나타낸다.

대학의 이상은 새로운 것이 아니었다. 한국의 민족적 채무를 변제하기 위한 운동이 합방 후에 곧 좌절되자, 윤치호와 다른 사람들은 대학을 설립하며 진 빚을 갚기 위해 모금한 돈을 대학설립을 이해 사용하기로 의논했다. 600만환을 가지고 그들이 총독부에 청원했으나 거절당하였다. 1920년에 윤치호는 사이토에게 접근하였으나 더 이상 진전이 없었다. 3·1운동 지도자들이 출옥하였을 때, 교육열의 관점에서 그 시기는 더 많은 지원을 모집하기에 적당하다고 판단되었다. 1923년 3월경에 전국에서 1,170명이 기성준비회의 47명의 발기인들과 합류하였고, 1923년 3월 29일에는 462명의 대표자들이 서울 중앙 YMCA에 모여 선언서를 작성하고 전략을 논의하였다.[38]

우아한 문장들로 구성된 그 선언서는 수사학적인 질문으로 시작된다. "우리는 운명을 어떻게 개척할까?" 그리고 나서 교육을 산업, 외교, 그리고 정치와 같은 '2차적' 사업의 참된 기초로서 계속 부각시켜 나아갔다. 대학교육은 '인류의 진화에 실로 막대한 관계'를 가졌기 때문에 '문화의 진보'를 확증하고 국가들의 삶의 질을 고양시킨다. 12, 13세기에 이태리, 프랑스, 독일, 그리고 영국에서 설립된 대학들은 유럽과 미국의 위대한 문명의 요람이며, 그들의 종교적 갱신과 정치적 혁명의 원천이었다. 근대세계에서 한국이 필요로 하는 중요한 것들은 대학교육을 요구하고 획득하는 것이었다.[39]

교육의 역할에 대한 이러한 평가는 1920년 6월 「개벽」에 소개되어 있었다. 한 기고자는 다음과 같이 인용하였다 : "사람은 지식이 잇슴으로써 사람이외다.…… 교육은 吾人의 生命이외다. 국가의 생명이외다. 사회의 생명이외다. 전우주의 생명이외다. 교육이 잇는 곳에 생명이 잇고 복리가 잇고 문명이 잇고 행복이 잇고 승리가 잇슴니다." 인구비율로 볼 때, 학교는 슬프게도 몇 안 되었고, 대학은 아직 없었다고 그 기고자는 탄식하였다.[40] 호주 선교사들은 문화주의자들과 그 비전을 함께 나누었다. "젊은이들이 그들의 나라에 대해 자신들이 미래에 봉사할 일을 깊이 생각하고 있음"을 알고 그들은 "도래하는 새로운 민족은 현재의 학생들의 손에 있다."는 견해에 동의하였다.[41]

  이 견해가 중요한 것은 그것이 민족주의의 중심적인 정치 원리를 도전하고 있다는 점이다. 즉, 한 민족이 그 정치적인 기구들을 벗어버린다면 아무런 실체도 가지지 못하며, 민족과 국가의 우선적인 일치가 민족문화의 발전을 위해 필수조건이라는 정치 중심적 원리를 용납하지 않았다는 사실이다. 그런 맥락 속에서 '도래하는 새로운 민족'이란 한국의 정치적인 독립상태를 언급한 것이 아니라 새로운 교육과 종교를 흡수하고 있는 세대에 의해 만들어질 문명의 특성과 기풍(ethos)을 언급했던 것이다. 문화주의자들은 투쟁이, 실상 매우 문화적이라고 주장한다. 사실 정치는 부차적이고, 정치적인 저항은 그 대가가 너무 적거나 또는 역효과를 보일 때는 포기되어야 한다고 보았다. 일본인들은 문화적으로 상처 입기 십상이었다. 왜냐하면 그들은 단지 일본 민족국가만을 발전시킬 수밖에 없는데 이것은 한국에서는 불가능하였기 때문이다. 그것은 결코 있을 수 없는 일이었다. 한국인들은, 실제로 어느 일본인 학자가 1910년에 주장했던 것처럼, 동화되어질 수 없었다.[42] 문화 민족주의는 머지않아 일본인들의 통치를 붕괴시킬 것인데 그것은 통치자가 누구이든 상관없이 결국은 도덕적인 의무인 것이다. 많은 개신교인들에게 이것은 민족주의 활동으로부터 배타주의적 요소를 제거하였다. 이렇게 비정치적 민족주의가 생겨나면서, 곧 열광적 지원과 가혹한 억압을 동시에 몰고 왔다.

문화주의의 변명, 1923~1925

　포괄적인 교과과정에 대한 세부적인 작업에도 불구하고, 민립대학을 설립하려는 모험은 1925년에 멈추었다. 이 실패의 직접적인 원인들은 명백했다. 첫째로 충분한 자금동원의 실패, 둘째로 총독부의 반대였다. 먼저 기부금은 충분히 그리고 신속하게 모아졌지만 이것으로 즐거움의 한계에 도달하고 말았고 당국은 다양한 방법으로 그 계획을 방해하기 시작하였다.[43] 1922년에 교육부의 미즈노(Mizuno)는 서울에서 대학을 열고자 하는 총독부의 의도를 발표하였다. 한국인의 교육사업에 내심으로 기여하려던 사람들은 이런 선제공격에 낙담하였다. 그러나 게이조(Keijo) 제국대학이 1927년에 개교하자 한국인들의 입학이 전체 등록생의 3분의 1로 제한되었고, 한국인 강사들은 중국문학과 한국문학, 그리고 경우에 따라서 수학을 교육할 때를 제외하고는 배제되었다.[44]
　그러나 한국인들 사이에서는 자유주의에 대한 환멸이 커져 가고 문화주의자들의 정치철학을 의심하게 된 것이 이 운동을 실패하게 만든 원인이 되었다. 1922년부터 많은 수의 개신교인 역시 사회주의에 대한 관심이 증대되고 있었다. 1922년에 김명식이 YMCA 지도자이며 최근 석방된 33인의 하나인 박희도와 더불어 온건한 좌익 잡지인 「신생활」(新生活)을 발간하기 위해 탈퇴하자, 장덕수의 청년연합에 분열이 생겼다. 제국주의에 대한 레닌의 교시가 알려지게 되자 한위건(韓偉健)과 같은 많은 개신교 청년들은 높은 희망을 가지고 마르크스주의로 기울어졌다. 「신생활」은 「동아일보」와 「개벽」의 문화주의를 공격하는 반면, 보다 과격한 좌익계는 대학운동을 엘리트의 취미활동으로 치부하였다.[45] 문화주의자들은 또한 우익으로부터도 적대감에 직면하였다. 이광수가 자유인으로 한국에 재입국 허락을 받은 사실을 놓고 일본인들과의 불명예스러운 이해관계가 있었다는 풍문이 떠돌았던 것이다. 1921년 7월의 한 논문에서 이광수는 한국인들이 정치적 음모를 거부할 것을 촉구하고,

대신에 지식인의 핵심계층이 문화부흥의 선봉에 서도록 촉구하자,[46] 저항에 반대하는 그 권고로 더 의심을 받게 되었다.

이런 반대가 대학운동의 실패에 대한 충분한 이유가 될 수는 없을 것이다. 대학운동은 일본인들의 간섭이 없었더라면 아마 성공했을 것이다. 그러나 반대측들은 문화주의자들의 형식 속에 있는 자아개조 민족주의를 문제삼았던 것이다. 1924년경 사회주의의 성장은 문화주의자들의 숫자상의 지배권을 종식시켰을 뿐 아니라, 문화주의자들을 심리적으로 불안하게 하였다. 사회주의는 날카로운 정의(定意)와 명료한 프로그램을 제공하였다. 반면, 문화주의는 모호하고 양면적이고, 심지어 맥빠진 것처럼 보였다. 사회주의는 성장도상에 있었고 기대를 가지고 있었다. 반면 문화주의는 이미 시도된 바였고, 부족한 점이 발견되었다. 더 나아가, 사회주의는 개신교의 많은 중요 인물들을 끌어들임으로써 원래 문화주의를 고무시켜 왔던 많은 그룹 사이에서 문화주의를 지원해야 한다는 일치감을 흩으려 버렸던 것이다.

분열을 과장하지 않는 것이 중요하다. 사회주의는 교회 회중들에 의해 수용되지 못했고, 이 단계에서 문화주의보다 더욱 소수의 교육받은 엘리트에게만 국한된 신조였다. 시골과 도시를 막론하고 한국사회 전체에 걸쳐 개신교인들만큼 초등교육에 헌신한 단체가 없었다. 그리고 일본인들의 자료에 따르면 교육을 통한 해방이라는 이념이 적어도 1930년까지 '평범한' 한국인들 사이에서 계속 반응을 보여 왔다고 진술하고 있다.[47] 사실 사회주의자와 공산주의자의 운동들 내의 기독교인의 현존은 실제적으로 분열의 결과들을 완화시켰다. 이동휘는 「동아일보」의 경영자인 송진우와 긍정적인 관계를 유지하고 있었고, 한편 「동아일보」기자인 한위건은 송진우와 동경의 좌익 비평가들 사이에 중재를 촉진시켰다.[48] 그럼에도 불구하고 분열은 있었고, 문화주의자들은 어쩔 수 없이 자신들을 변명하지 않으면 안 되었다.

이광수는 그가 어떠한 사람도 비판하지 않았던 청년학우회의 관례를 따를 뿐이었다고 주장하였다. 1922년 2월에 그와 그의 약혼녀 박현환(朴賢煥)은 김윤경, 주요한 같은 개신교인을 포함하여 약 10명의 다른 민족주의자들과 더불어 서울에서 흥사단의 지회를 구성하였다. 그 지회는 안창호와의 관계를 숨기기 위해 자기개선동맹(Self-Improvement League)인 수양동맹회(修養同盟會)라는 자극적이지 않은 이름을 붙였다. 비슷한 단체가 안창호의 대성학원 졸업자들을 중심으로 평양에서 생겨났다. 조명식, 김성업(金性業), 그리고 개신교 장로이며 조만식의 동료인 김동원(金東元)이 그들이다.[49] 그후 1923년에 조만식, 김성수, 안재홍, 송진우, 그리고 천도교의 지도자인 최린(崔麟)이 자아개조를 촉진시키기 위해 연합적이고 비정치적인 단체를 논의하기 위해 만났다. 그들은 1924년 2월 2일부터 6일에 걸쳐 「동아일보」에 이광수의 "민족적 경론"(民族的 經論)이라는 주제의 연재물을 싣기로 결정하였다.

열림 말에서 이광수는 헤겔의 역사철학과 더불어 사회주의를 '미신이요 독단'으로 분류함으로써, 역사 속에서 개인의 의지결정론을 주장하는 '사회주의' 이념을 거부하였다.[50] 그는 다음으로 한국인들이 일본의 추방을 그들의 시급한 목적이요, 일차적인 목적으로 삼는 정치적인 운동에만 당연히 연관되어 있을 뿐이라는 관념을 거부하였다.[51] 마지막으로 이광수는 교육이야말로 아직 모든 사람들의 가장 절박하고 얕잡을 수 없는 과제이며, 나라의 운명을 걸머지고 있는 1,400만 농부들이 새로운 한국의 물질적 건설의 과제를 위하여 갖추어야 할 수단이라고 주장했다.[52] 이 글들에 대한 좌, 우익으로부터 나온 부정적인 반응 때문에 (심지어 조만식도 이 글들로 마음놓고 있을 수는 없었다.) 의도했던 민족단체의 조직이 연기되었다. 1924년 3월에 이광수는 미래의 전략에 관하여 안창호와 논의하기 위해 북경으로 갔다. 돌아오는 길에 그는 그가 역사에 내한 물실석 개념늘과 계급투쟁의 방법론들에 대항하여 기독교적 교리들을 세운 '위기론'을 출판하였다.

사회의 구성물들은 정신적이다. "한 인격이 가지고 있는 가장 가치있는 재산은 공공 정신이다.……만약 높고 낮은 계층과 같은 그런 것들이 존재한다면 그런 것들은 공공 정신과 관련해서만 나누어질 수 있다." 사도 바울의 "오! 나는 곤고한 자로다."라는 외침은 선과 악을 나누는 선이 계급이나 민족 사이에 놓여져 있는 것이 아니라, 일차적으로 결정적인 전투가 벌어지는 곳인 개개인의 마음을 꿰뚫고 지나간다는 것을 보여 주는 것이다. "다 이루었다."는 그리스도의 십자가상의 표현은 인간 본성 속에 있는 악을 이긴 그의 마지막 승리의 노래였다. 그러므로 그를 따르는 모든 자들에게 대한 그의 명령은 "하늘에 계신 너희 아버지께서 온전하신 것같이 너희도 온전하라."는 것이었다. 따라서 역사의 과정은 경제적으로 규정된 것과는 아주 다른 것이었다 :

> 우리는 역사 속의 진화를 믿는다. 우리는 인류가 분명히 선한 방향으로 고대시대로부터 끊임없이 진화해 왔으며, 그리고 그것이 낡은 것과 투쟁해 온 많은 의혹은 공공 정신을 소유한 사람들의 피의 대가이며, 그것이 이 방향으로 인간의 역사를 이끌어 가는 힘임을 믿는다.……
> 우리의 정치적인 자유가 부족하다고 슬퍼하지 말아라. 우리의 경제가 파산상태에 있다고 슬퍼하지 말아라. 다소 고통스런 질병이 우리에게 닥쳤다고 해도 슬퍼하지 말아라. 이런 것들이 괴로운 일들이 아닌 것은 아니나, 그것들은 우리 가운데 의인들의 부족한 점과 비교하면 아무것도 아닌 것이다.

공공 정신은 이웃과 지역사회와 국가와 모든 인류를 향한 이타적인 행동이다. 이광수는 한국뿐만 아니라 일본과 세계의 다른 나라들까지도 개인주의에서 유래한 노예상태의 힘으로부터 구원할 수 있는 프로그램을 제안하였다. 이러한 관점에서 그는 "자신을 한 인격으로 완벽하게 만드는 것이 인류를 위한 가장 위대한 사역이다."라고 주장하였다.[53]

이광수의 저술들은 일본이나 민주국가인 서구가 정치적 독립을 향한 한국인들의 열망에 동정적이지 않다고 하는 사실이 명백해진 이후, 한국내의 개신교인들이 직면한 딜레마를 반영하고 있다. 그의 주장은 모스크바에 새로운 관심을 돌림으로써 외세에 대한 오랜 신뢰를 의식하는 사람들과(아마도 안창호에 의해 영향을 받았을 것이다) 영웅적이긴 하나 반생산적인 정치 선동에 대하여 만족해 하지 않는 윤치호나 신흥우의 생각에 동의하는 사람들을 대상으로 한 말이었다. 이광수가 사회주의와 우익 진영 양쪽으로부터 비평을 받았던 것은 당연한 것이었으나, 우익의 파트너로서의 그의 입장은 아이러닉하였다. 왜냐하면 반사대주의적(anti-toadyist) 자립 전통을 전적으로 신뢰한 그의 입장은 많은 반대자들에 의해 일본세력과 타협한 것으로 비춰졌기 때문이다. 1923년 말경에 갑자기 폭발한 교육에 대한 열광은 비록 결코 끝나버린 것은 아니지만, 좌우익의 정치 이데올로기의 성장으로 말미암아 그 빛을 잃어 가고 말았다. 그런 요구의 실행성이 가장 적게 될 때 최상의 것에 대한 요구, 즉 즉각적이고 무조건적인 독립에 대한 요구는 가장 강했으며, 일본과의 정치적 휴전의 어떤 조짐만 보여도 곧 타협으로 해석되었다. 문화로서의 민족과 정치적 주체로서의 민족을 분리하는 문화주의자들의 입장은 난해한 것을 싫어했던 정치적 민족주의의 신성한 암소(sacred cow)와 충돌하였다. 우익 민족주의자들은 국가의 발전에는 관심이 없었고 국가의 회복에만 관심을 가지고 있었다. 민족주의자들의 결정적인 전략이 요구되는 시각에 문화주의자들은 문명의 이론을 제공하고 있었다.

윤치호와 다른 사람들이 합방 이전부터 신봉해 왔던 변화의 철학을 여전히 일관되게 유지하고는 있었지만, 1920년의 윤치호의 입장 역시 수동적인 협력으로 해석되어 왔다. 윤치호와 박영효, 그리고 한규설(韓圭卨)과 같은 이전의 '애국' 정치인들은 1919년 1, 2월에 3·1운동 조직에 협력하라고 교섭받고 있었으나, 모두 다 거부하였다. 윤치호의 거절은 그가 이전에 투옥당하여 아직 몸이 약한데 또다시 체포, 고문, 투옥을 자초하는 문서에 대해 54살의 그가 민망해 하며 사양한 것으로 해석되어 왔다.[54] 이 점에 진실이 있을 수 있으나 윤치호 일기 7, 8권이 최근에 발간됨과 더불어 더 이상 추측할 필요가 없어졌다.

윤치호가 3·1운동의 발발에 대해 반대한 것은 그것을 성공으로 이끌 만한 힘이 한국에 없었기 때문이었다. 일찍이 1893년 윤치호는, 저들 자신의 이익을 포기하기를 바라며 미국의 양심에 호소하는 '어리석음'에 대해 언급한 적이 있었다.[55] 그리고 그는 1919년에 파리평화회의에 건 희망이 여지없이 무너질 것이며, 얻는 것이라고는 해로운 것일 뿐이라고 내다보았다. 윤치호가 3·1운동을 정치적으로 어리석은 행위라고 본 생각은 곧 사회주의 전략가들도 인정하게 되었고, 비록 다른 관점을 통해서이긴 하지만 오늘의 학자들에 의해서도 지지되어 왔다는 것을 주목할 필요가 있다.[56] 한국인의 대학을 세우는 운동에 협력함으로써 윤치호는 자신의 원래의 비전을 수행할 것을 재확신하였다.

많은 점에서 윤치호는 고전적인 부르주아 민족주의자였다. 그러나 그는 실제로 전형적인 인물은 아니었다. 앞 장에서 언급하였듯이 기독교가 정치적으로 유용하다는 전제로 수용한 한국인들에게 윤치호는 하나의 불가사의한 인물이었다. 왜냐하면 그 자신의 개종은 진리에 대한 개인적인 탐구의 결과였으며, 또한 양심이 요구하는 바를 따를 수 있는 영적인 힘을 추구한 결과였기 때문이다. 그의 일기 가운데서 윤치호는 이미 이스라엘이 로마에 정치적인 저항을 하는 중에도 그의 선교를 수행함에 있어서 흔들리지 않는 바울 사도에 대한 감격이 늘어 가고 있음을 고백했었다. "나는 사도 바울의 말씀을 더욱더 사모한다. 그가 생존했을 당시에 유대는 모든 민족이 예속되고 붕괴된 아픔을 당하고 있었다. 그것은 영성이 높은 젊은 유대인을 위해 존재하는 시대이였음이 분명하다. 그러나 바울은 그가 참된 사명이라고 알았던 것을 그가 선택된 것을 위해 깨뜨려 버렸다."[57]

윤치호는 바울이 만약 유대 열혈당의 운동에 자신의 신앙을 제공했더라면, 기독교는 세계적인 종교가 되지 못하고 기껏해야 유대교 이단이나 분파를 계승하게 되었을 것이라는 점을 깨달았다. 바울은 중요한 요소를 정확하게 지적하였는데, 그 요소는 기독교로 하여금 우주적인 종교가 되게 하였고, 인종과 민족과 정치적인 경계선들로부터 자유하게 하였다. 이것은 인종대결이 전제된 민족주의와 반일본 정치이데올로기와 동일시된 기독교를 윤치호가 거부하게 된 가장 철저한 기독교적 측면일 것이다. 최종적인 분석에서, 엄격한 민족주의자들은 윤치호의 '진정한'(authentic) 기독교를 찬성할 수 없었다. 그것은 윤치호가 그들이 내린 민족주의에 대한 정의를 찬성할 수 없었던 것과 같았다. 윤치호는 자신을 그의 나라의 한 선교사로 간주하였고, 바울을 자신의 모범으로 삼아 다른 데로 관심을 돌리는 것을 거부하였다.

여러 차례 윤치호는 이상재, 김정식, 신흥우에게서 그가 한국의 독립을 위해 자유롭게 일할 수 있는 해외로 나가라는 권유를 받았다. 윤치호는 오히려 그런 생각을 도피주의로 간주하고, '한국이 한국인의 싸움터'라고 주장하였다.[58] 그는 또한 한국인들 사이에 개혁에 대한 온건한 견해를 심으라고 일본인들에 의해 압력을 받았다. 이것 역시 윤치호는 적어도 1937년까지 단호히 거절하였다.[59]

비록 한국인들에 대한 일본인들의 태도가 또한 서양의 선교사들의 경멸적인 태도 역시 그를 화나게 만들었지만, 윤치호는 당분간 그들의 지배를 대치할 아무 대안이 없었다. 그러나 이것이 그가 그 상황을 희망없이 생각했다는 것을 의미하지는 않았다. 그 반대로 독립은 다음과 같은 목적을 가지고 있는 것이었다. "한국인들은 그들이 이 이상을 위해 죽을 각오가 되어 있음을 보여 왔다.……물이 평평한 곳을 찾을 때까지 결코 쉬지 않는 것처럼, 불이 상승기류를 찾을 때까지 결코 쉬지 않는 것처럼, 한국 민족도 그 독립을 찾을 때까지 결단코 쉬지 않을 것이다."[60] 그것이 의미하는 바는, 정치 선동은 현재에 적합한 수단이 아니라는 것이었다. 윤치호는 정치가 유일한 애국적 행동이라는 생각을 '한국인의 미신들 가운데 하나'라고 비판하였다.[61] 그 자신의 견해에 따르면, 정치란, 보다 많은 근본적인 요소들 뒤에 따라오는 마지막 결과였다. "종교와 도덕은 민족의 영혼이다. 지식은 그 두뇌다. 부는 그 몸이다. 반면에 정치 상황은 단지 그 의복일 뿐이다."62) 이것은 개인의 영성과 윤리와 교양에 기초를 둔 본질적 문화주의요, 자아개조 이데올로기였다. 윤치호는 이것은 때가 되면 승리할 것이라는 낙관적인 생각을 가지고 있었다. "다른 민족의 지적 성장을 억누르고서 성공한 민족은 결코 없었다."는 것이 그의 신념이었다.63)

 그러나 사회주의자들은 특별히 제국의 세력에 관심이 있었다. 그러므로 문화주의자들의 '비정치적인' 민족주의는 제국주의를 암묵적으로 받아들이는 것으로 간주하였다. 관대히 봐 주어도 이광수의 문화 옹호론은, 일본제국의 경제와 정치 기계를, 교양과 기독교적 특성의 결합으로 극복할 수 있을 것이라는 천진한 제안에 불과해 보였다. 이것은 엄격하게 말해서 정확한 것은 아니다. 그러나 그것은 한국이 일본에 종속되게 된 원인에 대해 분명히 불일치했음을 드러내는 부분이다. 이 시대의 사회주의자들과 공산주의자들은 자본주의와 제국주의 사이의 필연적인 관계를 인식하고, 한국은 비인간적인 역사적 세력의 희생이라고 결론지었다. 한국 개신교인들의 문화주의는 다음과 같은 관점에 기초하고 있었다. 즉, 제국주의가 그 자체의 법칙에 따라 진행되었다 할지라도, 이 법칙이 자기 나라의 영토에서 작용하도록 허용한 것은 민족의 부패에 대한 한국 자신의 '죄'였다는 것이다.(여기에 사회 다윈이즘과 섭리론 사이의 갈등에 대해 윤치호가 1890년대에 내린 해결책과 같은 점이 있다.) 이 논쟁에 따르면, 어떤 이유로든 원칙적인 적으로 일본을 명명한다는 것은 퇴보적인 것이었다. 따라서 비록 정치적인 저항이 당시에는 생각할 수 없는 것이었지만, 문화주의는 당분간 단순히 전술적이었던 것이 아니라, 민족의 '실제' 문제들에 대한 대책이었다. 사회주의운동과 '순수' 민족주의운동의 단원들이 투옥과 탈출로 줄어든 1925년 이후, 개신교 자아개조 민족주의자들은 재조직되어 다시 한번 한국 민족의 영적 혁명을 성취하려 하였다.

민족적 회개와 개화, 1925~1937

    1923년경 한국에서 사회주의자와 공산주의 조직들의 등장은 총독부를 불안하게 하였다. 1923년에 박희도와 김명식은 정치적 혁명을 주장했다가 6개월 형을 언도받았고, 그들의 잡지「신생활」은 무기한 금지당했다.[1] 1925년 4월 한국에서 3개의 주요 공산주의 파벌들이 비밀리에 서울에서 제 1 조선공산당을 만들었다. 평안북도 신의주에서 무모한 깃발을 흔드는 한 사건이 그 정당을 노출시켰고, 11월에 30명의 저명한 지도자들을 체포하도록 만들었다. 이 사건은 청년 공산주의자들의 운동을 위협하는 – 특히 1926년 중엽에 제 2 조선공산당의 많은 당원들이 체포되면서 와해된 이후 – 파벌 싸움을 불러일으켰다.[2]

    한편 비공산주의계 민족주의자들도 그 자신들의 실패로 고통당했다. 1924년 9월에 친일본계「조선일보」는 이상협, 개신교 신자 이상재, 안재홍, 그리고 백관수에게 팔렸고, 그것은 곧 온건한 민족주의 좌파들의 기관지로서 주목을 받았다. 얼마간 「조선일보」 기사들은 「동아일보」의 비저항적 자세를 비난했다. 그렇지만 「조선일보」 제작자들 역시 신의주에서 공산주의자들이 노출된 사건으로 고통을 당했다. 그 결과로 이상협이 책임지고 사임했다. 1925년에는 「동아일보」, 「개벽」, 최남선의 「시대일보」의 제작자들 역시 벌금을 내고 투옥당했다. 그래서 「조선일보」와 「동아일보」의 경영진은 신문사에 압력을 가하려는 총독부의 시도에 대항하기 위해 단결하려고 노력하였다. 1925년 12월, 송진우와 안재홍은 언론의 자유와 인권을 보호하기 위한 기자후원회(Reporters' Support League)를 설립하기 위하여 함께 모였다.[3]

이러한 결탁에도 불구하고 이 두 신문들은 정치적 문제에 대한 갈등이 남아 있었다. 약해진 공산주의자들이 연합전선의 형성을 제시하며 민족주의자들에게 접근하였을 때 「조선일보」 경영진은 전적으로 의견을 같이하였다. 1927년 2월 그 연합전선은 초대 회장으로 선출된 이상재와 함께 공식적으로 신간회로 시작하였다. 계속되는 정치적 이견이 있었던 사실은, 초기에 「동아일보」 제작진이 그 모임에 불참한 것과, 그리고 신간회는 강한 비타협적 단체라는 조선일보측의 강력한 주장을 미루어 보아 알 수 있다.

신간회에 대한 개신교 일반의 후원은 결정적인 것이어서 곧바로 약 3만 명의 회원을 모으는 데 영향을 끼쳤다. 이것은 교회가 한국의 민족주의 속에 하나의 세력을 형성하고 있었음을 보여 주는 것이었다. 그러므로 이광수의 수양동맹회의 회원들을 포함해서 많은 중요한 개신교 인사들은 연합전선을 구축하였다. 자아개조 민족주의자들은 법적인 테두리 안에서의 정치적인 활동을 반대하지 않았었고(시민의식을 위하여 정치적 훈련이 필요하기 때문에) 신간회는 일본의 허가로 조직되었고, 총독부의 묵인하에 존재하여 왔던 것이다. 그러므로 모든 '기회주의'(opportunism)를 철저하게 거부한 정치조직에 대한 「조선일보」의 묘사에는 이상과 현실 사이의 간격이 있었다. 신간회가 1929년 광주학생운동에 대한 은밀한 후원으로 법적인 테두리를 넘어서는 것을 계기로 신간회는 범민족적인 운동으로 바뀌었고, 신간회의 지도자와 수백 명의 회원들이 감옥에 갇혔다. 1931년 5월에 신간회가 내부 분열 이후 재조직하려는 것을 일본이 거부한 것은 신간회가 이전에 공적허가에 의존했었다는 사실을 강조한 것이었다. 신간회 지도부 가운데 개신교 신자들은 정치적으로 자극적인 행동에 대한 어떠한 참여도 반대하였는데, 원칙상으로 뿐만 아니라 그런 행동들이 연합전선을 분열시켜 그들의 민족적 단결에 대한 이상을 더욱 요원하게 할 것이라고 보았기 때문이었다. 그 실험의 와해는 기독교 변호사이며 동맹회원인 신간회의 마지막 회장 김병로에 의하여 극단적이며 자기 패배주의적인 정치라고 비난을 받았다.[4] 자아개조 의식과 무저항에 대한 가장 강력한 주창자 중의 한 사람인 조만식은 광주운동의 영향으로부터 신간회 평양지부를 지켰고, (평양 대표들은 반대투표했던) 그 마지막 분열 때까지 그 지부들의 단결을 유지시키려는 데 성공하였다.

　이러한 정치적인 소용돌이 속에서 자아개조의 이상은 두 개의 주요 개신교 단체들에 의해서 유지되었다. 수양동우회(수양동맹회가 개칭된 것)와 흥업구락부가 그것이다. 전자(수양동우회)는 - 한국 흥사단 지부로서 - 안창호로부터 영감을 얻었다. 윤치호, 신흥우, 그리고 유길준의 아들인 유억겸(俞億兼)을 포함하여 더 보수적인 그룹인 흥업구락부는 한국 산업과 근대 교육의 발전에 헌신하였고, 미국에 있는 이승만과 손을 잡았으며, 한국의 중서부 지역인 기호지방에서 지지를 얻었다. 이 두 단체들이 개신교 자아개조 전통에서 성장하였지만 그 불꽃을 유지시키기 위하여 더욱 가시적이고 활동적으로 노력한 것이 수양동우회였다. 그리고 그 활동상이 이 장의 주제이다.

회개(悔改)의 사회학

혁명적인 정치에 의한 방해가 도리어 1926년 1월에 서울 수양동맹회와 평양 동우구락부를 수양동우회로 합병하도록 고무시켰다. 주공삼 목사(동경에서 한국 장로교인들을 지도하던 사람)의 아들이며 전에 북경에 있는 흥사단 극동지부의 지도자인 주요한은 서울에 동광회사를 설립하였고, 5월에는 월간지「동광」을 발행하기 시작하였다. 수양동우회의 기관지로서의 첫 번째 주제는 1908년 청년학우회에 의해서 발표된 "교육에 대한 3개 범주"와 개인의 개혁과 공공선(public virtue) 개념들의 증진에 대한 것이었다.

윤리학에 관한 논설은 "다른 모든 것보다도 우리는 우리가 도덕적으로 다른 사람들보다 훨씬 더 많은 결점을 갖고 있다는 것을 인식해야 한다."는 내용이었다. '도덕의 결여'(moral failure)에 대해서 우리는 결코 성실이나 효도 또는 어떤 다른 도덕적 항목의 부족을 언급하는 것이 아니다. 오히려 우리의 도덕성에 대한 가장 기초적인 것들에 있어서의 근본적인 결핍을 말하는 것이다. 한국인의 도덕성은 정직, 좋은 믿음, 인내, 비이기주의, 그리고 사적이고 가족적인 관심들을 극복하고 공적인 것을 우선하는 쪽으로 그 자체가 방향을 수정할 것을 요구하고 있다. 한국인의 도덕성에 있어서는 사랑, 용서, 상호 격려 등의 보편적인 윤리정신을 강조해야 한다. 그러한 훈련은 '한국 민족의 모든 개인의 가장 큰 의무'이며 '민족생존의 필수요소'였다. 자아개조를 책임지는 한국인들이 "하나씩 둘씩 느는 것이 곳 吾族의 묵은 뿌리에서 싱싱한 새 움이 뾰족뾰족 도다나는 것이다.

변화에 대한 방법론을 동우회는 '장백 산인'이라는 익명으로 똑같은 주제로 설명하고 있었다. 순간적인 변화를 갈망하는 '마법적인' 이상들은 모든 진정한 변화는 '점진성'과 같은 원리에 따른다는 주장과 더불어 거부되었다. 그러므로 혁명은 명령에 의해서 생긴 하나의 갑작스런 사건이 아니라, 제반 요소가 쌓이는 점진적인 과정이었다. 한국인들은 개인적이고 사회적인 생활의 향상을 위해서 필요한 10개의 영역과 "모든 혁

제6장 / 민족적 회개와 개화, 1925-1937 189

명을 경영하기 전에 너 자신을 혁명하라."는 결론적인 도전을 받았다.[6]

안창호가 해외에서 훌륭하게 계발한 점진주의가 바야흐로 한반도내에서 처음으로 한국인들에게 공적으로 퍼져나갈 수 있도록 무대가 설정된 셈이다. 일본 검열관의 검열 때문에 1926년부터 1931년까지「동광」은 안창호의 많은 저술을 보통 익명으로 실었다. 종교적인 예언의 형태를 띤 저술에서 안창호는 한국 민족으로 하여금 한국 민족의 도덕적이고 영적인 낭비에 대하여 모질게 질책을 가하는 분석을 하게 하였다. 안창호의 생각대로, 한국인들은 개신교의 실제적인 윤리에 근거한 새로운 문명을 창조하도록 부름을 받았다. 그러나 안창호가 한국인들이 범한 여러 가지 오점들 가운데 특히 비난했던 것은 나라가 외국인들에게 지배받도록 허용할 정도로 그들 사회에 무책임한 점과, 좋은 것을 이룬 사람들이나 지도자가 된 사람들에 대해 갖는 파괴적인 질투, 그리고 허영심, 불신, 거짓말, 만성적인 분열 같은 것이었다.[7] 그 치료책은 반대의 미덕, 즉 청지기 정신, 상호 격려, 신뢰, 한마음, 열심히 일하는 것, 정직과 협동을 행하는 데 있었다. 안창호는 베르사이유와 국제연맹으로부터 지원받을 꿈이 사라진 후로도 여전히 강대국들의 원조나 구하려는 경향을 심하게 비판하였다. "오직 다른 사람들의 힘만을 믿고 다른 사람들의 힘을 의존하여 사는 것은 노예다."[8]

민족적인 회개의 원칙은 상해에서 '개조'(Reconstruction)라는 제목하의 중요한 연설에서 설명되어졌었다. 이 연설에서 문화 또는 문명은 한 이상적 개념으로 나타나며, 그 자체로 모든 곳에서 인간의 노력을 이끌어 내고 방향지워 주는 궁극적 원인으로 거의 대두된다. 추측컨대 문화와 문명의 윤리적 기초는 개신교이다. 인류 '최고의 희망과 목표'는 보편적 행복이며, 행복의 어머니는 문명이다. 바꾸어 말하면 문명은 개조에 공들인 노력의 결과물이다. 비록 기독교가 최초로 인류에게 '개조'를 소개하지 않았다 할지라도, 그리스도는 인류에게 문명에 대한 가장 명확한 가르침을 주었고, 그 성취의 길을 알려 주었다. 왜냐하면 기독교는 공

자, 부처, 소크라테스, 톨스토이의 모든 가르침의 종합이기 때문이다 :

> 예수 바로 앞에 왔던 요한이 군중들에게 외쳤던 첫 번째의 말은 무엇이 었는가? '회개하라!' 였다. 그후 예수께서 최초로 큰 소리로 외쳤던 것은 무 엇이었는가? 다시, '회개하라!' 였다. 정확하게 말해서 이 '회개'는 내가 말 하는 개조를 의미하는 것이다.

안창호는 계속해서 말하기를, 문명은 '어두움과 불결'의 정반대 (antithesis)인 '빛과 아름다움'이라고 했다. 따라서 한국의 모든 것, 즉 교육, 종교, 농업, 상업, 공공 업무, 음식, 관습, 옷, 도시, 마을, 그리고 모든 강과 산까지도 개혁할 필요가 절박했다. 완전히 조림된 산과 깨끗한 물이 흐르는 강은 집을 짓고 농사하는 데 필수적이며, 또한 불모의 산과 오염된 강은 침식, 홍수, 물질적 영적 고갈을 초래했다. 모든 문화체계, 즉 개조에 대한 모든 과제는 개인의 개혁에 달려 있었다. "개조하는 동물, 이것이 인간에 대한 나의 정의이다.……개조하는 일에 착수할 수 없다고 주장하는 사람은 인간이 아니거나 적어도 죽은 자일 뿐이다."[9]

비록 안창호가 사람들의 의지가 기꺼이 습관적으로 행동할 때까지 좋은 행동의 의도적인 반복과정을 통해서 그들의 인격을 변화시킬 수 있다고 하는 흔한 심리학적인 이론에 동의하는 것처럼 보일지라도, 그는 기독교의 가르침에 따라서 그 과정을 고무시키는 '신적인 사랑'이라는 영적인 속성이 필수적이라는 것을 알고 있었다. 윤치호와 이광수는 이 '신적인 사랑'을 주로 이타주의라는 용어로 정의했고, 안창호는 그것을 자기 부정의 박애에 비유했었다. 그들은 다같이 그것을 자기 본위를 없애는 것이라고 칭찬했다. 상해에 있는 한국인들에게 했던 첫 번째 연설에서 안창호는 요한복음 1장의 주제, 즉 빛이 어둠 속에 비췬 것 같이 세상 속에 들어오시고 사람들의 빛이 되는 생명을 지니고 계신 그리스도에 대해서 연설하였다. 안창호는 모든 사람을 위해 사람들의 손에 죽이기 위해 그의 독생자를 보내신 하나님의 행위에서 표현된 자기 희생적 사랑은 모든 진정한 행복의 원천이었다고 설교하였다.[10] 행복은 곧 문명과 기독교적 사랑의 열매로 정의되기에 안창호가 상상한 국가는 '기독교적 문명' 국가였다. 안창호의 입장은 삼단논법으로 표현되었다.

1. 기독교의 사랑은 행복의 근원이다.
2. 행복은 참된 문명의 표지이다.
3. 그러므로 기독교의 사랑은 참된 문명의 근원이다.

하나님은 모든 사람들에 대해서 이러한 사랑을 요구하셨다. 이러한 점에서 순종은 인간 영혼 속으로 들어오는 하나님의 입구가 되었다. 그리고 이것이 그리스도의 명령을 따르는 자들은 그리스도 안에 있고, 그리스도는 그들 안에 있다는 그리스도의 말씀의 의미였다. 그러므로 인간의 생존과 행복이 물질적 후원에 의존하는 반면, 물질의 획득과 적당한 사용을 위해 필수적인 지식이 무엇인지에 대한 질문이 일어나자마자 그러한 지식은 이타적인(selfless) 사랑의 정신 속에서 찾아졌어야 했다는 것이 명백하게 되었다. 사랑없는 지식은 저주가 될 것이다.[11]

'행복한' 사회에 대한 안창호의 묘사는 유럽과 아메리카에서 초기 개신교 개혁자들이 증거한 시민 윤리에 대한 열정을 상기시켜 주었다. 사회는 두 개의 기본 형태로 축소될 수 있다. 즉, 냉혹하고 잔인한 사회, 그리고 온정적이고 자비한 사회이다. 이러한 것은 정반대의 극단을 표현한 것이었다. 한국의 사회관계는 가족, 학교, 그리고 행정 등 모든 분야에서 돌과 같이 차갑고 굳어 있었다. "모든 선한 의지가 결여된 대한(大韓) 민중의 고통은 진실로 지옥보다 나쁜 것이다. 대한 사회는 고통의 장(場)이다. 그 속에는 기쁨이 없다." 더 나아가 대한은 세상에서 가장 나쁜 사회 중의 하나이다. "우리는 有情한 사회의 맛을 모르고 살아 왔스므로 사회의 無情함을 견대는 힘이 잇거니와 다른 유정한 사회에 살던 사람이 一朝에 우리 사회가튼 부정한 사회에 들어오면 그는 죽고 말리라고 생각 합니다."¹²⁾ 따라서 이 사회는 안창호가 조화와 호의가 있다고 생각하는 서구 사회의 위대함과 대조되었다. 안창호는 미국 사회와 가정생활의 직접적인 경험에 근거하여 한 사회를 묘사하였는데, 그것은 참된 애정에 근거한 결혼, 어린이와 여인들이 존중되어 다루어지고, 개인적 자유가 모든 공적 생활 속에서 존중되어지며, 지방행정으로부터 길게 줄 서 있는 것에 이르기까지 시민들이 서로를 고려하는 그러한 사회였다(!)¹³⁾

한국의 수양동우회인 흥사단의 목적은 친절하고 따뜻한 사회에 대한 이상의 묘사에 따라 그들의 관계와 자신을 개혁하는 가운데 연합된 개개인들의 공동체 모델이 되는 것이었다. 안창호는 모든 한국인들을 위한 하나의 모범적인 마을의 건설을 생각하고 있었는데, 이는 윤치호가 1907년 송도마을을 구상했던 것과 유사한 역할이었다. 그러한 공동체는 서민들로부터 회원가입에 대한 관심을 끌어, 민족갱신의 도구가 되고자 했다. 회원가입을 위해서 후보자들에게 회원 두 사람의 추천을 받을 것과 허락 이전에 엄격한 '교리문답' 시험을 치른 후에 6개월까지 훈련을 받을 것을 요구하는 등의 조항을 만들어 안창호가 장로교회식의 흥사단을 만든 것은 우연이 아니었다.¹⁴⁾ 개신교회는 그 안에 미래의 한국을 여전히 배태하고 있었으며, 진실과 선함, 그리고 사랑이 그 공동체의 핵심이었던 것이다.

그러한 사회는 단결을 요구했다. 마치 김필수 목사가 그 스스로 나누어진 한 민족은 바로 설 수 없다고 경고했던 것처럼, 안창호도 분열된 사회는 '근본적인 죽음을 경험할 것'이라 예언하였고, 미국 독립운동의 모토였던 "뭉치면 살고 흩어지면 죽는다."고 호소하였다. 1919년 초에 안창호는 "단결(unity)은 절대적이다."라고 주장했고,¹⁵⁾ 후에는 인간 몸의 기능으로 상호간 단결을 설명한 바울의 비유를 제시했었다.¹⁶⁾ 그렇다면 이러한 절대적인 단결이 어떻게 개인적인 자유와 양심의 존중과 조화를 이루었는가?

자유에 대한 안창호의 입장은 진정한 일치에 대한 영적인 근원 및 본성에 대한 그의 사상과 밀접하게 결합되어 있다. 이것은 그가 미국에서 국민회를 이끌 때 강조했었던 것이다. 즉, 개인적 견해를 자유롭게 표현하는 권리는, 인간사회의 근본적 규범에 대한 단결이 존재할 때만 그 보장이 가능하다는 것이다. 그러한 일치는 영적이었고, 인간의 자유가 숨쉴 수 있고, 사회와 정치의 다원성이 번성하는 그러한 분위기에서 창조될 수 있는 것이었다.[17] 그러나 물론 이러한 다원성 그 자체가 절대적인 것은 아니다. 안창호는 이사야 벌린(Isaiah Berlin)이 말한 어떤 보편적이거나 영원한 가치의 비존재(non-existence)를 전제하고 있는 다원론의 형태를 기꺼이 받아들인 흔적은 어디에도 없다.[18] 안창호는, 교육되고 도덕적으로 건강한 사회 안에서 공적인 의견을 수렴하는 과정에 대한 큰 믿음이 있었다. 사회의 각 구성원들이 지성과 양심에 비추어 본 후 자신의 견해를 제시했을 때, 공적인 의견이 구성되며, 이로부터 국가의 '의지, 청원, 그리고 명령' 등이 형성되리라 믿었다. 간단히 말해서, 정신적인 단결은 국가적인 단결의 원천이었다. 직접적으로가 아닌 공적인 의견을 통해서 국가의 단결은 활기를 띠게 된다.[19]

공동의 의지는 구체적인 조직을 통해서 수행되어져야 했다. 주권국가로써 이 구체적인 조직은 행정 수반에 의해 움직이는 정부인 것이 가장 이상적이다. 한국인들은 그들 자신의 공동의 의지에 대한 민족적 후견인(guardian)과 집행인을 만들어야 했다. 그러나 이것이 약점인 리더쉽의 문제를 건드렸다. 안창호의 이러한 문제에 대한 취급은 자유와 단결 사이의 관계에 대한 그의 사상을 드러낸다. 한국의 젊은이들이 평등주의의 이상과 지도자에 대한 복종 사이에서 모순을 느끼는 것을 깨달은 안창호는, 관현악이 갖는 조화의 아름다움은 지휘자를 따르는 각각의 숙련된 연주자에게 의존한다는 비유를 들어 그러한 '오해'를 없애기 위해 노력하였다. 국가적 단결과 상반된 이해관계를 갖는 '개인의 자유'는 '이기적이고 자기 중심적인 것' 이므로 소멸되어야 하는 것이었다.[20] 그런 식으로 인간의 몸에 대한 사도 바울의 비유가 이해되었다. 물론 여기에 몇 가지 애매한 점이 있다. 즉, 개인주의적인 윤리와 공리적인 사회사상을 융합하기 위한 시도에 따르는 특징이다. 그것은 개인적인 노력과 성숙의 '궁극적인 수혜자'(벤쟈민 슈바르츠〈Benjamin Schwartz〉가 표현한 것처럼)가 개인 그리고 사회(혹은 민족) 이 둘 중 과연 누구냐에 대한 점이다.[21]

안창호는 확실히 윤리적이고 물질적인 면에서 좋은 사회를 만드는 것에 관심이 있었다. 그의 관현악의 비유는, "한 인간이 모든 사회가 복종해야 하는 규범들과 원리들에 의하여 통제될 때"만이 자유롭다는 홉하우즈(L. T. Hobhouse)의 관점을 상기시킨다.[22] 그러나 중요한 조건은 설정해야만 한다. 안창호는 자유는 "개인의 권리라기보다 오히려 사회의 불가피성이다."라는 홉하우즈의 주장을 별로 좋아하지 않았을 것이다.[23] 그의 권고는 또한 한국 사회는 전통적인 사회사상이 정당한 자유와 개인 존엄성을 존중하지 않았기 때문에 부패한 게 확실하다는 그의 신념을 반영한다. 확실히 자유는 행복한 사회를 위해 필수적인 것이었다. 그러나 사회의 실체는 하나의 통일체였다. 그 통일체의 중심에 개인이 있으며, 그 개인의 권리와 존엄성은 타고난 것이었다. 왜냐하면 그것들은 하나님이 주신 것이기 때문이다. 변화에 대한 방법론과 사회개조에 대한 관심에 있어서 안창호는 개인주의자였다. 그는 1920년대 중반부터 1938년 그가 죽기까지 그러한 주제에 대해서 일관된 관점들을 유지했다.

안창호의 개인주의의 결정적인 특징은 1890년대부터 윤치호와 함께 나누었던, 인간 자유의 기원에 대한 윤리적-정신적인 이론이었다. 그러므로 그는 잘 정립된 사회를 만들기 위한 실용적이고 이기주의적 운동의 '비도덕적' 이상에 반대하였다. 비록 효과적이라 할지라도 그렇게 해서 만들어진 사회는 행복할 수 없었다. 즉, 그 사회의 개인들은 행복할 수 없다. 왜냐하면 행복과 참문명의 근원은 기독교적 사랑이며, 그 사랑은 이기주의의 반대편에 있다. 한국 민족주의 경향의 문학에서 두

드러진 특징은 루소에 대한 언급이 전혀 없다는 사실이다. 개신교인들 스스로도 처음부터 서구 '프로테스탄트' 개인주의를 한국의 가족중심 사회 속에서 발견되는 이기심(selfishness)의 반대(antithesis)로 평가해 왔었다. 자본주의조차 다소 이상하게도, 개인적 이익이나 개화된 자기 본위(self-interest)의 동기로가 아니라, 다른 사람에게 봉사하는 것으로 여겼다. 한국 개신교인의 자유에 대한 개념에는 방해받지 않을 자유(an untrammelled freedom)라는 의미는 없었다. 참자유는 자기를 부인하는 사랑으로 말미암아 속박되기 때문이었다. 그 자체로, 적어도 안창호의 관점으로는 그것은 단결을 위협하는 것이 아니라 실제적으로 단결을 확고히 하는 것이었다. 그가 「동광」 독자들을 위해 설명한 개인주의는 개인적 책임성의 의식이었고, 희생, 동정, 양심과 지성에 대한 충실, 다른 사람을 위한 존경, 그리고 사회복지에 대한 헌신 등의 내용이었다.[24]

단결의 정신적 기초들에 동의한다고 해서 개인과 사회 사이의 관계에 대한 물음에 대해 개신교인들 사이의 의견이 획일성(uniformity)을 띤 것은 아니었다. 모두가 방법론적인 개인주의자들은 아니었다. 1926년 8월부터 「동광」은 김윤경의 글들을 연재했는데, 여기서 그는 자유와 민족문화와 같은 주제를 헤겔적인 어법(Hegelian twist)으로 다루었다. 그는 1922년 일본에서 철학박사과정 공부를 마치고 귀국하자마자 헤겔학회(Hegelian Society)를 구성하였다. 그리고 안창호의 사상 속에 있는 어떤 노선이, 민족정신이 최고로 표현된 것이자 절대 자아(Absolute Ego)를 극도로 대변한 것으로 볼 수 있는 국가에 대한 포괄적인 이론으로 변형될 것 같은 낌새도 잠시 보였다. 그러나 김윤경은 국가를 문화의 아버지라고 묘사하기까지 가지는 않았다. 만약 그러했더라면 일본의 손에 놀아났을 수도 있었으며, 국가와 민족 사이의 관계에 있어서 자아개조 이론을 완전히 뒤집어 놓았을지도 모른다. 그 대신에 그는 개인과 사회, 민족의 일치와 보편적인 문명, 또는 우주적 의식에 관심을 집중하였다. 김윤경의 주장 중 많은 부분이 철학적 범주를 다루고 있기에 난해하며, 아마 한국 민족주의에 큰 충격을 주지는 못했을 것이다. 그러나 김윤경 역시 윤리적 민족주의를 강력하게 후원하였다. 그는 흥사단의 이상들을 전하는 데에 있어서는 이광수나 주요한 못지 않았다.

　김윤경은 사회와 민족의 삶을 (도덕적인) 적자생존으로 정의한 사회진화론자들의 정의에 대해 이전의 개신교 민족주의자들이 찬성했던 것을 분명히 거부하였고, 서로 돕는(mutual aid) 사회라는 유기적 개념을 수용해야 한다고 말했다. 김윤경이 모든 '개념들은 자아(ego) 바깥 세상의 반영'이라고 주장하였듯이, 자아(self)의 본질은 사회 제반 요소들을 포함하는 것이었다. 그러므로 모든 실체는 서로 관계성을 가지고 있으며, 사회의 불행은 사회와 관계없이 살려고 하는 개인들에 의해서 야기된 불일치의 결과였다. 사회적 갈등은 역사 속에서 발달과정의 원천이 아니라 하나의 질병이었다. 반면에 민족의 단결은 모든 자유의 기반이 되는 건강한 문명(healthy civilisation)을 만들어 냈다. '한 개인의 도덕적인 능력이란 그가 상대적인 자아 위에 있는 절대적인 자아를 선호하는 정도에 따라 증가한다'는 헤겔의 가르침은 '심오한 진리를 내포하고 있다.' 왜냐하면 상대적인 세계는 지옥과 유사하기 때문이다. 자기 안에 있는 절대적인 자아를 깨닫는 사람들, 즉 사회와 자신을 동일화시키고 사회를 위해 사는 사람들은 자신들의 진정한 자아와 진정한 자유를 발견해 왔다.[25]

　비록 김윤경이 사회를 도덕적 구조로서 묘사했다 할지라도 그는 한 세포로서의 개인적 관점을 고수하였다. 그 세포가 자신을 성취할 수 있는 유일한 가능성은 사회 조직체에 소속하는 것이었다. 이 점에서 그는 영국의 이상주의 철학자인 그린(T. H. Green)에게 많은 호감을 가지고 있었다.[26] 각 개인은 존재론적으로 사회의 독립적인 구성원이 아니라고 제안하면서 김윤경은 안창호의 '인간적인 사회'(humane society)에 대한 비전으로부터 사회관계 문제의 또 다른 해결책을 제시했다. 김윤경이 말하는 인간들로 구성된 일원론 사회(monistic society)는 상호 관계성을 그 특징으로 하는데, 이는 그들 각자가 사회 유기체(organism) 속의 절대 자아와 궁극적으로 분리될 수 없는 동일성을 가지고 있기 때문이다. 안창호가 그린 이상은 그런 개인적인 존재들과 관계할 수 있는 유일한 힘에 의해서 일치된, 구별되었으나 나뉘어질 수 없는 인격들의 사회, 말하자면 영적이고 신적인 사랑의 사회였다. 몸은 오직 메시지를 실어나르는 은유였다. 즉, 그것은 문자 그대로 사회가 유기체라고 하려는 것은 아니었다. 안창호는 개인의 구별된 정체성을 좋아했다. 그 속에는 스스로를 부인할 수 있는 기회와 신성 불가침성이 있다. 그리고 그가 취한 분명한 일신론은 그의 입장을 더욱 확실히 개신교적이게 하였다.[27] 그러나 비록 나중에 헤겔적인 용어가 없어졌다 할지라도 안창호의 입장은 개신교도들 사이에서, 집산주의적 자유주의자들의 입장에 비해 당분간 약화되었다.

  일본이 민족주의자들의 행동영역을 심하게 제한한 까닭에, 이러한 관점의 확산은 즉각적인 실제 효과가 거의 없었다. 어떤 면에서 김윤경은 안창호의 무실(truth), 역행(ability), 충의(loyalty), 용기(courage) 등 '4대 원칙'을 열심히 내세웠다. 더 나아가 안창호와 김윤경은 아주 중요한 분야에 있어서 동지자였다. 즉, 둘 다 인종이 민족의 단결과 개조의 기반이라는 생각을 거부하였다. 안창호는 단결을 인종적 기반 위에 세우려는 신념이 '인류의 파멸'을 가져온다고 생각했다.[28] 김윤경은 그 자체를 적(enemy)이라는 용어로 정의한 민족주의의 '편협한 군국주의자' 관점에 대항하여 나아갔다. 김윤경은 비록 현재에 '국가가, 일치된 공동의식의 가장 적합한 표현형태'라 할지라도, 모든 인간성을 포함하는 보다 높은 의식에 대한 스토아적이고 기독교적인 이상이 실현되기를 바랐다. 그의 불평은 이러한 이상이 자주 편협한 민족주의자들에 의해서 반민족주의로 오해되고 있다는 것이었다. 그러나 "가정 생활이 국가생활에 모순이 아닌 동시에…… 전인류 공동단결생활이 국가생활에 모순이 아닌 동시에 국가생활이 또한 인류 공동생활에 반드시 배타될 것은 아니외다." 한 민족의 건강은 전세계의 건강에 기여했다. 그리고 인종적인 증오심보다

는 바로 이 점이 한국 민족주의를 고취시켜야 하는 것이다.[29]

한국내에서 이러한 입장의 영향은 확실하다. 그러나 그 정도가 얼마인지를 재기는 어렵다. 일본은 흥사단의 사상들이 이미 1920년도 말에 평양과 황해지역에서 일어나는 진보적인 청년들 사이에 무시할 수 없을 정도로 잠식해 들어갔던 것에 주목하여 왔었다.[30] 1925년경 사회주의의 발생과 문화주의의 쇠약으로 어느 정도는 흥사단에 대한 지지가 감소되었을 것이라는 기대가 있을 수 있었다. 그러나 민족주의가 갖는 평범하면서도 불합리한 법칙으로 말미암아 안창호의 명성은 그가 조국에서 떠나 있는 시간이 많아지면서 오히려 더 높아졌다. 그래서 그의 연설문이 출간되자마자 그것은 한국인들 사이에 자아개조 이데올로기의 완만한 부흥을 부추기면서 급속도로 번져 나갔다. 「동광」은 1933년 2월에 금지 당할 때까지 윤리적 민족주의와 개인의 완성과 민족의 단결을 지지하는 많은 글들을 수양동우회의 회원들 전부는 아니지만, 유력한 많은 기독교인들로부터 이끌어 냈다. 기고가들로는 개신교인들인 김지환, 김창세, 이윤제, 문일평, 김창덕, 서재필, 전영택, 이상재, 윤치호, 그리고 오산학교 교장인 명이항, 또한 이순택, 박희도, 김영제, 백남운과 같은 기독교 사회주의자들이었다. 한국에서 가장 유력한 개신교인이며 민족주의자로서 빠르게 등장한 조만식의 지지는 잘 알려져 있으며 반면에 이종린과 한용운 같은 천도교와 불교 지도자들의 기본적인 협력은 그 운동의 영향을 더욱 확대시켰다.[31] 33인 중 한 사람인 감리교 오화영 목사와 같은 저명한 기독교인이 복음집회에서 많은 군중들을 매료시켰기 때문에 기독교회 자체는 1920년 이래로 꾸준하게 성장하였다. 이 복음집회는 오화영 목사가 1922년말 감옥에서 풀려나자마자 시작했었다.[32] 1935년경에 기독교 인구는 2천만 인구 중 50만 명에 다달았는데, 기독교는 한국인들 사이에 이같이 기록적인 성장을 보인 유일한 종교였다.[33]

집산적 자유주의(collective liberalism)로의 이동

정치적 무저항은 일본인의 조종을 받기가 십상이었다. 예를 들면 일본인들의 「서울신문」은 3·1운동의 실효성(practicality)을 반대한 윤치호의 주장을 다루면서 그것이 마치 약한 자가 강한 자에게 복종하고 독립을 잊어버리도록 권고한 것으로 묘사했다.[34] 1924년 11월 총독부 경찰국의 총수인 마루야마는 당시 친일「조선일보」지지연설을 했다. 그 연설에서 그는 연속적이고 평화적인 한국 문화의 발전이 독립을 성취할 수도 있을 것이라는 신념으로 말미암아 총독부가 위협받았음을 인정하였다. 문화운동을 총독부의 목적과 조화시킬 방법을 찾는 것이 급선무였다. 일본인들 역시 한국인들이 인종 배타주의(racial particularism)에는 반대하게 되기를 기대하였다 : "우리는 한국인들 가슴속에 조국에 대한 열광적인 추구에 매달리기보다는 더 높은 이상에 투자할 필요성이 있음을 알도록 서서히 가르쳐 주어야만 합니다."[35] 실제로 산업노동자들의 수가 1920년 5만 5천명에서 1930년에는 10만 2천명으로 두 배가 되자 일본은, 교육받은 계층이 정치적 무저항 전술을 선호했으면 하는 열망을 훨씬 더 갖게 되었다.

무저항정책에 반대한 사람들은 이 취약점을 재빨리 인식했고, 그 무저항정책 옹호자들을 일본을 위해 민족의식을 잠재우는 사람들이라고 비난했다. 그 가장 획기적인 공격은 1926년 북경에서 신채호가 쓴 짧은 글이었다. 그 당시 지도적인 지식인이었던 신채호는 한국에서 무정부사상의 등장을 주도하였다.[36] 그가 한일합방 이전에 신민회와 청년학우회를 적극적으로 지지하였었기 때문에 그리스도의 가르침에 대한 신랄한 비판을 내포하고 있는 그의 공격은 더욱더 중요했다.

신채호의 은유적 이야기인「용과 용의 대격전」(*The Great Battle of the Dragons*)에는 두 마리 용이 등장한다. 하나는 미리(Miri)라 불리며, 다른 하나는 단순히 용(Dragon)이라 불린다. 미리는 일면으로는 비굴

(subservience)을 나타내는데 신채호는 그것을 전통 동양철학과 기독교에서 찾아 냈다. 반면에 용은 서구로부터 흘러온 혁명적이고 폭력적인 정신을 의인화한 것이다. 미리는 일본 메이지유신의 해인 1868년의 현장에 도착한다. 그리고 안전과 생존에 관해 부드럽게 말함으로써 그 민족이 식민지정책을 받아들이도록 부추긴다. 갑자기 한 시골교회에 그리스도가 나타나고 그가 이미 서방세계에서 속여 왔던 '기만과 협잡'을 퍼뜨리기 시작한다. 악독한 마법사인 그리스도는 사람들의 마음을 빼앗는다 :

> 늘「고통자가 복 받는다, 핍박자가 복 받는다」는 거짓말로 亡國민중과 無産민중을 거룩하게 속이사 실체의 적을 잊고 허망한 천국을 꿈꾸게 하여 모든 강권자와 지배자의 편의를 주셨으니…….[37]

용은 "땅의 모든 것은 모두의 공동 소유가 되어야 한다."고 외치면서 봉기하고, 사회, 정부, 종교의 모든 구조를 파괴한 그 민족을 대신해서 그리스도를 죽인다. 그후 그들은 "전지구를 지상왕국이라 불렀고, 하늘과의 모든 교제를 완전히 단절한다."고 선포했다.[38] 하나님을 찾으며 최후까지 남아 있는 자들은 '신앙심 깊은 노예들'로 조롱받게 되었다.[39]

1920년대 중반 즈음에 신채호는 민족주의 국가지상론에서 떠나고 있었다. 왜냐하면 그는 일본 통치를 대신해 한국 정부를 세움으로가 아니라 예외없이 모든 나라들을 제거함으로써 민족, 실로 전민족을 자유하게 해야 한다고 보았기 때문이다.[40] 그러나 그는 기독교 안에서 자유를 향한 이중 장애물을 보았다. 왜냐하면 그것은 국가권력이 진정한 적에 대해 저항하지 못하게 할 뿐 아니라, 사람들의 진정한 적은 그들 자신 속에 있는 악-미신-이라고 가르쳤기 때문이었다. 간접적으로 신채호는 마루야마가 그랬듯이 기독교와 수양회운동이 한국 사회에서 고려할 만한 세력이라는 것을 시인했다. 자아개조운동이 일본 통치의 효과적인 버팀목이 되었다는 신채호의 비난은 우익과 좌익에서 오는 비난과 더불어, 수양동우회 내부에 그 때까지 존재해 왔던 정치철학의 문제에 대한 논란에 불을 붙였다.

1926년 후반에 콜럼비아대학에서 경제학 박사학위를 얻은 장로교인 조병옥은 수양동우회가 명백히 정치운동으로 재조직되어야 한다고 강력히 촉구하였다.[41] 조병옥은 미국 흥사단의 활동적인 회원이었으며, 그의 의견은 미국에서의 운동을 반영하는 것으로써, 곽임태의 지도아래 그들은 과격하고 직접적인 활동을 주장해 왔다. 동시에 주요한의 형인 주요섭은 사회주의 채택에 찬성하는 운동을 벌였던 상해의 흥사단 극동지부 내의 한 파벌을 이끌고 있었다. 극동지부는 그 문제로 인해 거의 분열된 상태에 있었고, 한편 남경(Nanking)의 흥사단 동명학원은 선우혁과 차리석 사이의 분쟁 때문에 붕괴 직전에 있었다.[42] 만주의 흥사단 지도자인 김병조 목사(33인 중의 한 사람)는 신칭(Hsing-ching)에 있는 그의 교회학교와 경작권(cultivation rights)에 부과된 임시 금지조치로 고통받고 있었다.[43] 또한 중국의 정착되지 못한 정치 분위기와 1925년의 미소야(Mitsoya) 협정은 남경에서 만주까지 한국 민족주의자들의 활동을 아주 심각하게 제한하였다. 한국에 있는 주요한은 자기 수양에 대한 강조는 젊은이들을 끌어들이는 데 심각한 방해가 된다고 스스로 결론을 내리고, 참된 힘의 배양을 준비하고 직접적 혁명 책략을 위해서는 정치적 훈련을 시작할 시기가 되었다고 주장했다.[44]

흥사단의 이론적 분열에 당황한 안창호는 1926년 9월 주요한을 토론차 남경으로 불렀다. 안창호는 흥사단이 정치적 파벌집단이 되지 않도록 하기 위해 주요한에게 그의 불편한 심기를 나누었다. 개인적으로 구성원들은 당연히 각자의 관점을 소유하고 있었다. 그러나 흥사단이 어떤 특정한 정치단체의 색을 띠우면, 이데올로기 바람의 방향 변화에 따라 흥사단은 심각한 붕괴 위기에 처하게 될 것이다. 흥사단의 운명은 어떤 정치적인 당의 운명과 연결되어서는 안 되었다. 흥사단은 독립투쟁에 뚜렷하고 필수불가결한 역할을 했다고 안창호는 주장했다. 그러나 그는 광범위한 혁명적인 당이 형성되었을 때-연합전선?-보다 큰 운동의 한 부분으로서 혁명을 긍정적으로 도울 수 있으리라는 것도 받아들였다. 주요한은 이것에 동의한 것으로 보인다. 그래서 그는 한국에 돌아왔다.[45] 안창호 자신은 1927년에 북중국과 만주의 지부를 순회했고, 그 후 그 문제를 미국 지부에 편지했다. 그는 이와 같은 불만을 표시하였다. "나는 이미 거듭하여 이 점을 이야기해 왔다. 그러나 우리가 혁명의 시대에 있기 때문에 어쩔 수 없이 어떤 혁명운동에 참가해야 할 것이다. 만일 이것을 위해서는 수양회 조직과는 성질이 다른 독특한 혁명조직이 필요할 것이다."[46]

1927년 1월 수양동우회 지도자들은 회원수를 늘리고 접근방법의 시기와 그 타당성을 재확인하는 운동을 결정했다. 그달「동광」잡지는 개편된 안내서에서「동광」지지단체의 결성을 발표하였다. 그 꿈은 구성원을 '수만 명으로' 확장시키고 안전한 경제기반을 획득하는 것이었다. 그러나 이러한 움직임의 배후에는 전략적인 계산이 있었을지도 모른다. 아마도 그 지도자들은 다음달 신간회라는 이름으로 선포될 연합전선운동의 소문을 알아챘고, 역시 그 운동을 지향하는 동우회의 정책이 핵심세력권으로부터 고려되기를 바랐을 것이다. 1927년 7월 주요한은 회원 모집운동이 긍정적이었다고 주장하는 그 운동의 보고서를 펴냈다.

그러나 동우회의 원리에 대한 주요한의 재주장은 개인에서 사회구조에의 참여로 그 강조점이 변화된 것과 확실히 관련이 있었다. "새로운 운명의 건설을 위한 한국인의 싸움은 먼저 건전한 인격을 소유하는 것이어야 한다."고 주장하는 한편, 주요한은 또한 사회적 환경이 개인의 성격을 결정한다고 주장했다. 실로 그는 수양회 운동은 사회적 측면을 빠뜨렸다고 책망했다. 7월에 주요한은 그의 글에서 사람들의 생활방식에 관해 말했다 :

　　개인은 사회를 떠날 쑤 없는 것이니 '개인의 사회'가 아니라 '사회와 개인'이라 할 만큼 사람의 생활은 사회와 하였다. 그럼으로 개인의 개조는 사회의 개조를 아니 가지고는 도저히 능하지 못할 것을 수양운동자는 잊어서는 아니 될 것이다.

사회가 불건전하면 그 사회에 속한 개인도 건전하기가 어려운 것이니 우리는 먼저 사회를 건전하게 한 후에라야 참으로 개인을 건전하게 할 수가 있는 것이다.…… 다만 그 건전한 사회를 짓기 위한 건전한 분투분자를 양성하는 것이 우리 수양운동의 근본이 될 것이 아닌가.

우리의 갈 길은 오직 여기 있다. 고식적인 자기개조에서 사회개조로!⁴⁷⁾

이론적인 측면에서 볼 때 이것은 특별히 잘 고안된 것은 아니었다. 사회이론의 추상성과 구체성을 조화시키려는 모든 시도들에서 공통적으로 나타나는 모호성을 가지고 있었던 것이다. 그리고 실천적인 면에서 볼 때 이것은 훨씬 혼란스런 것으로 증명되었다. 만일 정치적 활동이 없다면 어떻게 한국인들이 사회구조 변화에 대한 운동을 인식할 수 있었을까? 그리고 만일 정치적이라면 구체적인 의미에서 정치적이어야만 했다. 주요한이 서둘러 부연한바, 변화의 기초는 여전히 윤리적이고 오직 진리와 선에 대한 충성만이 요구된다는 설명으로는 불충분하였다.⁴⁸⁾ 왜냐하면 변화의 배후에 어떤 세력이 있다 해도 사회 변화 그 자체는 불가피하게 정치적이기 마련이기 때문이다. 그런데 주요한은 어떤 정치 강령을 제안했었는가? 물론 그는 의도적으로 정치적 강령을 제안하지는 않았다. 그리고 그 결과는 불안한 타협이었다.

모호함 가운데 적어도 하나는 약간의 명확성을 드러냈다. 즉, 동우회 운동은 도덕성의 중요성을 강조하고 있지만, 궁극적으로는 독립을 위한 투쟁과 직접적으로 연결된 운동으로 이해되어졌다는 점이다. 사회 개조는 그 수단이었다. 확실히 이 사회 개조는 신채호가 말한 이전 구조의 파괴나 프롤레타리아에게로 사회권력이 옮겨진다는 마르크스주의 프로그램을 의미하지는 않았다. 그것은 여전히 박애(philanthropy)의 문제였다. 주요한은 이미 자격이 갖추어진 모든 시민들 - 전문가, 기술자, 과학자, 사업가, 목사와 교사들 - 에게 함께 단결하여 새로운 사회환경을 만들자는 소명의식을 요청했다. 만일 '건전한'이라는 단어가 '자유'로 대체된다면, 주요한의 이론은 "각자의 자유진보는 모두의 자유진보의 조건이다."라는 공산주의 원리와 비슷하게 보인다. 왜냐하면 둘 다 방법론에 있어서는 집단주의자(collectivist)이기 때문이다. 그러나 공산주의와 주요한의 주장 사이에 무슨 유사성이 있다면 그것은 바로 여기서 끝난다. 전자는 발전이란 물질적 기초를 필요로 한다고 보았고, 후자는 윤리적 기초를 주장하였다. 전자는 발전함에 따라 그 자신의 존재를 알게 되는데, 후자는 사회구조에 대한 윤리적 관계를 파악할 때 자신의 존재를 알게 된다고 주장하였다. 주요한은 이런 윤리적 입장이 오해의 원인이 되었다는 것을 알았기 때문에 그의 운동의 윤리란 그 비판자들이 주장하듯이 지배권력의 공범자가 아니라는 것을 보여 주기로 결정했다. 윤리란 저항의 수단이었다.

> 그럼으로 우리는 복종의 도덕을 버리고 반항의 도덕을 가지어야 할 것이다. 부모에 복종하는 것이 효도이었으나 우리는 효도를 저바리어야 하겠다. 임군에게 복종함이 충성이었다면 우리는 충성도 버리어야 하겠다. 상전에게 복종함이, 권세잡은 자에게 복종함이, 돈 가진 자에게 복종함이 도덕이었다 하면 우리는 그 도덕을 버리지 아니ㅎ지 못하겠다.
>
> 이 때는 반항할 때다. 이날은 반긔를 들고 일어설 때다.[49]

저항과 윤리적 급진주의에 대한 주요한의 호소는 자아개조운동에 중추를 부여하고, 개신교 윤리와 더불어 개조운동이 전에 소유했던 잘려나간 조각을 회복시키고, 한국인들에게 과거로부터 벗어나라는 경고의 소리를 한번 더 들려주려는 시도였다. 그것은 또한 식민지 권력에 대한 도전이었고(그리고 검열관들이 그 글의 인쇄를 허가한 것도 놀라운 일이었

제6장 / 민족적 회개와 개화, 1925-1937   205

다.), 그러면 식민지 권력은 진리와 선에 충성을 다하는 윤리적인 열정 앞에 일소될 것이다. 주요한의 호소는 자아개조 '도덕성'의 타당성에 관한 의심들을 쫓아버리려는 의도가 있었으며, 한국을 노예상태로 있게 하는-한국인과 일본인이 공유하는-그런 가치들을 그 도덕성으로 대체시켜 비타협적인 저항의 중심으로 삼으려는 의도도 있었다. 이것은 한국말의 사탸그라하(satyagraha)였다. 즉, 악의 힘이 진리의 힘을 결코 멸절시킬 수 없다는 것이다.

주요한의 글들은 많은 한국인들에게는 더욱 과격한 것으로 보였는데, 그 이유는 윤리적인 초점이 개인적이고 인간 본성적인 데에서 사회제도로 이동했기 때문이었다. 주요한은 사회 환경이 인간성의 상실에 대해 책임이 있다는 이론과 같은 '그럴듯한 구조'로 일종의 공동체 모범에 대한 사상을 발전시키지는 않았다. 예를 들면, 동우회와 죄의 기원과 속성에 관한 기독교 교리들과의 직접적인 연결은 이 때가 가장 약하였다. 그러나 이것이 토론을 이끌어 내지는 못하였다. 흥사단 원칙들에 대해 주요한이 '재주장'한 실제적인 효과는, 김윤경의 헤겔주의와 결합하여 자유주의자들의 특징을 가진 방법론적 집단주의(methodological collectivism)를 대중화시킨 것이었다. 비록 여기서 주요한 자신은 주저하였지만, 다른 사람들은 구조(structure)의 차원에서 시작되는 변화는 실제로 정치적인 개입을 지향하며, 그러므로 공동의 정치적인 입장을 요구한다는 논리적인 결론에 빨리 도달하였다.

흥사단의 해외 지부가 상대적으로 약한 반면, 1928년에 수양동우회는 건실하게 성장하여 지지자들 중에는 여러 정치단체의 회원들과 많은 사회주의자들-설사 윤리적 사회주의자들이라 하더라도-이 포함되어 있었다.[50] 1929년에 조직개편이 일어났다. '수양'(도덕적 수양을 의미함)이라는 말이 조직의 이름에서 빠지게 되었고, 그 이후부터는 단순히 동우회로 알려졌다. 그리고 강령에서 '조선신문화운동'(new culture movement)이라는 말이 '신조선건설운동'(new construction movement)으로 바뀌었으며, 전(소)혁명적인 세력들의 한 전위대(detachment)로서의 단체(body)라는 문장이 삽입되었다.[51] 중앙위원회는 의식적으로 독립에 초점을 맞추기 시작하였고, 1931년 2월에는 그 목표를 위한 4개년 계획안을 수립함으로써 좌익 정치이데올로기의 흔적을 뚜렷이 새겼다. 더 나아가 지방자치나 혹은 정치적인 조정(accommodation)을 지지하고 사회주의에 대한 비판을 옹호하는 글은 앞으로 「동광」의 주제에서 금하기로 합의를 보았다.[52] 민족사회(National society)는 오직 정치적인 단체들에 관계하여서만 그 의미를 가지기에, 독립주권이 민족 개조의 핵심이라는 관점이 동우회 회원들 사이에 우세하였다.

그러나 그것은 단지 일시적인 것이었다. 조직재편이 부적절한 시기에 이루어졌던 것이다. 대공황은 동우회의 경제적인 기반을 약화시켰다. 그리고 만주에 있는 일본 기업들이 사이토(Saitō)의 '문화' 정책의 종료를 계기로 한국에 진출하여 한국 이북지역의 산업화를 촉진시켰고 민족주의자들과 공산주의자들의 운동을 새롭게 억압하는 역할을 하게 되었다. '순회강연'이 금지되었고, 1933년 2월에 「동광」은 발행호수가 40회째로 그 마지막이 되었다. 부분적으로 동우회의 정치화에 영감을 주었던 연합전선운동은 경솔하고 분열적인 정책에 대한 책임을 지고 1931년 5월로 이미 막을 내렸다. 몇몇 정치적 우익파들은 테러리즘을 택한 반면에, 1929년에서 1932년 사이에 한국 내부에 정당을 재조직하려는 시도를 세 번 했다가 실패를 맛본 공산주의운동은 한번 더 망명중인 한국인들에게 주의를 집중하였다. 일반적으로 개신교인들 사이에 시계추는 비정치적인 선택쪽으로 되돌아갔다. 자아개조 민족주의자들은 혁명적인 투쟁이 개인적인 갱신에서 출발한다는 이전의 확신으로 돌아갔다. 동시에 그들은 사회주의로부터 거리를 두기 시작하였고, 마르크스-레닌주의 자식의 혁명을 반대하였다.

혁명의 기독교적 이론

1931년 2월 「동광」은 안창호의 "인격 완성과 단결훈련에 관하여 청년들에게 호소함"을 발표하였다. 안창호는 거듭 말하기를, "우리의 모든 실패의 근본적인 원인은 민족적 단결이 약하기 때문이며, 또한 이것은 우리의 초기 와해의 원인이다."라고 했다.[53] 5월에 신간회의 분열과 실패에 대한 반응으로 안창호는 두 번째 글을 발표하였다. 확실히 한국 비극의 원인은 이제 매우 분명하였다. "만일 우리가 함께 행동한다면 우리는 생존하게 될 것이다. 만일 그렇지 못하다면 우리는 망할 것이다. —그것이 우리의 상황이다!" 그 밖의 다른 것들은 모두 이차적이었다. 그리고 다른 모든 이차적인 것은 오직 단결한 후에야 얻을 수 있는 것이었다.[54]

역설적이게도 1932년 4월 안창호는 김구에 의해서 지시된 테러행위에 대한 보복으로 일본 경찰이 상해에서 한국인들을 습격할 때에 거기서 일본 경찰들에게 붙잡혔다. 안창호는 한국으로 압송되었고, 상해에 있는 애국단 열사(terrorist)들과 아무런 관련이 없었음에도 불구하고 대구 형무소에서 징역을 언도받아 거기서 1936년 1월까지 갇혀 있었다. 그가 체포된 지 4개월 후에 주요한은 「동광」에 한 논설을 썼는데, 그 논설은 흥사단의 사명의 본질에 관한 안창호의 입장을 새롭게 수용한 것이었다.

동우회를 정치적인 기구로 여기는 사람들이 많이 있다. 이것은 근본적으로 잘못된 것이다. 이 잘못된 관점의 결과로 생겨난 모든 비판은 필연적으로 중요한 것을 빠뜨린다.……비록 우리 민족의 힘의 일부분이긴 하지만, 동우회는 어떤 고정되고 본질적이며 정치적인 특징들(fixed essential political features)을 의미하는 '민족주의'의 세력과 자신을 동일시하는 사실로부터 그 출발점을 삼을 수 있을 것이다.

몇몇 사람들이 동우회를 '영원한 은신처' 정도로 업신여기려 했지만, 주요한은 동우회 신조는 한국의 미래에 핵심이라는 점을 확신하였다. 그 이유가 두 가지 있었다 :

> 첫째, 지난 300년 동안, 아니 지난 40년 어간에 대한 한국인들의 사회적인 생활에 대한 기록은 '신뢰 구축', '단결정신의 배양', '수적인 단결 이전에 질적인 단결'…… 등에 역사적 가치가 있었음을 보여 준다.
> 둘째, 한국의 현재 상황 아래서는 동우회 운영이 문화적으로나 역사적으로 중요한 의미를 가지고 있다.……어떤 관점에서 보면, 이 동우회는 모든 다른 운동의 뿌리와 몸통으로 여겨질 것이다."

동우회가 정치적인 색깔을 거절하는 이유는 정치의 등급이 낮기 때문이 아니라, 오히려 정치도 나름대로의 구별된 활동의 장이 있다는 인식에서 기인한 것이었다. 더욱이 한국에서 동우회와 같은 공적이고 합법적인 단체가 정치적인 활동을 할 수 없을 것이라는 것이 자명하지 않는가? '편협한' 민족주의라는 비난에 반대하는 동우회의 입장을 거듭 반복하면서 주요한은 다음과 같이 결론을 맺고 있다 :

> 동우회 회원은 조선인의 一分子로써 각기 그 소신에 따라 정치적 행동을 취할 것이다. 그리고 그 행동은 동우회를 통하야 될 것이 아니라 다른 정치적 집단을 통해서 될 것이다.……
> 그 부분적 푸로그람의 표시에 대하야 그것이 마치 전체인 것처럼 단정하고 비평하는 것은 고의적이거나 아니거나를 물론하고 일종의 데마고기가 되고 만다.[55]

이와 마찬가지로, 어떤 특별한 정치집단이 민족 전체에 대한 절대적 권리를 주장하는 것도 선동이었다. 그러므로 동우회와 기독교인들 대부분은 결국 마르크스-레닌주의자들의 혁명론에 대해 공개적인 반대를 표명하였다. 물론 사회적인 화해를 강조하는 자아개조운동은 계급갈등 이론을 반대하는 '정치적' 관점이다. 1931년 1월에 이미 이광수는 동우회의 변혁철학의 독특성을 인지할 것을 촉구하였다. 그는 무죄한 한국 여인들과 아이들에게 비극적인 고통을 안겨주는 만주의 한국인 공산주의자들과 그들의 방법론을 철저히 공격하였다. 그리고 그는 네 원수를 미워하지 말고 사랑하라는 그리스도의 명령으로 그들의 폭력성을 반대하였다.[56] YMCA 잡지인 「청년」에 이광수는 그리스도인과 마르크스-레닌주의자들의 혁명적인 방법 사이의 차이점을 예리하게 묘사해 놓았다. '혁명'이라는 용어가 많은 사람들에 의하여 단지 폭력적인 계급대결을 의미하는 것으로 사용된다는 점을 우려하며, 동우회 위원회 회원조차도 정치적인 과격주의에 의하여 흔들리고 있다는 사실을 안 이광수는 혁명의 '기독교적' 정의도 그 진정한 의미로 받아들여야 한다고 주장하였다. 이광수는 두 가지 형태의 혁명들 사이의 차이점들을 다음과 같이 크게 네 가지로 대조하였다 :

1. 기독교는 너를 미워하는 자를 위하여 기도하고 원수를 사랑하라고 가르친다. 마르크스-레닌주의는 '부르주아들'을 증오하라고 요구한다.
2. 기독교 혁명은, 계급권력과 적대감을 사랑으로 맞서며, 자기를 죽이기까지 고통당하는 것을 토대로 한다. 마르크스-레닌주의의 혁명은 적대계급에 대한 폭력적 파괴를 의미한다.
3. 기독교는 십자가로 그 군대를 결속시키나, 마르크스-레닌은 총으로 결속시킨다.
4. 기독교 혁명가들의 눈은 사랑과 용서의 눈물로 가득 차 있으나, 마르크스-레닌주의자들의 눈은 증오와 복수의 불길로 가득 차 있다.[57]

독창적이 못되는 마르크스-레닌주의자들의 혁명이론은 전역사를 통해 나타난 비참한 형태의 혁명에만 적용될 수 있는 것이다. 그 비참한 형태는 항상 그 처음 약속들을 좋게 이루는 데에 실패한다. 왜냐하면 먼저 목적이 수단에 의하여 파괴되기 때문이다. 이광수는 그리스도의 모범을 추구하는 한 사람으로서 간디를 들었다. 그러나 그는 간디가 완전한 그리스도인의 태도를 가졌었는지를 질문한다. 완전한 기독교인의 태도는 자신의 적을 위해 긍정적인 기도를 하는 비폭력 저항에서 한 걸음 더 나아가는 것이다. 그러나 그리스도는 어떻게, 그리고 무엇을 혁명화하고자 하였던가? 부르주아 사회든 프롤레타리아 사회든, 어떤 다른 사회든지 간에 폭력과 싸움과 악에 기초한 사회로 바꾸고자 한 것이 아니라, 오히려 "그는 인류의 마음속에 자리잡고 있는 모든 사상들, 욕심들, 악의 습관들, 교전상태, 폭력 등을 뿌리뽑고 제거하고 불태울 것을 목적으로 오셨다." 이것은 단호한 결심을 요구하는 까닭에 결코 평화스러운 혁명일 수는 없다. 마르크스-레닌주의자들은 그들이 희생시킨 자들의 피로 강을 이루게 한 반면에, 기독교인들은 그들 자신의 피로 강을 이뤄야 한다.[58]

톨스토이에 대한 이광수의 존경은 한국에서 최소한 1912년 이래로 잘 알려져 있었다. 그리고 「재생」(혹은, 부활)과 같은 그의 소설들은 톨스토이의 영향을 직접적으로 반영하고 있다. 1932년 그의 나이 40세에 이광수는 「흙」이라는 소설을 써서 「동아일보」에 연재하였다. 그 소설의 주인공은 허성이라는 이름의 농촌 청년이었다. 그는 대학교육을 받기 위해 농촌을 떠났다가 후에 농촌사람들과 살며 그들을 계몽하기 위해 '고향으로 돌아왔다'. 그 시대의 다른 작가에 의하면 허성은 열렬한 사회주의 혁명가로 그려질 수 있었다. 그러나 이광수의 특징은 자기 희생적인 '민중의 친구', 즉 땅과 그 땅의 아들들의 정신적인 연인의 이상으로서 구체화되었다.

이 당시 이후로 이광수의 작품들에서는, 체념의 분위기나 거의 수동성에 가까운 분위기를 감지할 수 있다. 이광수의 작품들은 불교적 영성에 대한 그의 호감과, 1930년대 중반기 민족주의자들 대부분의 침체된 사기를 반영하고 있다. 그러므로 그가 톨스토이와 같은 주제들을 많이 다루고는 있으나, 그의 작품은 톨스토이의 강한 면과 박력을 결여하고 있다. 여하튼 '기독교적' 혁명에 관한 그의 글들은, 연합전선의 실패로 자극받은 개신교 지도자들이 자신들의 이데올로기의 영적인 뿌리로 의식적인 전환을 하고자 했던 시도의 일부였다.

신간회운동의 막바지 1년 반 기간 동안 두 개신교인, 즉 '부르주아' 윤치호와 '사회주의자' 박희도 사이에 예기치 않은 화해가 일어났었다.[59] 1931년에서 1933년 사이에 많은 단체가 윤치호, 안재홍, 이광수, 조만식의 지도 아래 생겨났는데, 모든 단체가 그 목표를 일치에 대한 막연한 이상에 두고 있었다. 이런 시도들은 대개는 과격한 좌익과 문화주의자들 사이에, 그리고 기독교인들과 천도교 지지자들 사이에 오랫동안 지속되어 온 감정대립으로 말미암아 실패하고 말았다. 제대로 활동을 시작한 단체들은, 모든 사람들 중에서 가장 비정치적이었던 윤치호가 조직했거나 그와 관계되어 조직된 단체들 뿐이었다. 그러나 1933년부터 1935년까지 정치 혁명가와 신흥우의 적극청년단의 우익 분위기에 반대하여 성공적으로 연합된 입장이 동우회, 흥업구락부, YMCA로 말미암아 생겨났는데, 이것은 개신교 민족주의자의 단결에 희망을 불어넣어 주는 것이 되었다.[60] 1936년 설날에 조만식은 「동아일보」의 문화잡지인 「신동아」에 중앙 조직의 재구성에 관한 글을 썼다. 산업, 교육, 문화, 사회복지에 있어서 농촌과 도시를 망라한 개혁의 프로그램에 대한 윤곽을 잡은 후에 조만식은 농촌과 도시에서 이런 활동들을 조정하는 데 필요한 중앙 기구의 구성을 제안하였다. 그는 그런 모든 활동이 '생활방식의 개혁'에 기초를 두어야 한다고 주장하였다.[61] 나아가 다른 글에서 조만식은, 회개야 말로 가치있는 사회변화의 유일한 기초라고 다시 확증하였다. 그리고 젊은이들이 민족 개조에 그들의 재능과 소유와 정력을 헌신할 것을 요청하였다.[62] 조만식은 의도적으로 윤리적인 기초를 혁명의 우선 단계로 설정했고, 현재의 행동은 즉각적이고 가시적이며 역사적인 결과를 보여야만 그 정당성을 인정받는다는 논리를 거부하였다. 같은 시기에 윤치호는 '파벌을 버리고 공동의 일치된 입장'을 채택하라는 그의 요청을 첨가하였다.[63]

게다가 1936년 1월 안창호는 감옥에서 놓임을 받았다. 민족주의자들의 모임에서 안창호는 즉시 자아개조원리들에 대한 방어를 시작하였다:

> 우리가 할 일이 많은 줄 압니다.…… 그러나 우리가 무엇을 하든지 핵심되는 바는 인격혁명이라고 생각합니다. 민족변화란 말씀이오. 이거 또 춘원식의 민족개조론이구나 하고 비웃을지 모릅니다만 하여튼 지금 제일 필요한 것은 인격혁명인 줄 압니다.…… 과연 나쁜 제도를 타파하지 않으면 훌륭한 인격을 내기 불가능할 줄 압니다. 그러나 나쁜 제도를 타파하는 것은 누가 하는 것입니까. 인격이 하는 것이 아니고 무엇입니까. 망국의 인격으로 무슨 사회혁명입니까. 핵심은 인격혁명에 돌아가고 맙니다.…… 인격혁명을 못한 이는 제 아무리 나쁜 사회제도를 타파한다 해도 다시 나쁜 제도밖에 나오지 않습니다.…… 본 바탕이 그르면 아무리 좋은 씨라도 글렀단 말씀이오.[64]

그때 안창호는 조만식, 백관수, 이광수, 김성수, 김병로, 여운형(그때 한국에 돌아와 있었음)과 다른 개신교 동료들을 찾아내어 조만식이 제안한 것에 대한 행동방안을 논의하였다.[65]

안창호는 동우회 및 윤치호와 손을 잡았고, 안재홍은 흥업구락부와 손을 잡았으므로, 형식적으로 어느 쪽으로도 가입하지 않은 조만식은 개신교의 단결을 위한 이상적인 초점이었다. 2월에 그는 다시 중앙 조정기구의 구성에 대한 글을 썼다.[66] 그리고 「청년」 4월호에 보고된 선천

제6장 / 민족적 회개와 개화, 1925-1937 213

YMCA연설에서도 중앙기구에 대해 계속 언급했다. 이 연설에서, 조만식은 복음의 선포는 단지 다른 여러 조건들 사이의 하나일 뿐인 것이 아니라 민족부흥의 시작과 끝이라고 강조하였다. 그는 '한 지역에 한 교회 운동'을 전심으로 지원할 것을 촉구하였다. 그는 그 운동이 민족의 사회적 삶을 기독교화하는 과제에 큰 원동력을 줄 것으로 기대했던 것이다. 그는 광범위한 복음화를 기대하면서 한국의 개신교인들에게 백성들을 일치로 인도하여 사회적인 순결을 이루어야 한다고 호소하였다. 한국민족은 '이상적인 위인'인 그리스도에 대한 공동의 충성심을 기초로 세워져야 한다.[67] 이상을 상실한 이 시대에서 교회는 다시 한번 "우리 백성이 먼저 의를 추구하게 한다."는 과제를 중심으로 민족을 연합시키는 민족적인 삶의 중앙에 서지 않으면 안 되었다.[68]

조만식은 이상으로 향하는 길을 막고 있는, 심각하게 처리해야 할 다양한 물질적 환경적인 문제들이 있음을 인정했다. 그러나 그는 만일 개인들이 기도를 통해 하나님으로 말미암아 능력을 입는다면, 인간의 정신은 이러한 장애물들을 극복할 수 있을 것이라는 자신감을 피력하였다. 조만식은 여기서 마르크스주의자들과 함께 문제를 다루고 있다:

> 물질적인 삶이 정신적 혹은 영적인 삶을 통제한다는 마르크스주의자들의 관점에 따르면, 그들은 (사람들의 이상을) 변화시킬 어떤 가능성이 있다고 말한다. 그러나 사실상 사람은 어떤 이유로든 그들의 이상이 매우 쉽게 변한다. 유산자들은 그들의 재산 때문에, 무산자들은 그들의 재산의 결핍 때문에, 배운 자들은 그들의 배움 때문에, 그리고 무지한 자들은 그들의 무지 때문에 그들의 이상이 매우 쉽게 변한다.[69]

참되고 견고한 이상은 영적으로 고무되고 지속되는 것이기 때문에 모든 유산 가운데 기독교 신앙은 현세대가 그 후손들에 물려줄 수 있는 가장 위대한 유산이다.[70] '백성들을 자신들의 죄로부터 구원하는' 말의 의미는, 즉 사회의 제반관계들 속에서 변화가 일어남을 뜻한다.[71] 조만식의 메시지는 또한 우찌무라 간조의 제자들을 포함하여 김교신과 오산학교를 졸업하고 한 때 남한의 최고 퀘이커 지도자였던 함석헌 같은 많은 독립 기독교인들의 지지를 받았다.

　윤리적 자아개조 이데올로기의 지도적인 대표인물이며, 가장 광범위하게 존경을 받고, 개신교 민족주의자들 가운데 가장 덜 편협한 조만식은 개신교회는 개조하는 공동체로서의 역할이 있다는 신념을 고취시켰다. 그러나 조만식은 원칙적으로 행동의 사람이었다. 그의 명성과 영향은 별로 빈번하지도 않은 인쇄물 속에서의 등장보다는, 자아개조의 이상을 존재의 실제적인 영역인 경제에 적용함으로써 자아개조의 이상의 실천적 가능성을 보여 준 데 있었다. 문화주의는 단지 자아개조 프로그램의 일부일 뿐이다. 1920년대와 1930년대의 민족주의 배경 속에서 그 위치가 가장 분명하게 드러난 것은 경제분야에서였다.

경제적 개조 : 이상(理想)의 시험 케이스

    경제적 개조의 위치는, 1896년 독립협회와 1907년 신민회 활동 중 교육과 정치적인 훈련과 동일한 중요성을 띠었다. 그리고 1910년 합방 이전에 유길준과 남궁억이 여기에 많은 관심을 가졌었다. 윤치호의 송도 한영서원에서는 산업교육이 종교교육 바로 다음으로 중요한 자리를 차지하였다. 무역, 산업, 경제 윤활이 기독교 공동체, 특히 서북지방의 상징이 되었고, 그럴 즈음에 이승훈과 조만식은 새로운 신앙과 배움의 길에 들어선 자신들을 축하하는 의미로 기업활동을 시작하였다.[1] 초기 청년 학우회의 접근시각을 따라 이광수도 마찬가지로 경제와 문화적인 개조가 똑같이 시급하다고 1924년의 논문 "민족적 경론"(民族的 經論)에서 강조하였다.

    물론 한국의 식민상황에서 가장 명백하게 주의를 환기시키는 것은 한국 사회의 경제지침에서 한국인들이 배제되는 것이었다. 한국의 예속상태에 대한 윤리-정신적인 분석에 충실한 기독교 자아개조 민족주의자들은 그들의 동포들에게 한국이 이렇게 된 것은 민족의 순수한 경제기반이 부재했기 때문이며, 이것이 외국의 경제 수탈을 초래한 첫 번째 원인이라고 상기시켰다. 따라서 자립(self-reliance) 혹은 자족(self-sufficiency)이 그들의 경제계획의 표어가 되었다. 그 원칙들을 가장 크고 확실하게 구체화한 것이 1922년 조만식에 의하여 시작된 조선물산장려회(Korean Products Promotion Society)이다. 따라서 이 장려회는 온갖 민족주의자들과 사회주의자들 사이에 주목할 만한 논쟁을 불러일으켰다. 그 운동 자체를 살피기 전에 간단히 그 당시의 경제적 상황으로 돌아가 보자.

경제적 배경

총독부의 준공식기관(semi-official agency)인 일본동양척식회사(Japanese Oriental Development Company)는 1907년에 한국의 농지를 구입하기 시작했다. 농지를 소유하는 일은 1910년과 1931년 사이 거의 11,000헥타르에서 123,000헥타르로 극적으로 증가하였다. 1920년에는 이미 77,000헥타르를 소유하게 되었다.[2] 일본이 얼마나 많은 땅을 소유하게 되었는지에 대한 통계는 일치하지 않는다. 그러나 최근의 연구는 일본 소유의 총합이 최고일 때가 경작지의 25%을 조금 상회했을 것이라고 평가한다.[3] 당시의 한국내의 일본인들이 전인구(1,700만에서 1,900만 사이였고, 80% 가량이 농촌에 있었다)의 단지 3%이고, 이들이 대부분 관료들, 순경, 군인들이었다고 볼 때, 소수 일본인들이 한국 농업의 상당히 많은 부분을 직접 통제하였다는 사실이 명백해진다.

1930년대의 엔블럭 경제(Yen Bloc economy)의 운영 때까지 농업에 우선권이 주어졌다. 산미증산계획(Rice Production Expansion Plan)이 1918년과 1920년의 일본의 쌀소동에 뒤이어서 진행되었을 때, 1920년대 동안 가장 강력한 농업발전이 일어났었다. 이 계획은 쌀에 있어서 제국의 자족을 성취하기 위해 그리고 제 1차 세계대전에 뒤이어 따라온 식량값 상승의 문제를 해결하기 위해 계획된 것이었다.[4] 그래서 한국에서의 쌀 생산량이 1910년과 1938년 사이 거의 두 배가 되었으나, 같은 기간에 일본으로의 쌀 유출은 20배 - 한국의 연간생산의 40% - 로 증가하였다. 반면에 한국인의 쌀 소비량은 거의 절반으로 줄었다. 그리고 주로 만주에서 수입된 기장이 쌀을 대신하게 되었다.[5] 1913년 일본의 보고서는 한국의 농부들이 경기도 중심부에서조차도 자주 '초근목피'로 연명하고 있다고 밝혔다.[6] 그리고 총독인 우가키(Ugaki)는 1930년대의 상황이 그와 유사한 상황이라고 평가하였다. 농업의 발전이 빠르게 진행되면서도 자기 땅을 경작하는 농부들은 줄어들었고, 소작농은 1922년과 1933년 사이에 농촌 세대의 40.6%에서 55.2%로 증가하였다.[7] 땅에서 쫓겨나고 일자리를 빼앗긴 1920년대의 농민들은 만주, 몽고, 북중국, 하와이, 일본 등으로 강제 이주를 당하였다. 일본에 있는 (주로 오사카) 많은 한국인 노동자들의 수가 1920년에는 30,000명에 못 미치던 것이 1933년에는 230,000명을 넘어섰다. 이와 동시에 1920년과 1929년 사이 거의 140,000명의 한국인들이 만주로 이주하였다.[8]

비농업 산업은 철도건설, 광산개발 등과 함께 합방 이전의 수준에서 완만히 양적인 증가를 보였다. 재벌 회사들 - 미쓰이, 미쯔비시, 나고야 - 은 1920년대 중반에 맥주, 종이, 밀가루, 시멘트, 마그네슘, 텅스텐, 질소, 수력산업 등을 증가시키고, 기존의 방직, 철, 석탄 산업을 발전시키기 위하여 한국에다 회사를 차렸다.[9] 대공황 바로 뒤에 총독부는 북한개발계획(North Korea Exploitation Plan)을 통하여 산업화를 빠르게 추진하였다. 그래서 산업화의 과정에서 구조적인 변화로 생기는 사회적인 불균형은 1930년대 후반의 특성이 되었다.

1920년대에 한국 민족주의자들의 제일 심한 경제적 불만은 도시와 농촌의 기업들에 대한 총독부의 독점적 경영권이었다. 공개적으로 일본에 충성서약을 하지 않고 성공한 큰 규모의 한국 기업들은 기독교인 김성수의 경성방직회사(서울), 경남은행(부산), 백산상회(부산), 그리고 호남은행이었다. 뒤의 두 개는 각각 1927년과 1941년에 강제로 해체되거나 또는 일본 기업에 병합되었다.[10](중소규모의 기업들은 서울과 평양에 약간 남아 있었다.) 더욱 큰 불만을 갖게 한 것은 고용에 있어 한국에 있는 일본 노동자들보다도 최소 40%나 더 낮게 책정된 한국인 노동자들에 대한 차별적인 임금체계였다.[11] 일본에 대한 한국 경제의 의존성은 1931년에 한국 수출의 95.1%가 일본으로 갔으며, 반면에 한국 수입의 80%가 일본으로부터 왔다는 사실에 잘 나타나 있다. 재벌의 잉여생산물을 들여왔기 때문이었다.[12] 간단히 말해서 한국경제는 일종의 식민경제였다. 즉, 한국 경제의 특징은 일본에 의하여 일본을 위하여 통제되는 동시에, 한국인들은 상대적으로 저임금의 서비스와 노동을 공급하였다.

그러나 한국의 경제민족주의 분석에 있어서 놓쳐서는 안 되는 핵심은 1920년대와 1930년대의 새로운 한국인 기업가와 산업자본가 계급들의 불평과 도시와 농촌의 노동자들의 불평을 구별해야 한다는 점이다. 노동자들의 불평은 특별한 문제와 관련되어 있는데, 즉 임금, 노동시간과 노동조건, 직업 안정성, 농지 차용권과 세금부담 등이다. 그런 불평들은 노동자 착취의 문제이며, 식민지이든 아니면 어떤 사회에서든지 산업화와 상업 현대화의 시기에 발견될 수 있는 것들이었다. 한국에서의 빈번한 노동 분쟁은 산업화가 이루어지는 것과 병행해서 증가하였다. 1912년에는 겨우 6건의 파업이 일어난 반면, 1930년대에는 1년에 평균 170건의 파업이 있었다.[13] 특히 1919년 이후 이런 파업들은 전에 언급된 경성방직-그 소유자인 김성수는 주목할 만한 문화민족주의자였다-을 포함하여 한국과 일본 기업들에 반대하여 일어났다.

그러나 새로운 산업 자본가들의 불평은 경제를 통제하려는 일본과의 경쟁에서 실패한 데에서부터 일어났다. 1919년까지 총독부는 고의적으로 개인적인 자본투자를 금지하였고, 일본인 정착자들에게는 부여된 기회들을 한국인에게는 거절하였다.[14] 부분적으로는 3·1운동의 반응으로, 그리고 부분적으로는 일본에 있는 산업자본의 과잉에 기인하여 그리고 1차대전 이후에 증가된 해외시장 기회 등, 1919년 이후에 심각한 변화는 식민경제를 더욱 강화시켰다. 카터 엑커트(Carter Eckert)는 그의 한국 자본형성에 대한 연구에서, 대부분의 세금장벽의 폐지 그리고 1920년 '기업법'(Company Law)의 폐지가 본질적으로 한국인 자본가들 사이의 활동에 대한 정치적인 장벽을 '충분히 감소시켰다'고 논하고 있다.[15] 많은 한국인들은 이 때를 한반도에서 일본의 산업 점유(paramountcy)에 도전할 수 있는 기회라고 생각했다.

여기에는 심각한 정치적인 어려움이 있었다. 총독 사이토의 '유화' 정책은 한국인과 일본인 사이의 조화를 위하여 고안된 것이었지만, 출현하는 한국인 자본가들에게 공평하게 도움이 되지는 않았다. 경제적 기회를 잡고 민족주의자들의 신임을 확보하려는 한국인들은, 우리가 앞장에서 살펴보았던 문화주의자들과 동일하게, 식민지 권력에 대항하는 게임은 자신들에게 불공평함을 발견하게 되었다. 한국 경제발전의 참여에서 승리하기 위하여 그들은 때로는 일본인들과 협력하는 것이 필수적이라는 사실을 발견하였다. 그리고 이것은 민족주의와는 상반되게 나타났다. 노동자들의 생각에 그들을 식민지 압제자들과 똑같이 나쁜 사람들로 여겼던 것은 당연하다.

그 문제의 난점은 자본주의와 제국주의 사이의 관계였다. 1920년대 그리고 더 나아가 1930년대조차 한국의 산업은 의식적으로 팽창하는 일본의 경제 정치적 제국구조의 일부였다. 한국 상업가들의 주장은 그들이 독립적인 '민족자본'을 만들어서 일본 제국주의와 싸우자는 것이었다. 그러나 자본주의와 제국주의가 분리될 수 없다고 생각하는 좌익파 한국 사람들에게 있어서 이 주장은 반대와 조소로 나타났다. 노동자들이 한국 자본가들 아래서 당하는 자신들의 착취를 제국주의와 쉽사리 관련시킬 수 있었든지 그렇지 않았든지 간에, 이러한 연관성은 한국 유산계급의 발흥에 있어서 좌익의 공격에 핵심이었다.[16]

경제적인 문제가 문화의 정체성에 관한 무형적인 문제보다 더 첨예하게 이데올로기적인 갈등의 초점이 되었다는 것은 이해할 만하다. 그러나 20년 동안 철저히, 분명하면서도 일관되게 규정되는 두 진영들에 대해 흑백의 상황을 발견하려고 과장하거나 요구하지 않도록 주의해야 한다. 그런 점을 발견하려는 시도는 이후의 한국 분열을 과거로 되돌아가 해석하려는 경향에 기인하거나, 그 시대의 가장 격렬한 논쟁을 선별하여 표면적인 가치만을 인용하는 경향에 기인하는 것이다.

일반적으로 1920년대와 1930년대의 경제운동들에 있어서 개신교인들과 자아개조 민족주의자들의 관련성은 그 논쟁점들을 이해하는 데 매우 중요하다. 부정적인 면에서 볼 때, 서로 대립적인 진영들 사이에 명확한 선을 긋는다는 것은 어려운 일이다. 이것은 부분적으로는 논쟁점들이 불명확하기 때문이며, 또한 극단화 될 수 있는 그 입장들에는 많은 내용의 축이 있기 때문이다. 긍정적인 면에서 볼 때 '민족자본'이라는 말과 '자본주의는 제국주의와 동일하다'는 주장 사이에 제 삼의 흐름이 있었다는 것이다.

이 세 번째 흐름은 일본의 한국 침략이 제국주의와 자본주의 사이의 필연적인 관계에 대한 논의 없이 자본주의적인 침략을 끌어들였다는 사실을 인정하였고, 민족 경제를 장악하려고 배후에서 투쟁하는 한국인들의 노력이 유용했다는 사실을 확증하였다. 이 대안의 이데올로기적 기반은 민족의 도덕적이고 정신적인 기반에 대한 자아개조원리였다. '자아개조'라는 말은 '자립'을 목표로 하는 '경제 민족주의'라는 말로도 번역되었는데, 자립은 엘리트들 사이의 아첨을 없애고 서민들 사이의 무관심을 없애는 방법이었다. 우리가 앞으로 다루게 될 논쟁점은 전통적인 민족주의자들 뿐만 아니라 몇몇 좌익주의자들도 공감할 수 있다고 느꼈던 것에서 발전되어 나왔으며, 그것은 북한에서 자립을 추구하는 공식적인 이데올로기인 '주체'(主體)와 매우 유사한 것이다. 일본에 대한 경제적인 저항이라는 형태로 상징화되어 온 사람은 평양의 장로교회

장로이며 조선물산장려회의 설립자였던 조만식이었다.

조선물산장려회 : 형성과 활동

조선물산장려회는 대부분 기독교인들에 의해 시작된 절제회나 구제회 같은 많은 소규모의 운동들이 광범위하게 성장하던 와중에 평양에서 탄생하였다. 이런 운동들은 절약과 자족과 윤리적인 생활을 장려하였다. 그렇지만 그런 생각은 그 지역에 전혀 새로운 것은 아니었다. 토착산업에 기반을 둔 민족 경제를 장려하기 위해 일종의 '국산품 애용' 운동이 1909년에 평양에서 일어났었다.[17] 사실, 서북 지역은 보수주의자들, 즉 양반들이 지배하고 있는 남부 지역보다 상업적으로 더 활발하였고 사회적으로 더 유동적이었다.

조만식은 장로교의 장로요, 평양 YMCA의 총무이며, 1919년 3·1운동의 발기인이고, 평안북도 정주에 있는 기독교 학교인 오산학교의 교장이었다. 그는 평양 근처의 강서군에서 꽤 가난하고 기독교가 강한 마을의 중류 자작농의 아들이었고, 메이지대학의 법과를 졸업하였다. 동료들과 기독청년들의 지지를 모으면서 조만식은 1920년 초 조선물산장려회의 구성을 주장하였다.[18] 그러나 조선물산장려회는 1922년 중반에 가서야 그 지역에 있는 한국인 사업가들의 지원을 받아 평양 YMCA 안에 설립되었다.[19]

비록 평양의 개신교인들 사이에서 그 운동이 시작되긴 했지만, 조만식은 모든 사회단체들과 종교단체들의 지지를 받는 민족운동이 되게 하려는 뜻이 있었다. 무엇보다도 먼저, 조만식은 '평범한' 한국인들이 이 일에 참여하기를 원했던 까닭에 단순한 용어로 장려회의 목적을 묘사하였으며, 그들의 처지에서 상식적인 반응을 보이도록 한 것이었다 :

한국인들 사이의 현재의 가난은 그들 자신의 고유상품 육성의 실패와 의식 없는 멸시에 그 원인이 있다. 그래서 그것을 깨닫지 못하고 한국인들은 외국의 경제침략 아래서 고통당하고 있다. 일상의 사소한 물건으로 시작해서 일본의 자본주의 경제침략은 이제 우리의 중심을 황폐하게 하였다. 이 침략을 방어하는 길은 우리 고유의 상품생산을 늘리고 발전시키고 아주 우수한 수준의 상품들을 향상시키는 것이다. 이러한 상품은 더 나은 제품의 장려를 위해서 계속해서 지원되어야만 할 것이다.[20]

조만식은 전통적인 남성 복장을 활동적인 노동생활을 위해서 간편하게 만들어 보급시켰으며, 직접 짚신을 신고 머리를 깎았다. 그는 평양에서 검소한 농민들처럼 방 두 칸짜리 집에서 살았다.[21] 각계 각층의 직업인들과 각 지역의 사람들, 시험에 떨어진 사람들, 실망한 노동자들까지 조만식을 방문하게 되면서 그는 '신한국'의 상징이 되었다. 서양종교 및 과학적 통찰의 실용적인 요소들과 전통적인 서민들의 가치를 혼합시킨 결과, 조만식은 '문화주의' 형태로는 잘 수용되지 않고 접근하기도 쉽지 않은 자아개조 이념의 본질을 사람들에게 직접적으로 전달할 수 있었다. 특별히 정치사회적인 권위로 보다는 인격적이고 도덕적인 모범을 통해서 사람들에게 영향을 주려는 그의 실천적인 삶은 비판자들에게서조차도 존경을 얻었고, '한국의 간디'라는 칭호를 얻게 하였다.

조만식은 그의 운동이 민족적인 호응을 얻으리라는 기대에 실망하지 않았다. 몇 달 만에 열성적인 설득작업의 결과가 서울에서 나타나 1922년 12월 중반 50명의 학생들이 YMCA 지도자인 염태진의 지도 아래 자작회를 구성하였다. 일상 필수품 수입으로 인하여 생긴 심각한 무역 불균형에 대한 통계적인 증거를 제시한 후에 자작회는 3단계 프로그램을 발표하였고, 한국인들의 먹고 입고 사용하는 물품들을 생산 공급하고, 전한국을 위한 생산과 소비기관을 만들기 위해 영국 길드형태의 거대한 산업협동체를 형성할 계획을 밝혔다.[22] 이러한 발전은 민족 신문들 - 특히 「동아일보」- 사이에 논쟁을 야기시켰다. 반면에 그 생각을 알리기

위하여 지방 순회강연이 조직되었는데, 6000명 이상의 기록적인 숫자의 청중이 모여들기도 하였다.[23]

장덕수의 조선청년연합은 1922년 11월부터 서울에서 그 운동을 선도하였다. 청년연합회의 2주년을 기념하는 12월 1일 「동아일보」의 한 글은 한국에 기반을 둔 경제를 위한 지원의 절박성을 강조하였다. 3주 후에 청년연합회는 '자작자급'의 원리를 실현하기 위한 한국 사람들의 '거룩한 언약', 즉 '민족적 계약'(national contract)을 위한 호소문을 발표하였다.[24] 총독부는 재빠른 반응을 보였다. 순회연설은 와해되었고 의주의 서북 변방도시에서는 한 연사가 체포되었다.[25] 이에 경각심을 갖게 된 서울의 지지자들은 일본에게 기정사실을 알리기 위하여 서울과 다른 지역에 지부를 세우기로 결정하였다. 몇 가지 점에서 그 전략은 성공하였다.

1923년 1월 9일 10명이 넘는 사람들이 준비위원회를 구성할 목적으로 모임을 가졌다. 11일 이내에 160명의 관심있는 사람들 가운데 20명의 지역 책임자들이 선출되었고, 한국의 의류, 식료품 구매에 대한 협의책들이 채택되었다. 그리고 다른 국산품들을 광고하였다.[26] 여기에서부터 훗날 일본도 인정한 것처럼, 그 운동은 '버섯이 퍼지듯' 성장했다.[27] 2월 초 사회주의자이며 장로교인인 이갑성과 감리교 목사인 오화영은 다른 두 사람과 함께 서울 천도교 회관에서 약 2,000명이 모인 가운데 한국인들이 국산품을 사랑하는 것이 얼마나 중요한가에 대해 연설하였다.[28] 회원들의 단결된 조직적인 힘으로 1주일 이내에 400명의 재정회원들을 모집했고, 서울지부의 전체 회원은 817명에 달했다.[29] 일주일 후에 지역지부들이 큰 지방도시들에 세워졌고, 추가적으로 다소 작은 도시들-부산, 대전, 마산, 함흥, 광주, 밀양, 대구, 양산, 동래, 안주, 영동, 영흥, 금제-에도 세워졌다.[30] 총독부의 억압에도 불구하고 그 운동은 1923년 2월부터 10월까지 농촌의 가장 작은 마을에 이르기까지 계속해서 퍼져 나갔다.[31] 젊은층, 기독교, 천도교, 불교단체들, 여성단체들, 사업가, 산업가들도 지지했다. 반면에 평양에서는 평양노동조합의 지원으로 인해 장려회의 색다른 민족주의자들의 연합이 생겨났다.[32] 그런데 기대하지 않았던 계층으로부터 지원이 왔다. 밀양(경상남도 지방)에 있는 기생들이 '한국인들을 위한 한국'의 표어를 채택하고 단순한 한국 고유의상만을 입기로 결의한 것이다. 같은 지방인 마산에서는 40명의 기생들이 조합을 결성하였고, 이들 역시 한국인으로 가난 때문에 할 수 없이 현재의 직업에 들어온 것이며, 그들도 국산품을 후원하고 검소하게 살 필요가 있음을 자각한다고 선언하였다.[33]

이러한 반응에 고무된 서울과 평양 및 몇몇 다른 지방지부들은 음력 설날(2월 16일)이 가까운 때에 아주 가시적인 집회를 열 준비를 하였다. 그러나 2월 13일 서울 책임자들이 중앙경찰서에 소환되었다. 그리고 집회와 공공 안녕에 대한 법에 의하여 처벌하겠다는 위협을 받았다.[34] 즉각적인 대안들이 세워졌다. '사교적' 집회가 수천 명이 참가한 가운데 음력 설날 오후 2시에 천도교 회관에서 열렸는데 모두 검소한 한복을 입고 나온 것이다. 8개 도(道)가 그들 지방의 특산품을 표시한 특별한 깃발을 들고 나왔다. 강령(manifesto)이 배포되고 「조선일보」의 김병희, 「동아일보」 사장인 송진우가 기조연설을 하였다. 7시부터는 청년협회 건물과 중앙 YMCA건물에서 "자급운동은 우리 2,000만인의 단결된 힘에 의하여 성취될 수 있을 것이다."라는 주제로 유력한 민족주의 인사들과 종교지도자들의 강의가 있었다.[35]

평양의 거리에는 7,000명이 넘는 사람들이 이 신년벽두의 집회들을 돕겠다고 북적거렸다. 경찰은 집회의 규모가 너무 거대하다고 불평하면서 평양지부의 의장인 김성업에게 설날의 행진 군중을 각각 50명 이하의 두 대열로 나누어 제한하라고 명령하였다. 행진은 명령한 대로 진행되었다. 그러나 60개 단체 이상이 모인 거대한 군중이 자족에 대한 김동원 장로의 연설을 듣기 위하여 평양 숭실대학 마당 앞에 모여들었다.[36] 집회는 또한 평안남도 선천, 황해도 수안, 경상남도 달성과 양산,

전라남도 순천에서도 열렸다. 전라북도 군산과 부산에서는 기생들이 대규모 행진을 인도하였다.[37]

이렇게 성공적으로 확산되어 가는 가운데 동경에서 공부한 총명한 학생이며 서울의 책임자였던 나경석은 두 가지 부문에 대한 즉각적인 행동을 제안하였다. 그것은 소비자 협동체들의 구성, 그리고 자급운동의 이론적인 근거에 대한 선전이었다.[38] 책임자들의 서울위원회가 2월 22일 모였다. 그리고 나경석과 일본에서 경영학자로서 훈련받은 이순택, 그리고 청년연합과 YMCA 지도자인 김철수를 뽑아 다른 여러 나라들의 협동조합운동들을 검토하도록 위임하였다.[39] 한 달 후에 그들은 한국적인 상황에서 협동체를 세우기 위해서는 위로부터 주도적으로 할 것과 자급운동이 자발적으로 될 때까지 대중의 참여를 꾸준히 고무시켜야 한다고 보고하였다. 회원들에게 회비를 받아 총 5,000엔을 모금하기로 제안했는데, 이것은 협동조합사업을 시작하는 데 필요한 액수라는 것이었다.[40] 그러나 재정이 불충분할 것이 뻔하였으므로 서울 책임자들은 교육이 먼저 수행되어야 한다는 것을 알았고, 나경석의 두 번째 제안에 관심을 가졌다.

총독부의 엄격한 반대에도 불구하고 서울지부는 1923년 11월에 「산업계」라는 잡지를 발간하기 시작하였다. 일본의 압력과 대공황으로 인한 압박으로 1932년 말에 출판금지를 강제당할 때까지 그 이름이 몇 번씩 없어지고 바뀌면서 잡지는 계속 배포되었다. 1925년 1월 김철수는 잡지가 이론에서 실천으로 바뀌어야 한다고 주장하였다.[41] 1929년경 그 잡지는 「조선물산장려회 회보」라고 이름을 바꾸었고, 민족 산업들의 실제적인 활동에 대한 글들을 실으면서 더 많은 독자들을 매료시켰다.[42]

조선물산장려회에 대한 보고들은 그 열심이 시들어지기 시작한 1924년 후반까지 민족주의자 출판물에 거의 매주 계속 등장하였다. 음력 설날(1924년 2월 5일)에 서울에 있는 천도교와 YMCA 본부와 평양 숭실대학에서 강연집회가 열렸는데, 이 집회는 일본인들의 압력이 점점 더 심해지는 상황에서 조선물산장려회가 개최한 마지막 큰 기획사업이었다.[43] 문화주의자들의 잡지인「개벽」에 실망한 한 기고가는 "그렇게 전 나라를 뒤흔들었던 이 열정적인 운동이 6, 7개월만에 비참한 꼴을 당하게 된" 까닭을 알자고 했다.[44] 장려회의 지도자들은 사실 별로 놀라지 않았다. 1923년 2월에 서울위원회의 의장인 유길준의 형제 유성준은 이 운동이 현재의 뜨거운 에너지를 유지할 수 없으며, 몇 년 내에 그 목적도 이룰 수 없을 것이라고 내다보았다.[45] 천도교 청년지도자인 이종린도 인내의 필요성을 강조하였다. 김철수도 한국인들이 새로운 것을 기꺼이 잘 받아들이면서도 처음의 평판이 시들해지면 그 대의를 포기하는 경향을 지금쯤은 이미 극복했기를 바란다는 자신의 희망을 피력하였다.[46] 그러나 이런 경고와 호소에도 불구하고 이 운동에 대한 지지는 계속 침체일로에 있었다. 일본인들의 탄압이 아마 가장 중요한 외적인 요소였을 것이다. 그러나 '문화주의'에 대해 과격한 좌익이 비판하고, 그들이 1923년부터 이 운동에 관계해 온 것이 내적인 갈등과 이탈의 원인이 되었다. 이 주제는 계속해서 더 다루어질 것이다.

1925년 서울 책임자들은 이전의 지지를 되살리려는 시도를 하였다. 김철수는 하나의 목적을 달성하기 위해 요구되는 실천적인 단계에 대한 아무런 생각 없이 감정의 흐름에 따라가는 '변명의 여지가 없는' 습관을 호되게 비판하였고, 각 도에 있는 2,000명의 회원 중 10%만이 성실할 뿐이라고 평가하였다.[47] 7월에 이사회는 재부흥을 위한 계획을 수립하였다.

1. 3,000(서울?)명의 회원을 개별적으로 방문하여 확실히 그 상황을 파악하고, 지지하는 회원들에 대해서는 지원단체를 구성한다.
2. 후원하는 회원들의 수가 100명 또는 그 이상이 되면, 소생을 위한 집회를 선포하고, 그 목적을 위해 선발된 사람들에게 준비를 맡긴다.
3. 비회원들을 격려하여 우리의 목적에 따라 장려회에 가입하게 한다.[48]

120명이 적극적인 지원의사를 표명하였지만, 1925년 10월 3일 서울의 동덕여자학교에서 모인 모임에는 단 37명만이 참가하였다. 그럼에도 불구하고 고무적인 캠페인의 결과로 장려회는 빚을 청산하게 되었고, 장려회 자신의 약속들을 다시 한번 더 확인할 수 있었다.[49]

장려회는 큰 지원 없이 이후 2년간을 버텼다. 1927년 4월 서울에서 열린 정기 연례회의에서 이사회는 1개월의 여유를 가지고 실패의 원인과 그 치료책을 연구하여 제출하기로 하였다. 따라서 설문조사서가 전국에 있는 300명의 지도급 회원들에게 발송되었다. 먼저 실패의 원인들로는 일본의 억압, 회원들과 지지자들에 대한 위협, 청년위원회 중 한 분파의 비판적인 태도, 당파주의, 일반 백성들이 가난 때문에 탈퇴하는 것, 수입업자들의 협조 거절 등을 들었다.[50] 따라서 물산운동을 보다 크게 가시화시키기 위해 몇 가지 수단들이 필연적으로 간구되었다.

서울지부는 결국 1928년 4월 중앙 YMCA에서 바자회를 열기 위한 허락을 당국으로부터 받았다. 각 지방의 특산물에 대한 한국인들 사이의 무지를 개선하기 위해 계획된 그 바자회는 먼저 각 지방의 물품에 대한 광범위한 목록들을 작성하여 「조선일보」에 게재하였다. 그 신문은 사설을 통하여 경고의 글을 실을 계획이 있었는데, 그 내용은 한국인들이 경제문제에 명목상으로 참여하는 것마저도 급속도로 상실해 가고 있으며, "작금의 다양한 실제 정치 경제적 상황 아래서 가능한 최대의 성장"을 증진하기 위하여 모두를 설득하자는 것이었다.[51] 그러나 총독부는 이 내용을 너무 파괴적이라고 판단하여 편집인의 내용을 검열하였다.

그러나 바자회는 조선물산장려회의 재정에 큰 보탬을 주었다. 1929년 4월 서울에서 열린 정기 연례회의는 상업 및 산업의 조합(league)이나 길드(guild)를 통해 산업체들의 설립을 지향해 가는 실천적인 단계들과 근본적으로 관련된 6단계 프로그램을 채택하였다. 새로 선출된 위원장인 건축가 정세권은 장려회를 위한 새로운 전제조건을 구상하고 잡지의 출판에 관한 자유를 요구하였다.[52] 매우 성공적인 또 다른 바자회가 1930

년 4월 서울 YMCA에서 전례없는 인파가 참여한 가운데 열렸다.[53] 윤치호가 이 바자회를 주관하였다는 사실은, 다소 덜 극단적인 민족주의자 그룹들 사이에 있어 왔던 그간의 분열이 회복되고 있음을 나타내고 있다. 평양지부 역시 이런 점에서는 다른 데 못지 않게 열성적이었던 바, 운동이 시작되던 때부터 더 많은 자유와 일치를 누려 왔다. 새해의 행진은 거의 매년 계획되었다. 1928년에 있은 성공적인 행진의 결과로 1930년에는 조만식이 이끄는 약 600명의 열광적인 행진이 있었다. YMCA는 다시 활동의 중심지가 되었다.[54]

자아개조 단체들 사이에서 결속력이 회복되고 과격한 사회주의자의 초기 열광주의 흐름이 평정된 것이 아니라 경제적인 요인들보다 조선물산장려회의 이런 새로워진 활동력의 주요 원인이었을 것이다. 1930년대의 말에 동아시아에서도 대공황의 여파가 느껴지기 시작했기 때문에 장려회의 경제지표들은 거의 나아지지 않았다. 아무튼 총독부의 산업화정책이 경제를 더욱 심하게 통제하였고, 그로 말미암아 고양된 경제의식에서 어떤 만족스런 탈출구를 박탈해 버렸음에도 불구하고, 민족주의 신문들과 「동광」과 같은 잡지들은 대공황 기간에도 경제적인 문제들에 대해, 특히 협동조합과 농지차용 개혁 등에 대해 생생한 관심을 보여 주고 있었다.[55] 그리하여 장려회는 평양과 서울, 그리고 몇몇 지방 중심지에 있는 소수의 중소산업체를 세우거나 영향을 주었으며, 1920년대 후반부터 다소 독립적으로 형성하기 시작한 협동조합은 계속 증가를 보여 1931년에는 그 해에만도 38개의 새 조합이 생겼다.[56] 간단히 말해서, 장려회의 활동은 예를 들어 바자회나 행진과 같은 제한된 사업에서는 상대적으로 성공을 거둔 반면에, 실제로 가졌던 산업에 대한 야망의 규모에 비해서는 그 실적이 극적으로 감소하였다. 특히 그 야망이 일본인들의 이익과 갈등을 빚거나 대규모의 자본지출이 요구되는 분야에서는 더욱더 그러했다. 그러나 경제적인 결과가 이처럼 평범했다고 해서 장려회가 한국 내부의 민족주의의 초점으로서 갖는 그 중요성이 흐려지지는 않았다.

자급자족과 민족생존

조선물산장려회의 명확한 원리는 자급(self-support), 자족(self-sufficiency), 자립(self-reliance)였다. 이 원칙은 개신교 자아개조 민족주의자들 사이에서는 대부분 하나의 신앙구호였다. 그것은 1890년대 이래로 서재필과 윤치호에 의해 제의된 것과 같이 '청지기'의 경제학에 대한 적용으로 간주되었다. 더 나아가 이 원칙은 1920년대에는 다른 종교단체들에게까지 널리 유행되었다. 불교의 지도적인 민족주의자이며 개혁가인 한용운은 조선물산장려회의 유력한 불교도 회원인 김태협과 함께 그 원칙을 명확히 하였다.[57] 합방 이래로 윤치호와 함께 활발한 연합을 유지하였던 천도교 지도자인 이종린도 또한 협회의 회원이었다. 그래서 경제적인 용어로 청지기는 자족을 의미하였거나 최소한 그것을 위한 준비를 의미하였다. 가까운 미래에 일본 제국주의를 전복하거나 혹은 자본주의를 파괴하고자 하는 것은 아니었다.

조만식은, '일본 자본주의의 침략'의 책임은, 경제적인 생존의 기본적인 조건에 관해서도 아무런 생각이 없었던 한국인의 무지에 있다고 했다. 1922년 12월 조선청년연합은 "나의 수단을 통한 나의 삶"이라고 제목이 붙은 글에서 조만식의 생각을 지지하였다. 그 글은 친숙한 공리적 원리를 따르면, 도덕성, 본능 등은 안전한 사회환경을 창조하는 보편적인 인간 과제와 관련이 있다고 주장하였다. 이런 행동경향과는 반대로 한국인들은 '기초없는 삶'을 살아가면서 자신들을 '바람과 파도에 따라 요동치도록' 내버려두었다. 용감하게 난국을 정면으로 대처한 그 글은 경제적인 활동이 한국이 생존할 수 있는 가장 직접적이고 가장 힘 있는 도구라고 강력하게 선포하였다. 정치는 그 뒤에 올 수 있는 문제인 것이다.[58] 1923년 1월초 민족주의 민우회의 한 회원인 설태희는 「동아일보」에 한국의 '예속'(slavery)에 대한 대담한 글을 썼다. 그의 불평은, 자기 자신의 음식과 의복에 대해서조차도 주인노릇 하지 못하는 한국인들이 '참정권(參政權)을 획득하기 위한 운동'에 참가하고자 하는 게임이나 하고 있다는 것이다. 그러나 진정으로 절실히 필요한 것은, 먹기 위해 돈을 빌리고 살기 위해 땅을 포기하는 그 과정을 역전시키기 위해 일치된 행동을 취하는 것이었다. 다음과 같은 격언으로 설태희는 상승하는 경제 민족주의의 분위기를 표현해 놓았다. "다른 사람은 만드는 사람 파는 사람이 되야 우리는 영원하게 빗진 사람으로 파리하게 되고……우리는 자연히 쓰레기통으로 몰아다니게 될 것이다."[59]

조선물산장려회의 강령은 일반 대중들을 위해서 이런 이념들을 자세히 설명하였다 :

> 우리가 먹을 것이 없고 우리가 안전하게 거할 곳이 없다면 그때 우리의 삶은 파괴되고 말 것이다. 우리가 무슨 권리와 자유와 행복을 기대할 수 있는가? 그리고 진정한 인간 발전을 위해서 무엇을 즐길 소망을 가지겠는가? 삶의 첫째 조건은 의식주(衣食住)인바, 그것을 다른 말로 하면 우리 산업의 기본이다. 만일 이런 산업기반이 파괴된 결과로 우리의 이름으로 남아 있는 것이 하나도 없다면, 우리는 완전히 가난하게 되고 인간의 가치있는 삶을 즐기는 데 실패하게 될 것이다.……
>
> 의식주, 즉 산업문제는 우리가 당면한 가장 중요한 문제이다.…… 알기 쉽게 말해 우리가 입는 옷들, 우리가 먹는 음식들, 우리가 사용하는 물건들을 바로 보자. 이것들 중에 어느 것도 우리 자신의 손으로 일하고 우리 자신의 노력으로 만든 것이 있는가? …… 우리는 다른 사람의 손으로 공급된 것들을 위해 우리의 집과 땅, 심지어 우리 자신의 몸까지 팔 수 있겠는가? 그리고 우리의 산과 강들을 요구하고 이전처럼 우리집을 경영할 수 있는가? 논쟁의 여지없이 사람들의 산업기반의 파괴가 사람들의 삶의 파괴와 관련이 있다면,…… 지금의 한국 사람들의 경제적인 조건은 확실히 우리를 파멸의 어두운 구덩이로 모두 집어넣을 것이다.

조선물산의 장려를 위해 우리는 한국 사람들이 만든 물건을 사고 사용해야 한다. 그리고 또한 우리가 필요한 물건들을 생산하기 위해 연합해야 한다. 이렇게 우리가 우리의 정서로 돌아오고 힘을 내지 않으면 어떻게 우리의 삶과 사회의 발전의 유지를 기대할 수 있겠는가?[60]

정신적이고 도덕적인 계몽 프로그램을 확증하는 한양 조례의 두 항목 아래 '세 가지 행동지침'이 다음과 같은 강령으로 나타나 있다.

1. 산업지식의 개발을 통한 산업의 장려
2. 조선물산 애용(愛用)의 장려
3. 백성들의 생활방식의 조사를 통한 경제 안내, 그리고 경제적인 관습의 개혁을 위한 환경 장려[61]

1929년 4월 열린 연례회의가 실제적인 문제에 그 활동들에 초점을 두기로 결정하였지만, 장려회가 그 잡지에서 이론적인 토론을 멈춘 것은 결코 아니었으며, 그 내용의 중요한 관점에서는 이런 초기의 입장과 다른 점이 없었다. 자급자족은 주요한 원칙으로 남아 있었다. 회원 중에 한 사람이었던 이극로(李克魯)는 1930년 2월 그 개념에 대한 설명을 발표하였다. 한국이 국제시장과 단절되어 있는 로빈슨 크루소가 아니기에 자급자족이라는 개념은 단지 상대적일 뿐인 것은 분명하다. 그것은 원시 경제학의 이데올로기 혹은 현대 세계에의 참여를 반대하는 것은 아니었고 일시적인 방편도 아니었다. 그것은 한국 경제활동에 대한 영구적인 논리적 근거가 되어야만 했다. 자급자족은 숙련과 기술의 계속적인 발전을 포함하였다. 그것은 상당히 실천적이며 역동적인 것이었다. 이후 이극로는 도덕적인 주제로 돌아갔다. 이전의 가정단위의 자급자족은 당장의 편리함을 추구하는 근시안적이고 자살적인 선택이 대두함에 따라 시들어 버리고 말았다. 먼저 다른 사람들이 생산하게 하고 단순히 그것을 사는 것이 더 쉽다. 그러나 그 후에 큰 홍수가 온다. 땅도 없어지고 나라도 없어진다. 자급자족은 자기 자신과 민족경제의 주인이 되는 것을 의미하였다.[62]

그는 한국인의 쾌락주의 중시, 숙명론, 근시안적인 시각, 정력을 요하거나 '정치적'이지 않은 운동들을 경멸하는 태도 등을 공격하면서 1932년까지 위의 주제를 다룬 글들을 계속해서 발표하였다.[63] 설태희는 대공황이 산업에서 뒤쳐진 백성들은 그런 경우에 완전히 자원고갈이 되고 만다는 것을 보여줌으로써 자급자족의 절박성을 강조하였다고 보았다. 그는 한국인들이 수송과 전기(電氣)를 제외한 한국의 매일의 필요를 생산하기 위하여 400~500마력의 엔진이 필요하다는 사실을 상상이나 하는지 의문을 가졌다.[64] 불교도인 김태협은 한국인들은 궁극적으로 단지 정신적인 건강의 기초에 대해서만 자존이냐 자멸이냐를 선택할 수 있을 것이라고 단언하며 이런 말을 하였다. "만약 우리가 자급자족의 내적인 자원이 부족하다면 외부로부터 생산된 부가적인 요소는 아무런 유용도 없을 것이다."[65]

물산장려회의 이론적인 입장은 자아개조 민족주의의 전통 안에 확고하게 자리잡고 있었다. 그 이론적 입장은 대학설립사업보다 더 광범위한 지지를 받았고, 일반적으로 분열된 단체나 개인들의 연합에 성공하였다. 동우회, 흥업구락부, YMCA 모두가 공식적으로 그 운동을 지지하였으며 「동아일보」나 「조선일보」로부터 일치된 지지를 얻었다. 활동적인 회원의 숫자가 1924년 이후 매우 크게 성장하지도 않았지만, 대다수의 지지자들이 재정적인 회원이 되리라고 거의 기대할 수도 없었다. 김철수는 장려회에 1925년 1월에 10,000명 이상의 회원이 있었다고 보았다.[66] 그것은 광범위한 자기개조운동의 하부조직(subsection)을 포함한 숫자였다. 각 사회단체의 지도력을 자세히 관찰함으로써 그 운동이 명시하는 바가 무엇인가를 좀더 명확히 알게 될 것이다.

조만식에 관한 상세한 내용은 이미 언급하였다. 자수성가한 사람인 그는 경제 자급자족운동의 타고난 지도자였다. 1923년 서울 지부에서 선출된 20명의 책임자들에게서 우리는 다음의 세부적인 사항들을 볼 수 있다.[67] 백관수, 김철수, 이갑성, 박동원, 정노식, 이순택은 유력한 개신교 지도자들이었다. 이순택을 제외한 모두가 2·8독립선언이나 3·1운동을 조직하는 데 관련되어 있었다. 이동휘의 가까운 협력자인 김철수는 사회주의로 전향한 최초의 한국인이었고(1919년이나 1920년에), 1922년부터 서울청년연합회의 좌파 지도자였다. 1930년에 김철수는 서울에 공산당을 세우려고 시도하였으나 체포되고 말았다.[68] 이순택은 일본에서 경제학을 공부하였고, 1923년에는 서울의 장로교 연희전문학교에서 강의를 하였다. 그는 1923년 1월 중「동아일보」에서 자본주의의 모순들에 관하여 10회 혹은 그 이상의 글들을 연달아 발표하면서 자본주의에 대해 비판하였다. 나경석은 동경에서 마르크시즘과 칸트의 사회사상을 연구한 사람으로서 장려회의 이론가였다. 그는 윤리적 사회주의의 가장 특출한 헌신자 중 하나가 되었다.

비평가요, 저널리스트요, 교육가인 설태희는 서북학회(1907-1910), 대한협회(1908-1909), 그리고 윤치호의 대한자강회(1906-1907)의 회원으로서 계몽운동에 관계하였다. 고전(한국) 연구를 전공한 깊이 있는 학자 중의 하나이며, 일찍이 서구의 법과 경제사상과 자유주의를 교양있는 계층들에게 상세하게 소개하였던 설태희는 또한 3·1운동에도 참여할 만큼 활동가였다.[69] 이종린 또한 대한협회의 활동적인 회원이었고, 임경호와 함께 이사회에서 천도교를 대표하였다. 이득년, 김동혁, 그리고 이시완도 똑같이 계몽전통 속에 속해 있었다. 김윤수와 김덕창은 사업가였다.

초기 이사회의 의장은 19세기 후반의 유명한 정치가이며 자유주의 개혁자인 유길준의 형제인 유성준이었다. 독립협회와의 관련으로 체포된 유성준은 1904년에 감옥에서 풀려 나온 후 개신교인이 되었고, 윤치호, 이승만, 이상재를 따라서 한국 YMCA의 창립회원이 되었다.[70] 보호정치

기간 동안 유성준은 교육국의 수장으로서 봉사하였고, 교육부내에서는 다른 직분도 맡았다.[71] 그리고 1910년 10월 총독부 아래서 충청북도의 고문관이 되었다.[72] 후에 유성준은 경기도 지방의 부지사가 되었으나 1921년 4월 5일 총독부에 의하여 모든 자리에서 면직되었다. 윤치호는 유성준의 면직을 '그의 기독교 신앙과 제대로 숨기지 않은 한국인의 애국심' 탓으로 돌렸다.[73] 법률가로 성공한 그의 조카 유억겸은 YMCA의 지도자이며 흥업구락부에서 선도적인 역할을 하던 보수 기독교 민족주의자였으며 윤치호의 피보호자였다.[74] 유성준은 이래저래 유명하고 잘 알려진 귀족가문의 일원이었다.

　조선물산장려회는 종교단체, 특히 개신교 단체들의 좋은 대표 및 몇몇 영향력 있는 종파들과 함께 인정받고 잘 교육받은 민족지도자들 그룹에 의하여 운영되고 있었다. 서울과 평양에서 장려회의 활동을 지지하는 많은 사업체가 설립됨과 더불어 이사회에 속한 두 명의 사업가들은 뚜렷한 상업적 특성을 보여 주었다. 그러나 또한 좌익을 대표하는 수도 적지 않았다. 따라서 회원 전체를 한 차원으로 간주하는 것이 불가능하다. 즉, 한쪽에 관심이 집중되면 다른 한편의 초점은 흐려지며, 그 역도 마찬가지였다. 사실, 1920년 중반에 혁명적 사회주의자들 단체가 장려회를 공격하기 시작하자 김철수와 김순택은 더 보수적인 지도자들과 함께 불안해 했고 1920년대 후반에 아예 그 운동을 떠났다. 몇몇 알려진 예외도 있지만 1920년대 후반에는 장려회의 회원이 동우회와 흥업구락부의 회원이었다. 이러한 이유로 몇몇 역사가들은 그 운동을 대중에게 지지받지 못하고 대중과 무관한 것으로 묘사하는 경향이 있어 왔다. 실제는 더 복잡하게 보인다. 장려회와 당시 장려회를 비판했던 사람들 사이의 토론에 대한 조사는 그 복잡함을 드러냄과 아울러 몇 가지의 놀라움을 느끼게 한다.

사상논쟁

조선물산장려회가 서울에서 창립된 이후에 곧 서울-상해 공산주의 당파의 회원인 주종건이 1923년 4월 6일부터 23일까지「동아일보」에 많은 횟수의 글을 발표하면서 이데올로기 논쟁이 시작되었다. 그의 비평의 주요 골자는, 장려회의 사업은 불가능하다는 것이었다. 즉, 토착산업(native industry)은 식민지배하에서는 발전할 수 없고 정치적인 힘이 없이는 더욱이 발전할 수 없다는 것이었다. 어떤 상업적인 발전도 한국의 자본주의자들에 의하여 빼앗긴다는 것이다. 그것은 결국 외국(일본)의 자본주의자들에 의한 착취를 의미한다. 주종건은 전에 동경에서 같이 공부하던 동료학생 나경석이 일찍이 말했던 확신, 즉 대중들은 오랜 경주에서 난관을 극복하게 될 것이라는 확신을 무시했다.[75] 만일 일의 시작이 잘못되었다면, 즉 부르주아와 자본가에 의존하는 활동이라면, 프롤레타리아가 당하는 고통들이 후에 보상된다는 보장이 없다는 것이었다.(주종건은 1925년 서울의 제일조선공산당의 창당멤버가 되었다. 그리고 그해 11월 투옥되었다.)

다른 비평가들은 장려회의 지도층에 대하여 공격하였다. 청년연합회의 분열은 바로 이 문제와 관련이 있었다. '지도계층의 산물'로서의 장려회는 '한국 사람들의 중심적인 힘'을 이끌어 내기 힘들다는 판단이었다.[76] 이성태는 좌익지「신생활」에 한 글을 썼는데 장려회의 구성자들의 동기가 타락되었다고 보고, 그들은 결국 식자층이며, 따라서 그들의 활동은 단순히 자신들의 지도력을 유지하고 부르주아 사회를 지지하는 하나의 음모라고 하였다.[77] 단순한 비방 배후에는 더 심각한 이유가 있었다. 즉, 장려회의 어떤 성공이 오직 무산계급의 혁명적인 정신을 약화시키지 않을까 하는 두려움이 있었기 때문이다. 그 비판과 관련되어 있던 청년협회 회원들은 비록 자신들은 사업가나 지주가 아니었지만, 객관적으로는 자신들이 공격했던 식자층과 동일한 '지도계층'에 속해 있었다.

따라서 장려회의 옹호자들은 주종건의 비판을 그 비판자체로써만 관심을 보였다.

  조만식의 전기작가는 조만식이 그러한 비판들을 무시하였다고 하나 확실하지가 않다.[78] 왜냐하면 조만식은 마르크스를 위대한 사상가로 여겼기 때문이다. 그러나 조만식이 그런 비판에 어떤 반응을 보였는지에 대한 기록은 발견된 것이 없다. 그런 비판들이 북한 지역에는 비교적 영향을 덜 미쳤다는 것은 가능한 이야기다. 왜냐하면 그 지역은 남한 지역과는 사회적 조건들이 매우 달랐고, 또한 기독교가 강한 반면 급진적인 사회주의의 세력은 약했기 때문이다. 그리고 조만식을 잘 아는 백낙준은 그를 이론가라기보다는 실천가였으며, 장려회 회원들 사이에는 장려회의 목적과 방법의 효율성에 대해 일반적으로 일치된 견해가 있었다고 회상하였다.[79] 그러나 더 광범위한 층의 청중을 고려해야 했던 까닭에 서울에 있던 윤영남과 나경석 두 회원이 방어에 뛰어들었다.

  약 1만자 분량의 글에서[80] 윤영남은 비판가들이 사용하는 자본가, 프롤레타리아, 부르주아 등 전문용어의 애매성에 대해 비난하였다. 그는 한국 사회는 그런 단어들이 설명하려 했던 사회적인 상황과는 명백히 다르다고 지적하였다. 한국에서 그 전문용어들은 단지 단어들일 뿐이고, 그런 단어들에 힘입어 유령(phantoms)들에 대항함으로써 진정한 계급의식을 고취시킬 사람은 하나도 없다. 주종건은 한국인들 사이에는 진정한 자본가계급이 없기 때문에 그는 진정한 프롤레타리아-즉, 자본가들과 반대되거나 대립되는 계급-가 존재하지 않는다고 결론지어야 했다. 만일 그렇지 않고 프롤레타리아가 가난한 자들을 의미하는 것으로 여겨진다면(이건 틀린 것이다), 거의 모든 조선인들이 프롤레타리아 계급에 속하거나 곧 속하게 될 것이기 때문이다. 윤영남 역시 이런식으로, 자신의 입장에 100% 유리한 논쟁을 펼쳤다 :

    실제로 일관되게 이야기하자면, 우리는 노동자들(프롤레타리아?)의 소수 그룹과는 별개로 모든 한국인들은 '게으른 자들'(idlers : 소자본가와 그 이상?)이라고 말해야 할 것이다. 따라서 확실히 게으른 자들을 청소하는 어떤 도구들이 그들의 피와 땀을 쏟는 소수 노동자그룹에 의하여 환영받게 될 것이다. 효과적으로 모든 부문에서 향상이 나타난 후에 이들 게으른 자들이 [진정한] 유산계급으로 혹은 무산계급으로 변화될 것인지는 확실하지 않다. 그러나 만일 그들이 무산계급이 된다면 그것은 잘된 일이다. 그리고 유산계급이 된다 해도 그것 역시 해롭지 않을 것이다.…… 왜냐하면 그들이 유산계급이 된 그 단계에서 그들 역시 투쟁의 대상이 될 것이기 때문이다.

윤영남이 마르크스주의자의 주장을 왜곡했다는 비난을 받을 수도 있음을 두려워한 것은 당연한 것이다. 그는 진지한 사고력에 호소하며, 비록 몇몇 프롤레타리아의 목적은 프롤레타리아적인 수단에 의해 추구되어야 한다고 하지만, 마르크스주의의 방법에 따르면 요구되는 목적은 여정의 각 단계를 차례로 지나가 보지 않으면 획득될 수 없는 것이라고 주장하였다.[81] 그는 그의 반대자들에게 한국인의 상황을 실질적으로 조사해 보며, 사유의 물질적 내용에 유의해 보고, 현실에 이론을 적용하라고 도전하였다. 의식(consciousness)은 실천적이어야만 했다. 그리고 장려회는 이 점을 이루어 낼 수 있었다. 왜냐하면 "유산자계급과 생산자계급 사이의 구별을 다소간 명확하게" 할 수 있었기 때문이다. (그가 주장하는) 현실은 부(wealth)의 최소한 80%와 국토의 60%가 일본인들의 손에 있다는 것이었다. 이런 경향은 한국의 전체적인 부가 증가됨에 따라 가속화되고 있었다는 점을 통계조사가 보여 준 이후 여기에서 뭔가 행동이 필요하다는 사실이 제기되었던 것이다. 사실상 윤영남은 프롤레타리아의 경제적인 고통은 자본경제가 발전함에 따라 필연적으로 증가한다는 고전 마르크스주의 예언이 한국인과 일본인 사이에 한국에서 그대로 적중하고 있었으며, 이 점이 장려회의 기원이 되었다고 주장한 것으로 나타났다.

동경에서 공부하는 동안 YMCA에서 활동해 온 것으로 보이는 나경석은 다시 「동아일보」에 공민이라는 이름으로 네 개의 글을 써 자신의 입장을 발표하였다.[82] 그는 장려회의 목표들이 불가능하다고 비난한 주종건의 주장에 반대하는 것으로 그의 변호를 시작하고 있다. 장려회는 '부정할 수 없는 한국의 현실문제들로부터 시작된 운동'이었고, 주종건은 한국의 절박함을 파악하는 데 실패하였던 것이다. 장려회의 운동은 실재하였다. 그리고 한국인들이 경제적인 자멸에 이르는 것을 저항하기 위해 뭉쳐 왔다는 사실은 성공의 가능성에 대한 의문과 무관할 수는 없다. 정치적인 무력함이 그 운동에 명확하고 심각한 제한을 가져온 것은 분명하지만, 그렇다고 아무것도 하지 않고 있는 것이 그 적절한 반응은 아니었다. 나경석은 장려회운동이 그저 하나의 경제운동에 지나는 것이 아니라, 유일한 대안이며 논쟁의 여지가 없는 의무라고 하였다.

나경석은 그 운동이, 뚜렷한 계급의식의 결여로 프롤레타리아에게 멸망의 위협을 주는 부르주아들에 의해 구성된 하나의 동맹으로 해석될 수도 있다는 점을 인정하였다. 그러나 윤영남과 같이 그는 한국의 부르주아가 사실상 부득이하게 프롤레타리아가 되었다고 믿었다. 상대적으로 좋은 지적 훈련을 받은 그들이 비록 부르주아계급의 마지막 작품이라 할지라도 실질적인 프롤레타리아운동의 전령이 될 수 있었다. 무산계급은 항상 가장 약하다. 그러나 한국의 물산장려회가 프롤레타리아의 이익에 해롭다고 결론짓는 것은 이치에 맞지 않는 것이었다. 그 첫 번째 이유는 한국은 생존을 위해서는 수공업 분야, 가내공업, 다양성 없는 지방산업에서부터 기계산업에 이르기까지 발전해야만 했고, 이것은 사회주의의 원리를 파괴한 것이 아니었다. 또 다른 한 가지 이유는 장려회가 단순한 거부운동이 아니라 경제 현실과 문제들에 대한 자각을 일깨우기 위해 의도된 운동이었다는 점이다. 산업에 자신의 노동력을 판매하는 노동자들의 현실은 기본적인 사회구조에 실재하는 결함들 중의 하나였으나 서민들의 현재 곤경으로부터는 아직 요원한 문제였다. 그렇다고 시체들이(corpses) 하나가 될 수는 없을 것이다. 만일 비판가들이 역사유물론의 형식을 진지하게 만이라도 고려해 보았더라면, 그들은 프롤레타리아의 고통과 생산력의 확실한 발전이란 것이 필연적인 양상이라고 명백히 주장되는 것을 깨달았을 것이다. 프롤레타리아 의식은 독자적으로 발전할 수 없었다. 그것은 변증법적이지도 않았다. (이것은 마르크스주의 변증법을 오해한 데 기인하는 것으로 보인다. 모택동이 그랬다 할지라도 마르크스나 레닌 아무도 혁명적인 잠재력이 한 계급의 가난에 비례하여 증가된다고 믿지 않았다. 한국 초기 마르크스주의에서 이러한 생각은 확실히 광범위하게 받아들여졌고, 그 시대의 마르크스주의자들의 전술에 어느 정도 도움을 주었다.)

마지막으로 나경석은 주종건이 사회적인 혁명과 정치적인 혁명을 혼동하고 있다고 비난하였다. 러시아는 정치적인 혁명을 경험했지 사회적인 혁명을 경험한 것이 아니었다. 왜냐하면 사회적인 혁명의 조건들이 존재하지 않았기 때문이다. 그러므로 러시아는 그동안 놓친 필수 생산력을 산출해 내기 위하여 국가자본주의를 강요하였던 것이다. 성공적인 사회혁명에 대한 트로츠키(Trotsky)의 필수조건 세 가지[83] 모두가 한국에서는 결핍되어 있었다. 한국에서는 생산력의 증가에 따른 의식의 성장이 요구되었던 것이다. 나경석은 토속상품(native goods)의 생산과 사용을 위한 운동이, 의식의 성장을 고무시키면 시켰지 위험이 된다고는 볼 수 없었다. 프롤레타리아에 대한 가장 큰 위협은 정치적인 대립을 제시하는 것으로써, 거기에는 프롤레타리아들을 지탱해 줄 자리가 없었던 것이다.

요약하면, 윤영남과 나경석은, 한국의 상황에서 불가능한 것은 경제적 활동이 아니라 정치적 행동이라고 주장하였다. 그것은 어떤 경우에도 정치적인 변화가 사회경제적인 변혁을 보장하거나 그것과 동등한 것이 아닌 까닭이다. 또한 한국인들이 경제적인 기반의 어떤 외형적인 모습을 사실상 상실하여 온 이후로 장려회는 한국인들의 현실에 직접적이면서도 가장 적절한 대응이었다. 그리고 아직은 거의 존재하지 않는 것이나 마찬가지인 프롤레타리아 의식을 그나마 약화시키기보다는 이 장려회운동은 그런 의식이 도처에서 나타나도록 하는 유일한 희망이었다. 따라서 일차적인 과제들은 실천적인 차원에서 사람들에게 토속상품을 사용하도록 고무시키고, 자본과 기술을 가진 '게으름뱅이들'을 생산자로 변화시키는 것이었다.

장려회의 이런 자기 방어에는 약간의 혼란이 있었다. 장려회의 조직이 공식적으로 사회주의자 조직이 아니면서도 마르크스적 분석으로 자기 방어를 하며, 반(反)사회주의 조직도 아니면서 자본주의적 경제 관계를 권장하고 있지 않은가? 나경석과 윤영남의 주장은 이런 변칙에 대해 아래와 같은 해답을 제시하고 있다. 진정한 자본주의적인 부르주아 및 프롤레타리아 계급이 1920년대의 한국에 존재하였다고 상상하는 것은 잘못이다. 자본주의와 사회주의를 서로 상반된 방향으로 진행된 두개의 구별되는 대안 그룹이었다고 인식하는 것도 역시 잘못이다. 그것들은 동일한 과정의 일부이다. 그리고 마르크스주의에 따르면 자본주의 단계는 사회주의에 선행해야 한다. 이것은 나경석이 주장한 내용의 핵심인데, 소비에트 러시아가 즉시 사회주의를 수용하기보다는 국가 자본주의를 우선 먼저 세워야 했다는 것이다. 윤영남과 나경석은 피터 스트러브(Peter Struve) 같은 러시아 사회민주주의 지도자들이 했던 것과 상당히 동일한 방식으로 산업자본주의의 시기를 위한 타당성을 마르크스에게서 보았던 것 같다. 손문(孫文)처럼 그들은 사회주의를 창조하기 위한 자본주의를 만들려고 시도하고 있었다. 그러나 세 가지의 다른 실제적인 요소들이 조선물산장려회를 구성시켰던 것이다. 그 세 가지는 단결의 요구, 반허무주의(anti-nihilism), 그리고 종교적인 확신이었다.[84]

조만식은 장려회가 모든 계층에 의하여 지지받는 진정한 민족적인 운동이 되기를 바랐다. 단결은 1919년의 3·1운동이 가져다 준 하나의 거대한 긍정적인 성과였으며, 민족주의 지도자들은 그것이 계속 지속되기를 열망하였다. 안창호는 민족주의 운동의 가장 높고 가장 절박한 과제들 가운데 단결을 위한 투쟁을 최우선 과제로 삼으면서, 동료 한국인들 사이에 이런 자질이 고질적으로 부족한 데에 대해 가장 강력한 비난을 가했다. 1920년대 중반부터 이 주제는 「동광」에서 많은 비중을 차지했다. 조선물산장려회는 그 상황 아래 이데올로기나 계급, 그리고 기타 다른 것들 사이의 갈등은 자멸을 위한 처방일 뿐이라는 자아개조 신념에 공감하고 있었다. 따라서 나경석은 그 운동의 유일한 '이즘'(ism)은 '죽음 탈피주의'(death-escapism)라고 선포하였다.[85]

비록 나경석과 윤영남이 사회주의의 한 유형을 주창하고는 있었지만, 급진적인 좌익의 강한 허무주의적 경향을 공격하였는데, 이는 그들이 좌익 안에 그런 허무주의적 경향이 있음을 인식하였던 것이다. 그들이 그렇게 반대공격을 많이 한 것은 대부분 3·1운동의 실패와 계속되는 총독부의 비타협적인 태도에 대한 일종의 반작용으로 대두하기 시작한 대중적인 허무주의의 빛 속에서 보아야만 옳게 이해될 수 있다. 북경의 신채호는 "파괴없이는 건설없다."[86]는 원리를 지지하였는데 그것은 한국에서의 점진적 개조운동과는 명백하게 불일치하는 것이었다. 한국인의 드라마, 소설, 시, 노래 등에 표현된 절망을 배경으로 '허무당'(Nihilist Party)이 1926년 1월 남한에서 형성되었으나 단명하였다.[87]

좌익운동 안에서 이 허무주의는 더 심각하고 실제적인 모양을 띠었다. 허무주의 또는 '파괴'는 혁명전술에서 부정적인 단계로, 즉 기존 질서에 대한 파괴활동의 필수적인 운동으로 정초되었다. 이것은 급진적인 좌파가 초기에는 왜 협동조합운동보다는 농촌 소작농의 논쟁에 더 큰 지원을 했었던가를 설명해 준다. 윤영남은 이런 입장을 혼란케 하는 사상이라고 공격하였다. 식민지 한국에서 불가능한 일이 있다고 한다면, 그것은 이런 허무주의적인 전술이었다. 한국에서의 혁명은 진정한 부강을 이루고 어떤 실질적인 수단을 간구한다는 차원에서 착수되어야만 했다. 왜냐하면 절망적으로 나약한 한국인들에게 있어서 경제 허무주의는 자기 전멸을 의미하였고, 파괴는 완전 정지를 의미했기 때문이다.[88] 나경석 역시 주종건이 경제 허무주의에 대한 대안을 제공하지 못한 점을 이렇게 비난하였다 : "'그것을 할 수 없다.'고 말하는 것은 미래의 생계를 위한 아무런 수단도 없이 국민에게 앉아서 죽음이나 기다리라고 명령하는 것이다."[89] 역설적이게도 급진적인 좌파는 부정적인 세력이라는, 그리고 그 용어의 메테르니히(Metternich)적 의미에서 반동주의자라는 비난을 받았다.

　허무주의에 대한 공격은 강력한 윤리적 영감을 가지고 있었다. 그리고 여기에 그 운동의 종교적인 배경은 확실하여, 사회주의 이데올로기와 장려회의 관계의 문제에 빛을 던져 주었다. 한국의 민족주의에 있어 종교의 힘, 특히 개신교가 갖는 힘의 원인을 찾는 것은 복잡한 과제이다. 그러나 기독교에 관심을 갖게 된 역사적 이유는 공산주의나 사회주의에 관심을 갖게 된 이유와 유사하다. 둘 다 일본에 대한 반대를 위한 집결지로, 그리고 새로운 한국의 문명화의 근원으로 여겨졌다. 기독교인들은 윌슨의 민족자결주의에 의하여 고무되었다. 왜냐하면 그것이 자신들의 법적이고 도덕적인 기반으로 보였기 때문이었다. 이제 사회주의는 과학적인 기반을 - 그리고 도덕적인 기반도 - 가지는 것처럼 보였다. 왜냐하면 사회주의는 압제에 대한 반응이었기 때문이다. 따라서 기독교인들은 자연적으로 1919~1922년에 걸친 실망의 기간 이후에 사회주의에 매료되게 되었다. 사실 오늘날 몇몇 남한의 불교도들은 기독교교인들이 한국에 공산주의가 들어오게 하였다고 비난하고 있다.

　기독교와 사회주의에 관심을 갖게 된 원인들 사이의 이런 밀접성은 1920년대와 1930년대의 한국적 경제 민족주의의 일면을 설명해 준다. 조만식에게는 이상의 두 가지 관심이 혼합되어 있다. 정치가들이나 사상가들, 그리고 과학자들이나 소설가들 사이에서 조만식은 비스마르크, 마르크스, 다윈, 그리고 빅토르 위고를 가장 존경했다고 쓰고 있다.[90] 여기서 우리는 종합을 해볼 수 있다. 민족주의 통일가 비스마르크 ; 반제국주의자이자 경제적 존엄성의 주창자인 마르크스 ; 생존을 위한 투쟁이라는 사회적 개념의 근원으로 가정되는 다윈 ; 그리고 마지막으로 유익한 사회변화를 위한 가장 강력한 영향으로서의 기독교 열정을 믿었던 사람 위고. 이것은 대립되는 입장들이어서 혼란스럽게 보일지도 모른다.[91] 그러나 만일 우리가 이론의 영역에서 1920년대의 한국의 역사 영역으로 발걸음을 옮긴다면, 이 모든 종합 속에서 의미를 찾아낼 수 있는 것은 바로 도덕적인 요소임을 쉽게 알 수 있다.

그러나 유사성을 너무 과장해서도 안되겠다. 하나의 운동인 장려회는 정치적 혁명적 방법을 거절하였다. 실제로 자아개조 전통 안에서 볼 때 장려회는 문화운동의 상대자(counterpart)였다. 문화주의자들이 민족문화의 창조를 추구하여 정치국가에 이르는 수단으로 삼은 데 반해, 장려회의 회원들은(종종 동일한 사람들이었다) 민족 경제의 창조를 추구하여 주권을 되찾기 위한 필수적인 조건으로 삼았다.

많은 기독교인들이 사회주의를 수용하게 된 그 배후의 도덕주의 자체가, 동시에 엄격한 마르크스주의나 공산주의 형태의 사회주의를 받아들이는 데에 장애물이었다. 우리가 보아 왔듯이 이 도덕적인 관점은 한국의 식민지 점유의 기원문제로까지 확대되었는데, 한국이 식민지가 된 까닭을 도덕과 정신의 타락 때문으로 여겼던 것이다. 한국이 안고 있는 문제들의 원인들에 대해 종교적인 설명과 공산주의적인 설명 사이에 그런 차이점이 있었던 까닭에, 그들 양측이 내린 해법들 사이의 비양립성(非兩立性) 역시 필연적이었다. 총독부와의 공개적인 정치적 대립은 대부분 자아개조 개신교인들이 반대했던 해결책이었다.

윤치호의 입장은 그 점을 보여 준다. 비록 물산장려회의 회원은 아니었지만, 윤치호는 경제적인 문제에 깊이 연루되어 있었다. 1919년 10월 그는 박영호와 이상재에 의해 서울 YMCA를 통해 지도되고 있던 식산장려회를 설립하는 계획에 이미 기꺼이 동의하였다.[92] 땅을 사용하고 유지하는 것은 정치적인 운동들을 조직하는 것보다 더 중요한 것이었다. "사람이 빵으로만 살 수 없는 것이 분명하듯이, 민족도 정치로만 살 수 없는 것이 분명하다.…… 이 서울이라는 도시에 한국인 사진사는 한 사람도 없고, 한국인이 경영하는 공중 목욕탕도 하나 없다."[93]

윤치호는 경제문제의 정치적인 측면을 몰랐던 것이 아니었으며, 궁극적으로 정치적인 변화가 필요하리라는 것에 무관심한 것도 아니었다. 그는 1919년 이후 총독부의 개혁에 관련된 어떠한 환상도 가지지 않았다. 그는 일본인들이 '한국인들의 극심한 경제적 고갈'을 목적으로 하고 있다는 것과, 식민지 경제는 '착취와 몰수'의 '극악무도한 민족정책'을 그 특징으로 한다는 것을 주시하였다.[94] 1920년대 그의 일기는 고의적인 일본인들의 정책으로 말미암은 한국인들의 가난에 대한 주제로 가득 차 있다. 그러나 산업의 기술정보와 그 물질적인 기반을 획득하지 않고서는 정치란 아무런 소득이 없었고, 모리배들의 집합소일 뿐이었다. 그것은 본질적으로는 아직까지 하나의 도덕적인 문제였다.[95]

윤치호는 자신이 볼세비즘이라고 칭했던 극단적 사회주의의 인기상승을 싫어했으며, 비혁명적 사회주의는 도덕성의 결핍을 들어 싫어했다. 그는 그와 같은 대중성 역시 무자비한 일본인들의 경제정책들에 기인한 것으로 보았고,[96] 사회주의의 정책이 일본을 몰아 내리라는 희망은 헛된 환상이요, 열심히 일하지 않으려는 매력적인 대안으로 간주했다.[97] 어떻든 그는 사회주의의 '한국판'이 진짜라고 여기지 않았다. 윤치호는 실제로 마르크시즘과 레닌이즘을 '협동하는 문명의 최고 높은 단계'를 요구하는 체계로 보았고, 레닌이 '학문적인 이상을 그 비실제적인 결론에까지 이르게 하기 위하여' 큰 민족을 혼돈 속에 몰아넣어 왔다고 판단하였다.[98] 만일 윤치호가 동료 한국인들에 대한 도덕적 경멸을 잠시 보류하였다면, 아마 그는 그 논쟁에 몇 가지 가치있는 공헌을 했을 것이다.

그러나 개신교인들 사이에 엄격한 공산주의에 대한 불신은 이론적인 차이에서 만큼이나 경험으로부터도 나왔다. 1928년 총독부의 정책보고서에는 한국의 공산주의자들이 지지를 얻기 시작하자, 곧 반드시 그래야 하는 것처럼 생각하면서 종교를 거칠게 공격하였다는 사실이 나타나 있다.[99] 이것은 몇 가지 해석이 필요하다. 기독교인들은 한국의 전통 가운데 대부분에 대해 정화하려 한 것이 아니라 거부하려 했다는 점에서 그들은 한국의 첫 근대적인 혁명세력 노릇을 해왔다. 그리고 초기부터 내려오는 기독교 민족주의자들의 특징이라고 한다면 그것은 진정한 사회개혁은 자기 내면의 개혁으로부터 나온다는 원리였다. 그러나 3·1운동의 정치적인 실패와 서방에서의 외교적인 노력의 실패는 그런 원리를 의심하게 만든다. 마르크시즘의 유물론적인 접근방식은 본래 인습타파적인 요소를 가진 다소 정착된 개신교 민족주의 정통(orthodoxy)에다 그들의 이론을 대조시켜 호소한 데 힘입은 바 있었다. 급진적인 공산주의자들은 그들의 입장을 위하여 그들의 이데올로기 또한 전통과의 단절로 간주했었다. 즉, 우리가 전통을 개조시켜야만 한다. 그렇지 않으면 우리는 전통에 의해 정복당한다는 것이었다. 아직도 종교를 반대하고 있던 이 공산주의자들은 민족주의 자체의 많은 부분을 취하고 있는 자신들의 모습을 발견하였다. 그리고 그들은 너무 늦긴 했지만 그들의 공격의 강도를 낮추는 방향으로 정책을 바꾸었다.[100]

한국에서 공산주의자들이 종교를 공격한 것은 전술적인 실수였다. 한국의 군주제를 떠받쳐 오고 사회의 기존질서를 지지해 온 것이 종교라고 말할 수 있다고 한다면, 그 종교는 유교였다. 그리고 유교는 1905년 초에 이미 한국인들 사이에서 그 지도력을 상실해 버렸다. 식민지 상황 아래서 기독교는 일본의 통치에 적대적인 존재로 많은 민족주의자들에 의해 인정되었다. 그리고 천도교도 그와 비슷한 인상을 받고 있었다. 더 나아가 천도교가 주장한 그들의 회원은 99퍼센트가 농촌출신이었고,[101] 개신교는 국토의 가장 외딴 지역에 파고드는 부락운동(village movement)으로 시작해 왔었다. 개신교의 교회는 도시에서도 강하였는데, 특히 북한에서 강하였다. 1930년에는 장로교회에 출석한 사람만 해도 어림잡아 평양의 인구 10퍼센트는 되었다. 서부지역의 선천에서는 13,000명이나 되는 많은 인구의 거의 절반이 주일에는 교회에 출석하는 것으로 헤아려졌다.[102] 공산주의자가 많은 민족주의 지도자들에게 가시적인 영향을 준 그런 대중적 종교를 공격한 것은, 일반 한국인들에게 좋은 인상을 줄 수 없었다.

그러나 자신들 모두가 가진 도덕주의 때문에 자아개조 개신교인들은, 산업에 대한 대부분의 일반적인 동기가 결국은 탐욕이라는 사실을 거의 고려하지 않았다. 초기의 유길준처럼 조만식과 그의 동료들은 이타주의를 한국의 사회와 경제의 제반관계에 주입시키기 위하여 기독교를 의지하였다. 그들 자신의 관점으로 보아 아마 이것이 전혀 근거없는 것은 아니었을 것이다. 조만식은 자주 아무런 보수도 없이 일하였고 검소한 환경에서 살았다. 조만식의 부유층 동료인 오윤선은 중앙학교 설립자 김성수처럼, 민족적이고 공적인 기업들에 투자하였다. 또한 상인 이승훈은 오산학교를 세우는 데 그의 돈을 투자하였다. 윤치호는 고등 '실용' (useful) 교육을 받고 있는 많은 한국인 청년들을 지원하였다. 그리고 조만식의 영향 아래 도서관이나 공공회관, 또한 고아원들이 평양에 세워졌는데, 이 일은 주로 상업에 성공한 두 과부의 헌신을 통해 이루어졌다. 이렇게 하여 공공의 선을 위해 사적인 자본을 사용할 수 있다는 가능성이 입증된 셈이었다.

그러나 이런 가능성들은 개인적인 실례들일 뿐, 경제제도 전반에 걸친 행동을 보증해 줄 수 없는 것이다. 현실적으로 보아 정의의 문제가 기독교 사랑의 자발적인 실천의 결과로 수반될 수 있는가? 한국의 개신교인들은 자신들의 나라가 기독교화되면 그것을 기대할 수 있다고 보았는데, 사실 그것은 이루어지지 못할 수도 있는 것이었다. 우리는 여기에서 반 세기 전 사람이요, 기독교 경제학자인 헨리 조오지(Henry George)의 격언을 기억할 필요가 있다. "정의를 넘어서(above) 있는 것은 정의 위에 기초하며, 정의를 내포하고, 정의를 통하여 도달되는 것이어야 한다."[103] 「동광」에 기고한 글 중 하나는 탐욕이 작용하는 문제에 대해 생각하게 만들어 주었다. "하나님이 소유에 대한 탐욕을 제거하시지 않는

한, 오직 기독교 사랑의 정신만을 통해서는 원시 기독교가 가진 공동의 이상을 실현하기란 불가능하다."[104]

그러나 조선물산장려회는 이런 의미에서 경제 정의의 문제를 말하는 데는 실패하였다. 1925년과 1928년, 특히 1931년에 김성수의 경성방직 공장의 파업 때 한국 노동자들이 일본인 자본가 아래서보다 한국인 자본가 아래서 더 열악한 환경에 처해 있었다는 것이 확실해졌다. 「동아일보」는 일본인의 산업에 반대하는 파업들을 다룰 때와는 대조적으로 조선물산장려회의 저명한 회원 중 한 사람에 대한 이런 파업에 대해서는 가볍게 다루었다.[105] 장려회의 접근방식은 만약 성공했다손치더라도, 대다수 한국인들의 이익에는 무관했을 것이라는 급진적인 좌익들의 주장이 어느 정도 일리는 있다. 따라서 몇몇 기독교 지도자들은 사회주의 내지 공산주의의 진정한 형태가 경제 개인주의의 약탈은 피할 수 있었을 것이라고 보았다.[106] 1929년에 장려회의 이전 이사였던 이순택은 장로교 연희전문학교에 있는 동료 교사 백남운과 "캠퍼스를 붉게 물들이자" (turn the campus red)는 캠페인에 가담하였고, 유억겸이 지도하는 연희전문학교의 흥업구락부 지부 반대운동을 펼쳤다.[107]

실험의 끝

1932년부터 조선물산장려회는 총독부의 엄격한 간섭을 받기 시작하였다. 건축가 정세원은 장려회에 기금을 보내는 것을 금지당했고, 회원들은 보복의 위협을 받았으며, 잡지는 출판을 그만두어야 했다. 장려회 자체는 1937년 해체명령이 내려질 때까지 겨우 명맥을 유지하였다. 그와 동시에 그 지원조직들이 경찰에 의해 붕괴되었으며, 자아개조 민족주의자들 지도부의 핵심은 체포되거나 아니면 타협하였다.

1937년 5월, 기독교인들에게 '백성들을 구원하라'고 호소하는 내용의 소위 위험자료를 발견한 일본인들은, YMCA와 동우회의 전직원에 대해 수색을 시작했다. 주요한과 다른 사람들을 '엄중하게' 심문한 끝에 경찰은 8월에 서울에서 동우회 회원 55명을 체포하였고, 11월에는 선천과 평양에서 더 많은 93명을 체포하였다. 1938년 3월 안악에서 33명이 더 체포되었고, 그럼으로써 기독교 저항의 전통적인 중심지로부터 181명의 지도자들이 재판에 회부되어 심문을 받았다. 대다수는 법률가, 의사, 교사, 목사, 그리고 그들의 지역에서 존경받고 영향력 있는 위치에 있던 '재력가'들이었다. 경찰의 기록에 따르면 "다른 누구보다도, 관계된 목사들은 전국적으로 20만 이상의 신자를 가진 북장로교파 안에서 확고한 위치를 확보하고 있었다." 평양과 선천에서 "기독교의 실제 모든 세력은 동우회에 관련되어 있었다." 일본인들은 그 운동에 의해 영향받은 그런 세력들이 대략 수만 개는 될 것이라고 평가하였다.[108] 체포된 사람 가운데 물론 이광수도 있었다. 그는 동우회의 진정한 정체성을 14년 동안이나 일본 경찰로부터 성공적으로 숨겨 왔던 사람이었다.

1938년 3월 안창호는 폐결핵으로 감시상태에서 60살로 죽었다. 그가 죽은 지 몇 달 안 되어 윤치호, 유억겸, 신흥우, 장덕수, 그리고 흥업구락부의 다른 회원들이 체포되었고, 기독교 학교들의 여러 교직원들이 강제로 사퇴하였다.[109] 이 단계에서 일본 정부는 총독부에게 정치적인 해결책을 찾으라고 충고하였는데, 그 결과 동우회와 구락부 회원들은 얌전히 지내겠다는 조건으로 석방되었다.[110] 당시 당국자들은 개신교 교단들을 직접적인 감독 아래 두려고 빠르게 움직였다. 교회들을 멸절시키려는 쓰라린 투쟁 끝에 일본인들은 1939년에 안도감과 승리를 선포하였던바, 마침내 그 나라에서 가장 강력한 단일집단이면서 '완고한' 장로교인들이 굴복하였고, '일본적 기독교'를 구성하기 위하여 서구 기독교에 대한 그들의 '종속'을 포기하였다고 발표했다.[111]

사실상 모든 개신교인들이 그와 같은 굴복을 한 것은 아니었다. 투쟁은 기독교인들 가운데 수많은 순교자들과 함께 태평양전쟁이 종말에 이를 때까지 계속되었고, 그 중에는 조만식이 장로로 있던 평양의 주기철

목사도 있었다.(조만식은 주기철이 담임목사로 있었던 산정현교회의 장로였다. - 역자 주) 그러나 이 시대에 저항의 초점은 신사참배의 거부로 이동하였다. 비록 이런 본질상 신학적으로 발단된 저항이 또한 정치적인 도전이기도 하였지만, 조직화된 개신교의 민족주의, 문화적, 경제적 민족주의는 끝이 났다.

결 론

　1945년 12월 6일 한국 최초의 근대적 민족 조직체인 독립협회(1896-1899)의 전 의장이었던 윤치호는 그의 고향인 개성에서 80세의 나이로 사망했다. 어떤 발표에 따르면 친일파였다는 책임에 대한 절망감으로 자살했다고 밝힌다.[1] 장례식에서 애도하던 사람들 중에는 독립협회의 또 다른 개신교의 원숙한 지도자가 있었는데, 그는 후에 대한민국 초대 대통령이 된 이승만이었다. 윤치호가 죽은 후 18개월 동안 수많은 개신교 민족주의자들—송진우, 김구, 장덕수, 그리고 여운형—이 자객들에 의해 희생되었다. 북한은 소련군이 점령했고 아마도 조만식도 김현석 장로 같은 동료들과 함께 처형되었을 것이다. 물론 안창호는 이미 교도소 병원에서 사망했다.
　어떤 점에서 개신교의 개조 이념과 관련된 이런저런 인물들의 죽음은 분명 그들의 사상과 노고의 종말을 뜻하지 않았다. 왜냐하면 다른 사람들이 그들이 쓰러진 곳에서 일어났으며 전통을 보존하기 위해 애를 썼기 때문이다. 외세에 의한 해방 후에 윤치호와 안창호가 경고했던 그대로의 상황—외세에 대한 숙명적 의존, 대내적 분단, 그리고 비민주적 사회—이 벌어지자 어떤 이들은 윤치호와 안창호를 예언자적 인물로 여기게 되었다. 그들의 죽음은 기독교와 한국 민족주의 간의 관계, 즉 남한에 꽤 강하게 살아 남아 있던 그 관계를 약화시키지 않았다. 그러나 그들이 이승만의 다소 다른 형태의 '기독교' 민족주의를 남한에서 일어나게 조력했으며, 북한으로부터 거대한 기독교 인구의 대대적인 이동을 야기시켰다는 점에서 이들의 죽음은 민족주의자들의 영적 비판과 비전들로부터 고개를 돌리게 하는 신호였던 것이다.

정치적으로 볼 때 그들의 퇴진은 망명에서 돌아온 한국 애국자들 사이에 '영광스러운' 투쟁에 빠지게 하였는데, 그들은 당연히 국가라는 개념 아래서 전적으로 민족이념을 포함하는 남북한 모두로부터 정치적 지도자로 추대되었던 사람들이었다. 민족주의는 관료화되었다. 민족주의는 각 정권이 권력을 장악하는 과정으로 정의되었고, 제 각각의 정의를 통해 합법성을 요구했다.

비록 북한에서는 종종 막연히 '자족'(self-sufficiency)으로 번역되는 '주체' 원리가 김일성 주석의 세계사회주의에 대한 혁혁한 혁명과 공헌으로 엄격하게 그리고 종교적으로 기술되었지만, 주목할 것은 그 뿌리가 1920, 1930년대에 있었던 경제적 민족주의의 토양에 있다는 사실의 명백함이다. 조만식의 '조선물산장려회'에 속해 있던 몇몇의 지도자들은 사회주의자 또는 마르크스주의자였거나 나중에 그렇게 되었다. 김철수와 이순택이 그 분명한 예이다. 그러나 더 확실한 것은 장려회의 잡지에 '자작자급'을 설명한 이극노(李克魯)는 조선민주인민공화국의 창설멤버가 되었다. 물론 이 원칙에 대한 종교적 배경은 부정되었다.

남한에서는 또한 '자립', 또는 '자주'의 전통이 박정희 군사정권에 의해 설립되었다. 그리고 후에 새마을운동에서 구체적으로 표현되었다. 그러나 또다시 이것은 자아개조 전통을 향한 인식 또는 배려를 명시하지 않았다. 1960년 이승만 대통령의 사임으로 인하여 생존해 있던 흥사단원들은 자신들이 이승만 정권하에서 겪었던 고통이 해소될 것을 기대하면서 다시 모였다. 그러나 1961년 박정희 장군이 쿠데타로 권력을 잡자, 그는 흥사단에 해체명령을 내렸다. 1963년 5월 흥사단 50주년 기념행사가 미국에서 열렸다. 6개월 후 금지령이 철회되고 조직은 과거 지도자였던 주요한에 의해 재조직되었는데, 주요한은 안창호 전집을 즉각 수집, 출판했다.

그럼에도 불구하고 일제 통치기간 동안 망명생활을 했던 저항집단에 대한 관료적 입장과 그 유산 및 선입견은 두 개의 한국(그리고 다소 다른 영역) 안에서 한국 민족주의의 역사에 계속 영향을 미쳤다. 교도소 병원에서의 안창호의 죽음과 이전의 중국 북방과 미국에서 상대적으로 자유로웠던 그의 활동은, 역사적인 기억을 선별적으로 변덕스럽게 인용하는 상황에서 볼 때 오히려 안창호에게 엄청난 이점이 되었다. 그러나 자아개조 전통 그 자체와 특별히 한국내의 그 역사는 거의 검증되지 않았다. 윤치호의 도피적인 자살행각과 태평양전쟁 말기의 이광수의 불행한 발상, 즉 아마도 대동아 공영권은 그 자체로 '협소한' 민족주의에 대한 승리일 것이[2]라는 발상은 전적으로 공감대가 부족했기 때문이라는 것으로 그 책임을 돌릴 수만은 없다.

현재의 요구가 과거를 조망하는 방법에 영향을 미친다는 사실은 '관료적'으로든 그렇지 않든 간에, 민족사를 서술하는 민족주의자들에 관한 한 더욱 진실이다. 당연히 저술가들이 현재에 남겨 놓고 싶지 않은 그런 역사들은 설사 그들이 어떤 민족주의적 전통을 공감했다 하더라도 제외될 수밖에 없는 것이다.[3] 민족에 대한 문화적 정의는 마치 국가주의(statism)가 그러는 것처럼, 민족사회 안에 있는 문화의 영역이나 그 외의 영역을 가상의 문화적 동질성에 비추어 보아 무시하거나 최소화할 수 있다. 그러나 이 시기 10년간에 한국에서 벌어지고 있었던 심각한 변화는 특별히 민족적 화해의 열망이 격양되어졌을 때, 자아개조 전통에 대한 실험적 재고의 여지를 만들어 냈다.

남한에 있는 국가가 지지하는 공식적 민족주의를 옹호하는 사람들은 문화주의 원칙 안에서 지역적, 이데올로기적 분할의 계속적인 발전을 막는 방법을 발견하게 되었다. 1981년 한국의 지도적 신문 중에 하나인 「한국일보」는 자아개조(self-reconstruction) 이상들에 대한 기사를 싣기 시작했다. 비록 안창호의 이름이 언급되지는 않았지만(아마도 전두환 정권이 그것에 민감했기 때문일 것이다), 그의 4대 원칙이 다시 한번 세상에 알려지게 되었다. 윤치호를 찬양하는 기사도 실렸다.[4] 역사가이자 전 고려대학 총장인 김준엽은 1987년 민족통일의식을 강화하려는 일환으로 한국 독립운동사를 가르칠 필요성이 있다는 글을 썼다. 이는 모든 한국인들이 '내 나라'가 무엇인지에 대한 공감대를 지닐 수 있다는 가정을 내포하고 있다.[5] 비공식적 민족주의, 특별히 남한에 있었던 민중운동도 또한 남한의 정치구조의 변혁과 민족통일이 민중문화의 확장을 통해서 이루어질 것이라고 주장함으로써 문화주의자들의 어떤 기본적 원칙을 발전시켜 준 것이 아닌가 한다.

그럼에도 불구하고 1920년대에 처음 제기되었던, 자아개조 이념이 그 적대세력인 일제와 타협했다는 비난은 일반적으로 정통적 입장으로 남아 있다. 그리고 거기에는 한국내에 있는 공식적 민족주의를 민중적 민족주의로 대치함으로써 이것을 변화시킬 것이라는 지적은 거의 없다. 그럼에도 불구하고 이 정통입장에는 질문을 제기할 필요가 있다.

자아개조와 민족주의자의 합법성

역사적 결과의 신속성이란 측면에서 볼 때 자아개조운동은 그 문화적 경제적 활동에서 성공이 단지 미미할 뿐이라는 사실은 분명하다. 적어도 진덕규 같은 학자는 그 이유를 엘리트와 협력자(collaborationist)가 일으킨 이 같은 운동에 대해 대중들이 거부했기 때문이라고 한다.[6] 참된 민족주의를 대중운동으로 정의한 진덕규는 실제로 만일 운동이 실패한다면 그것은 대중의 지지를 받지 못했기 때문이라고 결론내린다. 하나의 역사적 가치로서 이 운동은 그 자체로 의문을 제기할 만하다. 그렇다면 한국의 경우에 1920, 1930년대의 어떠한 운동도 성공한 경우가 드물다는 이유에서 그 운동들이 결코 대중의 지지를 받지 못했고, 그러므로

당시에 민족주의는 없었다는 결론을 내려야만 할 것이다.[7]

그 운동의 운명은 그 시기의 타협 대 비타협의 논쟁으로는 적절하게 설명될 수 없다. 1928년 3월 그들의 '논제' 안에 한국 공산주의자들은 스스로 그런 한계를 적용하기 어렵다는 점을 지적했다.[8] 조만식은 '비타협' 진영에 서게 되었고, 그래서 신간회가 발족하자마자 평양지회 회장이 되었다. 신간회의 초대 의장은 기독교인이었던 이상재였다. 그는 1923~1925년에 대학운동의 지도자로서 타협진영에 속해야만 했다. 그러나 「조선일보」의 소유주로서 '비타협' 진영에 설 수밖에 없었다. '비타협'적인 신간회의 창설위원이란 '비대중적'인 조선물산장려회의 창설위원-이순택, 박동원, 이종린, 명제세, 유억겸, 그리고 청년공산당 지도자 한위건-을 포함한다. 한위건(韓偉健)은 「동아일보」의 기자였던 반면, 조만식은 한때 「조선일보」의 경영자였다. 타협이라는 비난이 몇몇 개인들에게 돌아갔고, 심지어는 그들이 속해 있는 집단도 대상이 되었다는 사실을 부정할 수는 없다. 그러나 그러한 비난은 논쟁의 내용과 상황을 고려해서 해석해야 한다. 그 당시 유동적으로 여러 그룹의 중간 노선을 걷고 있던 그룹들을 이런저런 그룹으로 규정지으려는 것은 위험한 발상이다.

'민족자본'은 오로지 일본제국주의에 참여함으로써만 설립될 수 있었다는 급진적 좌파의 고발은, 산업자본가들이 단지 한국 노동자들을 착취하기 위해 일본 권력과 함께 협력하고 있었다는 도덕적 비난이기도 했다. 김성수의 경성방직회사에 대한 카터 엑커트(Carter Eckert)의 자세한 연구는 이런 내용을 담고 있었다 : 즉, 김성수와 특히 그의 동생 김연수는 1920년대 이후 일본이 한국에 시행했던 재정조치를 이용했다. 사실상 엑커트는 이렇게 단정하기도 했다. 즉, "가장 적게 억압받았던 이들 중에는 초기의 한국 유산층이 있었다. 실제로 한국 유산층이 일본 침략의 희생자라고 바르게 판단할 수 있는지의 여부는 문제로 남는다."[9] 그는 나아가서 일본인들이 계급간의 차이를 심화시키고, 그럼으로써

1919년 3·1운동에서 발견되었던 민족적 일체감을 약화시키기 위해 고의로 한국 산업자본의 발전을 부추겼다고 지적한다. 이런 점과 더불어 경성회사 간부가 1931년 파업노동자에 대항해서 총독부의 노동법과 경찰을 이용하려고 준비하고 있었다는 사실은 김성수와 그 가족이 진정한 민족주의자들이 아니었다는 증거로 제시된다.[10] 그들은 냉소적이었거나 현혹되어 있었다. 그렇지 않다면 어떤 경우에서든 그들은 일본의 꼭두각시였다. 이러한 사실들은 보다 진전된 토론을 요구한다.

합리적으로는 세 가지 방향이 있다고 보인다. 첫째, 식민지 권력의 경제구조 안에 참여하는 것과 민족주의자가 된다는 것은 서로 양립할 수 없다는 주장이다. 이것은 오직, 역사 앞에서 누구나 이미 이런 식으로 민족주의자를 정의했다는 전제하에서만 유용한 논법이다. 그러나 만일 망명을 선택하지 않는다고 할 때, 어떻게든지 식민지 권력에 의해 부여되는 구조에 참여하지 않는다는 것은 불가능하다. 인도의 민족주의자들은 민족주의적 목표를 추구하기 위해 영국의 경제, 교육, 정치구조에 참여했다. 모든 한국의 민족주의자들이 개방적으로 일본을 거부했어야 한다는 요구는 상식적이지 않을 뿐더러 지적 수행 또는 장기적 전략의 채택의 여지를 남겨 두지 않는다. 요점은 피할 수 있든지 피할 수 없든지 간에 확실한 비축을 해두는 방법이다. 식민지에 부과된 체제를, 심지어 그 상황은 희망이 없다 할지라도, 민족적 이익으로 되돌리기 위한 민족주의적 시도에는 어떤 논리적 모순점도 없다.

자본주의는 '논리상으로는' 국제주의적이며 따라서 비민족주의적이라는 사실이 고려될 수 있다.[11] 추상적으로 볼 때는 그럴지 모른다. 그러나 실제로 자본주의자들은 진짜 훌륭한 민족주의자들을 양성했다.(그리고 미합중국에서 자본주의는 민족주의의 한 형태의 보증서이다.) 자본주의는 사실상, 민족주의와 민족국가 형성에 깊은 관련성을 가지고 있다. 세계시장과 민족 경제정책은 긴장관계에 있다. 그러나 자본주의자들이 민족주의자들이 될 수 없다는 주장은 의심스럽다. 무정부주의는 논리적으로 민족국가의 파괴를 의미하지 자본주의의 파괴를 의미하지 않는다.

둘째, 억압받은 자들만이 진정한 민족주의자라는, 그래서 억압받은 자들이 적으면 적을수록 민족주의적 신뢰는 약화된다는 주장이다. 확실히 이 이런 견해는 감정적인 차원에서 볼 때 다소 일리가 있다. 그러나 논쟁의 핵심은 한국 유산층이 일본과 협력함으로써, 즉 민족주의자들이 되지 않음으로써 고통을 피했다는 점이다. 그러나 일반적으로 경제적으로 고통받은 한국인들이 일본에 저항했기 때문에 그런 고통을 받은 것은 아니었다. 한국 '유산층'이 일본 식민주의로부터 고난받지 않았다는 전제는 의문의 여지가 있다. 1920년대 윤치호의 일기는 일본인들이 한국의 기업에 대해 방해공작을 하면서도 경제 '개혁'을 이야기하는 심각한 아이러니에 대한 신랄한 비난으로 가득 차 있다. 여기에는 법이 아니라 행정적인 수행과 관계가 있다. 일본이 만일 1919년 이후 유산층에게 관대함을 보여 주려고 결정했다면 그것은 그들 자신의 결정이었고, 그 자체로서 유산층 민족주의자들이 활동할 수 있는 조건을 제공했다. 다시 말해서 문제는 얼마나 그들이 억압받았는가가 아니라, 그들이 민족주의적 목표를 위해 일했다는 점, 혹은 일했다고 스스로 간주했다는 점이다. 민족자본의 형성은 애국적 행위로 여겨졌고, 민족자본은 결국 형성되었다. 그들이 일본으로부터 빌려 왔다는 이유에서 민족주의자의 주장을 묵살하는 것은 민족주의를 철저한 반외세주의로 규정하는 것이다.

셋째, 파업노동자들에 대해 경제적 정치적 힘을 사용한 것은 민족주의에 반(反)하는 행동이라는 주장이다. 왜냐하면 그러한 힘은 총독부에 의지하고 있기 때문이다. 그러나 경성회사의 경영측은 공장파업을 민족주의적 문제로 처리하지 않았다. 그것은 노사관계의 문제였다. 개인 사유재산이 도둑맞거나 위험에 처해 있을 때 경찰을 부르는 것과 마찬가지로, 개인자본 축적이 방해받을 때 경찰을 부르는 것 역시 합법적인 것으로 여겨진다. 이것은 당연한 자본주의적 논조이다. 경제를 근대화시키는 것은 민족적 사명이었고, 특히 한국인이 그 임무를 수행하고 있는 한 더욱 그러했다. 김성수와 다른 이들의 경제활동이 필연적으로 노동자들의 측에 있지 않았다는 것을 지적함에 있어서 짚고 넘어가야 할 것은 잘 알려진바 그들이 사회주의자들이 아니었다는 것이다. 사회주의자를 선호할 만한 많은 좋은 이유가 있었음에도 불구하고, 그들이 사회주의자가 아니었다는 사실은 그들이 민족주의자였는가 아니였는가와는 아무런 상관이 없다.

우리는 그 질문을 도덕적 문제와 혼동하지 않도록 신중하지 않으면 안 된다. 민족주의는 도덕적 범주가 아니다. 그 문제에 있어서 민족주의와 노동착취-또는 민족주의와 정치적 억압-사이에는 어떤 모순점도 존재하지 않는다. 자아개조 민족주의자들은 노동자들의 해방을 갈망하지 않았다. 마치 그들이 전적인 여성해방을 기대하지 않았던 것처럼. 민족주의는 모든 한국인들이 그것을 위해 일해야 했던 총체적인 어떤 것으로 여겨졌다. 노동자 계몽은 민족을 위해서 일해야 하며, 또한 열심히 일해야 한다는 이해 아래서 이루어졌다. 다시 말해서 그들(그리고 한국여성들)은 민족화되었다. 그리고 분파적 이해관계의 표출은 안창호가 정형화했던 것처럼 단순한 이기주의였다.

평화시에 식민지 지배 아래 있었던 다른 민족주의운동의 경험과 간단히 비교해 본다면 타협의 문제에 단서를 던져 줄 것이다. 코친차이나(Cochinchina : 베트남 최남부의 지방-역자 주)의 입헌주의당(Constitutionalist Party)에 대한 연구에서 쿡(Megan Cook)은, 그녀가 '이상적인 협력자들'이라고 불렀던 지도자들이 프랑스 정책이 '상대적으로 자유로웠던' 1920년대 중반에 상당한 성공을 이루었다고 지적한다.[12] 그 정당은 사실상 프랑스 문화에 고무되어 있었고, 프랑스가 베트남이 자랑스런 신진국가로서 근대세계로 나아가는 것을 쉽게 해주리라고 기대했다. 그러나 프랑스 정책이 엄격해지고 백성이 무장저항으로 돌아서자 입헌주의자들은 양쪽 사이에서 실패하고 말았다. 그들은 원칙적으로 무장저항을 찬성할 수 없었다. 왜냐하면 그들은 프랑스가 너무 강하다는 것을 알고 있었기 때문이다. 그러나 그들은 또한 혹독한 진압에 대해 프랑스를 설득하려는 시도도 실패했다. 실제로 그러한 시도 때문에 프랑스는 그들을 프랑스의 '적'으로 간주했다.[13]

인도네시아에서 '협조'(co-operation, 즉 시의회, 지역의회 등과 네덜란드 식민 통치와의 협조) 민족주의에 대한 극적인 호응이 1935년에서 1942년 사이에 일어났는데, 이유는 네덜란드가 비협조 정당들의 법적인 행동반경을 심각하게 제한해 왔기 때문이다. 그러나 협조 민족주의자들조차 더 이상 식민지 지배자들의 마음을 움직일 수 없다는 것을 입증해 주었다.[14] 인도의 협조 민족주의자들은 비록 그 과정이 매우 늦긴 했지만 더 잘해 나갔다. 틸락(Tilak)은 그것이 일체감(unity)을 유지한다는 이유에서 협조를 좋아했고, 다스(C. R. Das)는 영국의 지배를 안으로부터 흔들어 놓기 위해서라도 지방의회에 참여하는 것을 지지했던 반면, 인도 의회는 항상 영국과 함께 협상했고 1935~1939년까지 개방적으로 지방의회 선거에 참여했다.[15] 권력의 점차적인 이동이 이루어졌다.

그러나 이 세 가지 경우 어느 것도 쉽사리 한국인의 경험과 비교되지 않는다. 코친차이나의 경우 한 가지 유사점이 있다. 즉, 구체적으로 말해서 지배자들이 냉혹한 태도로 변하고, 심지어 겸손한 요청에도 귀를 막아 버렸을 때 많은 민족주의자들 사이에 가장 신랄하고 비타협적인 논조가 나타났다는 점이다. 한국에서 수용할 만한 좁은 의미의 민족주의는 사이토의 '유화' 정책이 기만이었음이 드러난 이후였다. 그러나 문화주의자들은 라이벌인 민족주의자들만큼 백성들과 소외되지는 않았다. 인도네시아의 경우와 유사한 한 가지는 한국의 '합법적' 민족주의가 정책당국을 움직이는 데는 지하활동보다 더 잘 한 것이 없었다는 점이다. 총독인 사이토 마카토에 의해서 1919년 설립된 지방 '자문위원회'에 참여한 것은 결코 자아개조 민족주의자들에 의한 민족주의적 전략으로서 채택된 것이 아니었다.

인도의 정치적, 사회적 양상은 한국의 상황과 상당히 다르기 때문에 민족주의의 경향 그 자체를 비교한다는 것은 도움이 되지 않는다. 인도는 한국과 같은 종족적, 언어적 동질성이 부족할 뿐만 아니라 식민지 동화정책에 직면하지 않았다. 그러나 이념에 있어서 한국의 문화주의자들, 특히 개신교 문화주의자들은 인도인들의 점진적이며 비폭력적 접근방식에 가까웠다. 그들은 간디의 영성에 대한 강조와 진리와 정의의 힘에 대한 신뢰를 찬양했다. 비록 엄격한 민족주의자들과 사회주의자들에게는 생각할 수 없는 것이었지만 간디가 실제로 관심가졌던, 즉 대영제국이 "물질에 근거하지 않고 정신적인 것에 근거하기를 바란다."[16]라는 처음의 입장을 그들이 이미 알고 있었다면 이광수로부터 그리고 아마도 윤치호로부터 수정을 거쳐서(mutatis mutandis) 제한적인 동의를 받았을지도 모른다. 사실 그대로, 한국 개신교 자아개조 민족주의자들이 가장 타당하게 비교될 수 있었던 (비한국적인)지성적 전통은 미국 복음주의의 공리적 사회정책과 러시아의 혁명 이전의 종교적 사상가들의 국가 이상주의였다.[17] 두 가지 모두 윤치호와 안창호의 글과 연설에 뚜렷이 나타나 있고, 후자(국가이상주의)는 이광수의 소설과 1930년대에 송진우와 「동아일보」가 관련되어 있던 농민(Narod)운동에 대한 이광수의 후원에서 분명히 나타나 있다.

　타협의 문제는 명백한 협력자들(한국의 민족적 관심 등에 역행하는 일본의 자발적 대리자들)에 관련된 것이 아니라, 세 가지 기본적인 신념을 공유하고 있던 헌신적인 민족주의자들의 그룹에 관련되어 있다. 첫째, 민족의 도덕적-정신적 기원에 대한 이상주의적 관념이 있었다. 이런 관념으로부터 한국의 주권상실에 대한 비난은 전적으로나 대체적으로 일본의 책임으로 돌려지는 것을 부정하기에 이른다. 즉, 일본은 무조건 나쁜 놈이 아니고 한국은 순진무고한 희생자가 아니었다는 점이다. 둘째, 문화적 실체로서의 민족은 논리적으로 정치적 국가체제(state)에 선행한다는 이론이 있었다. 이런 기초 위에 이광수는 특별히 역사적인 지평 위에서 볼 때 정치적 국가체제가 후퇴하는 곳에서 문화적 실체로서의 민족이 발전할 수도 있을 것이며, 실제로 이런 점에서 그 양자는 점차적으로 함께 발전해 가야 할 것이라고 주장했다. 셋째, 정치적 동요는 민족의 관심에 파멸을 안겨 줄 것이라는 확신이 있었다. 이런 신념들이 제대로 이해되었든 그렇지 않든 간에, 그들은 민족주의 우익이나 급진적 좌익에 의해 잘 받아들여지지 않았다.

그 운동이 갖는 민족-이상주의(nation-idealism)의 장단점에 대한 좀더 철학적인 물음은 제쳐두고라도, 개신교의 자아개조 민족주의는 잘못된 판단과 몇 가지 모순에 대한 책임을 져야 할 것이다. 민족-국가(nation-state)라는 공식이 보편적이고, 일본은 자신의 입장에 유리하게 그 공식을 엄청난 힘으로 수용했던 국제적 기류 속에서, 문화주의자들의 '비정치적' 민족주의는 확실히 한 가지 심각한 딜레마에 사로잡혔다. 한국과 가리발디의 이탈리아, 비스마르크의 독일을 비교한다는 것은 어리석은 짓이다. 왜냐하면 거기에서 논점이 통일문제에 집중되어 있었기 때문이다. 또 워싱턴의 미국과 비교하는 것도 어리석은 짓인바, 그것은 본질적으로 정치적 갈등이었고 무장투쟁이었기 때문이다. 어떻든, 처음 민족주의가 꽃핀 이후로 국제적 질서는 변화해 왔고, 따라서 일본 민족주의의 본질이 더욱 깊이 고려되었어야 했다.

일본의 민족주의가 가지고 있는 문제는 그것이 협소하다는 점에 있지 않고, 충분히 협소하지 않다는 점에 있다. 만일 일본 민족주의가 정치적 권위를 식민지역에 단순히 부과하는 데 만족했다면, 한국의 문화적 열망에 보다 낮은 장벽이 되었을 것이며, 한국이라는 '민족'은 이론적으로 몽고와 만주족의 지배하에 있던 이전 세기에서처럼 보존될 수 있었을 것이다. 정확히 말해서, 문화주의자들은 그들의 목표를 이루기에는 1, 2세기란 기간이 필요하리라는 사실을 직시했다. 그러나 정치적 현실주의의 결함이 여기에 있었다. 심지어 단일민족이 생겨날 수 없었던 인도에서도 민족주의에 대한 인내과정이 절박한 요구사항 때문에 밀려났었다. 일본의 동화정책은 조선이란 국가 안에서 한국인들의 한 '민족'

을 허락할 수 없었다. 문화주의자들은 일본측의 이런 논리를 인정했어야 했다. 왜냐하면 일단 한국이 하나의 참된 민족이 되면, 일본국은 궁극적으로 제대로 힘을 쓰지 못할 것이라는 이 두 논제는 서로 상충되는 것이었기 때문이다. 그들의 운동이 점점 더 성공하면 성공할수록 일본은 그 운동을 더욱더 확실하게 붕괴시키려고 했을 것이다.

개인주의와 집산주의와 정치

국가란 근대 세계에 국제정치 안에서 합법적으로 수행될 수 있는 유일한 실체이다. 그리고 한 "사회는 그 정치기구들 안에서의 경우를 제외하고는 우리를 위한 어떤 실재를 가지지 않는다."[18] 그러므로 개신교 윤리적 민족주의자들이 이런 발전을 아무리 싫어하고 또 동의하지 않는다 하더라도, 그 상황에 직면하지 않을 수 없었다. 결국 그것이 망명 임시정부를 세우고, 국제연맹에 공식적인 인정을 얻고자 노력하게 된 논리인 것이다. 물론 일본과의 투쟁을 심각한 문화적 투쟁으로 설명한 점에서 문화주의자들은 옳았다. 그러나 정치적인 저항은 2차적인 것이며, 상황이 호전되지 않을 때 포기하게 될 것이라는 결론은 어쩌면 잘못 되었다. 왜냐하면 일본은 그들의 국가권력을 통하여 한국 민족의 문화적 퇴화를 야기시키려고 결심하고 있었기 때문이다. 그러므로 자아개조 민족주의자들 사이에 정치적인 저항에 참여하는 동요가 수시로 있었다는 사실은 당연한 것이다.

상대적인 의미이긴 하지만, 개신교인들은 개인주의적인 방식이냐 아니면 집산주의적인 방식을 채택할 것이냐를 두고 나뉘어지는 경향이 있었다. 방법론상의 개인주의는 비정치적인 참여를 지지했고, 따라서 개신교가 교회와 국가를 분리하는 방식을 따라 민족과 국가의 분리를 선호하였다(그리고 교회는 결국 개신교인들에게 미래 민족의 모델로 여겨졌다). 방법론상의 집산주의는 그와는 반대로 정치적인 참여에 필연적으로 찬성하는 자들로 이해되어졌으며, 따라서 적극적인 정치적 신조를 채택했다. 비록 주요한은 여기에 찬성하지 않았지만, 집산주의적인 접근방식과 관련을 맺고 있는 민족에 대한 유기체적 개념에 따르면, 국가는 민족의 '머리'요, 따라서 외국 민족에 의한 지배는 민족적 유기체를 시들게 하거나, 기껏해야 완전히 변형시키고 만다고 보았다.

1927년까지는 개인주의가 일반적으로 우세했다. 그러나 1927년 2월 이전의 운동을 통합한 신간회의 조직과 더불어 논쟁은 후자가 점차 우세해졌다. 이 연합전선의 시험케이스가 붕괴되고 총독부의 정치적 탄압이 심해지자 역사의 시계추는 다시 뒤로 되돌아갔다. 따라서 문제는 종종 이미 규정되어 있었고 선택의 폭은 제한되었다. 그러나 1920년대 후반에서 1930년대 초반까지 분위기의 변화에도 불구하고, 윤치호의 민족주의적 신학의 유산 가운데 가장 지속적인 대중성을 확보하고 있는 것은 개인주의적 접근방식이었다. 그들에게 있어서 은총으로부터 떨어져 나간 민족의 회복은 개인의 윤리적이고 영적 갱신에 달려 있었다. 이광수가 단지 열명의 의인만 있어도 소돔을 구원하기에 충분했을 것이라고 지적했던 반면에,[19] 조만식은 그리스도의 길을 통한 백성의 복음화와 가르침이 민족중흥의 필수조건이라는 사실을 재확신하였다. 안창호의 의견에 따르면, 자신들의 불행한 상황에 대해 사회-정치구조를 비난하면서 자기 자신의 삶에 대한 책임을 거부하는 개인들은 실제로 그들 자신의 노예성에 공범자 역할을 해 온 것이다. 환경은 결정적 요소가 아니고 제한적 요소이다. 개인적 윤리적 자아수양(self-cultivation)에 대한 이런 강조는 우리로 하여금 또 다른 복잡한 문제로 되돌아가게 만든다. 어느 정도까지 개신교의 자아개조운동은 문명의 뿌리가 되었던 성리학의 입장을 재천명했는가?

문명과 변화의 요인들

민족의 변화와 성장을 위한 지적, 문화적 기틀을 마련하기 위해 이념 또는 요구의 우선순위를 제안하는 근대 아시아 민족주의운동의 해석과 평가는 어려움으로 가득 차 있다. 후기 청나라 시기로부터 시작된 중국의 '문화주의' 운동에서 문학은 폭넓은 다양한 판단을 요하는 잠재력을 보여 준다.[20] 찬드라(Vipan Chandra)와 로빈슨(Michael Robinson)의 최근 연구발표에 따르면, 이제 한국인의 경험을 담은 어떤 문학작품이 논쟁거리를 제공한다. 새 문명의 요구에 대한 종교체제, 즉 이 경우 개신교의 실제적인 영향은, 한국인의 '문화적-지적' 운동에 특별한 성격을 부여하는 요소들이었다. 또한 그것은 한국인의 자아개조 전통의 원리적 요인에 대한 질문을 복잡하게 만드는 것이기도 하다.

중요한 것은 다음과 같은 사실을 인식하는 것이다. 즉, 사회변화의 요인과 수단과 목적에 대한 반성을 하면서 한국인들은 보편적인 문제와 씨름하고 있었으며, 그러므로 인류에게 열려 있는 다양한 선택사항들이 곧바로 어떤 하나의 전통에 대한 배타적인 유지를 의미하는 것이 아니라는 사실이다. 어떤 전통들은 서로를 확인한다. 도덕적, 문화적 변혁의 이념과 교육에 대한 강조는 많은 문화들 속에 자리잡고 있다. 이런 이념들을 내포하는 전통들에 대한 한국인들의 노출은 잘 정리되어 있다. 러시아의 **소보르노스트**(*sobornost*) 이념, 즉 지식층과 백성(또는 농부 〈*narod*〉)과의 연대를 지향하는 민족적-정신적 공동체는 변화에 대한 정신적 역동성을 전제로 하였다. 개신교를 한국에 소개한 미국과 호주와 기타 유럽의 선교사들은 도덕성 교육과 그 양성이 한국 민족을 변혁시킬 것이라고 가르쳤다. 대중이 자신들의 무지와 도덕적 비열, 특별히 이기주의로 인해 억압받았다는 신념은, 한국 개신교 지식층이 관계하고 있는 서방 국가들이 사회개혁에 대한 문제를 논의할 때 일반적으로 그 배경자료로 삼았다.[21]

그럼에도 불구하고 한국의 개신교인들은 서방인들이 아니었으며, 그들 가운데 지식인층은 유교 고전들로 교육받아 왔다. 중국의 문화주의자들에 대한 조셉 레빈슨(Joseph Levenson)의 평가에 따라 우리는 한국의 개신교인들은 각기 다른 용어를 사용하여 동일한 이상을 표현했다고 말할 수 있다. 그러나 이것에는 난점들이 드러난다. 예를 들어, 한국의 좌익들이 "보통사람들, 즉 대중이 사회의 중추이다."[22]라고 진술했을 때, 의심할 바 없이 그 진술은 유교의 유물, 즉 "백성은 국가의 기초이다."라는 금언을 되풀이한 것이라고 말할 수 있다. 그러나 물론 마르크스주의자들은 유교에서는 수동적이며 소외되었던 '민중'(people)의 개념을 소개했다. (이 말은 오늘날 북한의 '공산주의'가 유교적 가정(家庭)과 국가 이념에 의해 큰 영향을 받았다는 사실을 부인하는 바가 전혀 아니다.)

한국의 개신교 문화주의자들의 윤리적 강조에 대한 문제점은 복잡하다. 왜냐하면, 유교뿐만 아니라 서방 자유주의의 정형화되지 않는 가정(假定)과도 비교되어야 하기 때문이다. 안창호는 도덕적인 훈련에 상당한 강조점을 두었고, 또한 도덕적인 시민을 능숙한 음악가에 비유하기도 했다. 이것은 유교의 도덕적 엘리트주의이거나 아니면 자유주의의 '엘리트적 가정'(假定)으로 불렸던 것에 대한 반성일까?[23] 왜냐하면 중국의 경우를 보면 진보적인 엔 퓌(Yen Fü)가 민주주의를 백성의 지적, 도덕적 능력과 연결시킨 것은 자유와 민주주의에 대한 서방의 진보적인 입장에서 빌려 온 것으로 해석되어 왔기 때문이다. 엔 퓌의 입장은 "완전히 새로운 방향에서 '심령(heart)의 변화'-가치의 철저한 전도-로" 서술되어 오기도 했다.[24] 한국 개신교의 경우에서 우리는 '심령의 변화'를 말할 수 있다. 확실히 도덕적인 위계질서의 재조직과 윤리적인 초점의 심각한 변화가 있었다.

한국의 개신교인들은 실제로 그들이 기독교 윤리 안에서 가치를 두어야 할 내용과 그들이 유교를 평가할 방법에 대해 합리적으로 분명히 했다. 윤치호는 도덕성이란 객관적이고 보편적인 것임을 고수했고, 따라서 이런 보편주의를 성찰했던 공자와 맹자의 윤리를 찬성했다. 민족의 운명은 그 시민의 능력에 달려 있다는 견해는 「신한민보」에 "한 진리가 성령으로 말미암아…… 그리고 현인의 참된 가르침으로 말미암아 계시되었다."[25]로 서술되었다. 이것은 동방의 현인들이 성령에 의해 영감받았다는 것을 의미한다. 왜냐하면 하나님이신 성령, 곧 진리는 어떤 다른 기원을 가질 수 없기 때문이다. 이 입장은 유길준과 가톨릭 신자인 이능화의 사상에서 뚜렷이 나타나며, 위에서 언급된 자아개조 개신교인들의 여러 진술에서 나타난다. 그러나 특별한 윤리적 항목이 유교적이냐 기독교적이냐 하는 물음은 여기에서는 집중을 산만시키는 것이다. 실제 문제는 각 체계의 윤리적 초점이었다. 여기서 윤치호와 안창호가 효(filial piety)에 대한 유교의 윤리적 초점의 '왜곡'을 반대했고, 그것을 이타주의요 인간 사랑이며, 자기 부정인 사랑에 대한 기독교적 초점으로 대치하기를 바랐다. 더 나아가 그들은 유교를 이중적인 의미에서 '공허하다'고 간주했다. 유교는 윤리를 정의는 했지만, 그것을 실천하기 위해 백성에게 필요했던 정신적 힘의 원천으로 인도하는 데 실패했다. 그리고 그것은 여러 가지 면에서 일반 백성에 의해서는 수행될 수 없는 엘리트주의였다.[26] 자아개조 개신교인들은 그들이 매일의 생활 속에서 개신교 '모든 사람들의' 윤리를 소개하고 있다고 주장했다. 이것은 아마도 개신교의 만인제사장직을 반영하는 것인데, 그것은 평신도에 대한 고도의 윤리적 모범을 요구함과 동시에, 그들 모두가 이른바 도덕적 엘리트가 될 것을 주장하는 것이다. 이런 의미에서 윤치호의(미완성의) 모범 공동체와 안창호의 흥사단(동우회) 조직은 '자기수양' 활동의 비록 성리학적 기질을 띠긴 했지만, 실질적인 혁신이었다. 더 나아가, 이런 조직들과 오산학교 같은 기독교 학교에서 상업과 공업의 가치를 높인 것은 유교의 고전들을 읽음으로써 고무될 수 있는 문제가 아니었다.

교육이 진흥될 때마다 '배운' 사람들이 또한 '의로운' 사람이어야 한다는 주장은 유교적 영향을 분명히 드러낸다. 왜냐하면 당대의 서구철학과 기독교인 존 뉴만(John Newman)은 도덕적인 열등함과 지적인 탁월함이 동일한 사람 안에 공존할 수 있다고 보았기 때문이다. 기독교 자체가 선에 대한 인식은 이성적인 탐구의 영역 밖에 놓여 있다는 견해를 부추긴다고 여태 주장되어 왔다.[27] 개신교인들은 이 점을 인정하려 하지 않았다. 그러나 그들은 그 점에 가까이 가 있었다. 동우회 회원 중 한 사람은 "알기는 과학적으로 하되, 행동은 종교적으로 하라."는 명제를 제안하면서, 서구에서 지식과 신앙은 마차의 두 바퀴처럼 여겨진다고 주장하였다.[28] 그들은 또한 사회적 열등함과 도덕적 탁월함은 한 사람 안에 공존할 수 있다고 가르침으로써 유교의 입장에 반대되는 것을 주장했다. 어떻든 조선의 성리학의 정신적 기풍을 개신교인 사이에서는 대부분 일관되게 거부하였다. 다른 종교체제에 관용적이었던 안창호는 조선왕조의 문화유산이 백성의 종교적 견해를 부패케 했다고 비난했다. 그는 이런 기록을 남겼다. "한국은 4000년의 기틀을 가진 유서 깊은 민족이다. 불행하게도 서구 문명과의 접촉은 늦었지만, 한국의 [새] 문명은 기독교와 민족주의 위에 건설된 문명이다."[29]

그러나 '문명'에 대한 안창호의 서술과 높은 평가에는 유교적인 요소가 있다. 그가 '아름다움과 빛'으로 정의한 문명은 찬란함과 교양과 도덕적 권위라고 전통적으로 이해해 온 문명(중국에서는 wenming)을 반영하고 있다.[30] 안창호의 체계는 참으로 통일된 체계였다. 현실(reality)은 어디에서나 동심원적(concentric)이며, 따라서 변화는 모든 다른 것이 변혁될 때까지 외부로 작용하는 지각의 중심에서 ─ 즉, 인간정신 안에서 ─ 시작되었다는 그의 훈령은 성리학 위에서 성장한 지식인들에게 철학적으로 매력있는 것이었다. 사실 한국 전통 안에 있는 대부분의 모든 것은 ─ 유교적인 도덕과 불교의 형이상학 안에서의 높은 학습으로부터 대중적인 우주학과 그 이상적인 무속적 서사시에 이르기까지 ─ 보편적인 조화를, 때로는 실제로 탐낼 만큼 진심으로 높이 평가했다. 그러나 여기서 멈추고 만다면 핵심을 놓치게 될 것이다. 윤치호가 국가를 지혜롭게 다스리기 위한 정부와 백성의 보편적인 책임성을 기독교의 '청지기' 교리로 재해석해 왔던 것처럼, 마찬가지로 안창호는 사회와 문화의 변혁을 '회개'에 근거하고 있다. 철저한 회개를 설파하는 그의 인습타파적 특성은 전통적 이념을 상당히 상대화하고 있다. 여기서 동일한 용어들로 상반된 의미들을 소개하곤 했음이 나타난다. 변화는 더 이상 흔들리는 시계추가 아니라 목적지향적이었다. 기독교는 문명의 인도자로서의 유교를 단순히 대치한 것이 아니라, 문명의 새로운 이념을 세워 놓았던 것이다.

그런 판단을 시도하는 것이 섣부른 것인지도 모른다. 특별히 기독교가 한국에서 쇠퇴해 버린다면, 미래의 역사가들이 1392년 조선왕조가 시작하기 전부터 한국의 사상가들을 나누어 왔던 다양한 사상의 맥을 – 형이상학자들, 경험주의자들, 민중 영웅들(folk champions), 그리고 지식인들을 – 종합시키려는 끊임없는 시도의 일부로서 이 시기의 개신교 논쟁을 보게 되리라는 것도 가능하다. 그리고 실제로 자아개조 개신교인들에 의해 물려받은 문화에 대한 전통적이고 긍정적인 평가는 주후 1세기로부터 기독교인들을 사로잡은 신앙과 문화와의 관계에 대한 논쟁을 금지시켜 왔다. 점차로 이것은 한국의 개신교도들이 민족주의에 관계하는 태도에 영향을 주어 왔다.

신앙과 민족주의와 종족성(ethnicity)

19세기 말부터 한국인들은 굉장한 혼란의 시대에 국가관 뿐만 아니라 문명화를 위한 새로운 기초 탐구에 참여하게 되었다. 유럽의 민족주의가 내적 분열로부터 자라났던 반면에, 한국의 민족주의의 출현은 외적 압력에 의해 자극받았거나 촉진되기도 하였다. 민족주의, 즉 강한 민족국가 건설을 위한 매진은 따라서 처음부터 외래 사상과 제휴하게 되었다. 그러나 이런 사상들이 야만적이라고 무시되지도 않았고, 문명에 대한 전통적인 이념에 흡수되지도 않았기 때문에 문화발달의 심각한 양면성은 불가피하게 되었다. 한국의 유교학자들로서는 민족국가가 퇴보하는 듯했다. 그것은 마치 유교 이전의 한국, 즉 부족연합의 문화가, 인류는 고사하고 한반도조차 포용하지 못하는 지역적 요인과 기능의 제한성을 받던 시기로 되돌아가는 것 같았다.

그러나 개신교를 받아들인 사람들에게 유교, 더 정확히 말해서 성리학은 새로운 국제질서를 그 비전 속에 품어낼 만큼 필요한 높이를 제공해 주지 못했다. 기독교는 새로운 보편적 체계였고, 따라서 기독교적 이념 위에서 새로운 국가를 건설하고자 하는 개신교인들의 사명감을 높여 주었다. 대부분의 경우, 개신교인들이 정부는 세속적이라는 것을 받아들였던 것처럼, 자아개조 개신교인들 역시 민족국가는 본질적으로 세속적 실체라는 견해를 받아들였다. 민족-국가라는 공식(formula) 그 자체에 대해 논쟁하는 사람은 거의 없었다.

그러나 개신교인들은 동료 한국인들에 의해 발전된 민족주의의 개념과 방법론에 대해서는 심각한 불일치점을 가지고 있었다. 개신교인들이 생각한 접근방식의 장기적 성격과 특별히 정치적 무저항 원칙은 일본을 몰아내고자 하는 시급한 당면과제, 즉 그런 상황 아래 있는 민족주의의 일상적인 요구들과 갈등을 이루었다. 정치적 입장에 대한 동우회운동의 동요는 이런 요구들에 대한 압력을 반영하고 있다. 그러나 그 요구들은 또한 개신교적(그리고 성리학적) 보편주의와 민족주의적 특수주의 간의 갈등을 반영한다. 일제 점령 아래 있는 한국에서 일본 민족으로부터의 정치적 독립은 민족주의의 불가피한 요소였다. 자아개조 민족주의자들이 이 점을 자신들의 (직접적인) 민족주의 정책으로부터 제외시켰을 때 그들은 그것으로 자신들의 민족주의를 제거해 버렸다는 비난을 받았다. 이 점을 마이클 로빈슨(Michael Robinson)은 한국의 문화민족주의에 대한 최근의 연구에서 이데올로기적이고 지성적인 위기의 일부로 보았다.[31]

오늘의 한국 학자들 중 어떤 사람은 기독교인들이 민족주의에 자신들을 거리낌없이 내맡길 수 없었을 때가 종종 있었음을 인정한다. 왜냐하면 식민지 기간 동안에 그들이 가질 수 있는 목표가 너무나 좁았기 때문이다. 예를 들어, 역사가이자 정치평론가인 송건호에 따르면, 민족주의의 보편적인 적용과 타당성의 부족이 "기독교가 민족주의와 근본적으로 양립할 수 없다고 느낀 이유 중 하나였다."[32] 비록 윤치호가 민족주의와의 관계 속에서 끊임없이 가졌던 갈등은 너무도 뚜렷한 것이었지만, 개신교인들은 거의 시종일관 민족의 정체성은 종족의 기원에서보다는 공유하고 있는 신념과 가치에서 찾아지는 것이라고 주장하였다.

이것은 종족성이 민족성과는 무관한 것임을 의미하지 않았다. 그 반대로 당연히 같은 종족이어야 한다는 사실은 언급할 필요도 없는 기정사실이었다. 민족국가는 동일 종족-언어적 집단을 중심으로 형성되어야 한다는 것은 존재적인 사실로서 놀랄 것도 없고, 논의할 것도 없다고 여겨졌다. 따라서 김윤경은 마치 가족이 민족공동체에 관련되는 것처럼, 민족국가를 세계공동체에 관련시켰다. 전국에 걸쳐 일어난 3·1운동의 특별하면서도 자발적인 성격은 심지어 윤치호로 하여금 "종족적 본능은 어느 다른 종족에서처럼 한국인의 마음속에 영원히 죽지 않고 살아 있다."고 통찰하게 할 정도로 감동적이었다.[33] 이광수는 종족이란 불가피하게 존재의 근본적인 요소 중의 하나라고 확신하였다.[34] 그러나 종족은 아직은 단순히 주어져 있는 한 장의 **백지**(*tabula rasa*)에 불과했다. 따라서 그 백지는 하나의 형태로 주조되어야 할 필요가 있었고, 바로 이 점에 초점을 두어야 했다. 매우 격해진 감정상태에서 개신교인들은 종족 증오심에서 비롯된 민족주의의 혼돈으로부터 동료 한국인들을 이끌어 내기를 바랐다.

건강한 국가관을 종교체계에 대한 신실함과 동일시하려는 자아개조 민족주의자들의 계획 안에 종족성의 전제는 늘 강조되었지만 완전히 제거된 것은 아니었다. 기독교와 한국의 민족성을 통합시키려는 그들의 역사적 사명감은 오늘날까지 여전히 줄어들지 않았다. 실제로 그것은 지금도 남한 인구의 약 25퍼센트로 추정되는 한국 기독교인들에게 보편적으로 선포된 사명이다. 물론 논점은 변했다. 이제 쓰라리게 분단된 그들 국가의 통일이 급선무이다. 그리고 여기서 다시 정치적 논점은 나누어진다. 통일에 대한 다른 견해를 고수해 온 기독교인들 간의 정치적 분열은 여전히 그들이 갖는 평소의 종교적 신실함보다 더 강하게 입증될지도 모른다.

　남한 복음주의 기독교인들 가운데 한국 백성을 성서의 이스라엘과 동일시하는 일은 여전히 흔한 일이다. 그러나 이전에 그들은 종교적 비전을 중심으로 일반 백성들을 연합시키고 동원하기에 너무 그 수가 적었던 반면에, 이제 그들은 유례없이 끊임없이 계속되는 확장에서 신뢰를 얻고 있다. 그리고 이전에는 그들이 비천한 식민지 백성이었던 반면에, 이제 그들은 열정적인 교회와 국가의 자랑스런 일원이다. 도덕적, 영적 능력은 참된 문명의 요인으로 남아 있다. 그러나 그들 견해에 따르면, 그들 자신의 국가가 아니라 퇴폐적이고 영적으로 타락한 서방 국가들이 이런 교육을 다시금 배워야 할 필요가 있다는 점이다. 그들은 새 이스라엘, 곧 하나님이 세계 곳곳을 갱신하기 위해 사용하실 민족이다. 모든 점에서 안창호는 남한을 '행복한' 또는 '인간적인' 사회라고 여길 것 같지는 않다. 즉, 세계를 향해 약속된 갱신이 한국 개신교회 자신의 사회적, 정치적 관계들 안에서 이미 발생했다는 증거가 여전히 부족하다.

　종교와 민족주의 간의 관계라는 차원에서 이 책은 아마도 답한 것보다 더 많은 의문점들을 내놓았다. 우주적 관점으로부터 세계를 민족-국가로 재조직한다는 것은 엄청난 고도의 손실을 내포한다. 그것은 고도의 문명으로부터의 하강을 뜻한다. 사실 이 고도의 문명으로부터 모든 인간의 행동에 대한 조망이 가능하고, 종족, 영토, 언어에 관계없이 모든 민족이 동일한 도(道)에, 또는 기독교에서처럼 동일한 거대한 드라마에 속할 수 있는 것이다. 이 '하강'은 그와 더불어 비록 자유에 대한 증가는 아닐지라도, 정치에 대한 대중적인 참여를 증가시킬지 모른다. 심지어 그렇다 하더라도, 보편적인 종교적 우주론에 대한 지지자들의 적극적인 찬성은 민족-국가 공식에 여전히 수수께끼의 요소를 남겨 놓는다. 우리는 마르크스주의나 종교와의 관련 속에서 우리가 민족주의의 지속적인 현상을 이해하기 위해 코페르니쿠스적 혁명을 요청한 베네딕트 앤더슨(Benedict Anderson)의 생각을 공감할 수 있다.

◈ 각 장에 대한 주

서 론

1. Isaiah Berlin, *Against the Current* (London : Hogarth Press, 1979), pp. 333–337.
2. Eugene Kamenka가 편집한 *Nationalism : The nature and evolution of an idea* (Canberra : Australian National University Press, 1973), pp. 5–7에서 Eugene Kamenka의 'Political Nationalism – The Evolution of the Idea'를 보라.
3. 예를 들면, Nicholai A. Berdyaev, *The Meaning of History* (Cleveland : Meridian Books, 1962)를 보라.
4. Jacques Ellul, 'Politization and Political Solutions' in Kenneth S. Templeton (ed.) *The Politicization of Society* (Indianapolis : Liberty Press, 1979).
5. Jacques Maritain, *Man and the State* (Chicago : University of Chicago Press, 1979), p. 7.
6. 위의 책, p. 2.
7. 위의 책, p. 7.
8. Earnest Gellner, *Nations and Nationalism* (Oxford : Basil Blackwell, 1983), p. 134에서 인용함.
9. 위의 책, pp. 130–134.
10. 위의 책, pp. 124–130.
11. 위의 책, p. 130.
12. Benedict Anderson, *Imagined Communities. Reflections on the Origin and Spread of Nationalism* (London : Verso Editions and NLB, 1983), pp. 18–19.
13. 위의 책, pp. 11–13.
14. 예를 들어, Reynaldo Ileto *Pasyon and Revolution, Popular Movements in the Philippines, 1840–1910* (Manila : Ateneo de Manila University Press,

1979)를 보라.
15. F. R. von der Mehden, *Religion and Nationalism in Southeast Asia* (Madison : University of Wisconsin Press, 1963), p. 3.
16. Michael Scammell, *Solzhenitsyn* (New York : W. W. Norton & Co., 1984), p. 992를 보라.
17. Bruce Kapferer, *Legends of People, Myths of State. Violence, Intolerance, and Political Culture in Sri Lanka and Australia* (Washington and London : Smithsonian Institution Press, 1988).
18. 문화사에 대한 좋은 소개서로는 Lynn Hunt (ed.) *The New Cultural History* (Berkeley, Los Angeles & London : University of California Press, 1989)가 있고, 다른 유용한 자료로는 Richard Johnson (ed.) *Making Histories* (London : Hutchinson, in association with the Centre for Contemporary Cultural Studies, University of Birmingham, 1982). 그리고 Hayden White, *Metahistory : The Historical Imagination in Nineteenth-Century Europe* (Baltimore & London : The Johns Hopkins University Press, 1973)이 있다.
19. 예를 들어, Gerda Lerna, *The Creation of Patriarchy* (New York and Oxford : Oxford University Press, 1986) ; Carroll Smith-Rosenberg, *Disorderly Conduct : Visions of Gender in Victorian America* (New York and Oxford : Oxford University Press, 1985) ; Natalie Zemon Davis, *Society and Culture in Early Modern France* (Stanford : University of California Press, 1975)를 보라.
20. 나는 카퍼러(Kapferer)가 오스트레일리아와 스리랑카의 민족주의와 비교해 볼 때 외관상 기독교와 불교는 경험적인 실재(empirical existence)가 없다고 한 것(*Legends of People*, p. 6)은 지나친 주장이라고 본다. 민족주의자의 종교개혁은 결코 내밀한 형태의 양상을 갖는 것이 아니라 민족주의와 더불어 계속 진행되는 것이다. 본회퍼의 노력은 독일 프로테스탄트 민족주의에까지 손을 뻗쳤고, 오스트레일리아 '기독교' 민족주의는 캔버러(Canberra)에 있는 사독(Zadok)과 성 마가(Mark) 쎈터나 시드니(Sydney)에 있는 Middle Earth와 같은 기독교 그룹들로부터 끊임없이 비평받는 대상이다.
21. 한국의 문화 민족주의에 대해서는 Michael Edson Robinson *Cultural*

Nationalism in Colonial Korea, 1920 – 1925 (Seattle & London : University of Washington Press, 1988)를 보라.
22. Richard Kroner, *Culture and Faith* (Chicago : University of Chicago Press, 1951), p. 239.
23. 말할 필요도 없이 그것이 유일한 흐름은 아니다. H. Richard Niebuhr, *Christ and Culture* (London : Faber & Faber, 1952)를 보라.
24. T. S. Eliot, *Notes towards the Definition of Culture* (London : Faber and Faber, 1962), Ch. 4.
25. Karl Mannheim (1893 – 1947)은 문화 심기의 가능성을 믿고 있었는데, 문화는 문화 엘리트들에(계층 엘리트들과 다른) 의해서 전파되고 심지어는 창조될 수 있다고 믿었다. 이광수도 이 의견에 동조했다. Karl Mannheim, *Man and Society in an Age of Reconstruction : studies in modern social structure* 2nd edn, (London : Routledge and Kegan Paul, 1951)를 보라.
26. Wang Gungwu, 'The Chinese Urge to Civilize : Reflections on Change' in *Proceedings of the Australian Academy of Humanities 1982 – 1983* (Victoria : The Dominion Press, Hedges and Bell, 1984)를 보라.
27. 한국의 성리학 전통에 대해서는 Wm Theodore de Bary and JaHyun Kim Haboush (eds) *The Rise of Neo-Confucianism in Korea* (New York : Columbia University Press, 1985)를 보라.
28. 예를 들어 김규환, 「일제의 대한 언론, 선전 정책」(서울 : 이우출판사, 1978), pp. 257 – 258.

제1장

1. Hong Yi-sup, *Korea's Self-Identity* (Seoul : Yonsei University Press, 1973), pp.123 – 141.
2. 김용섭, 「한국 근대 농업사 연구」(서울 : 일조각, 1979), p. 319.
3. '자발적 종교'의 외미는, 출신, 시민권, 공직 등 때문에 종교를 선택하는 것이 아니라, 한 개인이 의식적으로 결정을 내려 선택한 종교를 뜻한다. 이 용어는 C. K. Yang, *Religion in Chinese Society* (Berkeley : University of California Press, 1970)에서 사용되었다.

4. 불교는 통일신라와 고려시대(7세기에서 14세기)에 번성했다. 그러나 불교는 15세기 중엽에 세조와 세종의 일시적인 진흥정책에도 불구하고 조선왕조의 혹독한 탄압 때문에 폐지되었다. Lee Ki-baik, *A New History of Korea* (Cambridge, Massachussets and London : Harvard University Press, 1984), pp. 199 – 200를 보라.
5. Charles A. Clark, *Religions of Old Korea* (Seoul : Christian Literature Society of Korea, 1961)재판 p. 89. 다른 용어로 기술된 이 견해는 또한 Han Woo-keun, *The History of Korea* (Honolulu : University Press of Hawaii, 1974), p. 353 ; 그리고 Hahm Pyong-Choon *The Korean Political Tradition and Law* (Seoul : Royal Asiatic Society, Korea Branch, 1971), p. 14에도 나타나 있다.
6. 이것의 표본은 민족신문인 *The Independent* 1896년 8월 1일자에 다음과 같이 나와 있다 : '소문은 이러했다. 서울 근교에 있는 수백 명의 승려들(불교도들)이 유행에 뒤떨어진 군복과 연장통을 가지고 남쪽으로 가서는 옷을 빼앗아 입고 돈을 강탈했다는 것이었다. 그 소문에는 전주로 내려가 서울의 모든 승려들을 찾아 체포하라는 포고령이 내려졌다는 것까지 있었다.'
7. Yi Songmu, 'The Influence of Neo-Confucianism on Education and the Civil Service Examination System in Fourteenth-and Fifteenth-Century Korea' in Wm Theodore de Bary and JaHyun Kim Haboush (eds.), *The Rise of Neo-Confucianism in Korea* pp. 134 – 135.
8. Michael E. Robinson, *Cultural Nationalism*, pp. 80 – 81를 보라.
9. B. B. Weems, *Reform, Rebellion and the Heavenly Way* (Tucson : University of Arizona Press, 1964)를 보라.
10. 이것은 특별히 1988년 서울에서 조직된 새로운 한국역사연구회에도 해당된다.
11. 예를 들면, Lak-Geoon George Paik, *The History of Protestant Missions in Korea, 1832 – 1910* (Seoul : Yonsei University, 1980 재판) ; R. E. Shearer, *Wildfire : Church Growth in Korea* (Grand Rapids, Michigan : William B. Eerdmans Publishing Co., 1966) ; Spencer J. Palmer, *Korea and Christianity* (Seoul : Hollym Corporation, 1967) ; 이만열, 「한말 기독교와 민족 운동」(서울 : 평민사, 1980) ; 그리고 Donald N. Clark,

Christianity in Modern Korea (Lanham : University Press of America, 1986).
12. Spencer J. Palmer, *Korea and Christianity*, p. 89.
13. 박정신은 그의 최근 논문에서, 한국 종교는 다른 어떤 나라에서보다 기독교와 유사성을 가지고 있다는 이론을 논의의 대상으로 한다. 나는 또한 유사성에 대한 논증을 찾기 어렵다는 것도 안다. 그러나 나는 박정신의 주장하는 바 이 다루는 문제들은 종교에 특수한 것이라기 보다는 보편적인 것임을 발견했다고 고백한다. 내가 반대하는 것은 단언할 수 있는 주장이 거기에 없다는 점에 있다. Park Chung-shin, "Protestant Christians and Politics in Korea, 1884 - 1980s", Ph.D. thesis, University of Washington, 1987를 보라.
14. Charles A. Clark, p. 143와 Palmer, pp. 14 - 18를 보라.
15. 최남선, "'상달'과 개천절의 종교적 의의" 「동광」 7, 1926년 11월, pp. 86 - 90.
16. 일 웅, "단군신화" 「개벽」 1, 1920년 6월, pp. 61 - 63.
17. Kim Kwang-ok 'Flexibility of Korean Religious Thought' *Korea Journal* 23 (7 July 1983), p. 65. 백낙준 박사 또한 이 시기에 비유일신적 신앙이 압도했었음을 나에게 알려주었다. 백낙준 박사 인터뷰, 서울, 1981년 8월 27일. 이 문제에 대해서는 또한 Robert N. Bellah, 'Religious Evolution' *American Sociological Review 29* (June 1964), p. 359를 보라.
18. George A. Lensen, *Balance of Intrigue. International Rivalry in Korea and Manchuria, 1884 - 1899* (2vols), (Tallahassee : University Presses of Florida), Vol. 1, p. 11.
19. Lak-geoon George Paik, *History of Protestant Missions* p. 20.
20. Park Yong-shin, Protestant Christianity and Social Change in Korea, PhD thesis, (University of California, Berkeley, 1975), p. 30에서 인용함.
21. Lee Kwangnin, 'Kaikaha no kaishinkyō kan' in *Kan* 7, pp. 11 - 12, November - December 1978, pp. 10 - 12. 개혁파들은 모든 서양사고를 거부하고 단지 기술적인 방법만을 수용하는 온건파와 그 눌을 양립하시 않고 분열만을 생각하는 급진파라는 두 개의 주요 그룹으로 나누어진다. '고립주의자들', 즉 강경한 성리학자들은 '온건한' 이분법 논리는 실패했다는 급진 개혁파들의 견해에 동감하였고, 따라서 서양 것은 모조리

독이라고 결론내렸다.
22. Park Yong-shin, PhD thesis, pp. 35 – 36.
23. Park Yong-shin, p. 38 ; Lee Kwangnin 'Kaikaha kaishinkyō *kan*' p. 29.
24. 즉, 미국공사에 의사로서이다. F. H. Harrington *God, Mammon and the Japanese* (Madison : University of Wisconson Press, 1966), p. 1에서 인용함.
25. Park Yong-shin, p. 39에서 인용함.
26. Harrington, Ch. 3 ; Lak-geoon George Paik, p. 86. 1897에 알렌 박사는 상주대신과 영사가 되었다. 그리고 그는 1901-1905년에 특명 전권 공사가 되었고, 고종으로부터 세 번에 걸쳐 훈장을 받았다.
27. Lensen, *Balance of Intrigue* Vol. 1, p. 123.
28. Lee Kwangnin, pp. 19 – 23. 위정척사운동에 대해서는, Kim Yŏngjak *Kanmatsu nashonarizumu no kenkyū* (Tokyo : Tokyo University Press, 1975)에 상세하게 다루어져 있다.
29. Lak-geoon George Paik, p. 163. 특사 자격으로 미국에서 돌아온 민영익은 고종에게 '미국은 군대를 예우하지는 않지만 가장 힘있는 나라로 존재한다' 고 전했다. Hahm Pyong-Choon 'Korean Perception of America' 「사학지」 7, 1983년 11월, p. 30. 미국과 일본 둘 다 강하지만 미국은 '정당한' 방법으로 강대국이 되었다. 이것은 한국을 일으켜 세우려는 뜻을 가진 사람들 사이에서조차 서양을 점진적으로 받아들이는 데 있어서 중요한 요소였으며, 반외세 칙령이 와해되는 과정에서도 중요한 요소였다.
30. Lak-geoon George Paik, p. 135.
31. J. Henry Davies의 미간행 일기, *Archives of the Presbyterian Church of Victoria, Australia* : 'Korean Mission' Mitchell Libray, Public Library of New South Wales, Sydney, 19 and 22 March 1890.
32. Lak-geoon George Paik, p. 263에서 인용함.
33. C. C. Vinton, 'Statistics of the Protestant Churches in Korea' *The Korean Repository* 2, October 1895, p. 383. 만약 비세례교인들이 합세한다면 그 숫자는 1895년에는 1,095명이 된다. 1905년의 숫자에 대해서는 Shearer *Wildfire* pp. 51 – 52, 167, 176과 부록 ; 이만열, 「한말 기독교」 p. 67, 106을 보라. 비세례회원은 평소대로 총 회원보다 더 많았다. 1905년 감리교와 장로교 신자의 총 숫자는 대략 28,000명을 웃돌았다.

34. 이 점은 서재필이 *The Independent* : 7 April, 16 May, 10 September and 14 November 1896의 사설들에서 강력하게 제기하였다.
35. Yun Ch'iho 'Confucianism in Korea' *The Korean Repository* (2 November 1895) ; G. H. Jones 'The Status of Women in Korea' ibid., (3 June 1896) ; Annie L. A. Baird *Daybreak in Korea* (New York : Fleming H. Revell Co., 1909) ; *The Independent* 19 November 1896과 「독립신문」 1896년 4월 21일, 6월 11일, 1897년 1월 5일, 2월 20일, 12월 11일, 1898년 11월 16일, 1899년 4월 5일, 5월 29 - 31일, 9월 7일자 사설들 ; 이만열 p. 33ff. 74 - 80을 보라.
36. Park Yong-shin, pp. 98 - 100, 129.
37. Lee Kwangnin, p. 27.
38. 「독립신문」 1896년 8월 20일자 사설.
39. *Government Gazette* (관보) 36, 12 May 1895 ; 117, 22 July 1895 ; 121, 24 July 1895 ; 135, 12 August 1895 ; 138, 15 August 1895 (이 날짜들은 음력을 기준한 것이다 ; 다음은 양력을 기준한 것이다.) 257, 25 February 1896 ; 287, 31 March 1896 ; 「독립신문」 1896년 6월 11일, 6월 25일 ; *The Korean Repository* 3, June 1896, pp. 248 - 250.
40. 「윤치호 일기」(전 8권) 서울 : 국사편찬위원회, 1973 - 1986 : 1904년 7월 31일, 8월 9일. 또한 이만열, pp. 127 - 128.
41. *Annual Report of the Korea Mission of the Presbyterian Church in the U. S. A.* 1903 - 1904 : 'Seoul Station Report' Seoul, 1904.(H. G. Underwood Collection, Seoul)(이후 *ARPC*로 약칭함.)
42. *ARPC* 평양과 선천 보고서들.
43. Park Yong-shin, p. 225.
44. *Kankoku genji ni okeru chihō jinshin jōkyō* 1 November 1909 : (2), Jinmin no kakkaikyu o tsūjite sono minshin o shihai suru seiryoku chūshin no idō.(자료들은 서울 연세대학교 도서관에 보관되어 있다. 이후 YUL로 약칭함.)
45. 위의 책,(16), Seisha sono ta no kai no jōkyō : kaiin no kōdō oyobi kanmin no kai ni taisuru kanjō ; and(18), Kankokumin no kōdoku suru shinbun mata wa shoseki oyobi sono kanka no jōkyō. 다른 출판물들로는, 「교육월보」, 「소년」, 「대한자강회 월보」, 「야소신문」이 있다. 신기선 자신은 보

수적인 연구 단체인 대동학회의 회장이 되었다. 신기선은 1909년에 사망했다. 최익현은 1905년 말부터 독립유격대를 이끌었으나 체포되어 단식투쟁을 벌이다 1906년 사망했다.
46. 예를 들어「공납신문」1907년 11월 29일자 사설.
47. 신채호, '대한의 희망'「대한협회 월보」1908년 4월 1일자, pp. 11-20 ; 나석기 '민족주의론'「서부학회 월보」1906년 1월 8일자, pp. 38-40 ; 구신자 '신학과 구학의 구별,' 앞의 책, p. 41 ; 이 보상 '학무 신구로 권고 불학자 공'「기호 흥학회 월보」1909년 2월 7일자, pp. 5-9를 보라.
48. *Keimu geppō* 1, 25 July 1910 : 'Kankoku tōchū kenpeitai shireibu de kaisaishita kakudō kenpeichō (keimubuchō) kaigi sekijo ni okeru hyōgakubu jikan enzetsu.' (YUL)
49. William Blair and Bruce Hunt, *The Korean Pentecost* (Edinburgh : Banner of Truth Trust, 1977), p. 63. 이 책의 첫 번째 부분은 블레어(Blair)의 초기 작품과 같은 제목으로 편집되어 미국북장로교 해외 선교부에 의해 1910년에 출판되었다.
50. Lak-geoon George Paik, p. 423 ; Shearer, pp. 48, 60, 167, 176 ; 이만열 p. 67과 110-111.
51. *Kankoku genji ni okeru chihō jinshin jōkyō* 1 November 1909 : (14), Kanmin no Yasokyō ni taisuru hanjō oyobi nyūkyō no dōki narabi ni sakari.(YUL)
52. *ARPC*, 1903-1904 : 선천 스테이션 보고서.
53. Uchida Ryōhei 'Ryūki kaigen himengoto : Heijō no chōsa' 15 April 1907, *Chōsen tōchi shiryō* (10 vols), Tokyo : Kankoku shiryō kenkyūsho, 1970, Vol. 4, pp. 120-121(이후 *CTS*로 약칭함.)
54. Blair, *The Korean Pentecost* pp. 64-65.
55. 이만열, pp. 107-108. 샤프(Sharp)는 전쟁 중에 비기독교인과는 달리 기독교인들의 평온함이 신자수의 증가를 초래했다고 일찍이 고찰했다. ARPC, 1903-1904 : 서울 스테이션 보고서.
56. *Keimu geppō* 1, 25 July 1910, loc. cit.
57. *Kankoku genji ni okeru chihō jinshin jōkyō* 1 November 1909, (14)
58. 총독 이토 히로부미는 순전히 정치적 동기이기는 하지만, 한국 기독교에

대해 좀더 관대한 방법을 취하였다. 그는 기독교가 일본에 대한 저항을 약화시킬 것이라고 내심 생각해 왔던 것으로 보인다. 그리고 그는 선교사들에게 도덕적 특권을 사용하여 한국인들이 얌전하도록 하라고 요구함으로써 그들을 어려운 입장에 처하게 만들었다.

59. Lak-geoon George Paik, pp. 370-373.
60. Lak-geoon George Paik, p. 374.
61. 위의 책, p. 370.
62. 예를 들면 Blair, Ch. 9 ; *ARPC*, 1970 ; 민경배「한국민족교회 형성사론」(서울 : 연세대학교 출판사, 1974), pp. 38-49 ; Shearer, pp. 34, 53.
63. Lak-geoon George Paik, p. 375-378.
64. 민경배와 이만열 두 사람 다 이점을 제시하나 민경배가 이만열보다 더 강하게 이점을 제시한다. 민경배의 연구에 나타난 하나의 문제는 '경건' (pietism)이 단지 반지성주의 내지는 심지어 비지성주의로의 이양을 의미하는 것으로 보여, 기독교 안에 경건에 대한 강한 지성적 전통이 존재하지 않았던 것처럼 말한다는 점이다.
65. 한국행정의 부패와 개혁에 대한 그들의 방해를 목격했던 많은 선교사들이 일본의 통치가 이익이 될 것이라고 생각했다는 증거가 있다. 그러나 이러한 태도는 총독부의 설치 이후 바뀌기 시작하였다. 이만열, pp. 113-118를 보라.
66. 「공닙신보」 1907년 11월 15, 22일자.
67. Blair, p. 63.
68. *ARPC*, 1907, pp. 9-10.
69. 위의 책, 서론, 서울, 평양, 선천 스테이션 보고서들.
70. 「신한민보」, 1909년 3월 10, 16, 24일자.
71. 네비우스 선교 방법에 대해서는 Charles A. Clark, *The Korean Church and the Nevius Method* (New York : Fleming H. Revell, 1930). Also Palmer, *Korean and Christianity*, pp. 27-28를 보라.
72. Lillias H. Underwood, *Fifteen Years among the Topknots* (New York : American Tract Society, 1904), p. 133.
73. 박정신이 네비우스 선교방법은 일반적으로 모든 비서양적 선교현장에 적용되었다고 주장한 것은 오류이다. 네비우스 박사가 적용하고자 했던 중국에서 조차도 이 네비우스 방법은 유감스럽게도 적용되지 않았다. 그

방법이 한국에 적용된 것은 매우 진기한 일이다. 박정신은 1907년 한국 장로교회의 자치(自治)가 선교사들이 네비우스 방법에 기초하여 의도된 것이라는 점과, 그가 생각한 것처럼, 한국인들이 선교사들부터 억지로 강요당한 것은 아니라는 점을 잘 몰랐던 것으로 보인다. 그의 박사논문을 보라. pp. 27, 68.

74. 주요한(편찬자), 「안도산 전집」 (서울 : 삼중당, 1963), p. 28. 주요한은 안도산의 신앙부흥운동에 대한 보고서에 대해 단지 조심스럽게 가설적인 언급만 하고 있다. 그 반면에 민경배는 p. 48에서 그 소문을 확실한 사실로 인용했다.

75. 이광수, '금일조선야소 교회의 결점' (1917), 「이광수 전집」(전 11권),(서울 : 을신사, 1979), 10권, pp. 20 - 24.

76. 백낙준 박사 인터뷰 ;「윤치호 일기」1891년 3월 8일.

77. 그러나 이것은 박정신의 논문에 나타난 주장이다. 박사학위 논문 pp. 65 - 66.

78. 양주삼, '경고, 아 한국 예수교회 형제 자매'「공납신보」1908년 2월 26일자. 1931년에 양주삼은 한국연합감리교 초대 감독이 되었다.

79. *ARPC*, 1903 - 1904, Introduction to the Seoul Report, 여기에서 비슷한 입장을 주장한다.

80. 「윤치호 일기」1890년 12월 7일.

81. 「윤치호 일기」1890년 12월 13일.

82. 「윤치호 일기」1892년 1월 15일.

83. 「윤치호 일기」1893년 1월 19일, 4월 9일, 12월 19일.

84. 「공립신보」1907년 10월 25일.

85. 「공립신보」1908년 2월 5일, 9월 9일 ; 이덕 목사의 설교들,「공립신보」1907년 8월 9일, 9월 6일 ; 그리고 그의 아들, 이와만,「공립신보」1907년 8월 9일.

86. Palmer, p. 26.

87. 「윤치호 일기」1896년 1월 26일.

88. *Archives of the Presbyterian Church of Victoria* : Korea Mission 중 '근대 선교' 에 대한 원고모음집. 이것은 손으로 쓴 네 통의 강의들인데 날짜가 적혀 있지 않다. 그러나 호주는 1900년대까지 단 몇 명도 한국에 선교사들을 보내지 않았다는 사실과 내적 증거로 볼 때, 그 편지들은 아마도

20세기 초기 10년 어간에 보내진 것일 것이다. 호주 사람들의 입장은 한국에 있는 미국 선교사들의 기록에 의해 지지받고 있다. 다음의 작품에 선교부의 사회적인 영향력이 매우 분명하게 표출되어 있다 : Annie L. A. Baird *Daybreak in Korea,* and James S. *Gale Korea in Transition* (New York : People's Missionary Movement of the United States and Canada, 1909).

89. 'Christian Missions and Social Progress' *The Korean Repository* (February 1898), pp. 64 – 69.
90. 양주삼, 앞의 글.
91. FA McKenzie, *The Tragedy of Korea* (Seoul : Yonsei University Reprint, 1975 (first published in 1908)), p. 151.
92. 「윤치호 편지모음집」(이후로 「서간집」으로 약칭함.) (서울 : 국사편찬위원회 1981) : 윤치호가 알렌 박사에게, 1906년 12월 25일.
93. 「서간집」 윤치호가 캔들러(Candler) 박사에게, 1907년 10월 13일.
94. 「공닙신보」 1908년 2월 24일.
95. 「공닙신보」 1908년 2월 19일자 편집자에게 보낸 편지.
96. 「공닙신보」 1908년 2월 26일자.
97. *APRC* 1903 – 1904, 평양 스테이션 보고서.
98. 「공닙신보」 1908년 3월 18일.
99. 「공닙신보」 1908년 2월 19일. 이 신문은 최상윤을 한국의 첫 장로교 신자인 서상윤의 이름과 혼동하는 실수를 하고 있다.
100. 「민족운동 총서」(전 10권)(서울 : 민족문화협회, 1980), 제 1권, pp. 169, 334 – 335 ; 또한 「공닙신보」 1908년 4월 8일.
101. *Government-General of Chōsen* : Chōsen no hogo narabi ni heigō, Ch. 1, Section 8(CTS, Vol. 3)
102. Lee Kun Sam, *The Christian Confrontation with Shinto Nationalism : A Historical and Critical Study of the Conflict of Christianity and Shinto in Japan during the Period between the Meiji Restoration and the End of World War* II (1868 – 1945) (Philadelphia : Presbyterian and Reformed Publishing Co., 1966), p. 164.
103. 'Shorter Westminster Catechism' *Westminster Confession of Faith* (Glasgow : Free Presbyterian Publications, 1973).

제 2 장

1. 윤치호, '구미인 조선인관에 대하여,' 「대표한국수필문학전집」(전 2권)(서울 : 을서문화사, 1975), 제 1권, p. 117.
2. Park Yong-shin, Ph. D. thesis, p. 102.
3. 1884년 12월 4일에 김옥균, 서광범, 홍영식, 박영호, 서재필이 일으킨 갑신정변은 청나라의 군대가 이 정변을 무력으로 진압시키기까지 겨우 4일간 지속되었다. 이것은 한국 근대역사에서 가장 잘 알려진 사건이다. 이 사건에 대한 영어로 쓴 연구 한 편이 있다 : Harold F. Cook *Korea's 1884 Incident* (Seoul : Royal Asiatic Society, Korea Branch, Monograph Series No. 4, 1972).
4. 독립협회와 「독립신문」에 대한 자세한 연구는 Vipan Chandra *Imperialism, Resistance, and Reform in Late Nineteenth-Century Korea : Enlightenment and the Independence Club* Berkeley : Center for Korean Studies, Institute of East Asian Studies, University of California, 1988를 보라.
5. 「윤치호 일기」 1905년 11월 18일.
6. 독일, 프랑스, 영국과 미국도 가담했으나 일반적으로 그 관심과 영향은 적었다.
7. 윤치호의 개종 이전의 활동(pre-conversion activities)에 대한 보다 자세한 진술에 대해서는 다음을 보라. Kenneth M. Wells 'Yun Ch'i-ho and the Quest for National Integrity' *Korea Journal* 22, 1, January 1982, pp. 42 - 59.
8. 「윤치호 일기」 1883년 11월 2일.
9. Lensen, Vol. 1, p. 23.
10. 이홍창이 고종에게 보낸 편지들.
11. 「윤치호 일기」 1884년 4월 5일.
12. 「윤치호 일기」 1884년 1월 18일.
13. 「윤치호 일기」 1884년 12월 6일.
14. 「윤치호 일기」 1884년 12월 7, 14, 15, 20일 ; 1885년 2월 14일. 진보적인 일본인들이 연루된 데 대해 불쾌해 했던 공식적인 일본인들의 반응에 대해서는 다음을 보라. Hilary Conroy, *The Japanese Seizure of Korea,*

1968 – 1910 (Philadelphia : University of Pennsylvania Press, 1960), p. 134.
15. 「윤치호 일기」 1887년 4월 3일, 1889년 4월 16일.
16. 윤치호는 다음과 같은 표제 아래 그의 개종 당시의 상황에 대해 썼다. 'A Synopsis of What I Was and What I Am,' in June 1887. 백낙준 박사의 *History of Protestant Missions* pp. 166 – 167를 보라.
17. 「윤치호 일기」 1889년 3월 30일.
18. 「윤치호 일기」 1892년 10월 14일. 비록 윤치호가 Gibbon과 Macaulay와 Carlyle를 읽었다고 언급하고 있지만, 그의 일기에는 Spencer를 읽었다는 기록은 없다. 그가 중국어, 일본어, 영어에 능숙했다는 점으로 보아, 역사나 국가들에 대한 진화적인 이론을 읽었을 가능성은 있다. 상해에서 윤치호는 1905년경에 한국에 들어온 헉슬리(T. Huxley)의 *Evolution and Ethics and Other Essays*라는 책의 중국어판을 읽었을 것이다.(이광린, 앞의 책, p. 31을 보라.)
19. 「윤치호 일기」 1889년 12월 23일.
20. 「윤치호 일기」 1890년 5월 6일.
21. 「윤치호 일기」 1892년 10월 20일.
22. 「윤치호 일기」 1891년 5월 6일, 1893년 9월 24일.
23. 「윤치호 일기」 1889년 10월 11일, 12월 14일.
24. 개신교인들도 가졌던 신념, 그러나 물론 개신교인 모두가 다 갖지는 않았던 신념. 그러나 그 당시 미국과 영국에 있는 개신교의 연대는 아주 강하게 나타나고 있었다. 많은 사람들이 이 부분에 있어서 유명한 대표자로 리차드 박스터를 뽑는다. 나는 여기에서 베버(Weber)나 토니(Tawney)의 이론을 시험하거나 적용하는 데에는 관심이 없다.
25. 「윤치호 일기」 1893년 2월 19일, 4월 8일, 12월 19일.
26. 「윤치호 일기」 1896년 10월 20일.
27. 「윤치호 일기」 1893년 12월 17일. '이'(理)는 원리이고 '기'(氣)는 본질이나 힘이다. 이것에 대한 사상을 가진 세 학파가 있었는데, 무엇이 우선적이냐와 우선적인 것이 나른 것을 지배히느냐에 따라 서로 분열되어 있었다. 윤치호의 비판은 물론 포괄적이었고, 실학파에 전혀 적용할 수 없었다. 그러나 보수적인 성리학자들이 실학을 저주했던 반면에 개혁파들은 실학을 숭상했다.

28. 「윤치호 일기」 1902년 4월 11일.
29. 여기에서 한국인들의 상황이 외국의 간섭을 초래했다는 생각은 일본인들의 '식민지적' 해석에서 빌어온 것이 분명하다. 그러나 도덕적 황무지라는 견해는 일본인들의 견해와는 사뭇 다르다. 윤치호에게 있어서 섭리(providence)란 하나님의 능력이 외관상 비도덕적인 역사의 과정을 통하여 도덕적인 목적들을 추구하는 것을 의미했다. 한국의 잘못(fault)이 일본의 정당화(justification)는 아니었다. 그러나 한국의 잘못에 대해 윤치호는 확신했다 : 「윤치호 일기」 1902년 5월 7일, 11월 14일.
30. 「윤치호 일기」 1902년 4월 6일.
31. Vipan Chandra, *Imperialism, Resistance, and Reform* p. 95.
32. 「윤치호 일기」 1893년 12월 12일. 윤치호는 어떤 격언이나 속담을 인용하지 않는다.
33. 「윤치호 일기」 1890년 5월 18일.
34. 순자는 인간은 근본적으로 악하다고 주장한 가장 대표적인 철학자이다. 그리고 맹자는 인간은 그들의 근본적이고 제어되지 않는 상태에 있어서는 반드시 미움과 상처와 무질서로 변한다고 가르쳤던 철학자이다. 참고, Vitaly A. Rubin, *Individual and State in Ancient China : Essays on Four Chinese Philosophers* (New York : Columbia University Press, 1976), p. 40.
35. 「윤치호 일기」 1893년 12월 17일. 윤치호는 그 당시에 불교에 대해 나쁜 평가가 될 수 있는 언급은 거의 하지 않았다.
36. 「윤치호 일기」 1900년 12월 14일, 1901년 7월 25, 26일. 김을한, 「자옹 윤치호 전」(Seoul : 을서 문화사, 1978), pp. 194-195.
37. 「윤치호 일기」 1895년 8월 5일.
38. 「윤치호 일기」 1895년 11월 27, 30일 12월 24일 ; 1896년 1월 16일. *Government Gazette* 9 November 1895(음력).
39. *Government Gazette* 12 February(extra edition) and 3 April 1896.
40. 「윤치호 일기」 1896년 3월 31일.
41. *Goverment Gazette* 25 February and 31 March 1896.
42. 이 보고서들은 '웨보'(webo)라는 제목을 가진다. *Government Gazette* 20 August에서 1895년 10월 11일(음력)의 여러 곳을 보라.
43. 「윤치호 일기」 1896년 2월 26일.

44. 「윤치호 일기」 1897년 7월 25일. 또한 Chandra, p. 103을 보라.
45. 「윤치호 일기」 1897년 8월 8, 15, 29일.
46. 「독립신문」 1896년 5월 7일, 12월 12일 ; 1897년 1월 7일 ; 1899년 7월 25일.
47. 신용하 「독립협회 연구」(서울 : 일조각 1981), pp. 34-37. 이들 숫자와 Chandra p. 109에 나온 숫자 사이에는 약간의 불일치가 있다.
48. 김을한 「자옹 윤치호 전」에서 인용 p. 79.
49. 「독립신문」 1896년 4월 30일, 7월 4일, 9월 12일, 12월 8일 ; 1897년 6월 5일, 7월 27일 ; 1898년 4월 9일 ; 1899년 1월 18일, 2월 18일.
50. 「독립신문」 1898년 6월 14일, 9월 19일, 1899년 1월 9일, 3월 11일, 8월 8일, 9월 18일.
51. 「독립신문」 1898년 3월 19일.
52. 「독립신문」 1898년 6월 14일, 9월 19일 ; 1899년 9월 9일.
53. 「독립신문」 1898년 3월 19일.
54. *The Independent* 14 November 1896. 또한 「독립신문」 1896년 8월 6일 ; 1897년 9월 16일 ; 1899년 1월 9일, 3월 1일.
55. 예를 들어, 「독립신문」 1896년 4월 11일 ; 1897년 3월 9일, 4월 20일, 6월 5일, 7월 15일 ; 1898년 1월 11일, 12월 15일 ; 1899년 1월 18일, 5월 29일, 6월 16일, 9월 5일.
56. 예를 들어, 「독립신문」 1896년 5월 14일, 6월 11, 30일, 12월 8일 ; 1897년 1월 7일, 2월 23일, 5월 27일 ; 1898년 1월 11일, 3월 11일, 4월 9, 19일, 11월 16, 18-21일 ; 1899년 4월 5일, 8월 8일.
57. 예를 들면, 「독립신문」 1896년 4월 16일, 7월 14일, 8월 25, 29일 ; 1897년 3월 18일, 4월 27일, 12월 11일 ; 1898년 2월 19일, 8월 15, 22일, 9월 7일, 11월 30일 ; 1899년 1월 10일, 4월 10일, 8월 12, 14일.
58. 예를 들면, 「조선 그리스도인 회보」 1897년 2월 2, 24일, 5월 9일, 11월 24일.
59. 「윤치호 일기」 1898년 2월 13일.
60. 「윤치호 일기」 1898년 2월 27일.
61. *Government Gazette* 14 April 1896 ; 8, 12, 13 July 1898 ; 10, 11, 12(extra), 13, 14,(extra) October 1898.
62. 이 논문들이 영어로 한우근의 *The History of Korea*에 요약되어 있다. p.

443.

63. 윤치호 '독립협회의 활동'「동광」1931년 10월 26일, pp. 35 – 36.
64. 공사관들의 책략이 너무 뻔뻔스러웠기 때문에 알렉산더 렌젠(Alexander Lensen)은 그 시대의 외교사에 대한 그의 두 권의 책 이름을 *Balance of Intrigue*라고 붙였다. 미국인 외교관 윌리암 샌즈(William Sands)는 그 공사관의 음모가 공개적이고 뻔뻔스러웠었다고 증언하였으며(*Undiplomatic Memories*, Chs. 3, 5, 8) 동일한 주제가 해링톤(Harrington)의 앞의 책 2, 3편에 나와 있다. 윤치호는 미국 총영사 Greathhouse의 행위를 조선 왕의 경호원을 용병들로 바꿔버린 '양식없는' 사람으로 묘사하였다(윤치호, 앞의 글). 독립협회는 용병들을 다시 복귀시키는 데에 성공하였다. 독립협회는 처음부터 반청(反淸)이었다. 독립협회는 1898년까지 러시아와 우호관계를 유지하고 있었는데, 1898년은 독립협회가 러시아의 군대와 무역 자문관의 채용을 성공적으로 반대했던 해였다. 윤치호는 러시아가 bad faith을 갖게 한 책임이 있다고 주장했으며, 일본의 소위 'juggernaut' 행동을 비난하였다.(「윤치호 일기」1905년 12월 12일)
65. *Government Gazette* 14, 22(extra), 25 November 1898.
66. 윤치호의 전기문은 그 법안들이 윤치호를 초대 대통령으로 세우려는 것이었다고 주장한다.(김을한, pp. 82 – 83) 그러나 윤치호의 일기에서는 이 점에 대해 아무런 언급도 없으며, 법안 I에 대한 인용만이 나타나고 있다. 김세한,「한솔 남궁억 선생의 생애」(서울 : 동아, 1960), pp. 95 – 96에는 이름은 언급되어 있지 않고 단지 그 이상만을 언급하고 있다.
67.「윤치호 일기」1898년 5월 1, 2일, 11월 6일, 12월 27일 ; 1899년 2월 1일.
68. Chandra, p. 212.
69.「윤치호 일기」1921년 2월 12일.
70.「조선 그리스도인 회보」1897년 11월 24일.
71.「독립신문」1897년 6월 5일.
72.「독립신문」1896년 7월 25일 ; 1897년 5월 27일, 6월 1일 ; 1899년 2월 6일.
73. 김용섭,「한국 근대 농업사 연구」(서울 : 일조각, 1979), pp. 313 – 319.
74. 위의 책, p. 333.
75. 위의 책, p. 319.
76. 유길준, '경쟁론'「유길준 전집」(총 5권)(서울 : 일조각, 1971, 제 4권), p. 47.
77.「윤치호 일기」1889년 12월 14일.

78. Carter Joel Eckert, The Colonial Origins of Korean Capitalism : The Koch'ang Kims and the Kyŏngsŏng Spinning and Weaving Company, 1876–1945, PhD thesis, University of Washington, 1986, p. 15.
79. 위의 책, p. 31.
80. 러일전쟁을 유발시킨 광무개혁은 김용섭의 책 제 2부 3과와 제 3부에서 조사되어진다.
81. 「윤치호 일기」 1904년 5월 4일. 또한, W. L. Langer, *The Diplomacy of Imperialism, 1890–1902* 2nd edn, (New York : Alfred A. Knopf, 1951), pp. 168–169 ; C. A. Fisher, 'The Role of Korea in the Far East' *Geographical Journal* 120, (1954), pp. 285ff. ; Takeuchi Tatsuji *War and Diplomacy in the Japanese Empire* (New York : Doubleday, Doran, 1935), p. 132 ; Hilary Conroy, p. 328.
82. *Government Gazette* 21 August (extra) and 9 September 1904 ; 6 May 1905 (extra) ; '통신 사무 인승 이전 이후 수기 계산의 구별 신명' : 윤치호가 일본인 대리공사에게 1905년 5월 15일, 「구한국 외교문서」(총 22권)(서울 : 고려대학교출판사, 1965–1973). 제 7권, pp. 563–564.
83. 「윤치호 일기」 1904년 6월 8일.
84. 「윤치호 일기」 1904년 8월 13일.
85. *Government Gazette* 22, 27, 29(extra) November 1, 2, 4(extra), 5(extra), 9(extra) and 21 December 1905.
86. 이 편지는 「윤치호 일기」 1905년 12월 12일에 기록되어 있다.
87. 「윤치호 일기」 1893년 3월 11일.
88. 「서간집」 윤치호가 캔들러(Candler) 박사에게 보낸 1895년 10월 22일자 편지.
89. 「서간집」 1896년 1월 23일 윤치호가 캔들러(Candler) 박사에게 보낸 편지.
90. Paik, p. 395.
91. 김을한, pp. 115–118.
92. Uchida Ryōhei, *Ryūki kaigen himegoto* : 'Heijō no chōsa' 15 April 1907 (*CTS*, Vol. 4, pp. 120–122).
93. 「공닙신보」 1907년 9월 13일, 11월 22일.
94. 유길준, '홍사단 취지서' 1907년 11월 30일 「유길준 전집」 제 2권, pp. 363–367.

95. 위의 책, 제 2권, p. 264.
96. 「공닙신보」 1908년 12월 16일.
97. 「소년」 1909년 9월 2, 8일에서 인용함. 신채호(「신채호 전집」 총 4권)의 전집 편찬자에 따르면 그 성명서는 신채호가 쓴 것으로 되어 있다.(전집 제 3권 p. 110) 나는 그들의 자료를 검토해 보았는데, 그 자료는 「대한매일신보」 1909년 8월 7일자이다. 그러나 그 날짜의 그 신문에는 그 성명서에 대한 언급이 없다. 앞서의 「소년」지에 그 성명서는 윤치호의 이름 아래 발행되어 있다. 반면에 조용만, 송민호, 박병채가 쓴 「일제의 문화운동사」(서울 : 민중서관, 1973), p. 29에는 최남선을 포함한 한 명단의 첫머리에 윤치호의 이름이 놓여 있다. 신채호에 대한 언급은 없다.
98. 「소년」 2, 9, 1909년 10월 1일, pp. 5ff. ; 2, 10, 1909년 11월 1일, pp. 69 ff. ; 3, 1, 1910년 1월 25일.
99. 「소년」 1, 2, 1908년 12월 1일, pp. 72 - 75. 참고, Ken M. Wells, 'Civic Morality in the Nationalist Thought of Yun Ch'i-ho' *Papers on Far Eastern History* 28, (September 1983), pp. 144 - 145.
100. 「서간집」 윤치호가 캔들러(Candler) 박사에게 보낸 1907년 4월 16일자.
101. 「서간집」 윤치호가 캔들러(Candler) 박사에게 보낸 1907년 6월 3일자.
102. William Sands *Undiplomatic Memories* p. 156.
103. 주요한, 「안도산전」(서울 : 삼중당, 1979), pp. 54 - 57.
104. Marius B. Jansen, *The Japanese and Sun Yat-sen* (Cambrige, Mass. : Harvard University Press, 1954), p. 105. 1907년에 총리 이완용은 이토 장군에게 문서로 제안하기를, 이전의 독립협회 지도자들은 유익한 사람들이므로 지방공무원으로 정부가 채용해도 좋을 것이라고 하였다. 이토는 즉시 동의하였다(「공닙신문」 1907년 9월 13일). 그러나 안창호는 1908년에 이토와 만난 후 다음과 같은 사실을 분명히 인식했다. 즉, 일본인들은 민족주의자들과 함께 협조할 의도는 없으며 단지 그들을 통제하기만 바라고 있다는 점이었다. 평안남도 도지사인 이시영이 안창호와 다른 민족주의자들과 긴밀하게 일하기 시작하자 그는 간단히 해고당했다 (*Nikkan gaiko shiryō shūsei* [8 vols] Tokyo : Gannando shoten, 1964, Vol. 8, pp. 54 - 55).
105. 「윤치호 일기」 1896년 6월 16일.
106. 「소년」 1, 2, 1908년 12월 1일

107. Lin Yü-sheng *The Crisis of Chinese Consciousness : Radical Antitraditionalism in the May Fourth Era* (Madison : University of Wisconsin Press, 1979), pp. 37-41.
108. 참고 Chandra, p. 219.
109. 참고 최남선, '청년 학우회의 취지,' 「소년」 3, 4, 1910년 4월, pp. 61-65.

제 3 장

1. 총독부의 종교정책에 대한 자세한 설명은, Wi Jo Kang, *Religion and Politics in Korea under the Japanese Rule* (New York : Edwin Mellen Press, 1987)을 보라.
2. 일본의 식민지 정책에 대해서는, Ken M. Wells 'Spencer and Mahan in Kimonos : Japanese Colonial Theory' *Journal of East and West Studies* 10, 1, April 1981, pp. 43-58를 보라.
3. Tatsuji Takeuchi *War and Diplomacy in the Japanese Empire* (New York : Doubleday, Doran, 1935), p. 167.
4. Dong Wonmo, Japanese Colonial Policy and Practice in Korea, 1905-1945 : A Study in Assimilation, PhD thesis, Georgetown University, 1965, p. 25.
5. 위의 책, p. 263.
6. Chung Joon-gun, Japanese Colonial Administration in Korea, 1905-19, PhD thesis, Claremont Graduate School and University Center, 1971, p. 125.
7. Wells 'Spencer and Mahan' pp. 48-49.
8. Dong Wonmo, PhD thesis, pp. 221-222.
9. 니키-로젠 프로토콜의 제 3부는 한국에서의 일본의 상업과 무역의 관심을 확증하였다(참고, Lensen, Vol. 2, Ch. 25.).
10. Sands, *Undiplomatic Memories* p. 78.
11. Henry Chung, *The Case of Korea* (New York : Fleming H. Revell, 1921), pp. 110-111에서 인용함.
12. Dong Won mo, 'Assimilation and Social Mobilization in Korea' in Andrew C. Nahm (ed.) *Korea under Japanese Colonial Rule*

(Kalamazoo : Center for Korean Studies, Western Michigan University, 1974), p. 155.
13. Han Kyo Kim, 'An Overview' 위의 책, p. 50.
14. Takayoshi Matsuo, 'The Japanese Protestants in Korea, Part One : The Missionary Activity of the Japan Congregational Church in Korea' *Modern Asian Studies* 13, 3, 1979, pp. 403–405.
15. 위의 책, p. 411.
16. 위의 책, pp. 413–414, 429.
17. Hasegawa's *Report* June 1919, Part 2, Section 5 : 'Shūkyō ni kansuru ken' (GSC, vol. 1, pp. 499–500).
18. 「신한민보」 1916년 11월 9일.
19. Matsuo, p. 413.
20. A. J. Brown to Chosen Mission, 19 October 1915 ; F. M. Brockman to Dr Mott, 6 September 1915. Presbyterian Church in the United States, Board of Foreign Missions : Korea, religious education controversy. Selected correspondence and documents on microfilm, roll classification No. 762. Presbyterian Historical Society, Philadelphia.(이후로 USPM으로 약칭함.)
21. 스피어(Speer) 박사가 브라운(Brown) 박사에게, 날짜 불확실, USPM.
22. *APRC* 선천 스테이션, 1911–1912, p. 3.
23. *APRC* 선천 스테이션 보고서, 1911–1912, pp. 61–63.
24. E. M. Campbell and A. W. Allen, *Korea's Awakening* Melbourne : Brown, Prior and Co. Ltd, (1921), pp. 28–29에서는 149명이 재구류되었다고 말한다. Arthur J. Brown, *The Conspiracy Case* (November 1912), p. 13에서는 157명이라고 말한다(*USPM*). 대략 700명의 한국인들이 그 기간 동안에 감금되었다.
25. 'Statement on the Conspiracy Case' by twelve missionaries under Dr. Samuel Moffett, 1912 (*USPM* 762).
26. Rev. J. Jardine 'Statement of the Case' Union Methodist Theological Seminary Report, 25 June 1912 ; Rev. A. Sharrocks to M. Komatsu, 16 December 1911 ; 'Letters on the Case' Nos 1–43 (*USPM* 762).
27. Author illegible (Edison?) to Brown, July 1912 (*USPM* 762).
28. Rev. R. Speer to the board, 12 July 1912 (*USPM* 762).

29. 서울 지방고등법원 조사실, 「독립운동사 자료집」(총 16권)(서울 : 독립운동사편찬위원회, 1972-1978), 제 14권, pp. 760-772.
30. Brown *The Conspiracy Case* p. 19 ; 대구지방법원 보고서들, 1913년 7월 1-3일(*USPM* 762).
31. 서울고등법원 형사사무실, 1913년 10월 9일 *Chōsen Dokuritsu Undō*(이후로 *CDU*로 약칭함.) (Tokyo : Hara Shobō, 1967), Part 2, Ch. 1, pp. 259-273.
32. Mrs A. Sharrocks to Brown, 6 November 1914 (*USPM* 762).
33. Telegram, Governor-General to Minister of Internal Affairs, 15 February 1915 ; Terauchi to Foreign Minister Katō, Top Secret, 16 February 1915 (*CTS* Vol. 5).
34. *Seoul Press cuttings*(날짜 미상) *USPM* 883.
35. 「신한민보」1914년 2월 26일.
36. 조덕린, '한국 현시 정황,' 「신한민보」1915년 9월 16일.
37. 이광수, '규모의 인-윤치호 씨' 「동광」10, 1927년 2월, p. 8.
38. Rev. Jardine 'Statement of the Case' p. 4 (*USPM* 762).
39. 「윤치호 일기」1905년 11월 29일.
40. Taegu Court of Appeal, Criminal Bureau, 15 July 1913 「독립 운동사 자료집」제 14권, pp. 772-774.
41. 「민족운동총서」제 6권, p. 200.
42. 「신한민보」1909년 6월 23일.
43. Henry Chung *The Case of Korea* p. 137에서 인용. 또한 「신한민보」1915년 5월 13일과 1916년 4월 13일의 편지들을 보라.
44. Wells, PhD thesis, pp. 165-167을 보라.
45. 'Results of 3 Years' Administration of Chōsen since Annexation,' *Government-General,* January 1914. *U. S. Records of the Department of State relating to internal affairs of Korea [Chōsen],* Doc. 895.00557(마이크로 필름)
46. 위의 책.
47. Brown to Komatsu, 16 June 1915 (*USPM* 762).
48. Adams to Guthrie, United States Embassy, Tokyo, 17 August 1915. (*USPM* 762)

49. H. H. Underwood to Brown, 24 July and 13 December 1915 ; Speer to Brown, 20 September 1915 (*USPM* 762).
50. Komatsu to Brown, 4 November 1915 (*USPM* 762).
51. *Seoul Press* 1 September 1917.
52. 「윤치호 일기」 1916년 11월 14일.
53. *Government-General Police Affairs Bureau*(이후로 *GGPAB*로 약칭함.) Keikō kihatsu, Nos 527 and 553, 13 November and 6 December 1916 : Fuonsha hakken shobun no ken *Gendaishi shiryō* : Chōsen(이후로 *GSC*로 약칭함)(6 Vols) Tokyo : Misuzu shobō, 1966, Vol. 1, pp. 9 – 13.
54. 위의 책.
55. 「윤치호 일기」 1916년 11월 13일.
56. *GGPAB* keikō kihatsu, Nos 555 and 581, 6 and 22 December 1916 : Fuonsha hakken shobun no ken.
57. 「신한민보」 1917년 4월 5일 ; Adams to Brown, 9 January 1917 (*USPM* 762).
58. Wasson to Adams, 2 January, 1917(*USPM* 762).
59. Horace Horton Underwood, *Modern Education in Korea* (New York : International Press, 1926), p. 162.
60. Venable to Brown, 24 October 1916(*USPM* 762). 참고, Wells, PhD thesis, pp. 172 – 174.

제 4 장

1. R. E. Shearer, p. 60 ; *APRC,* 1913, p. 6 ; Campell and Allen *Korea's Awakening* p. 28. 한 일본인의 보고서에 의하면 시베리아, 만주, 상해, 베이징, 하와이, 남아메리카로의 기독교인의 이주를 정치적인 상황과 연결시키고 있다 : *Chōsen shireibu chōsei,* 1 June, 1924 : *Futei Senjin ni kansuru kisoteki kenyū,* Ch. 2, Part 1, pp. 4 – 5, *Chōsen mondai shiryōsōsho*(이후로 *CMSS*로 약칭함.) (10 vols) Tokyo : San'ichi shobō, 1982 – 1983, Vol. 6.
2. Shearer, pp. 60 and 167. 세례받은 사람의 일반적인 숫자는 대략 신자들의 삼분의 일 가량으로 추정된다. 이 기간 동안 세례받지 않은 사람들의 비율은 다소 감소되었는데 그것은 핍박 때문이었다.

3. 기호파와 서북파는 중앙과 서북지역에 편중된 편협한 충성심에 대해서 언급한다.
4. 김 구,「백범 일지」(서울 : 백범 김구 선생 기념사업협회, 1947), pp. 186 – 187.
5. 위의 책, pp. 196 – 197.
6. *GGPAB* Kōkei kihatsu, No. 422, 3 March 1915 : Futei Senjin seinen torishirabe no ken (*GSC* Vol. 1, p. 1).
7. *GGPAB* Kō No. 3094, 18 February 1918 : Himitsu kessha hakken shobun no ken.(GSC Vol. 1, pp. 35 – 38)
8. 김 구, '나의 소원,' 송건호(편집)「한국근대 사상가 선집」, 3 : 김 구(서울 : 한길사, 1980), pp. 9 – 18.
9. 이만열,「한말 기독교」pp. 81 – 86.
10. 위의 책, p. 116.
11. 백낙준 박사 인터뷰, 서울, 1981년 8월 27일.
12. 안창호, '육대 사업,'「독립신문」1920년 1월 8일.
13. 백낙준 박사 인터뷰. 또한 Hugh Cynn *The Rebirth of Korea* (New York : Abingdon Press, 1920), p. 138.
14. *Henry Chung, The Case of Korea,* p. 159.
15. Cynn, pp. 129 and 139 – 142. 여운형은 이 기능을 기독교로 묘사했다 : *GGPAB* Kōkei No. 684, 15 January 1920 : Kokugai jōkyō : Dokuritsu seigansho teishutsu ni kansuru ken.
16. 그 '그럴싸한 구조'는 하나의 공동체로서 신념의 체계에 사회적, 심리학적인 지지와 신용을 제공한다. Peter L. Berger, *The Social Construction of Reality* (Harmondsworth : Penguin, 1967), pp. 174ff.를 보라.
17. 황성모, '프로테스탄티즘과 한국,'「한국근대화의 이념과 방향」(서울 : 동국대학교출판사, 1967), p. 22.
18. Yim Louise, *My Forty-Year Fight for Korea* (Seoul : Chungang University Press, 1964(1st edn, 1954)), pp. 57 – 61. 임루이스는 중앙대학교의 총장과 대한민국 초대정부의 일원이 되었다.
19. 백낙준 박사 인터뷰.
20. 프로테스탄트 신학에서 '타락'(Fall)의 의미는 전통적으로 여러가지가 있다. – 루터교, 개혁교회, 영국 성공회, 감리교, 형제교단, 침례교 등등. 개

혁교회와 감리교를 포함한 대부분의 교회들은 타락에도 불구하고 하나님의 형상이 남아 있다는 개념을 인정하는데, 장로교인들보다 감리교인들이 훨씬 더 강조한다. Gerrit C. Berkouwer, *Man : The Image of God* (Grand Rapids, Michigan : William B. Eerdmans, 1969)를 보라.

21. 한태동 박사 인터뷰, 서울, 1980년 6월 10일.
22. 윤치호, 'An Old Man's Ruminations(1)'「서간집」 1945년 10월 15일.
23. 「고당 조만식」(서울 : 평남민보사, 1966), pp. 65 - 69.
24. 「신한민보」 1913년 6월 30일.
25. 「신한민보」 1913년 8월 8, 15일, 9월 26일, 10월 3일자에 나온 편지들. 이것은 교육개혁 이전의 일이었다. 1916년 이후 일본에 있는 한국인들에 의한 교회의 사기(士氣)에 대한 관찰들은 다소 부정적이었다. 아래 96면을 보라.
26. 조덕린, '한국 현시 정황'「신한민보」 1915년 9월 16일.
27. 1917년대 한국성서공회에 대한 보고서는 서울의 사무엘 마펫(Samuel Moffett) 목사가 수집하여 보관하고 있다(이후로 Moffett Collection으로 약칭함.).
28. Yim Louise, *My Forty-Year Fight*, pp. 93 and 100.
29. '고국 친구 하루 저녁 이야기' 제 6, 7부 ;「신한민보」 1916년 6월 22, 29일.
30. *GGPAB* Keikō kishu No. 23727 - 1, 20 November 1915 : Yōchūi Senjin no kikan (*GSC* Vol. 1, p. 5)
31. *GGPAB* Kō No. 23808, 16 August 1918 : Kokken kaifuku o hyōbō seru futei Senjin kenkyo no ken.(*GSC* Vol. 1, pp. 58 - 62)
32. 안창호, '재미 한인의 제실 책임,'「신한민보」 1913년 6월 23일.
33. 안창호, '인류의 행복'「신한민보」 1914년 8월 13일.
34. 「신한민보」 1914년 3월 26일자 사설.
35. 강영소, '화평의 원인,'「신한민보」 1914년 9월 10일.
36. 길천우, '민족계량논(1),'「신한민보」 1916년 4월 6일.
37. 이것과 앞서의 인용은 J. S. Miill *A System of Logic* Book VI, Ch. 9, Section 2에서 가져온 것이다. 그러나 밀(Mill)은 거기에는 다른 종류의 원인들이 있었다고 기록한다. 그리고 그는 개별적인 현상들과 그 원인들은 '별개의 것으로 연구되어야 한다' 고 주장하였다. - ibid., loc. cit. Section 3. 길천우의 논문은 여기에서 밀의 의견을 따르는 것으로 보인

다. 그러나 기독교인들중 일부는 모든 원인들이 영적이었다고 생각하는 경향이 있었다.
38. 길천우, '민족계량논(2),' 「신한민보」 1916년 5월 4일.
39. 「신한민보」 1915년 7월 8일.
40. 안창호, '우리 국민의 진화의 순서,' 「신한민보」 1916년 1월 22일.
41. 안창호, '1916년 6월 로스앤젤레스에서 행한 연설,' 「신한민보」 1916년 6월 15, 22일.
42. 「신한민보」 1916년 6월 15일.
43. Richrad H. Mitchell, *The Korean Minority in Japan* (Berkeley and Los Angeles : University of California Press, 1967), pp. 15 – 18.
44. 참고, Peter Duus, *Party Rivalry and Political Change in Taishō Japan* (Cambridge, Mass. : Harvard University Press, 1968), Ch. 5 ; 김성식, 「일제하 한국학생 독립운동사」(서울 : 정음사, 1974), p. 26 ; Mitchell, p. 18.
45. 전영택, 'Chōsen Yasokyō no kako oyobi genjō' 칸다(Kanda) YMCA에서 행한 연설, 1917년 10월 30일. 이 연설과 그 다음 연설문은 *GSC* Vol. 2, pp. 1 – 18에 있다.
46. 김녹준, 고별연설, 동경 YMCA, 1917년 11월 5일.
47. 서 춘, 'Chōsen to Yaso kyōkai,' 도쿄 YMCA, 1917년 12월 29일.
48. 환영 연설문, 동경 YMCA, 1918년 9월 26일, 10월 26일.
49. 서 춘, 'Kamisama no shintai nansho o ronjite seibutsu tetsugaku ni oyobu' 학우회 웅변 모임, 도쿄 YMCA, 1918년 11월 22일.
50. 이광수, '야소교의 조선에 준 은혜,' 1917년 7월, 「이광수 전집」(전 11권)(서울 : 우신사, 1979), 제 10권, pp. 17 – 19. 이광수는 기독교를 빛을 낳은 자로 찬양한다. 실학파 다산의 계몽운동의 근원과 높은 도덕성의 영감, 민주적인 가치들과 여성들에 대한 존중 등의 빛을 낳은 것이다. 그러나 어떤 점들은 그를 불안하게 하였다. 그리고 이런 것들을 그는 1917년 12월에 기록해 놓았다. 이광수가 한국 기독교인들의 '결점들'에 대해 논한 점들은 전통적인 종교습관들이 남아 있는 것들로서 그는 그것을 '미신' 이라고 불렀다. 그리고 그는 기독교가 자유민주주의와 높은 문화에 대한 관심을 지키기를 바란다고 주로 지적하고 있다 : '금일 조선 야소교회의 결점,' 「이광수 전집」 제 10권, pp. 20 – 24.
51. 이 문제에 대해서는, Kenneth M. Wells 'Background to the March First

Movement : Koreans in Japan, 1905 - 1919' pp. 5 - 21을 보라.
52. 이광수, '규모의 인 - 윤치호 씨,'「동광」 10, 1927년 2월, p. 9.
53. 위의 책, 같은 곳에서 인용함.
54. 위의 책, 같은 곳.
55. 김현구, '우리 나라 예수교 발달에 대한 기쁨과 걱정,'「신한민보」 1915년 1월 7일. 우찌무라 간조(Uchimura Kanzō)는 그의 초기 삶에서는 개신 교인이요 정치 활동가였으나, 후에는 기독교는 사회-정치적 변화의 한 도구로서의 가치를 지녀야 한다는 견해에 반대하는 반응을 보였다.
56. 「신한민보」 1913년 7월 18일.
57. 위의 책.
58. 양주삼, '경고, 아 한국 예수 교회 형제 자매,'「공닙신보」 1908년 2월 26일.
59. 「신한민보」 1913년 9월 5일자 사설, 1914년 4월 29일자 편집자에게 보내는 편지.
60. 이동휘, 동포들에게 보낸 편지,「신한민보」 1914년 2월 19일.
61. 김영섭, 동경 YMCA에서 행한 연설, 1917년 11월 5일(GSC Vol. 2, p. 5).
62. 임루이스, pp. 55 - 56.
63. '고국 친구 하루 저녁 이야기,' 제 6부,「신한민보」 1916년 6월 22일.

제 5 장

1. Joungwon A. Kim, *Divided Korea. The Politics of Development, 1945 - 1972* (Cambridge, Mass. : Harvard University Press, 1976), p. 27.
2. Chōsen shireibu chōsei, 1 June 1924 : Futei Senjin ni Kansuru kisoteki kenkyū, Ch. 6, Part 1, p. 41 (*CMSS* Vol. 6).
3. Henry Chung *The Case of Korea* p. 301.
4. Dae-sook Suh *The Korean Communist Movement* pp. 55 - 56.
5. 참고, Wells, PhD thesis, p. 215.
6. 예를 들어, 바질리 안드레비치 문(Vasili Andreivich Mun)의 다음 같은 주장이 있다 : '한국의 기독교는 민족의 종교로 인식이 되어왔는데, 기독교 로부터 우리는 민주주의의 의미와 자유의 가치를 배워 왔다.' Declaration of the Korean National Council in Nikolsk - Ussurisk. *Records of the Department of State relating to internal affairs of Korea (Chōsen)*

1910 – 1929 Doc. No. 895.00/606, 마이크로 필름 reel 2.
7. 이광수, '나의 고백,' 서건석(편집)「이광수 전집」두 번째 판,(서울 : 삼중당, 1974), p. 259.
8. 참고, Lee Chong-sik, *The Politics of Korean Nationalism* (Berkeley and Los Angeles : University of California Press, 1963), pp. 149 – 150.
9. Henry Chung, p. 190.
10. *GGPAB* Kōkei No. 1581, 23 May 1922 : Kokumin daihyōkai no keika ni kansuru ken (*CDU* Part 3, Ch. 1, pp. 178 – 180).
11. 참고, R. A. Scalapino and Lee Chong-sik 'The Origins of the Korean Communist Movement I' *Journal of Asian Studies* 20, 1, November 1960, p. 16. Stephen Bonsal's published diary *Suitors and Suppliants : The Little Nations at Versailles* New York : Prentice-Hall Inc., 1946, contains a firsthand account of Kim's disillusionment on pp. 220 – 226. 또한 Young won Kim, p. 29, and Chōsen shireibu chōsei, 1 June 1924 : Futei Senjin ni kansuru kisoteki kenkyū, Ch. 2, Part 4, p. 7를 참고하라.
12. 여운형, 민족대표자 회의에서 행한 연설, 1921년 5월 12일,「독립신문」1921년 5월 14일자에 인쇄됨.
13. 「독립신문」1921년 5월 31일.
14. 참고, Kenneth M. Wells 'Spencer and Mahan in Kimonos' pp. 46 – 48.
15. *Nihon rekishi daijiten*(Tokyo : Kawade shobō 1970), Vol. 6, p. 60.
16. Dong Wonmo, PhD thesis, pp. 155 – 156.
17. Henry Chung, p. 270.
18. 「윤치호 일기」1919년 9월 13일.
19. 참고, 예를 들어 *GGPAB*의 다음 서류들을 보라 : Kōkei No. 34939, 9 December 1919 : Keijō ni okeru fuon jōkyō tsuibō ; No. 36043, 23 December 1919 : Futei Senjin kenkyo no ken ; No. 36611, 26 December Fuon bunsho hakken ni kansuru ken ; No. 983, 22 January 1920 : Himitsu kessha kokuminkaien boshūsha oyobi fuon bunsho seifusha kenkyo ni kansuru ken ; Kōkei No. 2917, 6 February 1920 : Kitoku shinkōkai soshiki keikaku ni kansuru ken.(*CDU* Part 2, Ch. 3, pp. 230 – 278)
20. 개신교 총회와 감리교 연회의 논쟁에 대해서는 다음을 보라. *GGPAB* Kōkei No. 32746, 18 November 1919 : Hokkanrikyō dai jūni kai nenkai

ni kansuru ken ; No. 33687, 28 November 1919 : Yasokyōto oyobi kari seifuen no kokuzai renmeikaigi ni taisuru undō keikaku no ken ; No. 32779, 19 November 1919, Keijō minjō ihō : Senjin bokushi no gendō. (*GSC* Vol. 1, pp. 576ff)
21. *GGPAB* Kōkei No. 28470, 6 October 1919, Chihō minjō ihō : Nankanriha Yasokyō nenkai nite sōjō hannin no kazoku ni taisuru gienkin boshū no ketsugi.
22. *GGPAB* Kōkei No. 34850, 9 December 1919 : Himitsu kessha Daikan kokuminkai oyobi Daikan dokuritsu seinendan no kenkyo ni kansuru ken. (*CDU* part 2, Ch. 3, pp. 225 - 230)
23. *GGPAB* Kōkei No. 32779, 19 November 1919, Keijō minjo ihō : Kitokukyō seinenkai kōen no jōkyō.(*GSC* Vol. 1, p. 582)
24. 대구 지방법원, 젊은 외교단체와 애국적인 여성단체의 재판에 대한 기록들, 1920년 6월 29일(*CTS* Vol. 5, pp. 739ff.) ; *GGPAB* Kōkei No. 33497, 5 December 1919 : Daikan minkoku aikoku fujinkai kenkyo no ken ; No 1536, 22 January 1920 : Daikan aikoku fujinkai ni kansuru ken.(*CDU* Part 2, Ch. 3, pp. 221 - 224, 265 - 266) ; Bansai sōjō jiken(san' ichi undō)(3) : Eibun shiryō *Chōsen Kindai Shiryō*(11) Tokyo : Gannandō shoten, 1964, pp. 70 - 74 ; and Saitō Makoto' s policy statements in *Seoul Press,* 3 and 18 January 1920 and *Japan Advertiser,* 14 January 1920.
25. 참고, Robinson *Cultural Nationalism* Ch. 2.
26. 'Shōwa rokunen ni okeru shakai undō no jōkyō. Zairyū Chōsenjin no undō : 5. Minzokushugi undō' *Naimushō keihokyōku hen* (Hereafter : *NHK*)(16 vols) Tokyo : San' ichi shobō, 1971, Vol. 3.
27. *CMSS* Vol. 6, p. 53.
28. GGPAB Kōkei No. 13004, 7 May 1921 : Yasokyō seinen rengōkai ni kansuru ken.(*CDU* Part 2, Ch. 3, pp. 584 - 587)
29. 「윤치호 일기」 1919년 1월 29일, 2월 5, 23, 24, 26일, 3월 1, 2일.
30. 이광수, '나의 고백,' 서건석, 「이광수 전집」 pp. 236 - 237. 또한 참고로, 구창환, '춘원문학에 나타난 기독교 사상' 신동욱(편), 「최남선과 이광수의 문학」(서울 : 새문사, 1981), pp. 118 - 132.
31. 이광수, '우리의 사상,' 「이광수 전집」 제 10권, pp. 244 - 249.

32. 이광수, '나의 고백,' p. 264.
33. 「이광수 전집」 제 10권, pp. 116 – 148.
34. 위의 책, 같은 곳.
35. *The Presbyterian* 11 October 1922 (Archives of the Presbyterian Church of Victoria : Korea Mission).
36. 위의 책, 1922년 10월 11일.
37. 진덕규, '1920년대 국내 민족에 관한 고찰,' 송건호, 강만길(편) 「한국민족주의론」(서울 : 창작과 비평사, 1982), pp. 140 – 159 ; Michael E. Robinson, The Origins and Development of Korea Nationalist Ideology, 1920 – 1926 : Culture, Identity, National Development and Political Schism, PhD thesis, University of Washington, 1979, pp. 270ff.
38. 「민족 운동 총서」 제 6권, p. 244.
39. 그 성명서가 위의 책 244 – 246면에 인쇄되어 있다.
40. 박달성, '시급히 해결할 조선의 대문제,' 「개벽」 1, 1920년 6월 25일, pp. 23 – 29. 「개벽」은 주로 천도교 지지자들에 의해 운영되었다.
41. *The Presbyterian,* 11 October 1922.
42. 즉, Aoyanagi Nanmei. 참고, Dong Wonmo, PhD thesis, p. 21.
43. 이종식 *Politics of Korean Nationalism* p. 241.
44. Dong Wonmo, PhD thesis, p. 410.
45. 참고, Michael Robinson *Cultural Nationalism* Ch. 4.
46. 이광수, '중추계급과 사회' 「이광수 전집」 제 10권, pp. 104 – 109.
47. Naimushŏ keihŏkyoku, genmitsu : Shŏwa gonen ni okeru shakai undō no jōkyō : 2, Minzokushugi undō no jōkyō.(*CDU* Part 3, Ch. 6, p. 573)
48. *GGPAB* Tōkyō shutchōben, May 1924 : Zaikyō Chōsenjin jōkyō : 백낙준 박사 인터뷰.
49. Government-General Justice Bureau, 1938 : Chōsen dokuritsu shisō undō no hensen.(*CDU*, Part 2, Ch. 3). 이 서류에서 제시하는 날짜와 흥사단 50 주년사에 나타난 날짜 사이에는 차이가 있다.(「흥사단 오십 주년사」(서울 : 흥사단 오십주년사 편찬위원회, 1963), p. 40 , 그러니 나는 앞서 나온 서류를 따를 것이다. 날짜 차이는 그리 심하지 않기 때문이다.
50. 「동아일보」 1924년 1월 2일.
51. 「동아일보」 1924년 1월 3일.

52. 「동아일보」 1924년 1월 5, 6일.
53. 이광수, '의기론,' 「조선문단」 1924년 12월 3일.
54. 최투고, '암흑기 개화인의 수난사 – 윤치호,' 「역사의 인물」(서울 : 일신각, 1979), 제 8권, pp. 213 – 220.
55. 「윤치호 일기」 1893년 6월 12일.
56. 참고, Wells PhD thesis, pp. 14 – 15 ; Dae-sook Suh *Korean Communist Movement* pp. 55 – 56.
57. 「윤치호 일기」 1894년 8월 4일.
58. 「윤치호 일기」 1919년 12월 19일.
59. 「윤치호 일기」 1920년 2월 19일, 12월 21일 ; 1921년 4월 17일.
60. 「윤치호 일기」 1921년 3월 4일.
61. 「윤치호 일기」 1921년 9월 27일.
62. 「윤치호 일기」 1920년 5월 17일.
63. 「윤치호 일기」 1919년 7월 31일.

제 6 장

1. 「민족운동 총서」 제 7권, p. 94.
2. 참고, Dae-sook Suh *The Korean Communist Movement* pp. 82 – 84.
3. 「동아일보」 1925년 11월 12, 17, 19, 20일.
4. 김병노, '신간회의 해소론이 대두함에 제하야,' 「동광」 8, 1931년 2월, pp. 7 – 8.
5. 주요한, '무엇보다도,' 「동광」 1, 1926년 5월, p. 19.
6. 장백산인, '개인 일상생활의 혁신이 민족발흥의 근본,' 「동광」 1, 1926년 5월, pp. 29 – 33.
7. 안창호, '동포에게 고하는 글,' 베이징, 1924과 '동지들께 주는 글,' 1926(?), 주요한(편) 「안도산 전집」(서울 : 삼중당, 1963). 이 단편들의 내용은 「동광」 1926년 5 – 12월, 1927년 1, 2월에 기록되어 있다.
8. 안창호, 흥사단 단원에게 보내는 편지, 1921년 7월 7일, 「동광」 앞선 곳.
9. 안창호, '개조,' 1919(?) 「동광」.
10. 안창호, '사랑,' 1920 「동광」.
11. 위의 책, 같은 곳.

12. 안창호, '무정한 사회와 유정한 사회,'「동광」2, 1926년 6월, pp. 29 – 33('솜메'라는 익명으로)
13. 안창호, 앞의 글과 '동지들께 주는 글.'
14. 참고, Arthur Leslie Gardner, The Korean Nationalist Movement와 An Ch'ang-ho, Advocate of Gradualism, PhD thesis, University of Hawaii, 1979, pp. 183 – 184.
15. 안창호, '동포에게 고하는 글.'
16. 임시정부 입법부에 대한 기록들, 1919년 7월 9일,「안도산 전집」.
17. 안창호, '사랑'
18. Isaiah Berlin, *Four Essays on Liberty* (New York : Oxford University Press, 1970)에 나와 있는 '자유의 두 개념'(Two Concepts of Liberty)에 대한 결론적인 언급을 참고하라.
19. 안창호, '동포에게 고하는 글'; '독립운동 방침'; '물 방황'; '정부에서 사퇴하면서,'「안도산 전집」.
20. 안창호, '동포에게 고하는 글'
21. Benjamin Schwartz, *In Search of Wealth and Power : Yen Fu and the West* (Cambridge Mass : the Belknap Press of Harvard University Press, 1964), pp. 116 – 117.
22. L. T. Hobhouse, *Liberalism*(London : Williams and Norgate, 1911), p. 26.
23. 위의 책, p. 123
24. 안창호, '오늘의 조선 학생'; '동지께 적는 글.'
25. 김윤경, '개인과 사회,'「동광」9, 1927년 1월, pp. 20 – 31. 김윤경은 감리교 배화학교의 선생이 되었다.
26. 김윤경, '인격과 단결,'「동광」6, 1926년 10월, p. 6.
27. 또한, Paul Tillich *Love, Power and Justice* (Oxford : Oxford University Press, 1960), Ch. 2를 참고하라.
28. 안창호, '합동과 분리,'「동광」1, 1926년 5월, pp. 14 – 18(사농이라는 익명으로)
29. 김윤경, '인격의 합리적 해의,'「동광」4, 1926년 8월, pp. 6 – 10.
30. *GGPAB* Kōkei 37234, 24 November 1920 : Kokugai jōhō, Shanhai futei Senjin no soshiki seru kakushu dantai.(*CDU* Part 3, Ch. 2, pp. 418 – 420)
31. 천도교와 불교 민족주의 지도자들의 협력은 경제적 운동들과의 관계에

서 보다 분명하였으며, 제 7장에 언급되어 있다. 윤치호와 이종린은 좋은 협력관계에 있으면서, 1930년대 초에 연농회를 설립하였다. 참고, 김규환, 「일제의 대한언론선전정책」,(서울 : 이우, 1978), p. 258.
32. 「동아일보」 1922년 12월 12일.
33. R. W. Macaulay 'The Key to the Far East' 1934, pp. 12 - 13, in the *Archives of the Presbyterian Church of Victoria : Korea Mission,* and R. H. Baird 'Present Day Religious Problems' 50th Anniversary of the Korea Mission (Presbyterian), June - July 1934(마펫 수집)
34. *Seoul Press* 8 March 1919
35. 김규환, p. 176.
36. 참고, 신채호, '조선혁명 선언,' 「단재 신채호전집」 제 3권, pp. 35 - 36.
37. 신채호, '용과 용의 대교전,' 위의 책, 증보판, p. 283.
38. 위의 책, p. 286.
39. 위의 책, p. 286.
40. 위의 책, p. 296.
41. 「흥사단 오십주년사」 p. 69.
42. Chōsen Sotōkufu hōmukyoku, 1938 : Chōsen dokuritsu shisō undō no hensen : Koshidan.(*CDU* Part 2, Ch. 3, pp. 333 - 338)
43. 안창호, 한성곤과 장리도에게 1927년 8월 2일 보낸 편지, 「안도산 전집」.
44. Chōsen sōtokufu hōmukyoku, 1938, loc. cit.
45. 위의 책.
46. 안창호, 앞의 글.
47. 주요한, '수양단체의 나갈 길,' 「동광」 15, 1927년 7월, p. 2.
48. 주요한, '낡은 도덕의 새 용처,' 「동광」 15, 1927년 7월, p. 3.
49. 주요한, 앞의 글.
50. 참고, pp. 156 - 157.
51. Chōsen sōtokufu hōmukyoku, 1938, loc. cit.
52. 위의 글.
53. 안창호, '청년에게 호소함,' 「동광」 18, 1931년 2월, pp. 12 - 13(사농이라는 익명으로).
54. 안창호, '헌신적 정신의 배양,' 「동광」 21, 1931년 5월, p. 42(사농이라는 익명으로).

55. 주요한, '동우회는 무엇인가?'「동광」36, 1932년 8월, pp. 36 – 37.
56. 이광수, '시화' 그리고 '인욕'「동광」17, 1931년 1월, pp. 2, 40 – 41.
57. 이광수, '그리스도의 혁명사상,'「청년」11, 1931년 1월 1일.
58. 위의 글.
59. *GGPAB* 1939 : Saikin ni okeru Chōsen chian jōkyō.(*CDU* Part 2, Ch. 3, p. 345)
60. 한 일본인의 보고서는 신흥우의 적극신앙단은 히틀러의 청년운동을 모델로 삼아 '적극적인 기독교'를 창조하려는 이념을 가지고 있었다고 주장한다 : *CDU* Part 2, Ch. 3, p. 343. 그러나 1934년에 신흥우는 탄식하면서 '독재와 파시즘의 이런 시대에 자유주의는 심각한 역류를 만나 고통당하고 있는 것으로 보인다'고 하였다. 그리고 그는 기독교 사상이야말로 '자유주의의 혼'이라고 주장하였다.(신흥우, 'Laymen and the Church' *Within the Gate,* 한국북감리교 선교부, 1934, p. 119)
61. 조만식, '중심기관의 재조직,'「신동아」1936년 1월.
62. 조만식, '청년이여 앞길을 바라보라,'「삼천리」1936년 1월.
63. 윤치호, '일치 단결하기를,'「삼천리」1936년 1월.
64. 1936년 1월 13일 이종린과의 인터뷰, 춘안 수도사에 의해 기록됨,「안도산 전집」. 춘원은 이광수의 필명이다.
65. 김병노, 장리도, 김양수, '도산을 말한다,'「새벽」1960년 11월(「안도산 전집」)
66. 조만식, '우리의 제일주의는? – 정심단체조직,'「삼천리」1936년 2월.
67. 조만식, '생산과 소비와 우리 각오,'「청년」1936년 4월.
68. 조만식, '기독 청년의 이상'「청년」1937년 1월.
69. 위의 글.
70. 조만식, '서, 인, 근,'「조광」1937년 5월.
71. 조만식, '기독청년의 이상.'

제 7 장

1. Lee Kwangnin 'Kaikaki no Kansei chihō to Kaishinkyō' *Kan* 8, 2, February 1979, pp. 9 – 10 and 20.
2. 최호진,「한국경제사」(서울 : 박영사, 1981), pp. 220 – 221.

3. Carter Eckert, The Colonial Origins of Korean Capitalism, PhD thesis, p. 34.
4. Y. Hayami 'Rice Policy in Japan's Economic Development' *American Journal of Agricultural Economics* 54, 1, February 1972, pp. 24 – 25.
5. Charles A. Fisher 'The Role of Korea in the Far East' *Geographical Journal* 120, 1954, pp. 289 – 290 ; Andrew J. Grajdanzev *Modern Korea* New York : John Day Co., 1944, pp. 118ff.
6. *Seoul Press* 30 April 1913.
7. 최호진, p. 223.
8. 위의 책, p. 224. 또한 Shōwa hachinen ni okeru shakai undō no jōkyō : Zairyū Chōsenjin no undō.(*NKH* Vol. 5)를 참고하라.
9. Chul Won Kang 'An Analysis of Japanese Policy and Economic Change in Korea' Nahm (ed.) *Korea under Japanese Rule* p. 80.
10. Daniel S. Juhn 'Nationalism and Korean Businessmen' 위의 책, pp. 49ff.
11. Chung Joong-gun, Japanese Colonial Administration, PhD thesis p. 164.
12. Fisher, p. 289.
13. Eckert, p. 412.
14. 위의 책, p. 86.
15. 위의 책, pp. 88 – 89, 104.
16. 참고, Michael Robinson *Cultural Nationalism* Ch. 4.
17. 「신한민보」 1909년 7월 28일.
18. 「동아일보」 1920년 8월 22일, p. 4 ; 1920년 8월 23일, p. 4.
19. 한근조, 「고당 조만식」(서울 : 태극, 1979), p. 156.
20. 「민족운동총서」 제 9권, p. 245.
21. 오기영, '조만식씨의 이꼴 저꼴,' 「동광」 17, 1931년 1월, p. 43.
22. 「동아일보」 1922년 12월 17일.
23. 조기준, 「한국 자본주의 성립사론」(서울 : 고려대학교출판부, 1973), p. 505.
24. 「동아일보」 1922년 12월 26일.
25. 조기준, p. 505.
26. 「동아일보」 1923년 1월 11, 22, 23.
27. Shōwa rokunen ni okeru shakai undō no jōkyō : Zairyū Chōsenjin no undō. Minzokushugi undǒ.(*NKH* Vol. 3)

28. 「동아일보」 1923년 2월 3, 5일.
29. 「동아일보」 1923년 2월 9일.
30. 「동아일보」 1923년 2월 5, 8, 13, 14, 16, 19, 21, 23일.
31. 조기준, p. 511.
32. 「동아일보」 1923년 2월 13일.
33. 「동아일보」 1923년 2월 5, 14일.
34. 「동아일보」 1923년 2월 15일.
35. 「동아일보」 1923년 2월 16, 18일.
36. 「동아일보」 1923년 2월 16 - 18일.
37. 「동아일보」 1923년 2월 16일.
38. 「동아일보」 1923년 2월 22일.
39. 조기준, p. 513.
40. 위의 책, p. 514 ; 「조선물산 장려회 회보」(이후로 「물산」으로 약칭함) 1, 2, 1930년 2월, p. 65.
41. 「동아일보」 1925년 1월 1일.
42. 조기준, p. 523.
43. 「동아일보」 1924년 2월 3, 5, 7, 8일.
44. 진덕규, '1920년대 국내 민족운동에 관한 고찰,' 송건호, 강만길(편), p. 148.
45. 「동아일보」 1923년 2월 18일.
46. 「동아일보」 1923년 2월 20 - 21일.
47. 「동아일보」 1925년 1월 1일.
48. 조기준, p. 521.
49. 「물산」 1, 3, 1930년 3월, p. 47.
50. 조기준, p. 522.
51. 「조선일보」 1928년 4월 6일.
52. 조기준, p. 523.
53. 「물산」 1, 5, 1930년 5월, pp. 28 - 31.
54. 「물산」 1, 3, 1930년 3월, p. 50 ; 「동아일보」 1928년 6월 6일.
55. 예를 들어, 한승인은 '협동조합이론 무엇인가?' 를 1932년 7월에서 1933년 2월까지 「동광」에 연제하였는데, 협동조합(co-operatives)에 대한 역사적 개관, 즉 그 경제적, 정치적, 사회적, 국제적 측면들, 강점들, 함정들, 발전의 규칙들에 대한 내용 등으로 구성되어 있었다.

56. 97개 협동조합 가운데 대단위의 주로 소비자협동조합은 1920년과 1932년 사이에 형성되었는데, 83개의 협동조합이 마지막 4년여 간에 구성되었다.(「동광」 33, 1932년 5월, pp. 170 - 171에서 요약함.)
57. 한용운, '영적 빈핍으로 고통,'「동아일보」 1923년 1월 9일 ; 김태협, '자활의 정신,'「장산」 2, 3, 1931년 3월, pp. 8 - 12.(「장산」은 1931년 이후「물산」을 계승한 새이름이다.)
58. 「동아일보」 1922년 1월 26일.
59. 「동아일보」 1923년 1월 12일.
60. 「물산」 1, 2, 1930년 2월, p. 55.
61. 「물산」 p. 57.
62. 이극노, '자작 작업의 본의,' 위의 글, pp. 12 - 14. 이극노가 후에 북한에서 공직자가 되었다는 것은 중요한 사항이다. 그 까닭은 그의 자족(self - sufficiency)에 대한 묘사가 북한의 '주체' 원리와 비슷하기 때문이다. 최근에 '주체'는 김일성의 북한비판을 통해 '제일의 것'(primitive)로 자리매김되었다. Lim Un(필명), *The Founding of a Dynasty in North Korea* Tokyo : Jiyūsha, 1982, pp. 286 - 290.
63. 예를 들면, '생산통계로 본 조선인의 현황(3)' ; 최현배, '조선물산 장려회의 임무' ; 설태희, '조선인 상공업자들에게,'「물산」 1, 3, 1930년 3월, pp. 27 - 33 ; 1, 12, 1930년 12월, pp. 2 - 4 ;「장산」 2, 3, 1931년 3월, pp. 2 - 4.
64. 설태희, 앞의 글.
65. 김태섭, 앞의 글.
66. 각주 47를 참고하라.
67. 이런 세부적인 것들은 달리 알아낼 방법이 없고,「동광」같은 민족주의 잡지와「물산」같은 사회잡지나, 또는「한국인명대사전」(서울 : 신구문화사, 1980) ; 조기준, pp. 506 - 507, ; 진덕규, 앞의 책, p. 147같은 부분에서 조금씩 수집해 내야 한다.
68. Dae-sook Suh, p. 120.
69. 예를 들어, 설태희, '헌법 서언,'「대한협회 회보」 3, 1908년 6월 25일, pp. 28 - 31. ; '경제학총론'「대한자강회 월보」 8, 1907년 2월, pp. 29 - 31.
70. 이만열,「한말 기독교」 p. 128 ; Lee Kwangnin, 'Kaikaha no Kaishinkyō

    Kan 7, 11 – 12, November – December 1978, p. 38.
71. 「공닙신보」 1907년 7월 5일.
72. *Seoul Press* 7 October 1910.
73. 「윤치호 일기」 1921년 4월 5일.
74. 「동광」 2, 7, 1927년 7월, p. 24.
75. 나경석은 이런 확신을 「동아일보」 1923년 3월 13일자에 발표했다. 주종건의 '무산계급과 물산장려'라는 기사는 같은 신문 1923년 4월 6-23일자 1면에 실렸다.
76. Robinson, PhD thesis, pp. 243 – 244에서 인용.
77. 위의 책, p. 245.
78. 「고당 조만식」 p. 106.
79. 백낙준 박사 인터뷰.
80. 윤영남, '자멸인가, 도생인가?' 「동아일보」 1923년 4월 26일, p. 4.
81. 이것은 다음과 같은 마르크스의 말들을 따른 것으로 보인다. '한 사회가 그 사회의 운동을 규정하는 자연법칙을 발견했을 때, 그 사회는 그 사회의 진화의 자연적인 단계를 결코 간과할 수 없으며, 또한 펜의 일격에 의하여 세계로부터 그 단계들을 벗겨버릴 수 없다.' (K. R. Popper, *The Open Society and its Enemies* [2 vols] London : Routledge and Kegan Paul, 1980, Vol. 2, p. 86.)
82. 나공민, '사회문제와 물산장려,' 「동아일보」 1923년 4월 26 – 29일, p. 1.
83. 즉, 1. 프롤레타리아 사이에 계급투쟁을 위한 참된 물질적 능력 ; 2. 그런 투쟁을 지속시키는데 필요한 규범과 규정 ; 그리고 3. 국제적으로 호응할만한 분위기. 이 마지막 조건이 없었던 까닭에 1919년은 실패로 끝났으며, 나경석은 어떠한 진보도 보이지 않았다고 믿었다.
84. 물론, 거기에는 일본인들의 경제적인 상부구조의 매우 중요한 요소가 있다. 그러나 이 점을 다루는 것은 본 연구의 목적 밖에 있다. 민족주의자들은 이런 요소들을 그들의 운동들을 계획할 때 염두에 두었다. 예를 들어, 「동광」 31, 1932년 3월, pp. 57 – 61을 참고하라.
85. 「동아일보」 1923년 2월 26일, p. 1.
86. 신채호, '조선혁명 선언,' 「신채호 전집」 제 3권, pp. 43 – 44.
87. 참고, '허무당' 1926년 1월 1일, 「대일 민족선언」 (서울 : 일우문고, 1972), pp. 122 – 124. 이 허무주의당은 의열단의 한 분파였는데, 의열단

은 1919년 11월 기린에서 조직된 그룹으로, 1920년대에는 테러리즘을 채용하였고, 그들의 성명서는 1923년에 신채호에 의해 작성되었다. 허무당의 성명서는 이렇게 시작한다. '이 현대를 살아가고 있는 우리는 아무런 희망도, 목표도, 미래도, 그 어떤 것도 가지고 있지 않다……' 그리고 그들은 '이런 극도로 의미없고 가치없는 현대에 대한 자기 희생, 대중들을 위한 비참한 존재'를 자신들의 이상으로 삼았다.

88. 윤영남, 「동아일보」1923년 4월 26일, p. 4.
89. 나공민, 앞의 글, 1923년 4월 26일, p. 1. 말할 필요도 없이, 급진적 좌파는 자신들이 이런 입장을 완전히 옹호했다고 간주하지 않았다. 그러나 절망과 현실도피에 대한 책임은 그 사회의 반대측의 공격에 있어서 주요한 요소였다.
90. 「동광」29, 1932년 1월, p. 58면에 있는 질문서.
91. 이런 사람들을 열거함에 있어 우리들이 인정해야 하는 사실이 있다. 그것은 조만식은 「동광」의 질문서에 답변을 하였고, 그 의미했던 바가 무엇인지를 설명할 여지를 남겨놓지 않았다는 점이다. 그것은 그가 1937년에 마르크시즘에 대해 언급한 것들로 분명한데 p. 137에 인용된 바이다. 조만식은 사적 유물론(historical materialism)이나 경제결정론(economic determinism)에 동의하지 않았다. 아마 조만식에게 관심을 끌었던 것은 마르크스의 정치 프로그램보다는 한 정의로운 사회에 대한 마르크스의 이상이었을 것이다. 그리고 이것은 마르크스가 물론 사회주의를 창조하지 않았고, 또한 결코 창조했다고 주장하지도 않았다는 점을 생각하게 한다.
92. 「윤치호 일기」1919년 10월 7일.
93. 「윤치호 일기」1919년 10월 15일.
94. 「윤치호 일기」1921년 5월 16일, 1923년 12월 13일.
95. 「윤치호 일기」1920년 12월 11일, 1921년 3월 23일.
96. 「윤치호 일기」1921년 1월 22일.
97. 「윤치호 일기」1921년 12월 1일.
98. 「윤치호 일기」1923년 2월 21일, 1924년 1월 25일.
99. *GGPAB* Kei kō hi No. 8036, 27 October 1928 : Himitsu kessha Chōsen Kyōsantō narabi ni Kōrai Seinenkai jiken kensha no ken.(*GSC* Vol. 5, p. 94)
100. 위의 글.

101. 김일대, '천도교 농민운동의 이론과 실제,'「동광」20, 1931년 4월, p. 41.
102. Shearer *Wildfrire* p. 142.
103. Henry George *Social Problems* London : New Popular Edition, United Committee for Taxation of Land Values Ltd, 1928 (first published 1883), p. 74.
104. '사회 개조의 제사상,'「동광」22, 1931년 6월, p. 73.
105. 참고, Eckert, PhD thesis, pp. 437ff.
106. 예를 들어, 박희도가 1922년에 나온 좌익계 잡지인 「신생활」에 한 기여 도들을 참고하라.
107. 서울고등법원, 조사실 : Shisō ihō No. 18, March 1939, pp. 12 – 14 (*CMSS* Vol. 8).
108. Sōtōkufu hōmukyoku, 1938 : Chōsen dokuritsu shisō undō no hensen.(*CDU* Part 2, Ch. 3, pp. 334 – 338).
109. 「민족운동총서」제 6권, pp. 263 – 264.
110. 「독립운동사 자료집」제 12권, pp. 1365 – 1433. 이광수, 주요한, 김윤경과 그 밖의 다른 사람들이 처음에 3년에서 5년간의 감옥형에 처해졌다. 윤치호, 신흥우, 유억겸은 일본정부가 정치적인 해결책을 명령하기 전에는 재판에 회부되지 않았다.
111. GGPAB 1939 : Saikin ni okeru Chōsen chian jōkyō (*CDU* Part 2, Ch. 3, pp. 346 – 347).

결론

1. 이 주장은 다음과 같은 책들에 있다. 「한국인명대사전」 p. 574 ; 최두고 (Ch'oe Tugo), '암흑기 개화인의 수난사 – 윤치호'「역사의 인물」제 8권, p. 219 ; 그밖의 다른 책들.
2. 한국의 학자들 중에는 이것을 이광수의 전반적인 입장에 대한 주석이라고 보는 사람도 있다. 예를 들어, Lee See – jae, 'A Study on Korean Rumours during Wartime Japanese Colonial Occupation' *Korea Journal* 27, 8, August 1987, p. 5를 참고하라.
3. Michael Bommes and Patrick Wright, in '"Charms of Residence" : the public and the past' Richard Johnson (ed.) *Making Histories : Studies in*

history writing and politics London : Hutchinson, the Centre for Contemporary Cultural Studies, University of Birmingham, 1982. 이 글은 이 점을 '공인된' (official) 민족주의 역사들과의 관계에서 매우 분명하게 하고 있다. 그와 같은 것은 '백성'을 포함한 한 분파적인 국가의 관심사에 의하여 정보가 주어지고 영감이 부여된 어떤 역사에 적용될 수 있을 것이라고 보인다.

4. 「한국일보」 1981년 7월 28일, p. 6 ; 1981년 8월 1, 5, 6일, p. 6.
5. 김준엽, '새 독립운동사,' 「한국독립운동사」 제 1권, (서울 : 한국일보사, 1987), pp. 25 - 26.
6. 진덕규, '1920년대 국내 민족운동'
7. 그의 입장을 지지하여, 진덕규는 1933 - 1938년에 나온 총독부 경찰청의 보고서를 요약 인용하였다. 그 보고서에는 그 당시 민족주의에 대한 일본인들의 분리통치정책을 다루고 있다. 그런 보고서들은 보다 초기의 시기들로 거슬러 올라가는데, 1920년대 중반에 나타난 민족주의운동의 쇠퇴를 기록하고 있다. 그 쇠퇴는 사회주의운동들에 관련되어 있다. 사회주의자들이 여전히 민족주의적이었으므로, 사회주의의 발흥이 있었다고 해서 민족주의적인 정서가 사라졌음을 의미하지는 않았다. 일본인들의 보고서 역시 1930년대 초기 과격파의 쇠퇴와, 그들이 '순수 민족주의'라고 이름붙인 진영의 재기에 대해 기록하고 있다. 참고, Shakai undō no jōkyō : Minzokushugi undō no jōkyō, 1931, 1935 and 1937.(*CDU* Part 3, Ch. 6)
8. 참고, '정치론강,' 고준석 편. *Chōsen kakumei tēze* (Tokyo : Tsuge shobō, 1979), pp. 81 - 88.
9. Carter Eckert, PhD thesis, p. 15.
10. 위의 책, pp. 98, 438ff.
11. 참고, 위의 책, p. 466.
12. Megan Cook *The Constitutionalist party in Cochinchina : The Years of Decline*, 1930 - 1942 Victoria : Monash Papers on Southeast Asia, No. 6, Centre of Southeast Asian Studies, Monash University, 1977, p. 8.
13. 위의 책, pp. 27 - 33.
14. Susan Abeyasekere *One Hand Clapping : Indonesian Nationalists and the Dutch*, 1939 - 1942 Victoria : Monash Papers on Southeast Asia, No. 5,

Centre of Southeast Asian Studies, Monash University, 1976, p. 2.
15. 위의 책, pp. 8-9.
16. *Collected Works of Mahatma Gandhi* New Delhi : Publications Division, Navajivan Press, 2nd edn, 1969, Vol. 12, Article 505.
17. 참고, Christopher Read *Religion, Revolution & the Russian Intelligentsia, 1900-1912* London : Macmillan, 1979.
18. Jacques Ellul 'Politization and Political Solutions' p. 218.
19. 이광수, '의지론,'「조선문단」3, 1924년 12월.
20. 왕궁우는 다음 글에서 그 어려움들을 지적하고 있다. 'Nationalism in Asia' Eugene Kamenka (ed.) *Nationalism. The Nature and Evolution of an Idea* pp. 82-98. 또한 Lin Yü-sheng *The Crisis of Chinese Consciousness*, 그리고 리앙 치차오(Liang Ch'i-ch'ao)와 중국의 유교에 대한 Joseph Levenson의 작품들을 참고하라.
21. 예를 들어, 헨리 조지(Henry George)는 쓰기를, 사회개혁이란 '소리와 외침에 의해 보증되는 것이 아니며, 불평과 탄핵에 의해서, 정당들을 구성하거나 혁명을 일으키는 것으로 보증되는 것이 아니라 생각을 일깨우고 이념이 진보함에 따라 보증되는 것이다. 올바른 생각이 있기 전에는 올바른 행동이 있을 수 없다.……힘이란 언제나 사람들의 대중의 손에 있다. 대중을 억압하는 것은 그들 자신들의 무지요, 그들 자신들의 근시안적인 이기심이다.' (*Social Problems* p. 209)
22. Michael Robinson, PhD thesis, pp. 234-235에서 인용함.
23. Peter Clarke *Liberals and Social Democrats* Cambridge : Cambridge University Press, 1978, p. 6.
24. Schwartz *In Search of Wealth and Power* p. 85. 또한 pp. 72-73과 86-87도 참고하라.
25. 「신한민보」1914년 3월 26일자 사설.
26. 제 2장에서 이 점에 대해 논의한 것을 참고하라.
27. Stanley Rosen *Nihilism, A Philosophical Essay* New Haven and London : Yale University Press, 1969, pp. xiv-xv and 140-197, 또한, Allan Megill *Prophets of Extremity* Berkeley and Los Angeles : University of California Press, 1985. 또한, John Henry Newman *The Idea of a University* Oxford : Clarendon Press, 1976, Discourse V, 9, pp. 110 and

112를 참고하라. 여기에서 뉴만은 '지식과 덕은 각각 상이한 것' 으로써, 교육에 의한 마음의 단련이란 '덕의 배양' 과의 '절대적인 구별' 이라고 주장한다.
28. 감창세, '과학과 종교,' 「동광」 12, 1927년 4월, pp. 53 - 61.
29. 서양 저널리스트들과의 인터뷰, 상해, 1919년 9월 9일, 「안도산 전집」.
30. Wang Gungwu 'The Chinese Urge to Civilize : Reflections on Change' pp. 22 - 24.
31. Robinson *Cultural Nationalism* Ch. 5.
32. 강만길, '한국 민족주의론의 이해,' 이용희, 강만길, 「한국의 민족주의 운동과 민중」(서울 : 두레, 1987), p. 19.
33. 「윤치호 일기」 1919년 2월 27일.
34. 이광수, '조선 민족운동의 3 기초사업,' 「동광」 30, 1932년 2월, pp. 13 - 15.

새 하나님 새 민족	값 8,000 원

초판인쇄 · 1997년 9월 20일
초판발행 · 1997년 9월 30일

저　　자 · 케네스 M. 웰스
역　　자 · 김　　인　　수
발 행 인 · 김　　봉　　익
발 행 소 · **한국장로교출판사**
주　　소 · 110-470/서울특별시 종로구 연지동 135
전　　화 · (02) 741-4381~2/(F) 741-7886
등　　록 · No. 1-84 (1951. 8. 3.)

ISBN 89-398-0068-0　　Printed in Korea